송선생의 중국문학교실

송선생의 중국 문학 교실
셋째권 – 근대부터 현대 문학까지

초판발행일 2008년 6월 15일

펴낸이 | 유재현
글쓴이 | 송철규
기획편집 | 유재현 이혜영 김석기
마케팅 | 안혜련 장만
인쇄제본 | 영신사
필름출력 | ING
종이 | 한서지업사
라미네이팅 | 영민사

펴낸곳 | 소나무
등록 | 1987년 12월 12일 제2-403호
주소 | 121-830 서울시 마포구 상암동 11-9, 201호
전화 | 02-375-5784
팩스 | 02-375-5789
전자우편 | sonamoopub@empal.com

ISBN 978-89-7139-069-6 04820
　　　978-89-7139-066-5 04820(전3권)

소나무 머리 맞대어 책을 만들고, 가슴 맞대고 고향을 일굽니다

새천년을 여는 삼천년의 지혜

송선생의 중국문학교실

셋째권 - 근대부터 현대 문학까지

송철규 지음

소나무

차 례

들어가며 | 근대의 도전에 직면한 중국 문학의 세계 · 10

제1부 문학 혁명과 혁명 문학 · 15

1 근대의 여명 · 17
공자진龔自珍 ‖ 황준헌黃遵憲 ‖ 담사동譚嗣同 ‖ 추근秋瑾

중국의 근대와 현대 · 18 | 봉건사회의 몰락을 예언하다 · 20 | 서양을 배워 서양에 대항하자 · 23 | 나라를 구하려 최선을 다하다 · 24 | 시가 혁명의 선구자 · 26 | 시가 혁명의 실천가 · 27 | 칼날 앞에서도 크게 웃다 · 30 | 훈장으로 만든 부채 장식 · 32 | 젊은 혁명가들의 외침 · 33 | 여성 혁명가의 칼바람 · 34 | 시대를 앞서 나간 시인 · 37

2 변화의 선구자들 · 41
량치차오梁啓超 ‖ 왕궈웨이王國維 ‖ 옌푸嚴復 ‖ 린수林紓

송시파 · 42 | 상향파 · 42 | 파리의 유화를 보고 · 43 | 청년 중국을 논하다 · 45 | 량치차오가 이끈 문학 혁명 · 48 | 왕궈웨이와 『인간사화』· 50 | 3가지 번역 원칙 · 55 | 외국어를 모르는 번역가 · 56

3 변혁기의 인간 군상 · 59
문강文康 ‖ 석옥곤石玉昆 ‖ 유악劉鶚 ‖ 이보가李寶嘉 ‖ 쩡포曾朴

협사 소설 · 60 | 의협 소설 · 61 | 『삼협오의』의 포청천 · 63 | 『삼협오의』의 협객들 · 66 | 견책 소설과 유악의 『라오찬 여행기』· 69 | 「관청의 실상」· 73 | 「20년 동안 목격한 괴이한 현상」· 75 | 쩡포의 『사악한 꽃』· 76

4 경극의 탄생과 발전 · 81
동광 13절 ‖ 왕샤오농汪笑儂 ‖ 청자오차이成兆才 ‖ 리수퉁李叔同

경극의 탄생 · 82 | 동광 13절 · 84 | 「타어살가」· 85 | 「4명의 진사」· 87 | 연극 개혁의 선구자 왕샤오농 · 89 | 평극 개혁가와 「양씨네 셋째 딸 사건」· 91 | 근대 연극의 대두 · 94 | 고승 리수퉁 · 95

5 깨어나 외치다 · 97
『신청년』‖ 후스胡適‖ 천두슈陳獨秀‖ 리다자오李大釗‖ 첸쉬안퉁錢玄同‖ 류반농劉半農

『신청년』과 신문화운동 · 98 | 팔불주의 · 101 | 후스와 신시 '실험' · 103 | 총체적 서구화 · 108 | 『신청년』을 창간한 사람 · 109 | 혁명 선동가 · 110 | 고문을 가차 없이 비판하다 · 111 | '그녀'를 만든 시인 · 112

6 중국의 민족혼 · 115
루쉰魯迅

루쉰의 어린 시절 · 116 | 소년 루쉰, 학문을 배우다 · 118 | 의학을 버리고 문학을 공부하다 · 120 | 「광인일기」: 반봉건의 외침 · 123 | 교육자 루쉰 · 125 | '3·18사변'과 「류허전 군을 추모하며」 · 126 | 마르크스주의로 전향 · 129 | 분노 속에 탄생한 시 · 130 | 동지가 된 혁명 청년들 · 132

7 칼보다 무서운 붓 · 135
『외침』‖『방황』

『외침』 속의 소설들 · 136 | 「아Q정전」 · 137 | 누가 샹린 아줌마를 죽였나 · 140 | 「죽음을 슬퍼한다」: 신가정의 비극 · 143 | 반봉건 정신으로 가득 찼던 초기 잡문 · 145 | 후기 잡문 일별: '가져오기주의'와 기타 · 148 | 여러 의미가 담긴 잡문집 제목 · 151

8 굴원을 부활시키다 · 155
궈모뤄郭沫若

여러 문학사단 · 156 | 궈모뤄의 청소년 시절 · 157 | 「봉황의 열반」: 열화와 같은 송가 · 159 | 북벌과 항일운동에 투신하다 · 165 | 시대의 분노가 굴원의 시대로 부활하다 · 168 | 상식을 뒤엎은 2부의 희곡: 「채문희」와 「무측천」 · 171

제2부 문학 사단의 문예지 · 173

9 창조와 몰락 · 175
위다푸郁達夫

창조사와 위다푸 · 176 | 소설 대표작 「몰락」 · 179 | 「봄바람에 흠뻑 취한 저녁」과 「초라한 제사상」 · 183 | 후기 대표작 「늦게 핀 계수나무 꽃」 · 186 | 동남아에서 맞은 최후 · 188 | '삼각관계'만 전문적으로 다룬 장즈핑 · 190

10 문학연구회 · 193
예성타오葉聖陶 ‖ 쉬띠산許地山 ‖ 왕통자오王統照 ‖ 정전둬鄭振鐸

문학연구회 · 194 | 구두 수리공을 흠모한 예성타오 · 195 | 생동적인 소시민의 모습 : 「어려움에 처한 판 선생」 · 197 | 「니환즈」 : 장편소설의 역작 · 199 | 동화 「고대 영웅의 석상」 · 205 | 쉬띠산의 「땅콩」 · 207 | 하층 부녀자의 전기 : 「춘타오」 · 208 | 왕통자오의 「침몰선」 · 211 | 비행기 사고로 잃은 목숨 · 213

11 깊은 밤 · 215
마오둔茅盾

마오둔의 청소년 시절 · 216 | 『소설월보』의 젊은 편집자 · 218 | 장편 대작 『깊은 밤』 · 221 | 「린씨네 가게」 : 시골 사장의 고행 · 226 | 「농촌의 몰락」과 「봄누에」 · 228 | 특수 공작원의 일기 「부식」 · 230 | 서북 행로를 통해 마오둔의 산문을 말하다 · 231

12 미문과 산문 · 235
저우쭤런周作人 ‖ 주쯔칭朱自清

미문을 제창한 저우쭤런 · 236 | 반역자의 산문 · 238 | 은둔자의 좌절 · 241 | 주쯔칭의 시와 초기 산문 · 243 | 시보다 아름다운 「초록」과 「달빛 아래의 연지」 · 245 | 「아버지의 뒷모습」 : 부자의 정을 담은 미문 · 248 | 주쯔칭의 또 다른 모습 · 251 | 굽히지 않는 신념 · 253

13 불같은 외침 · 255
원이둬聞一多 ‖ 주샹朱湘

당신은 불이다 · 256 | 신월시파 · 259 | 태양을 보며 고향을 그리워한 나그네 · 261 | '고인 물'에 맞서서 · 265 | 쿤밍의 루쉰 · 267 | 주샹과 그의 시편 · 269

14 단명한 문인들·273
쉬즈모徐志摩 ‖ 다이왕수戴望舒

은행가 대신 시인이 되다·274 | 어둠 속을 달리는 기수와 사요나라·276 | 형식과 내용의 교묘한 조화·279 | 쉬즈모의 정치 성향과 죽음·283 | '우항 시인' 다이왕수·284

15 어린이를 품에 안은 어머니·291
빙신冰心

장군의 딸 빙신·292 | 시단을 풍미한 『뭇별』과 『봄강물』·296 | 어린 친구들에게 보낸 통신·298 | 내 사랑, 베이징·303

제3부 소설과 희곡의 발전·307

16 베이징을 사랑한 라오서·309
라오서老舍

베이징 시장 통에서 뛰쳐나온 작가·310 | 『낙타 샹쯔』: 인력거꾼의 비극적 인생·312 | 나라의 위기 앞에서·317 | 『4대가 한 집에』: 중국 민족의 불굴의 산 역사·318 | 희극 대표작 「찻집」·323

17 검은 집을 탈출한 무정부주의자·329
바진巴金

봉건의 새장 속을 뛰쳐나온 바진·330 | 첫 번째 장편소설 『멸망』·332 | 사람을 잡아먹는 봉건 예교를 피눈물로 기록하다·334 | '격류 3부곡'의 나머지 작품들·339 | 바진의 작품과 그의 삶·341 | 소시민의 비극·344 | 먹구름에 가린 해·345

18 현대 중국의 셰익스피어 · 347
차오위曹禺

차오위의 학창시절 · 348 | 폭풍우가 몰아치는 밤 · 350 | 중국 희극의 신기원 · 355 | 비정한 사회를 고발한 「일출」 · 357 | 몰락한 봉건 가정을 위한 만가 · 362 | 현대 중국의 셰익스피어 · 366

19 현대 연극의 발전 · 369
홍선洪深 ‖ 어우양위첸歐陽子倩 ‖ 톈한田漢 ‖ 샤옌夏衍 ‖ 천바이천陳白塵 ‖ 허징즈賀敬之 ‖ 리지李季

홍선과 그의 극작 「오규교」 · 370 | 어우양위첸과 「도화선」 · 372 | 톈한의 대표작 「유명 배우의 죽음」 · 373 | 샤옌과 「상하이의 처마 밑」 · 378 | 천바이천과 풍자극 「승관도」 · 383 | 허징즈와 「백모녀」 · 385 | 중국을 휩쓴 서북풍 · 387

제4부 도시와 농촌, 그리고 사회주의 · 389

20 들풀로 타오른 시인들 · 391
장커쟈臧克家 ‖ 아이칭艾靑 ‖ 톈젠田間

장커쟈의 대표작 「어떤 이」 · 392 | 초기작 「말」 · 395 | 시로 그린 자화상 · 397 | 아이칭과 「다옌허: 나의 유모」 · 398 | 「손수레」와 「태양」, 그리고 「새벽의 통지」 · 402 | 고수 톈젠 · 407

21 시대의 격랑을 헤쳐 나간 문인들 · 411
러우스柔石 ‖ 인푸殷夫 ‖ 장톈이張天翼 ‖ 사팅沙汀 ‖ 아이우艾蕪 ‖ 샤오쥔蕭軍과 샤오훙蕭紅

좌련 5열사 · 412 | 장톈이의 소설 「바오씨 부자」와 「화웨이 선생」 · 416 | 동화 「큰 린과 작은 린」, 「마술 조롱박의 비밀」 · 419 | 사팅의 풍자 「향기 그윽한 찻집에서」 · 421 | 방랑 소설가 아이우 · 424 | 샤오쥔과 샤오훙의 사랑 · 429

22 시골과 도시의 변주곡 · 433
선충원沈從文 ∥ 첸종수錢鍾書

오지의 아이 · 434 | 민며느리 샤오샤오 · 436 | 탈속脫俗의 선경 · 438 | 향토 문학의 축 『변방의 마을』과 선충원의 삶 · 443 | 첸종수의 명작 『포위된 도시』 · 445 | 『포위된 도시』의 풍자 미학 · 450

23 사랑의 이름으로 · 455
장아이링張愛玲 ∥ 장헌수이張恨水 ∥ 친서우어우秦瘦鷗

명문가의 딸 장아이링 · 456 | 출세작 『도시를 뒤엎는 사랑』 · 457 | 문단 최고의 수확 『황금 족쇄』 · 460 | 음악을 평가하는 예민한 감수성 · 462 | 장헌수이의 『춘명외사』와 『금분세가』 · 464 | 일세를 풍미한 애정 소설 『울고 웃는 인연』 · 466 | 친서우어우의 『가을 해당』 · 470

24 혁명을 이끈 작가들 · 473
딩링丁玲 ∥ 저우리포周立波 ∥ 시롱西戎 ∥ 마펑馬烽 ∥ 콩쥐에孔厥와 위안징袁靜

딩링의 출세작 「소피의 일기」 · 474 | 농촌의 토지개혁을 다룬 장편소설 · 478 | 토지개혁을 다룬 또 다른 대작 · 482 | 콩쥐에와 위안징의 『신아녀영웅전』 · 488

25 신 중국을 선도한 문인들 · 491
쑨리孫犁 ∥ 자오수리趙樹理

허화강에 울려 퍼진 웃음소리와 총소리 · 492 | 거리의 문인 자오수리 · 496 | 농민들의 사랑을 받은 「얼헤이의 결혼」 · 497 | 생동감 넘치는 토지개혁 소설 · 502 | 당대 문학 개괄 · 508

| 들어가며 |

근대의 도전에 직면한 중국 문학의 세계

양쯔강揚子江과 황허黃河처럼 도도히 흐르던 중국의 역사는 청나라 말기가 되면 큰 격랑에 휩싸인다. 아편전쟁(1839~1842)을 전후하여 정치와 경제, 문화를 비롯한 중국 사회 전분야가 서구화 및 근대화의 도전에 직면하게 된 것이다.

중국 문학도 예외일 수 없었다. 이전까지 세계의 중심을 자처하면서 번영을 구가하던 중국은 진보된 과학기술과 군사력, 그리고 부를 좇아 움직이는 상인을 앞세운 서구 열강의 세력 앞에 무기력하게 무너질 수밖에 없었다.

이와 같은 외부의 충격에 따라 봉건 체제에 물들어 있던 지식인들은 자기반성을 통해 새로운 방향으로 중국의 변화를 모색하기 시작한다. 이런 문제의식에서 중국의 '근대 문학'이 시작된다. 그 출발점은 중화 제일의 자만심을 접고 서구 열강의 우세를 인정하며, 그 간격을 어떻게 좁힐 것인가에 대한 고민이었다.

중체서용中體西用(중국적인 것이 주가 되고 서구적인 것을 차용한다), 서체중용西體中用(서구적인 것이 주가 되고 중국적인 것을 활용한다), 전반서화全盤西化(중국적인 것을 버리고 완전히 서구화한다) 등이 그 고민의 결과물이었다. 그들에게 '문학'은 단순한 감정의 표출 도구가 아닌 생존을 위한 '무기' 그 자체였다.

따라서 중국 근대 문학의 작가들은 잠자고 있는 중국을 일깨워(覺醒), 가야할 길을 알려주는(啓蒙) 안내자 역할을 감당했다. 몇몇 번역가가 이 시기에 커다란 역할을 했다. 그런데 중국 문학의 자체 동력이 아닌 외부 충격에 의해 수동적이면서 급격한 변화를 추구하다 보니 여러 문제점을 내포하게 되었다.

인간 개인의 자각과 자유와 평등에 초점을 두기에 앞서 선진 문물에 대한 소개와 기계적 적용, 과도한 자아비판, 국가와 민족에 대한 우선시 등이 어우러져 향후 중국 문학의 발전을 특별한 방향으로 이끌게 된다. 한마디로 '문학 혁명'의 시기였다. 즉, 사회 발전에 도움이 되지 않는 낡은 고전 문학을 철저하게 배제하고 새로운 변화에 맞게 내용과 형식 전반을 바꾸는 과정이었다.

이러한 경향은 1919년 '5·4운동'을 전후한 '현대 문학' 초기까지 지속적으로 이어진다. 이즈음 발행되던 『신청년新青年』이라는 잡지의 모토 역시 '구중국의 타파'였다. 중국의 지식인들은 주요 잡지들을 매개로 하여 신문화운동을 전개하면서 문학 혁명을 주도했다.

1918년, 루쉰의 『광인일기狂人日記』는 그 첫 열매였다. 또한 이들은 새로운 사회 체제를 모색하게 되고 미국과 유럽으로 대표되는 자본주의와 러시아에서 성공한 사회주의를 실험하면서 많은 시행착오를 겪게 된다. 아울러 민족 의식이 고취되고 일본 제국주의의 침략(1937~1945)이 겹치면서 중국의 현대 문학은 민족 모순과 계급 모순이라는 두 개의 큰 짐에 억눌리게 된다.

한마디로 '문학 혁명'에서 '혁명 문학'으로 중심이 옮아간 시기였다고 말할 수 있다. 즉, 서구 열강과 일본 제국주의에 대한 저항과 봉건 잔재인 계급 모순의 타파가 중국 현대 문학의 중심축으로 작용했다. 그 결과, 항일 문학과 사회주의 문학이라는 특수한 문학 형태가 생겨났다.

작가들은 '항적문인협회'와 '좌익작가연맹' 등을 통해 독자들과 시대의 아픔을 함께 나누고 새로운 힘을 북돋았다. 한편, 국민당과 공산당의 대립으로 국통구(국민당 통치 지역)과 해방구(공산당 통치 지역)라는 특수한 환경이 만들어졌고, 작가들은 각각의 환경에서 빚어지는 다양한 삶을 작품으로 승화시켰다. 마오쩌둥은 1942년 '옌안 문예강화'를 통해 중국의 문학이 지향해야 할 방향을 제시하기도 했다.

이처럼 '혁명'을 내세우다 보니 모든 구속에서 벗어난 인간의 해방을 지향하는 문학 본연의 모습에서 벗어난 다소 특별한 문학 형태를 보이게 되었다. 문이재도文以載道(문학은 유가의 도를 실어야 한다)와 문이명도文以明道(문학은 유가의 도를 밝혀야 한다)를 외치던 고전 문학의 발걸음을 그대로 답습하는 격이 된 것이다. 물론, 자본주의가 발달한 상하이와 홍콩을 중심으로 자아와 개성 및 자유연애 등을 추구하는 문학 형태도 있었지만 그 영향은 미미했다. 루쉰은 시대의 질곡을 헤쳐 나가면서 이런 양 극단을 조율하며 문학의 본보기를 보이고자 부단히 노력했다.

결국, 1949년 중화인민공화국이 성립하면서 중국은 '당대當代문학'으로 진입한다. 이 시기에는 사회주의 문학이 문학의 주요 형태로 자리매김하면서 순수 문학의 기능을 뒤로 하고 선전과 선동을 중심으로 하는 정치 문학의 기능을 앞세우게 된다. 그리고 '10년 동란'이라 일컫는 문화대혁명을 겪으면서 중국의 문학은 '신시기新時期문학'으로 접어들게 된다. 이 시기에는 지난 시기의 문학의 굴절에 대한 반성과 함께 사회주의 체제와 자본주의 경제의 결합이라는 특수한 실험의 장에서 발생하는 중국인들의 특수한 삶을 다양한 각도로 다루고 있다.

　인류 역사에서 20세기 100년이 차지하는 비중이 말해주듯이 20세기 중국의 문학 또한 그 기간은 고전 문학에 비해 비교할 수 없을 정도로 짧지만 다루고 있는 내용은 보다 다양하고 심도가 있다. 이처럼 다양한 실험을 거친 중국의 근현대 문학을, 한때 우리의 지식인들은 사회 개혁의 귀한 지침서로 삼아 활용하기도 했다. 그러나 사상과 계급적 측면에만 치중하다 보니 문학 작품 본연의 의의와 기능을 소홀히 한 경향도 없지 않다.

　중국은 우리에게 숙명과도 같은 존재이다. 이제 혁명을 노래한 중국의 문학에 열광하던 선배들과 달리 새로운 변화를 모색하는 21세기 중국의 모습에 열광하는 후배들이 생겨났다. 이들에게 지난 세기 중국 문학의 흐름을 작가와 작품의 숨결을 담아 소개해야겠다는 과욕으로 중국의 근현대 문학 부분을 정리했다.

　사방에서 중국을 소리 높여 외치지만, 정작 지난 100년, 200년의 중국의 문학과 예술을 일별할 수 있는 참고서는 너무나 부족한 것이 현실이다. 최근 한·중·일 3국의 출판인들이 모여 동아시아를 대표하는 근현대 문학 작품 100개를 선정하기로 했다는 반가운 소식이 전해졌다. 어떤 작품이 선정이 되든지 이 책이 근현대를 치열하게 살아낸 중국인을 이해하고 그들의 문학을 이해하는 데 작은 역할을 담당할 수 있기를 바란다.

　누락된 부분도 많고 미흡한 면도 많지만 이 정도나마 결과물을 낼 수 있었던 것은 선후배 연구자들의 노력 덕분이다. 세계로 도약할 후배들에게 중국을 바로 알리고 상생의 길을 모색하는 자그마한 디딤돌이 될 수 있기를 희망한다. 미래는 문화의 힘이 더욱 빛을 발하는 시대가 될 것이다. 비록 시대와 장소는 다르지만 생명력과 진실성을 담보한 작가와 작품들을 접하고, 지난 세기 역사 속에서 갈등했던 개인의 모습을 살펴보면서 자신의 문화를 창조하고 새로운 역사를 써나갈 주인공들, 21세기의 '신청년'들에게 이 책을 바친다.

　마지막으로 변함없는 믿음과 관심으로 이 작업을 끝낼 수 있게 도와주신 소나무 식구들에게 감사드리며, 학업을 이끌어주신 여러 선생님과 선후배님, 사랑스런 제자들, 기도를 쉬지 않으시는 부모님과 늘 곁을 지켜주는 아내와 늘 힘을 주는 종민이와 연재에게 이 책을 바친다.

2008. 4. 4. 수리산 자락에서

송철규

제1부
문학 혁명과 혁명 문학

1장_근대의 여명
2장_변화의 선구자들
3장_변혁기의 인간 군상
4장_경극의 탄생과 발전
5장_깨어나 외치다
6장_중국의 민족혼
7장_칼보다 무서운 붓
8장_굴원을 부활시키다

근대의 여명 1

공자진龔自珍
황준헌黃遵憲
담사동譚嗣同
추근秋瑾

아편전쟁을 기점으로 근대문학
으로 넘어간다

중국의 근대와 현대

앞선 책들에서 중국 고전문학을 살펴보았다. 이제는 근·현대문학을 살펴보려고 한다.

중국 고전문학은 아편전쟁을 기점으로 이야기를 마쳤다. 그렇다면 청나라 말기의 문학 상황은 어땠을까? 그리고 '5·4운동' 이후의 문학은 어땠을까? 중국의 근·현대문학은 급변하는 시대 속에서 고전문학만큼 많은 우여곡절을 거쳤다. 이 흐름을 파악하려면 인내심을 가지고 차근차근 접근해야 한다.

먼저 근대문학과 현대문학이라는 개념을 확실히 해야 한다. 중국에서 근대문학은 1840년 아편전쟁부터 1919년 '5·4운동' 까지의 문학을 일컫는다. 그리고 현대문학은 일반적으로 '5·4운동' 이후의 문학을 말한다. 아울러 중국에서는 1949년 중화인민공화국 성립 이후의 문학을 따로 '당대當代문학' 이라고 분류한다.

시간으로 따지면, 근대문학이 현대문학보다 2배 이상 길었다. 그러나 고전문학의 위세가 잔존하고 신문학이 태동하는 시기였던 만큼, 작가와 작품 모든 면에서 그렇게 풍부하지는 않았다. 그래서 근대문학에 많은 시간을 할애할 필요는 없을 듯하다.

중국의 근대문학을 얘기하자면, 먼저 서구 열강에게 고통 받은 중국의 근대사를 언급하지 않을 수 없다. 아편전쟁을 시작으로 서구 열강의 군함들이 속속 중국으로 몰려들었다. 중국은 그때부터 제국주의 열강의 식탁에 놓인 고깃덩어리 신세가 되었다. 영국과 프랑스 연합군과 8국의 연합군이 차례로 청나라의 수도 북경을 침공했다. 그러면서 황제의 별장들이 모두 잿더미가 되었다.

그 결과 잇달아 불평등 조약이 체결되었다. 이를 통해 중국은 결국 제국주의 열강의 손아귀에 들어가고 말았다. 변발을 한 청나라의 귀족들은 백성의 원성을 뒤로한 채 서양인에게 굴복했다. 그들은 백성에게 빼앗은 수많은 은을 배상금이란 명목으로 서양인에게 바쳤다.

그러나 서구 열강의 침입은 적지 않은 중국인이 눈을 뜨게 하는 계기가 되었다. 당시는 자본주의 경제와 과학기술이 나날이 발전하고, 끊임없이 세계의 정세가 변화하는 때였다. 그러나 황제를 자처하며 변함없이 봉건 체제만 지키고 있는 청나라를 보면서, 일부 눈을 뜬 중국인들은 고민에 빠졌다. 이처럼 부패하고 낙후된 상태에서 하루빨리 벗어나야 하지 않는가? 그렇다면 어떻게 해야 부강해질 수 있는가?

어떤 사람들은 서양의 기술을 배워 서양에 대항하자는 '이이제이以夷制夷'를 주장했다. 그래서 일부 관리들은 공장을 짓고, 철도를 놓고, 무기를 만들고, 전함을 사들이는 등 '양무운동洋務運動'에 힘썼다. 그들은 기울어 가는 '대청제국'을 중흥시키려고 했다. 하지만 결과적으로 그러한 시도는 중국을 현대화하는 첫걸음이 되었다.

다른 한쪽에서는 서양의 과학과 문화에 깊은 관심을 보인 사람들도 있었다. 그들은 서양이 이처럼 발전한 근원이 무엇인지 알고 싶었다. 그래서 한 무리의 지식인들이 서구와 일본 등지로 유학을 떠났다. 이러한 선각자들에 의해 서양의 앞선 과학과 문화 지식이 중국에 소개되었다.

봉건 체제 위에 서 있던 청 왕조는 겉은 멀쩡했지만, 속부터 곪아 가는 형국이었다. 밖에서 조그마한 충격이라도 받으면, 곧바로 터져 문드러질 운명이었다.

봉건사회의 몰락을 예언하다

이처럼 청나라의 몰락을 예견한 사람들 가운데, 시인이자 사상가였던 공자진이 있다. 앞 권에서 잠깐 다루었지만, 근대문학의 문을 연 첫 번째 문인이기에 다시 한 번 언급하려고 한다.

공자진龔自珍(1792~1841)의 자는 슬인璱人이고, 호는 정암定庵이다. 그는 인화仁和(오늘날의 절강성 항주시) 사람이다. 그는 대대로 관리를 배출한 집안에서 태어났다. 그의 외할아버지는 『설문해자說文解字』에 주석을 단 청나라의 유명한 문자학 연구자인 단옥재段玉裁 선생이다. 이런 외할아버지의 영향으로 그는 어려서부터 훌륭한 가정교육을 받으며 자랐다.

하지만 과거 시험에서는 여의치 못하여, 스물일곱이 되어서야 거인擧人이 되었다. 그리고 마흔이 다 되어서야 진사가 될 수 있었다. 관직도 별 볼일 없어, 6품에 해당하는 예부주사禮部主事에 머물렀다.

이처럼 벼슬은 말단 관리였지만, 그 안목만큼은 예리했다. 그는 이미 아편전쟁 전부터 사회 불안을 감지했다. 겉으로는 번영한 사회이지만, 앞으로 커다란 위기가 닥칠 것임을 직감했다. 그래서 여러 번 조정에 개혁을 요구했지만, 받아들여지지는 않았다. 그는 동란을 예견하고, 「은자를 존경하다(尊隱)」란 글에서 이 점을 암암리에 예언했다.

이 글은 매우 우회적이고 애매하지만, 대강은 이렇다. 곧 하루에도 아침, 점심, 저녁이 있듯이, 나라에도 건국, 흥성, 쇠망이란 단계가 있다. 나라가 흥성할 때에는 세상의 모든 인재와 보물이 전국 각지에서 서울로 모여든다. 그리고 산과 들에는 완고하고 늙은 것들만 남아 초목과 함께 살다가 스러진다.

그러나 해가 지고 어둠이 깊어 가면 서울의 '기'는 쇠하고, 산과 들은 기운이 왕성해져 생기가 돈다. 서울에는 깊은 침묵과 빛을 잃은 촛불만 남아, 깊은 밤 코고는 소리만 들릴 뿐 고양이조차 울지 않는다.

산속 백성은 큰 소리로 떨쳐 일어나리라. 천지는 그들을 위해 종과 북을 울릴 것이며, 신은 그들을 위해 파도를 몰아치리라!
山中之民有大音聲起, 天地爲之鐘鼓, 神人爲之波濤矣.

공자진은 산속 백성이 누구인지 끝내 명확히 말하지 않았다. 그러나 독자들은 쉽게 알 수 있다. 작자는 정체된 사회에 크게 실망하고, 이러한 침묵을 깨트릴 희망을 백성에게서 찾았다.

그는 자신의 처지를 바탕으로, 인재를 말살하는 사회에 깊은 실망감을 나타냈다. 그래서 「병매관기病梅觀記」를 써서 매화를 기르는 일에 빗대어 인재를 기르는 일을 논의했다.

그의 작품에 따르면, 남경南京과 소주蘇州, 항주杭州 일대에는 매화가 많이 자랐다. 그런데 매화를 기르는 사람들은 지식인과 화가들의 독특한 취향에 맞추려고, 매화 가지를 일부러 비틀고 자르고 꺾어 버렸다. 한 마디로 매화의 생기를 억제하여 비싸게 파는 일에만 몰두했다.

작자는 그런 행동의 본질을 꿰뚫고 있었다. 그래서 그는 이처럼 '병든 매화'가 든 300개의 화분을 사들였다. 그리고 화분을 깨고, 가지에 동여맨 노끈을 푼 뒤 다시 땅에 심었다. 그리고 5년 동안 병든 매화들을 건강하게 회복시키기로 맹세했다.

작가는 이 글 끝부분에서 자신에게 좀 더 많은 여가 시간과 땅이 있다면, 남경과 소주, 항주 일대의 병든 매화를 모두 옮겨와 정성껏

돌봐 줄 수 있다며 아쉬움을 드러냈다.

당시의 통치자들은 윤리와 규범이라는 잣대로 인재들을 구속했다. 마치 무지한 상인들이 자신들 마음대로 매화에게 상처를 입히듯이. 작자는 천하의 모든 매화를 해방시키고 싶다는 말로, 자신이 겪는 고난과 속박을 표현했다.

공자진은 시에도 뛰어난 재능을 보였다. 열다섯부터 시를 짓기 시작하여, 지금까지 전하는 것만 6백여 수에 달한다. 그 가운데 앞 권에서도 다루었던 총 300여 수에 달하는 「기해년의 잡시(己亥雜詩)」가 있다. 이 시는 그가 마흔여덟에 관직을 버리고 항주로 가다가 지은 작품이다.

그는 진강鎭江을 지나면서 수많은 군중이 옥황상제와 바람의 신(風神), 우뢰의 신(雷神)에게 제사지내는 광경을 보았다. 그리고 곧바로 다음과 같은 유명한 7언 절구를 남겼다.

이 땅에 생기 있으려면 태풍 번개 몰아쳐야 하리라	
	九州生氣恃風雷
모두가 벙어리 신세 그야말로 안타깝다	萬馬齊喑究可哀
하늘에 권하노라 다시 한 번 정신 차려	我勸天公重抖擻
격식에 매임 없이 인재를 내리길	不拘一格降人材

시인은 온 세상이 거듭나려면 한바탕 태풍과 번개가 몰아쳐야 한다고 했다. 그는 지금처럼 아무 외침도 없이 무겁게 가라앉은 상태가 얼마나 사람들을 답답하게 하는지 잘 알고 있었다. 하늘이 다시 한 번 정신을 차려, 기울어 가는 청나라를 위해 여러 인재를 내려 주길 바라는 시인의 마음을 느낄 수 있다.

이 시들을 지은 지 2년 뒤, 공자진은 강소성 단양丹陽에 있는 운양서원雲陽書院에서 갑자기 세상을 떠났다. 막 쉰 살이 되던 해였다.

이처럼 봉건 전제 통치를 비판하고 사회 변혁을 일깨웠던 그의 주장은, 이후 후배들에게 큰 영향을 끼쳤다. 그래서 량치차오梁啓超는 그를 일컬어, '근대 사상의 자유를 이끈 선구자'라 했다. 그리고 류야즈柳亞子는 공자진이 '3백 년 역사에서 제1류'라고 극찬했다.

그의 7언 절구에는 "새바람을 여는 것은 스승이 되고자 함이 아니니(但開風氣不爲師)"라는 마지막 구절이 있다. 그 역시 스스로 의식적으로 새바람을 열고자 했는지도 모른다. 자신은 스승이 될 마음이 없었지만, 이후 온 세상에는 그의 제자들이 가득 찼다. 그야말로 "복사꽃과 배꽃이 세상에 가득하다(桃李滿天下)"라는 중국어의 표현 그대로였다.

서양을 배워 서양에 대항하자

공자진과 같은 시대를 살면서 새로운 사상의 길을 개척한 사람으로는 위원과 임칙서를 꼽을 수 있다.

위원魏源(1794~1857)의 자는 묵심默深이고, 호남성 소양邵陽 사람이다. 그는 공자진과 친구였다. 그는 "서양의 장점을 배워 서양에 대항하자(師夷長技以制夷)"고 주장했다. 그의 이러한 주장은 그가 지은 『해국도지海國圖志』의 서문에 잘 나타나 있다.

『해국도지』는 그가 임칙서林則徐의 위탁으로 펴낸 일종의 지리서이다. 여기에서 세계 각국의 지리와 역사, 정치, 경제, 군사 등의 상황을 전문적으로 소개했다. 당시 중국에서는 처음 시도되는 저작이었다.

중국이 외국 자본주의 열강의 침략에 대항하려면, 먼저 자기 자신과 상대를 공부해야 했다. 특히 상대방의 허와 실을 파악해야만 했다. 그리고 외국의 선진 기술을 배워 실력을 키우는 것이 급선무였다. 그래야만 상대를 제압할 수 있다고 생각했다.

위원은 여기에서 한 발 더 나아가, 자신의 몸에 있는 각종 질병을 없애는 것이 더 중요하다고 역설했다. 무지몽매함, 위축되고 소극적인 마음, 구태의연한 자세, 사리사욕에 매달리고 허장성세하는 태도 등 내부의 악습을 치료해야만 외부의 적을 상대할 수 있다고 생각했다.

위원의 이 서문은 길진 않지만, 논리가 분명하고 기세가 막힘없는 뛰어난 글로 평가된다. 정치를 개혁하고, 서구의 선진 기술을 배워야 한다는 내용을 담은 정론문政論文의 대표작이다.

위원은 중국의 개량주의를 이끈 계몽주의자의 한 사람이다. 중국인들은 그를 '세계를 보는 눈을 뜨게 한' 선구자라고 한다.

나라를 구하려 최선을 다하다

우리에게도 잘 알려진 임칙서林則徐(1785~1850)의 자는 소목少穆이고, 복건성 후관侯官 사람이다. 그는 외국 침략자에 대항하여 자신의 임무에 충실했던 민족의 영웅이었다. 그를 모르는 중국인이 없을 정도이다.

중국인이 가장 사랑하는 애국자의 한 사람인 임칙서의 초상.

'아편전쟁' 이라는 영화를 보면 그의 활약상이 잘 나타난다. 동포애와 조국애를 바탕으로 최선을 다하던 그의 모습이 참으로 감동적이다. 하지만 몰락하고 있던 청나라를 되살리기에는 힘에 부쳤다.

임칙서도 적지 않은 시를 남겼다. 그 가운데 다음의 구절을 늘 입에 달고 다녔다고 한다.

> 나라에 이로운 일이라면 살고 죽는 것 무에 대수랴
> 苟利國家生死以
> 어찌 사사로이 화복을 위해 대사를 결정하겠는가
> 豈因禍福避趨之

"글은 그 사람을 말한다(文如其人)"라고 했다. 이 두 구절만 봐도 임칙서의 위대한 인격을 잘 알 수 있다.

시가 혁명의 선구자

이처럼 공자진과 위원 등의 시문은 내용과 풍격에서 이미 개혁을 시도하고 있었다. 그러나 공식적으로 '시단의 혁명(詩界革命)'이란 구호를 외친 사람은 량치차오이다.

량치차오梁啓超(1873~1929)의 자는 탁여卓如이고, 호는 임공任公이다. 그는 광둥성 신후이新會사람이다. 그의 스승인 캉유웨이康有爲와 함께 시종일관 변법變法과 유신維新을 주장했다. 그래서 량치차오와 캉유웨이의 이름은 당시 유신파를 상징하는 말이었다.

량치차오는 유명한 학자로서, 문학에서도 뛰어난 견해를 보여주었다. 그는 중국의 구체시는 더 이상 개발할 여지가 없어서 고갈 상태라고 생각했다. 이런 상황에서 여전히 구체시에 매달리는 사람은 앵무새와 다름없다고 평가했다. 결국 시단에 일대 혁신이 없으면 중국의 시는 죽을 것이라고 판단했다.

그렇다면 탈출구는 어디에 있는가?

그는 유럽 시단의 상황을 배우고, 유럽 시에 담긴 새로운 경계와 언어를 중국의 전통시가 가진 풍격과 조화시켜야 한다고 주장했다. 곧 옛 풍격에 새로운 정서를 담으려고 했다.

이렇듯 '새 술은 새 부대에 담근다'는 그의 주장은 당시 시단에 큰 영향을 끼쳤다. 하지만 정작 자신은 시 창작에 큰 재능을 발휘하지 못했다.

시가 혁명의 실천가

시단 개혁의 이론을 진정으로 실천한 이는 다름 아닌 황준헌이었다.

황준헌黃遵憲(1848~1905)의 자는 공도公度이고, 광동성 가응주嘉應州 사람이다. 어릴 때부터 두각을 나타내, 열 살 때 이미 시를 지었다.

한번은 선생님이 두보의 시 가운데 "뭇 산들 작은지 한 번 굽어보련다(一覽衆山小)"라는 구절을 주고는 시를 지으라고 시켰다. 그러자 선생님의 얼굴을 마주보며 곧바로 이렇게 적었다고 한다.

| 세상이 이렇듯 작은데 | 天下猶爲小 |
| 어찌 눈앞의 산을 들먹이겠는가 | 何論眼底山 |

나중에 그는 과거에 합격하여 거인이 되어, 일본과 미국, 영국, 싱가포르에서 차례로 외교관 생활을 했다. "세상이 이렇듯 작다"고 호언장담했던 그에게 걸맞은 생활이었다고 할 수 있다.

참고로 그가 일본에 외교관으로 있을 때 지은 『사의조선책략私擬朝鮮策略』은, 당시 러시아의 남하 정책을 대비하여 조선과 청, 일본 삼국이 앞으로 취해야 할 외교정책을 다룬 글이다. 국제 정세를 면밀히 관찰하여 조선의 외교 방향을 제시함으로써, 당시 조선 정부에 큰 반향을 불러 일으켰다.

황준헌은 외국에 나가 서양 문명을 접하면서, 중국의 비애를 실감했다. 중국은 변혁해야 한다는 사실을 뼈저리게 느꼈다. 그래서 친구를 만나면, 중국은 서양의 문화와 문물을 배워 변법을 실행해야 한다고 주장했다. 당시 세계정세는 급변하고 있었다. 일본은 메이지유신으로 무섭게 성장했고, 이집트는 외세에 시달렸으며, 인도는 영국의 지배를 받았고, 폴란드도 외세에 의해 영토가 분할되었다. 이처럼 세계정세의 변화 앞에서 중국도 예외는 아니었다.

그는 중국의 변혁을 촉진하고자 많은 노력을 기울였다. 그러나 변법은 실패했다. 담사동譚嗣同 등 6명의 개혁 인사는 목이 달아나고, 황준헌도 관직을 박탈당했다. 이때부터 그는 고향에 내려가 은거하면서, 세상을 떠날 때까지 시로 자신의 울분을 달랬다. 그의 정치적 이상은 좌절되었지만, 시단 개혁만큼은 그의 몫으로 남아 그 이름이 문학사에 길이 남았다.

황준헌은 시 창작뿐만 아니라, 적지 않은 이론을 정립하기도 했다. 그는 시를 지을 때 "시의 밖에는 사실이 있고, 시의 안에는 사람이 있어야 한다(詩之外有事, 詩之內有人)"고 주장했다. 곧 시에는 실재하는 사회적 내용이 있어야 하고, 아울러 자신의 진실한 감정을 담아야 한다고 했다.

또 "나는 내 입에서 나온 말을 쓴다(我手寫吾口)"는 구호를 내세웠다. 이것이 바로 가장 처음으로 문언시文言詩 대신 백화시白話詩를 제창한 주장이다.

나라의 문이 열리자, 새로운 문물이 물밀듯이 밀려들어왔다. 황준헌은 새로이 등장한 신문물들도 거리낌 없이 시의 소재로 다루었다. 「이제 이별(今別離)」4수를 예로 들어보자. 그 가운데 한 수는 기차와 증기선를 전문적으로 다룬 시이다.

이 시는 이별의 아픔을 노래한 구태의연한 내용이지만, 시에 등장하는 교통수단은 신식이다. 종소리가 울리면 기차와 증기선이 움직이기 시작한다. 떠나보내는 사람은 아직 집에 돌아가지도 않았지만,

떠나는 사람은 이미 하늘 저편으로 치닫고 있는 풍경을 잘 묘사했다. 작자는 옛 형식과 내용을 신선한 소재로 풀어내, 자연스러운 조화를 이끌어 냈다.

더 심각하게 나라와 국민을 염려하는 마음을 표현한 작품도 있다. 경자년(1900)의 변혁(庚子之變) 이후인 1901년에 지은 「한밤에 일어나(夜起)」란 7언 율시를 보자.

짤랑짤랑 시끄럽던 처마 끝 쇠방울	千聲檐鐵百淋鈴
비바람 모질게 휘몰아치자 딱 멎었다	雨橫風狂暫一停
닭 울음소리에 훤히 밝는가 여겼더니	正望鷄鳴天下白
다시금 놀라운 일은 거위가 해동청을 친 일이다	又驚鵝擊海東青
깊은 어둠 음산하게 드리운 오랜 나날의 밤	沈陰噎噎何多日
그믐달 옆의 반짝거리는 별은 몇 개나 남았는가	殘月暉暉尙幾星
좁은 방에 불안한 생각으로 홀로 서 있는 나	斗室蒼茫吾獨立
많은 사람 단꿈 꿀 때 눈 뜨고 있는 이 몇이나 될까	萬家酣夢幾人醒

이 시의 첫 4구는 비바람이 몰아쳐 처마 밑의 쇠방울이 울리듯, 8개국 연합군이 맹렬한 기세로 침략하는 것을 뜻한다. 당시 시국이 마음의 평정을 찾기 힘든 방향으로 흘러갔음을 보여준다.

변법과 유신 정책에 어느 정도 서광이 비칠 즈음, 갑자기 러시아가 중국의 동북 지방을 침범했다는 소식이 들려온다. 작자는 러시아의 차르 황제를 '거위(鵝)'에 비유하고, 동북 지방을 '송골매(海東青)'라고 했다. 중국에서는 송골매를 요동 지역의 새라고 주장하지만, 사실은 옛날부터 한반도에서 사냥이나 군사용으로 키운 새로 유명하다.

'해동청'은 송골매를 전문적으로 키우던 관청의 이름이다.

시의 세 번째 연은 먹구름이 하늘을 뒤덮어 일월성신을 가린 날씨를 내세워, 당시 암울했던 정치 상황을 빗댔다.

마지막 두 구절에서 시인은 탄식한다. 불안한 마음에 작은 방에서 잠 못 들다가 홀로 깨어 서성였다. 세상 모든 사람들은 달콤한 잠에 빠졌지만, 이처럼 위태로운 시국을 직시하고 있는 이는 몇이나 될까?

이처럼 중국은 이미 멸망의 길로 치닫고 있었다. 그럼에도 불구하고 대부분의 중국인들은 깊은 잠에서 깨어날 줄 몰랐다. 그러니 선각자인 자신이 어떻게 초조하지 않을 수 있겠는가?

시에는 이런 강렬한 애국심이 잘 드러나 있다. 굴원의 초사와 두보, 육유의 시에서 느낄 수 있었던 정서이다. 어느 나라를 막론하고, 자신의 조국에 대한 사랑을 담은 작품은 가슴 뭉클하다.

그렇지만 타국의 입장은 안중에도 없이, 자국의 이익만 부추기는 패권주의 문학으로 발전할 위험성은 경계해야 한다. 작용과 반작용의 원리처럼, 급변하는 시대에는 이러한 위험성은 늘 존재한다. 따라서 중국의 고구려사 왜곡은 참으로 안타까운 일이다.

칼날 앞에서도 크게 웃다

황준헌의 '시단의 혁명'이라는 주장에 동조한 신시파 인물들에는 앞서 잠깐 언급한 담사동을 꼽을 수 있다.

"흔쾌히 변법을 위해 피를 흘린 첫 번째 인물이 되겠다!"고 외친 담사동.

담사동譚嗣同(1865~1898)의 자는 복생復生이고, 호는 장비壯飛이다. 그는 호남성 유양瀏陽 사람이다. 그는 유신파의 지도자였다.

변법이 실패했을 때, 친구들은 그에게 도피하라고 권했다. 그러자 그는 이렇게 말했다고 한다.

"어느 나라에서든지 변법은 피를 흘리지 않고 성공한 적이 없다. 그런데 중국에서는 변법 때문에 목이 잘렸다는 말을 들어보지 못했다. 이처럼 철두철미하게 변법에 임하지 않아서 언제나 실패한 것이다. 나는 흔쾌히 변법을 위해 피를 흘린 첫 번째 인물이 되겠다!"

결국 그는 체포되어 옥에 갇혔다. 옥중에서 그는 석탄 덩어리를 들고, 벽에 7언 절구를 적었다. 이 시가 바로 그 유명한 「옥중에서 벽에 쓰다(獄中題壁)」이다.

장검처럼 도망 다니면서도 어느 집에서나 환영받으면서
묵고 있을 동지들 생각하니　　　　　　　望門投止思張儉
두근처럼 한동안 죽음을 참았다가 조정으로 돌아와
일하게 되기를　　　　　　　　　　　　忍死須臾待杜根
나는 스스로 칼 앞에서 하늘 우러러 크게 웃나니　我自橫刀向天笑
도망간 이나 남아 있는 이나 성실한 마음 지닌
두 위대한 인물 때문일세　　　　　　　去留肝膽兩崑崙

시에서 거론한 장검과 두근은 모두 한나라 때의 사람으로서, 권세가와 귀족들에 맞서 싸우다가 박해를 받았다. 장검이 관원의 추격을 피해 도망 다닐 때, 사람들은 죽음을 무릅쓰고 그를 보호했다고 한다. 두근은 감옥에서 어찌나 심하게 고문을 받았는지 3일 내내 정신을 잃었다고 한다. 시인은 이처럼 옛사람을 빌어, 변법 때문에 박해받는 이들을 찬양했다.

후반부의 기세는 정말 대단하다. 목에 칼날이 들어와 죽음을 앞두고 있는데도 크게 웃을 수 있는 사람이 역사 이래 과연 몇이나 되겠는가?

어떤 이는 마지막 구절의 '두 위대한 인물(崑崙)'을 유신파의 또 다른 지도자인 캉유웨이와 '큰 칼 왕우(大刀王五)'를 가리킨다고 해석했다. 큰 칼 왕우는 변법에 동조했던 민간인이다. 그는 캉유웨이가 피신했을 때에도 북경에 남아 자리를 지켰다고 한다. 시인의 눈에는 그들이 '피신했든지' 아니면 '남았든지,' 모두 곤륜산처럼 우뚝 솟아 찬란한 위용을 자랑하고 있는 것처럼 보였다.

훈장으로 만든 부채 장식

앞서 소개한 이들은 모두 개량파에 속한 인물들이다. 그렇다면 자본가 계급의 혁명가에는 어떤 인물이 있었을까? 대표적인 인물로 장빙린을 들 수 있다.

장빙린章炳麟(1868~1936)의 자는 태염太炎이고, 저쟝성 위항余杭 사람이다. 그는 진정한 혁명가이자, 유명한 학자이다. 중국의 '민족혼'으로 추앙받는 루쉰魯迅도 한때 그에게 문자학을 배웠다.

위안스카이袁世凱가 정권을 가로채 국정을 파국으로 이끌자, 장빙린은 그에게 받은 훈장을 부채의 손잡이 장식으로 만들었다. 그리고 총통부 대문 앞으로 달려가 한바탕 욕을 퍼부었다고 한다.

그는 평생 7번이나 체포되고, 3번이나 옥살이를 했다. 하지만 그래도 끝까지 굴복하지 않았다.

젊은 혁명가들의 외침

여기서 청년 혁명가인 추용을 알아볼 필요가 있다. 추용鄒容(1885~1905)은 자본가 계급의 혁명을 이끌어 내고자 『혁명군』이라는 소책자를 펴냈다. 장빙린의 서문을 단 이 글은 『소보蘇報』에 실리기도 했다.

장빙린은 이 글의 서문에서 황제를 욕했다는 죄목으로 감옥에 잡혀갔다. 이에 추용은 장빙린 혼자 죄를 뒤집어쓰는 걸 원치 않아, 스스로 감옥에 들어갔다. 그러자 장빙린은 「옥중에서 추용에게 주다(獄中贈鄒容)」란 시를 지었다.

내 동생 추용은	鄒容吾小弟
머리를 늘어뜨리고 일본에 갔다	被髮下瀛洲
어서 칼로 변발을 자르고	快剪刀除辮
육포로 허기진 배를 채웠다	干牛肉作餱

영웅이 감옥에 들어오자	英雄一入獄
천지도 비통해 했다	天地亦悲秋
죽음 앞에서 두 손을 맞잡으니	臨命須摻手
천지 사이에 오직 두 사람뿐	乾坤只兩頭

　시의 전반부를 보면, 추용은 머리를 땋기도 전에 일본으로 유학을 갔다. 그리고 친구에게 권하여 청나라에서 강요하던 변발을 자르도록 했다. 그는 혁명을 위해 동분서주하느라 밥도 제대로 먹지 못하고, 육포 조금으로 허기를 때웠다고 했다.
　시의 후반부에서는 두 사람의 우국지사가 하늘 높이 우뚝 서서 위풍당당한 기개를 뽐내는 모습을 읊고 있다. 두 영웅이 감옥에 갇히자, 하늘도 그들을 위해 수심에 잠겼다. 그들은 죽음 앞에서도 두 손을 맞잡고 조금도 두려워하지 않았다. 오직 그들만이 하늘과 땅 사이에서 우뚝 솟은 진짜 사나이임을 자랑했다.

여성 혁명가의 칼바람

　앞에서 다룬 추용이 소년 혁명가의 대표였다면, 여성 혁명가의 대표로 꼽을 만한 사람은 바로 추근이다.
　추근秋瑾(1878~1907)의 자는 선경璿卿이고, 경웅競雄이란 별호를 쓰기도 했다. 그녀는 절강성 소흥紹興 사람이다. 소흥에는 감호鑒湖라는 호수가 있어서, 그녀를 "감호의 여성 협객(鑒湖女俠)"이라고도 불렀다.

추근은 열여덟에 관리인 왕씨에게 시집을 갔다. 이후에는 남편과 함께 북경으로 이사했다. 당시 여성으로는 드물게 기개가 넘치고 박식하여, 집에만 앉아 사모님 소리만 듣고 있지 않았다. 한창 혁명 사상에 고무되어 있던 그녀는, 결국 과감하게 일본으로 유학을 가기로 마음먹는다.

그녀는 일본에서 광복회光復會와 동맹회同盟會에 가입하여, 혁명을 위해 열정적으로 활동했다. 이후 귀국해서는 청나라에 반대하는 반청反淸 봉기를 주도하다가, 사전에 정보가 누설되어 청 왕조에 의해 살해되었다. 그때 나이가 겨우 스물아홉이었다.

호걸을 능가하는 의협심과 애국심으로 "감호의 여성 협객"이란 소리를 들은 추근.

추근은 여자이긴 했지만, 시에서는 대장부의 기개가 물씬 풍겼다. 「보도의 노래(寶刀歌)」, 「보검의 노래(寶劍歌)」, 「검의 노래(劍歌)」, 「보검의 시(寶劍詩)」, 「홍모도의 노래(紅毛刀歌)」 등 시의 제목만 봐도 쉽게 짐작할 수 있다. 제목만으로는 도저히 여성의 시라고 생각할 수 없다.

그녀는 「보도의 노래(寶刀歌)」에서 이렇게 읊었다.

……………

북상한 8개국 연합군이 모여	北上聯軍八國衆
우리 강산을 또다시 갖다 바친 격이라	把我江山又贈送
흰 서양 귀신 몰려와 경종을 울리니	白鬼西來做警鐘
한족은 놀라 노예의 꿈에서 깨어나도다	漢人驚破奴才夢
주인이 내게 금 치장한 칼을 선사하니	主人贈我金錯刀
이제 이 칼을 얻어 호탕한 마음 품는다	我今得此心雄豪

오늘이야말로 칼 뽑아 의를 펼쳐야 할 때   赤鐵主義當今日
백만의 목숨이 터럭 같은 날 기다리고 있노라   百萬頭顱等一毛
………….

이 시는 송나라의 여류 작가인 이청조李淸照의 시 가운데 한 구절을 떠오르게 한다.

살아서는 마땅히 인걸이 되어야 하며   生當作人傑
죽어서는 또한 귀신의 영웅이 되어야 하리   死亦爲鬼雄

추근의 삶을 볼 때, 이 말은 하늘을 우러러 한 점 부끄러움이 없다. 청나라의 관리는 추근을 체포하여, 온갖 고문을 가하며 공모자를 대라고 윽박질렀다. 그러자 그녀는 지필묵을 달라고 하더니 종이 위에 이런 일곱 글자를 적었다.

갈바람과 가을비가 사람을 해칠까 걱정이구나!
秋風秋雨愁煞人.

그녀는 갖은 고통 속에서도 오로지 풍전등화 같은 조국만 걱정한 것이다.

나중에 남사南社의 구성원이었던 유명한 시인 류야즈는 그녀를 기리는 시를 지었다. 특히 다음 구절은 그녀의 글을 인용했다.

칼날을 삼키고 총총히 감호와 이별하니   飮刃匆匆別鑒湖
갈바람과 가을비에 핏자국이 모호하구나   秋風秋雨血模糊

시대를 앞서 나간 시인

앞에서 언급한 남사南社란 청나라 말기의 민간 문학 단체이다. 그들은 반청 성향이 강했다. 그들의 활동 무대가 주로 남쪽이고, 또 북쪽의 청나라에 대항한다는 뜻에서 '남사'라고 이름을 붙였다. 처음 남사를 결성한 인물은 천취빙陳去病, 가오쉬高旭, 류야즈 등이다. 그들은 또한 동맹회의 회원이기도 했다.

그 가운데 류야즈柳亞子(1887~1958)의 이름은 치지棄疾이고, 쟝쑤성 우쟝吳江 사람이다. 그는 가장 처음으로 캉유웨이와 량치차오에게 영향을 받았다. 이후에는 자본계급 혁명으로 돌아섰다.

그는 언제나 시대를 앞서 나간 인물이었다. 그의 7언 율시 「외로운 분노(孤憤)」는 그의 사상과 풍격을 잘 보여주는 작품이다. 위안스카이가 스스로 황제라고 칭하자, 그는 이를 통렬히 비판한다.

> 세상에 용납되지 못함이 분하다 진실이 막혀 이 땅에 벼리가 끊겨
> 孤憤眞防決地維
> 차마 말똥말똥하게 눈뜨고 썩어 가는 시체들을 볼 수 없구나
> 忍擡醒眼看群尸
> 왕망의 신나라를 미화한 일은 이미 양웅이 노래했고
> 美新已見揚雄頌
> 왕관을 받으라고 청원하는 어용의 노래는 완적이 이미 불렀으나
> 勸進還傳阮籍詞
> 어찌 천하고 상스러운 원숭이를 황제로 삼을 수 있으리오
> 豈有沐猴能作帝

어쩌다가 또다시 썩은 쥐들이 세상을 만났구나　居然腐鼠亦乘時
어젯밤 꿈에 홀연 진나라가 망하더니　宵來忽作亡秦夢
북벌의 함성 맹세코 용사들이 일어섰도다　北伐聲中起誓師

한때 권력을 잃었던 위안스카이가 복귀하더니, 황제를 자처하며 사회를 거꾸로 되돌렸다. 이에 시인은 노기충천했다. 그는 죽은 시체가 눈앞에서 어지러이 춤추는 것을 보고 싶지 않았다. 이것이 첫째 연의 내용이다.

둘째 연은 2개의 전고를 활용했다. 하나는 서한西漢 말기에 왕망王莽이 왕위를 찬탈하여 신新나라를 세운 이야기이다. 당시 양웅揚雄이란 문인은 「아름다운 신 왕조여(美新賦)」를 지어, 왕망에게 아첨을 떨었다. 다른 하나는 완적이 사마소司馬昭에게 상소문을 올리도록 권하는 이야기이다. 시인은 두 전고를 써서 위안스카이의 복귀에 장단을 맞추는 여러 문인들을 신랄하게 비난했다.

셋째 연에서도 2개의 전고를 활용했다. 진秦나라가 망하고 항우가 황제를 자칭하자, 어떤 이가 이렇게 욕했다고 한다.

"원숭이가 면류관을 쓴 꼴이군."

말도 안 되는 이야기이지만, 이는 물론 위안스카이를 풍자한 것이다.

"썩은 쥐들이 세상을 만났구나(腐鼠乘時)"는 『장자莊子』에 나오는 말이다. 이 또한 위안스카이에게 아부하는 무리를 규탄한 것이다. '썩은 쥐'는 아주 경박하고 천한 사람을 비유하여 이르는 말이다.

마지막 연에서는 이렇게 얘기한다. 꿈에 북벌군이 북상을 맹세하는 모습을 보았다. 이제 현대의 진시황은 최후를 맞이할 것이다.

이 시는 마치 폭군을 토벌하자는 격문의 성격을 띠는 동시에, 먼 장래를 내다보는 예언의 성격을 띤다. 과연 오래지 않아 위안스카이는 권좌에서 물러났다.

그런데 시인의 사상은 혁명적이지만, 그의 시풍은 여전히 구태를 벗지 못했다. 한 편의 시에 이렇게 많은 전고를 쓰면, 그 내용을 자세히 풀어 주지 않는 이상 쉽게 이해할 수 없다. 그래서 진정한 의미의 시가 혁명은 5·4운동의 선구자들이 나오면서 시작되었다.

변화의 선구자들 2

량치차오 梁啓超
왕궈웨이 王國維
옌푸 嚴復
린수 林紓

격변기에 태평천국 운동을 일으킨 홍수전.

송시파

 앞장에서 언급한 시인들은 대부분 정치 개혁가였다. 그 가운데 일부는 본분이 혁명가였다. 그렇다고 보수 진영에 뛰어난 문학가가 없었던 것은 아니다. 다만 근대문학의 주류가 혁신파와 진보파라서, 전통적이고 수구적인 문학가들의 빛이 바랬을 따름이다.
 당시 시단에는 '송시파'라는 복고파가 있었다. 말 그대로 송나라 시인들의 풍격을 전문적으로 모방하던 사람들이다. 송시파는 진삼립陳三立와 진연陳衍 등이 대표적인 인물이다. 이들은 주로 동치同治(1862~1874)와 광서光緒(1875~1908) 시기에 활동하여, 그들을 '동광체' 시인이라고도 한다.

상향파

 산문 분야에서는 증국번曾國藩(1811~1872)을 대가로 꼽는 데 이견이 없다. 중국의 근대사를 보면, 그가 호남성湖南省을 근거지로 한 상군湘軍을 이끌고 태평천국의 난을 진압했음을 알 수 있다.
 그는 젊은 시절 산문 창작에 큰 관심을 가졌다. 그래서 한유의 문장을 가장 좋아하고, 사마천과 반고, 구양수의 문장에 매료되었다.
 이후 그는 동성파의 문인 매증량梅曾亮을 스승으로 모시고, 동성파에서 주장하는 의리義理와 고거考據, 문장에 대한 관점을 공부했다.

아울러 거기에 '경제'라는 항목을 추가했다. 그가 말하는 경제는 '나라를 다스리고 구하는 것(經邦濟國)'을 가리켰다.

한편으로 문장을 지을 때에는 큰 안목을 가져야지, 음풍농월吟風弄月해서는 안 된다고 지적했다. 이 점은 매우 혁신적이라 할 만하다. 근대 중국에서는 유난히 호남성 청년들이 국가의 대사에 관심이 많았다. 어떤 이는 이러한 전통이 증국번의 주장과 무관하지 않다고 말한다.

이후 증국번이 고위 관직에 오르자, 주위에 많은 문인들이 모여 산문 창작의 고조기를 맞이한다. 당시 사람들은 이를 '동성파의 중흥(桐城中興)'이라고 했다. 또 증국번이 호남성 상향湘鄕 사람이었기에, 이 일파를 '상향파'라고도 부른다.

파리의 유화를 보고

증국번은 제자가 많았다. 장유교張裕釗, 오여륜吳汝綸, 설복성 등이 그의 뒤를 이었다.

그 가운데 설복성薛福成(1838~1894)의 자는 숙운叔耘이고, 호는 용암庸庵이다. 그는 강소江蘇성 무석無錫 사람이다. 그는 외교관이 되어 영국, 프랑스, 이탈리아, 벨기에 등지의 대사를 역임했다. 그의 대표작인 『파리의 유화를 보고(觀巴黎油畫記)』란 산문은, 그가 파리의 밀랍 인형관과 미술관을 둘러보고 느낀 소감을 적은 글이다.

이 글에서는 프로이센-프랑스 전쟁을 다룬 유화를 감상하는 장면이 가장 생동감 있다. 프로이센-프랑스 전쟁은 에스파냐의 왕위 계승 문제를 직접적인 원인으로, 1870년부터 이듬해에 걸쳐 일어난 전쟁이다. 비스마르크의 정략과 몰트케의 전략으로 결국 프로이센이 이겼다. 이에 프랑스는 프랑크푸르트 조약에 따라 알자스-로렌 지방의 대부분을 넘겨주고, 보상금으로 50억 프랑을 지급했다. 당시 프랑스의 지도자인 나폴레옹 3세는 이 전쟁에 책임을 지고 퇴위했다. 우리가 잘 아는 알퐁스 도데의 『마지막 수업』의 배경이 된 사건이기도 하다.

그곳은 둥그런 공간이었다. 그리고 그림은 그곳의 벽 위에 그려져 있었다. 관람객들은 공간의 한가운데 서서 그림과 마주했다. 그 모습은 마치 전장에 서 있는 듯하여, 정지된 화면이 살아 움직이는 것 같은 착각을 불러일으켰다.

관람을 마친 뒤, 작가는 한 가지 의문이 생겼다. 이 점이 아주 인상적이다. 곧 프로이센-프랑스 전쟁에서 프랑스는 패배했다. 그런데 어째서 프랑스인들은 자신들이 패배한 전쟁을 그림으로 남겼을까?

그것은 바로 국민들을 각성시키고 격려하며, 그날을 잊지 말도록 환기시키려고 해서이다. 우리가 일본 제국주의 세력의 침략과 6·25전쟁을 되새기는 것과 같은 이치이다. 우리는 그것이 굳이 이기거나 진 전쟁이라는 의미에서가 아니라, 동족상잔의 비극이자 힘없는 소국으로서 겪은 세계열강의 대리전쟁이라는 사실을 잊지 말아야겠다.

설복성은 스승 증국번에게 직접적으로 영향을 받았다. 그래서 그는 프랑스인들이 국치일을 잊지 않고 기리는 모습을 동포들에게 알리고 싶었다. 그는 단순히 그림을 감상하는 데 그치지 않고, 조국과 동포를 걱정하는 데까지 폭을 넓힌 것이다.

그의 문장은 시종일관 이러한 정신을 유지했다. 이것이 바로 상향파의 주장이다.

청년 중국을 논하다

　말이 나온 김에 지난 장에서 언급했던 량치차오와 그의 작품 「청년 중국을 논하다(少年中國說)」에 대해 좀 더 설명할까 한다.
　량치차오는 개량 운동의 선동가였다. 하지만 그의 글은 선동문이라고 하기에는 너무나 아름다웠다. 그의 글을 읽고 감동한 수많은 중국 청년들은 혁명에 온몸을 헌신했다. 「청년 중국을 논하다」를 예로 들어 보자.
　이 글은 문언체로 썼지만 내용이 쉽고 전개에 막힘이 없어, 백화체와 다름이 없었다. 공자 왈, 맹자 왈 하는 고문 투는 어디에서도 찾아볼 수 없다. 그는 이 글에서 순수한 열정과 재기발랄한 청년들을 상대로 자신의 주장을 마음껏 펼쳤다.
　그는 글의 첫 부분에서부터 제국주의 열강이 중국을 멸시하는 것을 지적하면서, 힘차게 '청년 중국'이라는 구호를 외쳤다.

　　일본은 우리 중국을 일컬어, 처음에도 늙은 제국이라 하더니, 다음에도 또 늙은 제국이라 한다. 이 말은 서양인들의 말을 그대로 옮긴 것이다. 오호라, 우리 중국이 과연 늙었단 말인가! 나 량치차오가 말한다. 에잇, 말도 안 되는 소리! 말도 안 되는 소리! 내 마음에 이렇듯 청년 중국이 존재하는데!

처음부터 이처럼 감정이 충만하여, 독자에게 진한 감동을 준다.

이어서 그는 '나라의 젊고 늙음'을 말하기 전에, 먼저 '사람의 젊고 늙음'을 언급했다. 청년과 노인을 대비하여, 조목조목 청년의 장점을 나열했다. 청년은 미래를 꿈꾸고, 희망에 가득하며, 진취적으로 생각하고, 과감히 고정된 틀을 깨며, 모험을 즐기고, 원대한 포부를 가진다고 했다. 한마디로 청춘 예찬이다.

그는 이어서 일련의 비유를 들어, 청년과 노인의 우열을 대조했다.

…… 노인이 저무는 해라면, 청년은 떠오르는 해이다. 노인이 병든 소라면, 청년은 무럭무럭 자라는 호랑이이다. 노인이 스님이라면, 청년은 협객이다. 노인이 사전이라면, 청년은 희곡이다. 노인이 아편 연기라면, 청년은 브랜디이다. 노인이 다른 별에서 날아와 떨어진 운석이라면, 청년은 대양에 빛나는 산호초이다. 노인이 이집트 사막의 피라미드라면, 청년은 시베리아 평원을 가로지르는 철로이다. 노인이 늦가을의 버들이라면, 청년은 이른 봄의 풀이다. 노인이 사해死海의 연못이라면, 청년은 장강의 발원지이다.

이렇게 쭉 대비한 뒤, 차츰 사람에서 나라를 언급하는 방향으로 나아간다. 량치차오는 중국에서는 아직 진정한 의미의 국가가 나타나지 않았다고 단언했다. 당우唐虞 이전은 임신기, 은상殷商 때는 수유기, 공자부터 청나라까지는 유년기이며, 이제 중국은 희망이 가득한 청년기에 접어들었다는 것이다. 중국에 비하면 유럽 열방은 이미 장년기에 들어섰기에, 오히려 중국의 미래가 더 밝다는 것이 그의 주장이다.

이어서 그는 청년의 책임을 열거했다. 먼저 오늘날의 청년은 '전도

"청년은 장강의 발원지"라며 청년 중국을 촉구한 량치차오.

가 양양힌 '탄탄대로' 임을 밝혔다. 그런데 만일 나라가 쇠퇴하여 백성이 소나 말의 신세가 되면, 고통 받는 사람은 바로 청년들임을 지적했다. 그에 반해 나라가 강성해져 세계 여러 나라의 존경을 받으면, 그 영광을 누리는 사람도 바로 청년이라고 했다. 그러므로 청년이 곧 중국의 희망이라는 것이 그의 주장이다.

청년이 지혜로워야 나라가 지혜롭고, 청년이 부유해야 나라가 부유하다. 청년이 강해야 나라가 강하고, 청년이 독립해야 나라가 독립한다. 청년이 자유로워야 나라가 자유롭고, 청년이 진보해야 나라가 진보한다. 청년이 유럽을 넘어서야 나라가 유럽을 넘어서고, 청년이 세계를 호령해야 나라가 세계를 호령할 수 있다. …… 아름답도다. 우리 청년 중국이여. 하늘과 함께 영원하리라! 장하도다. 우리 청년 중국이여. 만수무강하리라!

감정이 북받침을 느낄 수 있다. 그의 소망은 100여 년이 지난 지금 현실로 나타나고 있다. 량치차오가 다시 살아나 나날이 발전하는 현재 중국의 위상을 보면 정말 흐뭇할 것이다.

그러나 우리 입장에서 이웃나라의 발전은 득이 될 수도 있지만, 언제나 위험성을 내포하고 있기에 경계를 늦추어서는 안 된다. 상호 이익을 전제로 발전하면 좋지만, 자칫 패권주의로 발전할 가능성도 무시할 수 없다.

아무튼 작가의 나라를 사랑하는 열정은 거침없이 흘러내리는 용암처럼 막을 수 없었다. 문장은 산문체로 썼지만, 실제로는 시나 사와 다르지 않다. 대구법을 이용한 문장 형태나 과장된 풍격이, 작가가 지닌 격정과 잘 어울려 빛을 발한다. 자신의 마음속에는 마르지 않는 글의 샘물이 있어, 언제 어디서든지 창작할 수 있는 욕구가 샘솟는다고 한 소동파의 말이 생각난다. 이 말이 량치차오에게도 딱 맞아떨어지는 듯하다.

량치차오가 이끈 문학 혁명

량치차오의 성취는 산문에서만 그치지 않았다. 그는 문학 이론에서도 당시 사람들의 주목을 끌었다. 그는 '시단의 혁명,' '문단의 혁명(文界革命),' '소설계의 혁명(小說界革命)'이라는 3개의 구호를 내세웠다. 시단의 혁명은 앞에서 소개했으니, 여기서는 나머지 2개의 구호를 살펴보도록 하자.

'문단의 혁명'이란, 글을 쓰는 목적을 국민에게 새로운 문명과 사상을 전달하는 데 두어야 한다는 것이다. 그래서 글이란 명쾌하면서도 웅대한 풍격을 지녀야 하고, 말은 막힘없이 유창하고 쉬우면서도 대중적이어야 함을 뜻한다. 그는 이것을 이미 「청년 중국을 논하다」에서 충분히 입증했다.

마지막으로 '소설계의 혁명'이라는 주장은 그 영향력이 가장 컸다. 중국에서 소설은 예부터 '대아지당大雅之堂'에 오르지 못하는 '잡기(小道)'에 지나지 않았다. '소설小說'이란 이름 자체가 '하찮은 잡담' 정도였으니, 이미 경시하는 뜻을 담고 있다. 그러나 량치차오는 그런 소설의 지위를 가장 높이 끌어올렸다.

그는 한 나라의 면모를 쇄신하려면, 먼저 그 나라의 소설을 쇄신해야 한다고 생각했다. '새로운 소설(新小說)'이 있어야 도덕과 종교, 정치, 풍속, 인격 등이 새로워질 수 있다. 이것이 바로 량치차오가 생각한 소설이다.

그렇다면 그 이유는 무엇일까? 소설은 쉽고, 대중적이며, 사람들에게 감동을 주는 데 있었다. 그래서 글을 모르는 노동자나 농부들도 모두 이해할 수 있기 때문이다. 소설을 통해 국민들을 교화시키고, 역사를 알리며, 나라의 치욕을 되새기고, 사회의 부패와 병폐 및 악습 등을 비판할 수 있다. 그는 외국 유명 인사의 말을 인용하여 이렇게 외쳤다.

"소설은 곧 국민의 영혼이다!"

그러나 량치차오는 중국 고소설의 가치는 매우 부정했다. 『수호전』과 『홍루몽』 같은 고소설은 '도적질'이나 '성적 음행'을 조장하는 글로서, 중국의 악습은 모두 이런 고소설에서 비롯되었다고 주장했다. 그래서 그는 외국의 소설 양식에서 비롯된 정치 소설을 적극적으로 권장했다.

그 결과 그는 스스로 『중국의 미래(中國未來記)』라는 소설을 지어, 정치 소설의 모델로 삼고자 했다. 그러나 이 소설은 오직 정치성에만 주의를 기울여, 소설의 묘미를 잃었다. 그래서 당시 소설계에 큰 영향을 주지는 못했다.

량치차오처럼 사회의 진보가 오로지 소설에 달려 있다고 말하는 것은 너무 편협한 생각이다. 또한 중국의 고소설 전체를 부정한 것은 지나친 억지이다. 그럼에도 불구하고 량치차오는 당시 유명 인사여서, 그의 주장은 곧 큰 반향을 불러일으켰다. 소설의 지위도 크게 좋아져서, 지식인들 사이에서 소설을 창작하고 연구하는 일이 유행했다. 이러한 점에는 량치차오의 공로가 참으로 크다.

량치차오는 여기까지 살펴보기로 하고, 이번에는 또 한 명의 유명한 학자를 살펴보자. 문학 이론 방면에서 량치차오에 못지않은 성과를 남긴 왕궈웨이가 바로 그이다.

왕궈웨이와 『인간사화』

왕궈웨이王國維(1876~1927)의 자는 정안靜安이고, 호는 관당觀堂이다. 그는 저쟝성浙江省 하이닝海寧 사람이다. 그는 중국과 서양의 학문을 두루 섭렵한 대학자였다.

그의 학문 역정은 그야말로 파란만장했다. 그는 어렸을 때부터 가정교사를 두고 공부하여, 열여섯에 정식 과거에 응시할 수 있는 수재秀才가 되었다. 하지만 이후 조금씩 역사에 관심을 가지면서부터 오로지 역사 공부에만 매달렸다. 그러다 보니 자연스럽게 과거 시험 준비도 소홀히 하여, 끝내 거인擧人이 되지 못했다.

스물두 살 이후에는 상하이上海의 한 신문사에 교정원으로 들어가, 신학문의 영향을 받았다. 또 서양 철학에 심취하여 한편으로는 칸트와 쇼펜하우어 및 니체의 사상서를 독파하고, 다른 한편으로는 외국어를 공부했다. 그 결과물로 일련의 비중 있는 논문을 발표했다.

서른이 넘어서부터는 철학에 흥미를 잃었다. 그리고 다시 문학을 연구하는 데 눈을 돌렸다. 그는 중국에서 가장 처음 서양의 문예이론을 바탕으로 『홍부몽』을 분석한 학자이다. 또 그는 시가 비평서인 『인간사화人間詞話』와 전문 희곡 연구서인 『송원희곡사宋元戲曲史』를 썼다.

이후 그는 일본으로 건너가, 고대 문자와 고대사 연구에 매진하여 많은 업적을 남겼다. 중국으로 돌아온 다음에는 대학 교수로 활동하면서, 당시 청화국학연구원清華國學研究院(현재 칭화대학교의 전신)의 지도 교사가 되었다. 신문사의 한낱 교정원이 고생하며 공부해, 결국 최고의 학자가 되었다는 점에서 입지전적인 인물이라 할 수 있다. 그래서 지금도 세계 각국의 중국학 연구자들은 왕궈웨이를 최고의 학자로 꼽는 데 주저하지 않는다.

그의 대표작인 『인간사화』는 사詞의 창작을 다룬 문학비평 전문 서적이다. 여기에서 그는 많은 서양의 미학 이론을 차용했다. 하지만 형식은 전형적인 중국 시화의 형식을 취했다.

쇼펜하우어는 "서정시는 소년 시절에 짓는 것이고, 서사시와 희곡은 장년에 짓는 것이다"라고 했다. 내가 생각하기에 서정시는 국민이 유치한 시대에 짓는 것이고, 서사시는 국민이 성장한 시대에 짓는 것이다. 그러므로 희곡은 옛날의 것이 오늘날의 것만 못하고, 사詞는 오늘날의 것이 옛날 것만 못하다. 아마도 하나는 구성을 위주로 하고, 다른 하나는 모름지기 흥을 기다려서 완성하기 때문일 것이다.

잘 알다시피 쇼펜하우어는 독일의 유명한 철학자이다. 그는 서정시가 청년층이 즐기는 문학 양식이고, 서사시와 희극은 장년층이 즐기는 문학 양식이라고 생각했다.

그런데 왕궈웨이는 그의 학설을 좀 더 확대하여, 개별 인간이 아니라 민족의 차원에서 논의했다. 곧 서정시는 유년기에 놓인 민족의 창작이고, 서사시는 나날이 강성해지는 민족의 창작이라고 생각했다. 그래서 시와 사는 고대의 작품이 좋고, 희곡은 근대의 작품이 좋다고 평가했다. 둘의 특징도 다르다고 보았다. 희곡은 서술 문학이라 배치를 중시하고, 시와 사는 느낌과 영감을 중시하기 때문이다.

『인간사화』의 가장 큰 업적은 '경계설境界說'을 제시했다는 점이다. 왕궈웨이의 관점에서 보면, 사의 좋고 나쁨은 모두 그 작품의 경계에 따라 결정된다. 그렇다면 경계란 무엇일까?

경계는 단순히 경치만 일컫는 것이 아니라, 인간의 감정도 경계의 하나로서 '마음의 경계'가 될 수 있다. 그는 사 작품 한 수에 참된 광경과 감정을 담는 것을 "경계가 있다"라고 했다.

또한 왕궈웨이는 '학문의 세 가지 경계(治學三境界)'도 제시했다. 여기서 말하는 '경계'는 앞서 말한 '경계'와는 다르다. 그의 '세 가지 경계'란 학문을 연마하는 과정의 세 단계를 가리킨다. 『인간사화』에서 이 부분을 살펴보자.

예나 지금이나 위대한 업적과 학문을 성취한 사람들은 반드시 세 가지 '경계境界'를 거쳤다.

"어젯밤 가을바람에 푸른 나무 시들었네. 홀로 높은 누대에 올라, 하늘 끝닿은 길을 하염없이 바라보네." 이것이 첫 번째 경계이다.

"허리띠 점점 느슨해져도 끝내 후회하지 않으리니, 그대 위해서라면 초췌해질 만하다네." 이것이 두 번째 경계이다.

"무리 속을 그대 찾아 천 번 백 번 헤맸지. 문득 고개 돌려보니, 그대는 오히려 꺼져 가는 등불 아래 있어라." 이것이 세 번째 경계이다.

여기서 알 수 있듯이, 그는 특이하게도 옛사람들의 3단 사구詞句를 빌어 학문을 연마하는 세 단계를 비유했다. 비유도 매우 교묘하고 적절하다.

사구의 첫째 단은 송나라 때 안수晏殊의 사「작답지鵲踏枝」의 내용을 빌어 왔다. 그래서 학문의 초보자는 높이 서서 멀리 보아야만 발전할 수 있음을 암시했다.

둘째 단은 송나라의 대문호인 구양수歐陽修의「접련화蝶戀花」에서 따왔다. 이 작품은 원래 연인을 그리워하는 내용인데, 여기서는 연인이 학문으로 바뀌었다. 학문을 연마하는 데 골몰한 나머지, 수척해져 옷이 헐렁해질 정도였다. 그러나 학자는 조금도 후회하지 않았다.

셋째 단은 남송의 대표 작가인 신기질辛棄疾의「청옥안青玉案·정월 대보름(元夕)」에서 따왔다. 원래는 작가가 정월 대보름날 밤에 연인을 찾는 내용이다. 그런데 여기서는 학자가 성실하게 학문을 연마하면서 우여곡절을 겪다가, 어찌할 바를 모르는 순간 대오 각성하여 사물의 이치를 꿰뚫고 새로운 경지에 들어가는 모습으로 해석했다.

이처럼 교묘한 비유와 깊은 이해는 왕궈웨이 같은 대학자만 할 수 있는 성과이다.

확실히 왕궈웨이의 학문은 존경의 대상이었다. 하지만 그의 정치적인 태도는 그다지 훌륭하지 않았다. 그는 평생 일본의 괴뢰정부인 만주국의 대신을 지낸 뤄전위羅振玉와 얽혔다.

그렇지만 한편으로는 이해할 수 있는 부분도 있다. 신해혁명(1911)이 일어나자 선통宣統 황제는 강제로 퇴위를 당하여, 고궁(지금의 자금성) 안에 연금되었다. 그러던 어느 날, 그는 문득 왕궈웨이가 생각나

새로운 중국학의 기초를 세운 것으로 평가받는 왕궈웨이.

서 그를 궁으로 불러들였다. 그리고는 일종의 도서관장인 '남서방행주南書房行走'라는 관직을 맡겼다. 왕궈웨이는 감동한 나머지 눈물을 흘렸다. 그 뒤 1927년 북벌군이 쳐들어오자, 선통 황제는 고궁을 떠날 수밖에 없었다. 군주에게 충성하겠다는 생각밖에 없었던 왕궈웨이는 곤명호昆明湖에 뛰어들어 자살했다. 이 소식을 접한 사람들은 하나같이 그의 죽음을 안타까워했다.

왕궈웨이는 철학자이자 문학자, 역사학자로서 팔방미인이었다. 그는 언뜻 보면 쉽게 갈 수 있는 길을 이리저리 돌아서 간 것 같기도 하다. 그렇지만 그가 중국과 서양의 학문에 정통할 수 있었던 것은, 바로 그처럼 광범위한 학술 영역을 오랜 기간에 걸쳐 두루 섭렵하고 체득했기 때문이다. 뼈를 깎는 노력이 없었다면, 어떻게 발견과 창조의 기쁨을 누릴 수 있겠는가.

이후 중국인들은 왕궈웨이를 매우 높이 평가했다. 그래서 그를 청나라 300년 동안의 학술을 집대성한 인물이자, 20세기 학술의 기반을 세운 선구자로 인정했다. 이는 절대 과장된 말이 아니다.

3가지 번역 원칙

　근대는 그 시대적 특징 때문에, 몇몇 번역가들이 문단에서 두각을 나타냈다. 앞서 언급한 량치차오도 한때 서양의 정치 소설을 번역한 적이 있다. 그렇지만 번역가로 이름난 사람을 꼽으라면, 사상가이기도 했던 옌푸를 들 수 있다.

　옌푸嚴復(1853~1921)의 자는 기도幾道이고, 푸젠성福建省 허우관侯官 사람이다. 그는 일찍이 영국 해군 학교에 유학하고, 귀국한 뒤에는 서양의 선진 사상을 소개하는 일에 매달렸다. 그는 영국인 토머스 헉슬리의 『진화론과 윤리학』을 『천연론天演論』이란 이름으로 번역했다. 옌푸의 번역서는 아름다운 문어체를 사용했다.

　옌푸는 이 책에서 '생존경쟁과 자연도태, 적자생존' 등을 소개했다. 곧 자연계의 만물은 경쟁하며 살고, 객관적 환경에 적응할 수 있는 강자만 생존할 수 있다는 것이다. 이는 바로 대자연의 선택이다. 그는 이 책을 통해 당시 중국인들에게 경종을 울리고 싶었다. 중국이 개혁을 통해 부강을 도모하지 않으면, 세계라는 무대에서 도태될 것이라고 경고한 셈이다.

　그는 또 '신뢰성(信), 전달성(達), 심미성(雅)'이라는 3가지 번역 원칙을 제시했다. 이는 이후 번역가들의 절대적인 신조가 되었다.

외국어를 모르는 번역가

당시 옌푸와 쌍벽을 이룬 번역가는 린수였다.

린수林紓(1852~1924)의 자는 금남琴南이고, 호는 외려畏廬이다. 그는 옌푸와 같은 푸젠성 사람이다. 그는 번역가라고 하기에는 참 특이한 사람이었다. 그는 외국어를 몰랐기 때문이다. 그런 사람이 번역할 수 있었던 것은, 아마 외국어를 아는 사람과 함께 작업했기 때문일 것이다.

언젠가 그의 친구는 프랑스를 다녀온 뒤, 그에게 뒤마의 소설 『춘희(茶花女)』를 들려주었다. 린수는 깊은 감동을 받아 친구에게 책의 내용을 그대로 구술해 달라고 했다. 그리고 린수는 그 내용을 문어체로 기록했다. 그는 그 결과물로 『파리차화녀유사(巴黎茶花女遺事)』란 제목의 책을 출판했다. 이 책은 출판되자마자 큰 호응을 얻었다.

이어서 다시 그는 영어를 잘 아는 친구와 미국 스토우 부인의 소설 『톰 아저씨의 오두막집(Uncle Tom's Cabin)』을 '흑인 노예의 절규(黑奴吁天錄)'란 제목으로 번역했다. 미국 흑인의 고난과 역경이 비슷한 처지에서 고통 받는 중국인에게 매우 익숙했기에, 이 소설도 불티나게 팔렸다.

린수의 작업은 그 뒤에도 계속 이어졌다. 그는 영국과 프랑스, 미국의 작품뿐만 아니라, 일본과 스페인, 그리스, 노르웨이의 소설까지 180여 편을 번역했다.

린수는 어렸을 때 집이 가난하여 힘들게 공부했다. 하지만 학창시절에 남들보다 더 노력하여, 청년 시절부터 좋은 글을 쓸 수 있었다. 전하는 바로는 그가 외국 소설을 번역하는 속도는 매우 빨랐다고 한다. 구술자의 말소리가 끝나기가 무섭게 번역문을 완성했다. 가장 빠를 때는 1시간에 1천 자 이상을 번역했다고 하니, 구상이 빠르고 글재주가 능숙했음을 알 수 있다.

또 번역에 감각이 있고 글재주도 탁월해서, 어쩔 때는 원서의 수준보다 훨씬 나은 경우도 있었다. 물론 그럴 때에는 옌푸가 제시한 번역의 3가지 원칙 가운데, '정보의 전달'과 '심미성'은 뛰어나다고 할 수 있다. 하지만 '신뢰성'은 조금 떨어지는 것이 사실이다.

린수가 번역한 소설의 제목은 지금과는 많이 다르다. 예를 들어 세르반테스의 소설 『돈키호테』는 '마협전魔俠傳'이라고 했다. 또 스위프트의 소설 『걸리버 여행기』는 '바다 두목 이야기(海上軒渠錄)'로, 스콧의 소설 『아이반호』는 '색슨 재난 뒤의 영웅 이야기(撒克遜法後英雄略)'로 제목을 붙였다.

변혁기의 인간 군상 3

문강文康
석옥곤石玉昆
유악劉鶚
이보가李寶嘉
쩡포曾朴

가축조차 없는 농민이 스스로 소가 되어 쟁기를 끌고 있다.

협사 소설

이 장에서는 근대 소설을 이야기해 보자. 소설은 근대에 이르면 조금씩 쇠퇴했다. 양적으로는 전에 없이 급격하게 팽창하여, 이 시기에 나온 소설은 수백여 편에 이른다. 그러나 『삼국지』, 『수호전』, 『서유기』, 『홍루몽』 같은 대작은 한 편도 나오지 않았다.

그래도 이 시기에 나온 견책譴責 소설과 의협義俠 소설 및 공안公案 소설 등은 높이 평가할 만하다.

그밖에 협사狹邪 소설도 거론할 만하다. 협사 소설이란 주로 기생의 생활을 다룬 작품이다. 앞서 다루었던 『금병매』나 『성세인연전』, 『홍루몽』 같은 작품과 비슷하다. 이들 작품은 문학적으로는 매우 가치 있다. 하지만 소재가 가정에 치우쳐 있다.

청나라 말기에 이르면 이런 '세태 소설'이 변하여, 주로 기생의 생활만 다루었다. 그래서 중국의 현대 소설가인 루쉰은 이들을 '협사 소설'이라고 불렀다. 지금으로 치면 '외설 소설'쯤으로 해석할 수 있다.

그 대표작으로는 『품화보감品花寶鑑』, 『화월흔花月痕』, 『청루몽靑樓夢』, 『해상화열전海上花列傳』 등이 있다. 그 가운데 청나라 말기 상해 기녀들의 생활과 운명을 생동감 있게 그린 『해상화열전』이 가장 우수하다.

이 작품에서는 인물 사이의 대화를 거의 모두 상해 방언을 사용했다. 그래서 중국인들도 대개는 이해할 수 없다. 문학을 연구하는 데에는 매우 중요한 작품이지만, 일반 독자들은 쉽게 다가갈 수 없는 작품이기도 하다.

의협 소설

 의협 소설 가운데 가장 먼저 나온 작품은 『아녀영웅전兒女英雄傳』이다. 작자는 '연북한인燕北閑人'이라고 하는데, 그의 진짜 이름은 문강文康이다. 그는 만주족이었다.

 그의 할아버지는 대학사大學士 출신이었다. 그러나 그의 대에 와서는 가문이 몰락하여 궁핍하게 생활했다. 마치 『홍루몽』의 작가인 조설근을 보는 것 같다. 그도 조설근처럼 가문의 몰락을 겪으면서 그 아픔을 작품으로 승화시켰다. 소설은 도광道光 시기(1821~1850)에 썼다. 원래는 53회였는데, 지금은 그 가운데 40회만 전한다.

 관리의 아들인 안기安驥는 아버지가 상사의 모함을 받자, 돈을 들고 백방으로 구원의 손길을 찾아다녔다. 이 책상물림은 집을 나선 지 얼마 되지도 않아 세상의 험악한 맛을 본다. 능인사能仁寺라는 절을 지나가다가, 하마터면 짐꾼과 땡추중의 속임수에 넘어갈 뻔한 것이다.

 다행히 마침 십삼매十三妹라고 하는 하옥봉何玉鳳을 만났다. 그녀는 심상치 않은 분위기를 풍겼다. 원래 그녀는 명문가의 딸이었는데, 그녀의 아버지도 안기의 아버지처럼 간신들의 모함을 받았다. 그래서 그녀는 열심히 무예를 연마하여 아버지의 원수를 갚을 날만 기다리고 있었던 것이다. 그런데 안기는 사람 보는 눈이 없어, 그녀를 여강도로 착각하고 간이 콩알만 해졌다.

 그러나 십삼매는 능인사의 강도를 처치하고, 안기와 장금봉張金鳳이란 여인을 구출한 뒤 두 사람을 부부로 맺어 주었다. 그 뒤 십삼매 자신도 간신에게 쫓기다가, 마침내 아버지의 원수를 갚는다. 그리고 결국 안기와 맺어진다. 고전문학에서도 살펴봤지만, 봉건시대에는 한 남자가 여러 여자와 살 수 있었다. 지금과는 많이 달랐다.

나중에는 안기도 아버지를 구하고, 과거에 급제하여 대관이 되었다. 공명을 얻고, 화목한 가정에 자손까지 번영했으니, 이보다 더 좋은 결말은 없을 것이다. 금봉과 옥봉이 아내가 되었다고 해서 이 작품을 '금옥연金玉緣'이라고도 부른다.

이 소설의 주제는 매우 진부하다. 그러나 문강이라는 몰락한 귀족의 후예가 소설을 빌어 화려했던 과거를 재현했다는 데 의의가 있다.

하지만 『홍루몽』에 비하면 사상성에서도 많이 뒤떨어진다. 그렇지만 이야기 전개가 흥미롭고, 문장도 생동적이고 유창하다는 면에서는 어느 정도 『홍루몽』에 가깝다. 그래서 어떤 학자는 만주족은 말을 잘하고, 그들이 한 말은 언제나 아름답고 유창하다고 했다. 그러면서 『홍루몽』과 이 『아녀영웅전』을 예로 들었다.

또 이 학자는 청나라 말기의 소설을 남파와 북파로 구분했다. 북방의 소설은 언어가 유창하고 기교에 뛰어나지만, 사상은 대부분 진부하다는 것이 특징이라고 했다. 그에 비해 남방의 소설은 작품에 자신의 사상과 견해를 자연스럽게 표현했다는 것이 특징이라고 했다.

그가 말한 북방 소설은 『아녀영웅전』이나 『삼협오의三俠五義』 같은 의협·공안 소설을 말한다. 그리고 남방 소설은 루쉰이 말한 견책 소설을 말한다.

다음에는 전형적인 의협·공안 소설인 『삼협오의』를 살펴보자.

『삼협오의』의 포청천

먼저 낯선 단어인 '공안'부터 알아보자. 공안은 공문서를 뜻하는 말이다. 그래서 '공안 소설'이라 하면 '사건 소설'이나 '법정 소설'이라고 이해하면 된다.

지금 살펴보려고 하는 『삼협오의』의 작자 석옥곤石玉崑(약 1810~1871)은 천진天津 사람이다. 그는 원래 문인이 아니었다. 원래는 '평서評書 예술인'으로서 북경을 중심으로 활동했다. 평서 예술인은 쉽게 말하면, '책 읽어 주는 사람'이다. 사람들이 잘 아는 이야기를 구수한 입담과 노래로 청중들에게 들려주고 돈을 받던 사람을 말한다.

그는 도광道光에서 함풍咸豊(1851~1861) 시기에 북경에서 활동하면서 큰 인기를 누렸다. 그가 자주 공연한 대표 서적은 『용도龍圖 공안』으로서, '포공안包公案'의 하나이다. 포공안이란 바로 포청천 이야기이다. 이 당시 어떤 사람이 포청천의 이야기를 기록하여, 『용도이록龍圖耳錄』이라는 제목으로 출판했다고 한다. 이것을 각색한 것이 우리가 살펴볼 『삼협오의』이다. 이 소설은 모두 120회이다.

소설의 전반부는 사건을 수사하는 내용이다. 그러면서 포청천이 사건을 풀어가는 모습을 보여준다. 그리고 후반부에서는 협객이 의로운 행동을 하는 데 집중하고 있다. 그래서 이 소설을 '의협·공안' 또는 '공안·의협'이라고 하는 것이다.

먼저 포 대인 이야기부터 보자. 소설에 보면, 포 대인은 보통 사람이 아니라 하늘에서 내려온 별의 신이라고 한다. 생김새도 특별하여, 태어날 때부터 피부가 검고 반들반들했다고 한다. 하지만 그는 그런 자신의 모습이 싫었고, 다른 사람들도 그와 상대하려고 하지 않았다.

포청천은 중국인이 사랑하는 인물 전형 가운데 하나이다. 많은 소설, 영화, 드라마의 주인공으로 등장한다.

심지어 그의 둘째형은 그를 죽이려고까지 했다. 다행히도 큰형 내외가 의로운 사람이라, 산속에서 그를 구출하여 잘 키웠다.

그 뒤 포 대인은 진사에 합격하여 조정의 관리가 된다. 그때부터 그는 낮에는 세상의 사건을 다루고, 밤에는 음계의 사건을 다루었다. 그는 청렴결백하여 백성들에게 많은 사랑을 받았다. 그래서 중국의 민간 속담에는 "염라와 포공이 있으니, 꿍꿍이는 안 통한다(關節不到, 有閻羅老包)"라는 말이 생겼다. 아무리 음흉하고 흉악한 사람이라도 염라대왕과 포청천의 손아귀에서 벗어날 수 없다는 뜻이다.

이전의 공안 소설에서 사건을 처리하는 사람은 언제나 귀신의 도움을 받았다. 그런데 포 대인의 공안에서는 사건을 논리적으로 추리했다. 소설에 나오는 '먹통 사건(墨斗案)'이 대표적인 예이다.

폭풍우가 몰아치던 어느 날 밤, 심청沈淸이란 사람이 사당으로 뛰어 들어가 비를 피했다. 비가 그치고 날이 개자, 그는 사당에서 나왔다. 그런데 갑자기 공무원에게 체포되었다. 그날 밤 사당에서 스님이 살해되었는데, 공교롭게 심청의 등에 핏자국이 남아 있었던 것이다.

결정적 증거가 있었지만, 포 대인은 쉽게 결론을 내리지 않았다. 그는 직접 사당으로 가서 현장을 관찰하여, 바닥에 떨어져 있는 증거물을 주웠다.

다음날, 그는 마을의 목수를 모두 불러다 관청에서 사용할 꽃무늬 선반의 도안을 만들도록 했다. 포 대인은 목수들의 작품을 꼼꼼히 살피너니, 모두 돌려보내고 오량吳良이라는 목수만 남게 했다. 그리고는 그가 스님을 살해한 진범이라고 밝혔다.

포 대인이 그를 지목한 데에는 근거가 있었다. 그가 사건 현장의 바닥에서 주운 것은 바로 목수들이 쓰는 먹통이었다. 당시에는 줄자와 볼펜 같은 도구 대신 먹줄과 먹통을 썼다. 이것은 먹통에 가는 실을 적신 다음, 실의 양쪽을 팽팽히 잡아당겨 재단할 나무 위에 살짝 튕긴다. 그러면 볼펜으로 줄을 그은 것처럼 표시가 나는 도구이다.

또 포 대인은 불상 뒤쪽에서 피 묻은 여섯 손가락 표시를 발견했다. 그런데 그 표시가 오량의 신체적 특징과 정확하게 일치했다. 결국 오량은 자신의 범죄를 자백할 수밖에 없었다. 그는 재물이 탐이 나, 스님을 죽이고 불상 밑에 훔친 은자를 숨기고 도망쳤던 것이다.

추리 과정이 너무 싱겁지만, 시대를 감안하면 꽤 치밀한 구성이다. 소설에서는 이렇게 사건을 풀어 가는 이야기를 길거나 짧게, 또 간단하거나 복잡하게 전개한다.

어떤 경우에는 몇 개의 사건이 동시에 진행되면서 우여곡절을 겪는다. '오분烏盆 사건,' '범중우范仲禹 사건,' '이묘환태자狸猫換太子 사건' 등이 대표적인 예이다. 이들은 다시 희극으로 각색되어 널리 공연되었다.

『삼협오의』의 협객들

이제 소설에 나오는 협객들을 살펴보자. 제목에서는 '삼협'이라고 했지만, 사실은 4명의 협객이 등장한다. 자가 웅비熊飛인 남쪽의 협객 전소展昭와 구양춘歐陽春, 그리고 정조란丁兆蘭, 정조혜丁兆蕙 형제 쌍협이 그들이다.

그렇다면 '오의'는 누구인가? 그들은 함공도陷空島에서 의형제를 맺은 첫째 첩천서鉆天鼠 노방盧方, 둘째 철지서徹地鼠 한창韓彰, 셋째 천산서穿山鼠 서경徐慶, 넷째 번강서翻江鼠 장평蔣平, 다섯째 금모서錦毛鼠 백옥당白玉堂이다. 이들은 이름 앞에 '쥐(鼠)'란 글자 때문에 '다섯 마리의 쥐(五鼠)'라고도 했다.

이들은 모두 각지에 흩어져 살아서 자주 왕래하지 않았다. 그러다 한 사건으로 의기투합하게 되었다. 사건은 전웅비가 '황제의 고양이(御猫)'로 임명되면서부터 시작된다.

전웅비는 작품에서 가장 많이 등장하는 협객이다. 그는 도처에서 의협을 펼치며 암암리에 포공을 보호했다. 포공은 그의 재능을 높이 사 황제에게 추천할 정도였다. 황제는 그가 자유자재로 벽과 담을 넘나드는 모습을 보고 감탄하며 말했다.

"그는 사람이 아니라 분명 짐의 고양이 같구나!"

당시 황제의 말은 곧 법이었다. 그래서 그때부터 전웅비는 '황제의 고양이'라고 불렸다.

그런데 이 일이 뜻밖에도 금모수 백옥당의 비위를 상하게 했다. 잘생긴 그는 남들에게 지기 싫어하는 성격이었다. 그래서 이 일을 트집 잡아 말했다.

"우리 형제를 '다섯 마리의 쥐'라고 하는데, 그는 '황제의 고양이'라고 불리니 우리와 맞서자는 것 아닙니까? 그에게 우리 '다섯 마리의 쥐'가 매운맛을 보여줘야 합니다."

그 길로 혼자 수도로 올라간 백옥당은, 황궁을 발칵 뒤집어 놓는다. 그리고 포공 관저에서 세 가지 보물을 훔쳐 돌아왔다. 그러면서 '황제의 고양이'가 직접 함공도에 와서 보물을 가져가라는 말도 남겼다.

전웅비도 이에 지지 않고, 창 하나만 들고 말에 올라 함공도로 향했다. 그러나 익숙하지 않은 지형 때문에 들어서자마자 백옥당이 파놓은 함정에 빠져, 통천굴通天窟에 갇힌다. 동굴에는 '화가 난 고양이(氣死猫)'라는 글자가 쓰인 액자가 걸려 있었다.

하지만 다행히 전웅비는 정씨 형제와 친분이 있었다. 그리고 '다섯 마리의 쥐' 가운데 몇 명은 다섯째의 행동이 지나치다고 생각했다. 결국 전웅비는 이들의 도움으로 곤경에서 벗어나고, 세 가지 보물을 되찾는다. 이 과정에서 다섯 협객은 모두 포공에게 귀의한다.

그 뒤 이들 협객은 강호에 날뛰는 악의 무리를 소탕한다. 그리고 거물급인 마강馬剛과 마강馬强 및 그들의 숙부 마조현馬朝賢을 제압한다. 궁중의 환관인 숙부 마조현의 권세를 등에 업고 마씨 형제가 온갖 악행을 일삼았기 때문이다.

이 이야기는 백옥당의 죽음으로 끝을 맺는다. 한번은 황제의 종친 양양왕襄陽王이 비적들을 모아 모반을 꾀했다. 이에 조정에서는 청백리인 안사산顔査散을 보내, 양양왕의 죄를 파악하도록 했다. 백옥당과 모사인 공손책公孫策이 그 좌우를 보좌했다.

양양왕은 비적들과 체결한 맹약서를 충소루沖霄樓에 숨겨 놓고, 그 주변에는 수많은 암기를 매설해 놓았다. 사전 탐사로 이를 감지한 백옥당은 그대로 돌아설 수밖에 없었다.

　상황이 잘 풀리지 않자, 양양왕은 사람을 보내 안사산의 인장을 훔쳤다. 이 일로 그냥 돌아온 백옥당은 체면을 구겼다. 화가 난 백옥당은 다시 충소루로 쳐들어갔다. 그리고 누각을 지키고 있던 두목을 죽이고, 안으로 들어가 맹약서를 손에 넣으려 했다. 그때 갑자기 바닥이 움직였다. "안 돼" 하는 외침과 함께 백옥당은 함정으로 떨어졌다.

　영웅 백옥당은 결국 날카로운 칼날에 찔리고 수많은 화살에 맞아, 피범벅이 된 채 죽음을 맞이했다. 그러나 비장한 각오로 뭉친 영웅들이 인장을 되찾고, 백옥당의 시신도 회수한다. 소설은 협객들이 전열을 가다듬고 반역을 막고자 양양으로 떠날 준비를 하면서 끝난다.

　위에서 살펴보았듯이 백옥당은 소설에서 가장 공을 들인 인물이다. 그는 뛰어난 무술 실력에 빼어난 미적 감각을 지녔다. 그가 등장하면 주위의 모든 것이 빛을 잃을 정도였다.

　또한 그는 남다른 성격의 소유자이기도 하다. 자긍심이 대단하여, 모든 일에 지기 싫어했다. 그래서 체면에 집착하고, 일처리에 너무 각박한 면도 있었다.

　하지만 중용과 화해를 중시하는 중국 전통 사회에서는 이런 그의 성격을 좋아하지 않았다. 그래서 작가는 그가 여러 협객들을 괴롭히고 대치하는 장면에서, 일부러 그의 형상을 볼품없게 만들어 사회의 전통 관념에 시달리는 모습으로 그렸다. 작가의 이런 태도는 일반인의 견해를 반영한 것이다. 이런 몇몇 결점에도 불구하고, 그의 형상은 진솔하고 사랑스럽게 다가온다.

　또 그의 비극적 최후는 독자들의 동정을 사기에 충분했다. 그가 함정에 빠져 죽는 장면을 읽다 보면, 독자들은 함께했던 친구를 잃는 듯한 착각에 빠졌다.

주제를 놓고 보면, 『삼협오의』는 남다른 특징이 없다. 예로부터 협객은 권위에 저항하는 기질이 있었다. 이 작품의 협객들도 처음에는 도도한 기질을 잃지 않았다. 하지만 후반에는 고위 관리에게 순종하고, 보디가드 역할이나 하면서 영웅의 기개를 상실했다. 그러나 황제 밑에서 책을 읽어 주던 석옥곤의 입장을 생각하면, 황제가 반역을 일삼는 호걸을 찬양하는 작품을 좋아할 리 없었다.

『삼협오의』 이후 『소오의小五義』와 『속소오의續小五義』가 석옥곤이란 이름을 달고 출판되었다. 협객들이 여러 의인들과 힘을 합쳐, 마침내 양양왕 세력을 진압한다는 내용이다. 그러나 예술적으로는 전편에 미치지 못한다.

이밖에도 『시공안施公案』과 『팽공안彭公案』 같은 소설이 그 뒤를 이었다. 하지만 사상적으로나 예술적으로 모두 뒤떨어졌다.

견책 소설과 유악의 『라오찬 여행기』

북방에서 의협·공안 소설이 성행했다면, 남방에서는 견책 소설이 유행했다. 견책譴責 소설이란 말 그대로 사회의 폐단을 질책하는 소설이다. 이는 풍자소설인 『유림외사』와도 일맥상통한다.

그런데 '풍자 소설'이라 하지 않고, 굳이 '견책 소설'이라는 단어를 고집한 까닭은 뭘까?

원래 이런 류의 소설은 사회를 풍자하는 기능을 가지고 있었으나, 그저 어두운 면을 폭로하는 수준에만 그쳤다. 옷을 걷어 상처를 보여

의화단과 8개국 연합군의 공방전.

주면서, 정작 치료는 하지 않고 얼굴 가득 만족감을 나타내는 꼴이다. 그래서 이런 작품들은 풍자 소설이라고 하기에는 격이 떨어졌다. 그래서 루쉰은 견책 소설이란 단어를 써서 이들을 구별한 것이다.

물론 같은 견책 소설이라도 경중의 차이가 있다. 그 가운데 우수작을 꼽으라면, 유악의 『라오찬 여행기』, 이보가의 『관청의 실상』, 오욕인의 『20년 동안 목격한 괴이한 현상』, 쩡포의 『사악한 꽃』이란 청나라 말기의 '4대 견책 소설'을 들 수 있다.

유악劉鶚(1857~1909)의 자는 철운鐵雲이고, 강소江蘇성 단도丹徒(지금의 진쟝錦江) 사람이다. 그는 관료 가정에서 태어났지만, 과거에는 전혀 흥미가 없었다.

그는 독학으로 의학과 수학, 수리학水理學을 연마했다. 이를 바탕으로 황하 치수에 참여하여 이름을 날리기도 했다. 그는 또 외자를 유치하여 철도를 놓고, 광산을 개발해야 한다며 조정에 건의하기도 했다. 이 때문에 반대파에게 '매국노'라는 욕을 듣기도 했다.

유악은 한때 관계 진출이 여의치 않자, 장사를 하기도 했다. 나중에 의화단운동을 빌미로 8개국 연합군이 북경으로 쳐들어와 기근이 닥치자, 그는 자신의 돈으로 점령군에게 황실 곡간의 쌀을 사다가 평민을 구제했다. 그로부터 8년이 흐른 뒤, 청나라 정부는 '사사로이 황실의 곡간을 탈취' 했다는 죄목으로 그를 신장新疆으로 유배시켰다. 그리고 다음해, 그는 신장에서 세상을 떠났다.

『라오찬 여행기(老殘遊記)』는 출판 당시 '홍도백련생洪都百煉生'이란 이름으로 발표되었다. 모두 20회에 10여 회의 속집도 있었다. 하지만 지금은 9회만 전한다.

소설의 주인공인 라오찬은 학식을 갖추고 세상을 유람하는 지식인이었다. 세상의 병자들을 돌보겠다고 강호를 떠돈 지 20년이었다. 그는 세상을 구제하겠다는 일념으로 병자만 치료한 것이 아니라, 사회의 질환에도 관심을 쏟았다.

그러다가 라오찬이 지닌 치수治水 기술을 높이 사 산동山東의 순무巡撫 장궁보張宮保가 그를 불렀다. 그러나 그는 관리가 되는 데에는 뜻이 없어, 말없이 조주曹州로 발길을 옮겼다.

조주의 지부知府인 옥현玉賢은 혹독한 관리였다. 조주의 관아 앞에는 12개의 형틀이 있었는데, 하루도 비는 날이 없었다. 옥현은 임명된 지 1년도 되지 않아 2천여 명을 형틀에 가두어 죽였다.

그곳에서 라오찬은 억울한 사연을 많이 들었다. 어떤 집안은 강도에게 모함을 당해 체포되었는데, 옥현은 잘잘못도 가리지 않고 삼부자를 모두 형틀에 가두어 죽였다고 한다. 이에 며느리도 억울함을 호소하다가 자결했다. 그러자 이 일을 꾸민 강도조차 자신이 한 일을 후회할 정도였다. 원수로 생각한 그 집안을 몇 달만 고생시킬 생각이었는데, 뜻밖에도 4명의 목숨을 빼앗았기 때문이다. 이처럼 옥현의 처사는 강도보다 더 혹독했다. 이 얼마나 강력한 풍자인가!

하지만 옥현이 재물을 탐하지 않는 '청백리'였음은 부정할 수 없다. 그가 재임하던 기간 동안 조주에서는 밤에도 문을 잠그지 않았고, 길에 떨어진 남의 물건도 줍지 않았다. 그러나 백성들은 모두 그를 원망하며 날마다 지옥에 사는 기분이라고 했다. 언제 자신에게 형틀을 씌울지 몰랐기 때문이다.

라오찬은 다시 제하현齊河縣으로 갔다. 그곳에서 또 다른 청백리인 강필剛弼을 만났다. 그 역시 청렴에서 둘째가라면 서운해 할 사람이었다. 하지만 그는 매우 주관적이었다. 한번은 13명의 목숨이 달린 큰 사건을 다루면서, 오직 자신의 느낌만으로 범인을 단정했다. 그 결과 무고한 사람들의 원한을 샀다.

다행히 라오찬이 나서서 상급 기관에 실상을 보고하여, 그들의 억울함을 풀 수 있었다. 그러나 라오찬 혼자의 힘으로는 무고한 사람을 구하는 데 한계가 있었다. 천하에 청백리와 혹독한 관리가 얼마나 많고, 또 탐관오리는 얼마나 많은가!

역대 문학 작품들 가운데 탐관오리를 비판하는 내용은 많았다. 그런데 유악은 청백리도 잔혹할 수 있다는 견해를 피력했다. 이러한 점에서 『라오찬 여행기』가 가치를 지닌다.

작가의 분석에 따르면, 청백리가 폐해를 끼치는 가장 큰 원인은 인정을 멀리하고 백성을 등지기 때문이다. 다음으로는 융통성 없이 원리 원칙만 강조해서 그렇다. 그 결과 관의 위세가 높을수록, 그 피해는 더 컸다. 한 곳을 다스리겠다고 다른 곳에 상처를 남기고, 천하를 다스리겠다고 백성을 죽이는 꼴이었다.

사실 본질을 살펴보면, 청백리가 백성을 혹독하게 대하는 까닭은 더 높은 자리에 오르기 위함이었다. 그래서 라오찬은 여관 벽에 다음과 같은 시를 적어 청백리의 폐해를 알렸다.

원망은 성월을 덮어 어둡게 하고
피는 모자 위에 달린 구슬에 물들어 붉구나

유악이 소설에 쓴 언어는 매우 참신하고 유창하다. 장면을 묘사할 때에는 서양의 사생화처럼 산문 기법을 활용했다. 그렇게 하여 대명호大明湖의 아름다운 경치와 얼어붙은 황하의 장관을 독자들에게 생생하게 드러냈다.

『관청의 실상』

'4대 견책 소설' 가운데 하나인 『관청의 실상(官場現形記)』도 관계의 어두운 현실을 폭로한 작품이다. 작자인 이보가李寶嘉(1867~1906)의 자는 백원伯元이고, 남정정장南亭亭長이라는 별명이 있다. 그는 강소성 무진武進(지금의 창저우시常州市) 사람이다.

그는 어려서 아버지를 여의고, 숙부에게서 자랐다. 숙부의 지도를 받으며 열심히 공부한 끝에 수재秀才가 되었다. 그는 서화와 전각篆刻에 정통했다. 그리고 선교사에게 영어도 배웠다. 서른 즈음에는 상해로 가서, 직접 신문을 제작해 업계의 유명 인사가 되었다. 그는 『관청의 실상』 말고도 『문명소사文明小史』, 『중국의 현재(中國現在記)』, 『살아있는 지옥(活地獄)』 등 많은 소설을 남겼다.

『관장의 실상』은 모두 60회로 구성되어 있다. 그는 이 소설에서 청나라 말기 관청의 온갖 추태를 철저하게 파헤쳤다. 여러 이야기를 간추리면, 세 부류로 나눌 수 있다. 첫째는 관리들이 어떻게 백성들에게 해를 끼치는지를 파헤쳤다. 둘째는 관리들이 서양인들 앞에서 벌이는 추태를 보였다. 셋째는 재물을 탐하는 관청의 내막을 다루었다.

먼저 성질이 사나운 제대대인制臺大人의 이야기를 살펴보자. 그는 밥 먹을 때에는 절대 손님을 맞이하지 않는다는 원칙을 고수하는 사람이었다.

그러던 어느 날, 밥을 먹는데 서양인이 찾아와 만남을 청했다. 이에 포졸이 그에게 명함을 내밀면서 손님이 찾아왔다고 알렸다. 그러자 그는 포졸에게 욕을 퍼부었다. 포졸은 대담하게 이렇게 말했다.

"다름 아니라 서양인 손님입니다."

이 말을 들은 대인은 기세가 한 풀 꺾여 한참을 망설이더니, 한 손으로 턱을 괴고 또다시 욕을 했다.

"이 망할 놈아! 내가 원래 서양인이었다는 것을 모르느냐? 서양인이 왔으면 빨리 들여보낼 일이지, 어째서 밖에서 기다리게 하느냐?"

작자는 수시로 낯빛을 바꾸는 제대대인을 꼬집고 싶었다. 속마음이야 어찌됐든지, '서양인'이라는 말을 듣자마자 태도가 180도 변했다. 그러면서 부하에게는 시종일관 고압적인 자세를 유지하고, 자신의 실수를 인정하지 않았다. 부하에게 자신의 노예근성만 숨김없이 드러낸 것이다.

청나라 말기에 관청의 부패는 이미 극에 달해 있었다. 국가의 관직도 직급에 따라 가격이 매겨져, 공공연하게 사고팔았다. 좋은 보직을 얻으려고 관리 후보들은 연신 줄을 대고, 뇌물을 바쳤다. 실권을 장악한 환관과 고위 관료들은 썩은 고기처럼 파리 떼를 불러 모았다.

돈 많은 가賈씨라는 사람은 군기대신인 화중당華中堂에게 줄을 댔다. 그러나 화중당은 조정의 중신이라서 사사로이 돈을 요구할 수 없는 사람이다. 그래서 그는 사람을 시켜 가씨를 전문前門(자금성 앞에 있던 성문) 밖의 골동품 가게로 데리고 갔다. 그리고는 이미 골라 놓은 2만 냥짜리 코담배 병을 사 보내도록 했다.

나중에 심부름꾼이 찾아와, 화중당이 매우 기뻐하며 똑같은 것으로 하나 더 짝을 맞췄으면 한다는 뜻을 전달했다. 가씨는 할 수 없이 다시 그 골동품 가게를 찾아, 비싼 값에 똑같은 코담배 병을 샀다.

그런데 가만히 보니, 그것은 얼마 전에 그가 화중당에게 바친 것이었다. 알고 보니 그 골동품 가게가 바로 화중당의 소유라서, 이런 방법으로 뇌물을 받은 것이었다.

『20년 동안 목격한 괴이한 현상』

또 다른 견책 소설인 『20년 동안 목격한 괴이한 현상(二十年目睹之怪現狀)』도 『관청의 실상』과 내용이 크게 다르지 않다. 다른 점은 『20년 동안 목격한 괴이한 현상』이 더 폭넓게 사회의 모습을 다루었다는 점이다.

주인공인 '나'는 '구사일생'이란 별명을 가진 청년이다. 이 사람은 열다섯 살에 아버지를 잃었다. 그런데 혼란을 틈타 숙부가 아버지의 유산을 가로챘다. 그리고 구사일생에게는 밖에 나가 장사하여 가족을 부양하라고 강요했다. 그래서 그는 20년 동안 각지를 떠돌며, 사회 각계각층의 추악한 모습을 체험한다.

이처럼 '나'를 중심으로 이야기가 전개되기에, 줄거리가 한층 집약되어 있다.

이 작품의 작가인 오옥요吳沃堯(1866~1910)의 자는 견인趼人이고, 광동廣東성 남해南海 사람이다. 불산진佛山鎭에 살아서 자신의 필명을 '아불산인我佛山人'이라고 했다.

그의 일생은 소설 속에 나오는 '구사일생'과 비슷하다. 그는 열일곱에 아버지를 여의고, 생계를 위해 스무 살에 상해로 갔다. 그리고 그곳에서 강남제조국의 인부로 일했다. 나중에는 일본으로 건너가 생활했다.

귀국한 뒤 몇몇 신문사에서 주편으로 일하면서, 위의 작품 말고도 『구명기원九命奇冤』, 『한의 바다(恨海)』, 『뼈저린 역사(痛史)』 등 많은 소설을 남겼다.

쩡포의 『사악한 꽃』

4대 견책 소설 가운데 마지막 작품인 『사악한 꽃(孽海花)』이 처음 간행되었을 때에는 '자유를 사랑하는 사람이 발의하여, 동아시아의 병자가 편술하다'라는 서명이 있었다.

'자유를 사랑하는 사람'은 바로 진텐허金天翮(1874~1947)의 필명이다. 진보적인 문인인 그가 소설의 초반부를 집필했다. 그렇게 6회까지 쓴 다음, 다른 소설가인 쩡포曾朴에게 넘겼다. '동아시아의 병자'

가 바로 쩡포의 필명이다.

쩡포(1872~1935)의 자는 맹박孟朴이고, 쟝수성 창수常熟 사람이다. 그는 과거에 합격한 뒤 중서사인中書舍人을 담당했다. 그의 친척과 친구들은 대부분 고위 관료이자 유명 인사들이었다. 동치同治 시기에 장원이었던 홍균洪鈞은 아버지의 의형제이자, 소설에 나오는 김 장원의 원형이다.

나중에 쩡포는 프랑스어를 배워, 빅토르 위고의 작품을 가장 먼저 번역한 사람이 되었다. 그는 또 『소설림小說林』과 『진선미眞善美』 등의 잡지를 간행하고, 소설 창작에도 힘썼다.

『사악한 꽃』은 원래 60회로 구성하려고 했는데, 35회를 마치고 병에 걸려 붓을 놓은 뒤 죽을 때까지 더 진전시키지 못했다.

그런데 어째서 제목이 '사악한 꽃'일까? 아마도 작품 속의 여주인공인 부채운傅彩雲을 가리키는 듯하다. 그녀는 유명한 기녀였는데 장원 김문청金雯靑의 첩이 되었다가, 문청이 죽자 다시 본업으로 뛰어들었다. 그런 부채운은 본디 진실한 사람으로 '새금화賽金花'란 예명이 있었다. 전하는 바로는 8개국 연합군이 베이징으로 쳐들어 왔을 때, 연합군 사령관과 염문을 뿌려 중국 근대의 유명 인사가 되었다고 한다.

소설 속의 김문청은 청나라 말기의 장원이었다. 그는 국학뿐만 아니라 서양 학문도 익혀, 조정의 두터운 신임을 얻었다. 그래서 러시아와 독일, 네덜란드, 오스트리아 등지에서 외교관으로 활동했다. 그런데 그의 부인은 공식적인 자리에 얼굴을 비치기 싫어하여, 첩인 부채운이 그 자리를 대신하곤 했다.

김문청은 공사로서 처리해야 할 업무가 많았다. 파견된 나라의 정치와 경제 및 군사 상황을 파악하고, 외교 관계도 조율해야 했다. 그러나 그는 업무에 아랑곳하지 않고, 밀랍인형관과 동물원을 구경하거나 오페라와 발레 감상으로 소일했다. 군대와 공장을 참관하더라도 주마간산 격으로 둘러보고, 일기에 남길 정도의 자료밖에 수집하지 않았다.

대신 평상시에는 대사관에서 자신의 공부에 몰두했다. 그는 『원사元史』에 흥미를 가지는 한편, 세계 서북부의 지리에 관심이 있었다. 뻬에르라는 러시아의 문인은 그의 관심사를 알고, 중국과 러시아의 지도책을 보내면서 유명한 러시아 지리학자가 심혈을 기울여 만든 책이라고 했다. 또 그 책은 사본이고 정본은 정부에 보관되어 있으며, 국가 기밀을 누설한다는 죄책감은 있지만 집안 형편이 가난하여 돈과 바꾸고 싶다고 말했다.

김 장원은 희색이 만면했다. 이 지도책이 있으면 국가를 대신하여 국경을 정리하고, 자신의 학문에도 근거를 마련할 수 있겠다고 생각했다. 그는 거금으로 지도를 사들여, 채색 인쇄를 해서 본국으로 보냈다. 그리고는 국가를 위해 큰 공을 세웠다고 자부했다. 하지만 그 지도책이 자신의 목숨을 앗아갈 줄은 꿈에도 몰랐다.

러시아는 일찍부터 중국의 서북부를 탐내고 있었다. 그래서 파미르 고원 일대의 중국 영토를 야금야금 점거했다. 러시아는 중국과 교섭하면서 당당하게 문청이 인쇄한 지도책을 내밀며 말했다.

"이것은 당신네 공사가 인쇄한 것이오. 여기에 경계가 이렇게 그려져 있지 않습니까?"

원래 문청은 국경에 대해 아는 것이 없었다. 그가 거금을 주고 산 지도는 러시아인이 개정한 것이었다. 문청은 자신이 서북부 지리에 전문가라고 자처했지만, 결국 자기 발등을 찍은 꼴이었다.

나중에는 부채운이 자신을 외면하는 등 안팎으로 일이 꼬이더니,

중병을 얻어 시름시름 앓다가 세상을 떠났다.

부채운은 문청과 함께 외국을 넘나들면서 사교계에 이름을 알렸다. 중국 공사의 부인으로 예쁠 뿐만 아니라, 매우 사교적이었다. 그녀는 독일 황후와 함께 사진을 찍기도 했다. 그러나 기녀 출신에다 개방적인 성격이라, 하인과도 염문을 뿌리고 독일 육군 중위와도 몰래 정분을 나누었다.

소설이 계속 나왔다면, 후반부에는 틀림없이 그녀와 연합군 사령관의 염분을 다루었을 것이다. 이처럼 그녀는 '사악한 꽃'이었다.

『사악한 꽃』의 가장 큰 특징은 작품 속 인물들이 모두 실제 모델을 갖고 있다는 점이다. 그래서 어떤 사람은 소설에 나오는 200~300명의 명단을 만들어, 실존 인물과 하나하나 대조하기도 했다. 이처럼 이 소설은 생생하고 진실한 만청의 사회 실록이다.

이밖에 『칠협오의七俠五義』라는 작품도 있는데, 이는 사실 『삼협오의』를 가리킨다. 청나라 말기에 유월俞樾이라는 문인이 『삼협오의』 첫 회에 황당한 문구가 있는 것을 발견하고, 역사서를 참조하여 그 단락을 고쳤다.

아울러 '삼협'이 원래는 '사협'이며, 내친 김에 흑요호黑妖狐 지화智化, 소제갈小諸葛 심중원沈仲元, 소협小俠 애호艾虎를 더하여 '칠협'으로 만들어 제목을 '칠협오의'로 바꾸었다.

경극의 탄생과 발전 4

동광 13절
왕샤오농汪笑儂
청자오차이成兆才
리수퉁李叔同

경극은 청나라 때 발전하기 시작한 새로운 연극이다.

경극의 탄생

잡극은 원나라 때에 가장 성행했고, 명·청나라는 전기傳奇의 천하였다. 그렇다면 경극은 청나라 때 발전하기 시작한 새로운 극종이다. 전기의 각종 소리 계통(聲腔) 가운데 곤강崑腔이 가장 유행하여, 곤곡은 명나라 중기에서 청나라 초기에 이르기까지 주도적인 위치에 있었다.

그러나 곤곡에도 몇 가지 결점이 있었다. 극본이 너무 길어 수십 출出(막과 비슷함)에 이르렀다. 한 편의 희곡을 며칠 동안 공연해야 하니, 어떻게 여유롭게 감상할 수 있겠는가?

또 가사가 너무 문언 투라 일반인이 이해하기 매우 힘들었다. 그래서 일반인들은 요란스럽게 시끌벅적하고, 가사가 쉬우며 길이가 짧은 지방극들을 선호했다. 그런 지방극 가운데 가장 큰 영향력을 끼친 것이 바로 경극이다.

경극은 피황皮黃 계통에 속한 악극이다. '피황'은 서피西皮와 이황二黃이라는 소리 계통의 통칭이다. 호북湖北 지역에서 기원한 서피는 한조漢調의 주요 가락으로서, 서북 지역의 방자梆子에 영향을 받았기 때문에 서피라고 부른다. 안휘성安徽省에서 기원한 이황은 휘조徽調의 주요 가락이다. 이는 남방에서 유행했던 여러 민간 가락을 융합하여 만든 것이다.

건륭 55년, 4개의 휘조 악극단이 북경에서 공연을 했다. 삼경반三慶班, 사희반四喜班, 춘대반春臺班, 화춘반和春班이 그들인데, 당시에는 이들을 '4대 휘반'이라고 불렀다. 이처럼 북경에서 활동하던 한조 예술인들끼리 각종 희곡에 담긴 장점을 취합하면서, 차츰 새로운 극종이 생겼다. 이것이 북경에서 생겼다고 사람들은 이를 '경극'이라고 불렀다. 중국 희곡계에서는 1990년에 경극의 '생일'을 축하하는 성대한 기념 활동을 벌였다. 이 해가 바로 4대 휘반이 북경으로 진출한 지 200년이 되는 해였기 때문이다.

물론 경극이 하루아침에 무대를 점령한 것은 아니다. 처음에 문인 학자들은 손에서 곤곡을 놓지 않았다. 그들은 곤곡을 '우아한 예술(雅部)'이라 부르고, 경극 같은 지방극은 '유행 예술(花部)' 또는 '저급 예술(亂彈)'이라고 불렀다. 하지만 극단들이 문인 학자들의 곤곡만 공연하자, 갈수록 관중이 줄어들었다.

궁리 끝에 일부 극단은 곤곡과 경극을 함께 공연했고, 배우들도 다방면으로 재능을 갖추었다. 그래서 희곡계에서는 다방면의 재능을 갖춘 배우를 일컬을 때, 종종 '문文, 무武, 곤崑, 난亂에 막힘이 없다'고 했다. 이는 선비극(文戲), 장수극(武戲), 곤곡, 난탄에 모두 뛰어나다는 뜻이다. 이런 속어를 통해 당시 곤곡과 경극이 서로 대치하고 융합한 과정을 알 수 있다.

결과적으로 경극은 여러 지방희의 영양분을 흡수하여 형성된 악극이다. 곡조도 서피는 북방 소리 계통의 영향을 받았고, 이황은 남방의 소리 계통에서 왔으니, 남북의 사람들이 모두 좋아하는 것이 당연했다. 경극을 '국극'이라고 부르기도 하는데, 이는 결코 틀린 말이 아니다.

경극이 곤곡을 누르고 명실상부한 '국극'이란 이름을 얻은 것은 근대의 일이다. 시민들만 경극을 좋아한 것이 아니라, 문인 사대부들도 경극의 매력에 빠져들었다. 심지어 궁정에서도 경극을 공연하기 시작했다. 다른 사람은 차치하고라도 자희慈禧 태후, 곧 서태후가 연극을 매우 좋아했다. 그래서 황궁과 이화원 등지에 훌륭한 공연장을 세우고, 자주 유명한 경극 배우들을 궁으로 불러다 공연토록 했다.

동광 13절

동치同治(1862~1874)와 광서光緖(1875~1908) 시기에는 뛰어난 연기 실력으로 이름을 떨친 13명의 배우가 있었다. 이들을 일컬어 '동광 13절'이라고 했다. 정장경程長庚, 서소향徐小香, 양월루楊月樓, 담흠배譚鑫培, 매교령梅巧玲 등이 그들이다.

담흠배는 노생老生 배역 배우로서, '소규천小叫天'이라는 예명을 가지고 있었다. '규천'은 새의 하나인데, 맑고 높은 소리로 지저귄다. 그래서 사람들은 그에게 이런 예명을 붙여, 그의 노래 실력을 인정한 것이다. 그는 '담파譚派' 예술을 창립하고 일세를 풍미하여, "담에게 배우지 않으면 소리도 없다"는 말이 나돌 정도였다. 현대의 유명한 경극 배우인 탄푸잉譚富英은 그의 손자이고, 탄위안소우譚元壽는 그의 증손자이다.

매교령은 단旦 배역 배우로서, 극단 사희반四喜班의 주인이기도 했다. 현대에 들어와 최고의 명성을 누린 메이란팡梅蘭芳은 그의 손자이다.

양명옥楊鳴玉과 유간삼劉趕三 등의 축丑 배역 배우도 있었다. 양명옥은 연기뿐만 아니라 편극에도 뛰어난 재능을 보였다. 그래서 그가 세상을 떠나자, 민간에서는 "양명옥이 죽었으니 이제 소축蘇丑은 없다"라는 말이 나돌았다. 이는 배우에 대한 최고의 평가가 아닐 수 없다.

유간삼도 뛰어난 재주를 가졌을 뿐만 아니라, 대단한 담력의 소유자이기도 했다. 그가 궁중에서 연기할 때면 언제나 자희 태후가 정면에 앉고, 곁에는 광서 황제가 서 있었다고 한다. 그러면 그때마다 그는 임시로 가사를 바꾸어 이렇게 노래했다.

"나를 가짜 황제로 보지 말라, 앉을 의자라도 있지 않은가? 저기 진짜 황제께서는 날마다 서 계시니, 앉을 의자도 없구나!"

태후는 말 속에 담긴 풍자의 뜻을 알면서도 모른 체했다. 그러나 나중에는 리훙장李鴻章을 풍자하다가, 곤장을 맞고 울분에 휩싸여 죽었다고 전한다.

좋은 배우가 있으면 좋은 극본이 있게 마련이다. 경극의 극본은 대부분 전통적으로 내려오는 주요 이야기를 바탕으로 편극한 것이다. 예를 들어 『삼국지』, 『수호전』, 『봉신방封神榜』, 『동주열국지』, 『양가장楊家將』, 『설당說唐』, 『설악說岳』 같은 소설에서 가져온 역사와 영웅의 전기가 주류를 이루었다.

「타어살가」

경극에서도 진강秦腔에서 비롯된 「타어살가打漁殺家」가 유명하다. 「경정주慶頂珠」라고도 부르는 이 극본은, 『수호후전』의 소재를 바탕으로 했다.

양산박의 호걸이었던 이준李俊은 송강이 죽자, 자신의 이름을 숨기고 딸 계영桂英과 함께 소은蕭恩이라는 이름으로 태호太湖 주변에서 어부로 살았다. 그런데 그 지역의 토호인 정자변丁自變이 관가와 결탁하여 호수를 독점한 뒤, 그에게 조어세를 내라고 강요했다. 이에 화를 참지 못한 소은은 관아에서 파견한 관리를 때려 주었다. 그런데 관아는 토호를 두둔하며, 오히려 소은에게 책임을 추궁했다. 조용히 세상을 살 수 없음을 깨달은 소은은, 딸과 함께 정씨 집안을 몰살시키고 다시 반항의 길로 나선다.

이 노래극은 조용히 물러난 영웅이 다시금 떨쳐 일어나게 되는 심리 변화 과정을 단계별로 잘 그렸다. 아울러 교활하면서도 약삭빠른 정씨의 하수인들과 소은과 운명을 함께 하는 강호의 두 친구들이 양쪽에서 주인공을 부각시킨다. 이 때문에 소은의 성격을 더욱 진중하고 사실적으로 만들었다.

경극의 극본은 문인들이 쓰기도 하고, 아니면 배우들이 직접 쓰기도 했다. 문인들이 쓴 극본은 문장의 아름다움과 줄거리 안배에만 신경 쓰다 보니, 정작 배우들이 공연하기에는 아쉬운 점이 많았다. 그러나 배우들이 직접 쓴 극본은 달랐다. 언뜻 보면 가사는 별로 아름답지 않지만, 일단 무대에 올려 공연을 하면 생동감이 넘쳐 관중에게 큰 호응을 얻었다.

예를 들어 무생武生 역할의 배우였던 심소경沈小慶은 평상시 동료들과 함께 책방에 가서 평서評書를 즐겨 들었다. 그래서「시공안施公案」의 내용을 잘 알고 있었다. 나중에 그는 이「시공안」이야기에서 소재를 취해「오호촌惡虎村」,「연환투連環套」,「낙마호落馬湖」,「팔랍묘蚆蠟廟」등 일련의 극본을 지었다. 이 극본들은 무술 장면이 빼어날 뿐만 아니라, 무대 가득 강호의 기운이 넘쳐 관중을 매료시켰다.

「4명의 진사」

13절 가운데 한 사람으로 유명한 노생老生 역할의 배우였던 장승규張勝奎도 「팽공안彭公案」과 「4명의 진사(四進士)」 같은 극본을 지어 많은 사랑을 받았다.

「4명의 진사」는 명나라 가정嘉靖(1522~1566) 시기의 일을 다루고 있다. 모붕毛朋, 전륜田倫, 고독顧讀, 유제劉題라는 4명의 진사는 북경을 떠나 관리가 된다. 그들은 북경을 떠나기에 앞서 자신이 부임하면 반드시 백성을 위해 일하고, 사리사욕을 탐하지 않을 것이라고 맹세한다. 그러나 오래지 않아 전륜은 누이의 죄를 덮으려고, 고독에게 뇌물을 주어 자신의 맹세를 깨고 만다.

원래 전륜의 누이는 하남성 상채현上蔡縣의 부자인 요씨姚氏에게 시집갔었다. 그런데 남편이 죽자 그녀는 남편의 재산을 가로채려고 시동생을 죽이고, 의붓딸 양소정楊素貞을 포목상인 양춘楊春에게 팔아넘겼다. 양춘은 비록 상인이었지만, 돈만 아는 사람이 아니었다. 그는 양소정의 처지를 안타깝게 여겨, 그녀와 오누이 관계를 맺고 그녀의 원한을 풀어 주기로 결심한다. 그리고는 상채현을 찾아갔다.

하지만 상채현의 현장이 된 유제는 공무를 뒷전으로 미룬 채 술로 세월을 보냈다. 그래서 양춘과 양소정은 할 수 없이 상채현의 상부 관리인 신양주信陽州의 주지사에게 이 사실을 고발했다. 그런데 신양주의 주지사가 바로 친구인 고독이었다. 그래서 전륜이 고독에게 뇌물을 주어 누이의 허물을 덮으려고 했던 것이다.

그 뒤 양춘과 양소정은 중간에서 헤어진다. 그리고 그녀는 여관을 운영하던 송사걸宋士杰이 거두어 의녀로 삼는다. 송사걸은 관청의 말단 관리로 지내면서 열심히 생활하며, 공평무사하게 처신했다. 그때 뇌물을 전달하라고 보낸 전륜의 하수인이 송사걸의 여관에 묵게 되었다. 송사걸은 한밤중에 몰래 전륜의 편지를 보고 사건의 전말을 알았다.

결국 고독은 뇌물을 받고 양심을 등진 채, 오히려 양소정이 친아버지를 살해했다는 누명을 씌운다. 이에 송사걸이 나서서 고독이 뇌물을 받았다는 사실을 밝히고자 백방으로 노력한다. 이에 화가 난 고독은 송사걸을 흠씬 두들겨 패고 관청 밖으로 내쫓는다.

이때 양춘이 나타난다. 그는 오다가 한 점쟁이를 만나, 그동안 일어난 사건의 전모와 억울한 사정을 적은 고발장을 만들었다. 그 고발장은 감찰사였던 모봉에게 들어가고, 모봉은 사건 수사에 착수한다. 결국 전륜과 고독, 유제는 모두 파면을 당하고, 전륜의 누이도 처벌받는다. 송사걸도 백성의 신분으로 관리를 고발한 죄로 처벌받았다.

그런데 양춘은 자신이 신양주로 오다가 만난 점쟁이가 바로 모봉이었음을 알아챈다. 그래서 그는 모봉이 묵인하여 고발문을 작성한 것임을 강조하며, 송사걸은 죄가 없다고 주장했다. 덕분에 송사걸은 무죄가 인정되어 석방된다. 이와 함께 연극은 대단원의 북소리와 함께 막을 내린다.

내용에서도 알 수 있듯이 작품의 제목은 4명의 진사이지만, 극의 중심인물은 송사걸이다. 그는 관청의 속내를 훤히 꿰뚫고 있는 대담하고 의협심이 강한 인물이었다. 그래서 탐관오리와 당당히 맞서서 이길 수 있었다.

관중은 그가 관청의 대청마루에서 주지사의 잘못을 통렬하게 비난하는 장면을 보며 통쾌함을 만끽했다. 4명의 진사는 나라와 백성을 위해 일한다는 마음으로 관직에 진출했지만, 오래지 않아 부패한 관리가 되었다. 관중도 이 극을 보면서 부패가 만연한 당시의 관가를 실감할 수 있는 계기가 되었다.

연극 개혁의 선구자 왕샤오농

중국의 근대는 개혁의 시대였다. 희극도 예외가 아니었다. 근대 희극으로 개혁하도록 이끈 사람으로는, 먼저 왕샤오농汪笑儂을 꼽을 수 있다. 그는 걸출한 배우였을 뿐만 아니라, 희극 개혁을 주장한 극작가이기도 했다.

왕샤오농(1858~1918)의 자는 윤전潤田이고, 호는 앙천仰天이다. 그의 본명은 더흐찐德克金이다. 그는 과거에 합격하여 지현知縣으로 일하다가, 호족의 눈 밖에 나 관직을 박탈당했다. 그래서 연기와 극본 창작을 주업으로 삼아 생활하며, '영은伶隱'이라고 불렸다. 옛날 중국에서는 배우를 '영인伶人'이라고 불렀다. 따라서 '영은'이란 관직에서 물러나 배우 집단 속에 묻혀 은거하는 사람을 뜻한다.

'왕샤오농'이란 이름에 대한 숨은 이야기가 전한다. 그는 어려서 노래를 배울 때, 당시 유명한 배우였던 왕계분汪桂芬을 매우 흠모했다. 그래서 그의 모든 동작과 발성을 모방했다. 하지만 왕계분은 그를 쳐다보지도 않았고, 오히려 다른 사람들 앞에서 그를 비난했다고 한다. 이에 화가 나 일부러 '왕계분이 비웃은 놈'이라 자기 이름을 짓고, 스스로를 담금질하여 뛰어난 실력을 갖추었다고 한다. 물론 사실 여부는 확인할 길이 없다.

노생 역할을 배운 왕샤오농은 조금 쉰 목소리를 갖고 있었지만, 가락에 운치를 담을 줄 알았다. 또 과거 시험을 치른 거인擧人 출신답게 문학적 수양도 갖추었다. 그래서 그는 연기뿐만 아니라 직접 극본을 창작하여, 자신의 처지와 시대의 핵심을 잘 그릴 수 있었다.

「사당 안의 곡소리(哭祖廟)」는 그가 『삼국연의』를 바탕으로 편극한 것이다. 삼국시대 말기 위나라의 병력이 촉나라를 위협하자, 후주 유선劉禪은 위나라에 항복하기로 결심한다. 하지만 그의 아들 유심劉諶은 이에 강력하게 반대한다. 화가 난 유심은 궁으로 돌아가 아내에게 자살을 강요하고, 스스로 세 아들의 목을 베어 들고는 조상신을 모신 사당에 가서 통곡했다. 그리고 결국 자신도 칼로 자살하고 만다.

왕샤오농은 이 작품을 통해 서구 열강에 무릎 꿇은 청나라의 처사를 줏대 없는 유선에 비유하여 비판한 것이다. 이처럼 「사당 안의 곡소리」는 시사 문제와 밀접한 연관이 있었다. 하지만 전통적인 제재에서 벗어나지는 않았다.

그러나 또 다른 작품인 「과종란인瓜種蘭因」은 구태의연한 중국 역사의 틀에서 벗어나, 파국으로 치닫는 폴란드의 비참한 역사를 다루었다. 연극은 모두 16본本으로 구성되어 있다. 그리고 장마다 경전慶典, 축수祝壽, 하기下旗, 경변驚變, 도흔挑釁, 매국賣國, 구화求和 등의 제목을 붙였다.

왕샤오농은 이 작품을 통해 "민족의 단결과 피땀 어린 노력

연극 개혁의 태두가 된 왕샤오농의 연기하는 모습(오른쪽)

없이는 생존할 수 없다"는 진리를 주장했다. 이런 주장은 잠들어 있던 중국인의 영혼을 깨우기에 부족함이 없었다.

이 작품의 영향력은 정말 대단했다. 이는 이전의 전통 연극 무대에서는 상상할 수도 없는 현상이었다. 극중 인물도 더 이상 거추장스러운 경극 의상이 아니라 당시의 현대적인 '개량복'을 입었다. 그러자 이 연극은 곧바로 당시 진보적 지식인들의 관심을 끌었다. 그래서 당시의 신문인 「경종일보警鐘日報」에서는 왕샤오농은 '연극 개혁의 태두'이고, 「과종란인」은 '연극계에서 전례 없는 뛰어난 구성'을 가졌다고 칭찬했다.

평극 개혁가와 「양씨네 셋째 딸 사건」

연극 개혁은 경극에 국한되지 않고, 천극川劇과 진강秦腔에서도 많은 변화가 있었다. 아울러 새로운 극종도 나타났다. 북방에서 성행한 평극評劇이 바로 청나라 말기에 새롭게 나타난 극종이다.

평극은 '대구연화락對口蓮花落'에서 발전된 것이다. '대구對口'라 함은 2명의 배우가 노래와 문답을 통해 공연하는 것을 뜻한다. 그래서 중국의 동북 지역에서는 '이인전二人轉' 또는 '붕붕嘣嘣'이라고 불렀다. 누가 왜 평극을 '붕붕희'라고 불렀는지는 알 수 없다.

이 공연은 형식이 매우 간단하고 활발하여, 농촌을 돌아다니며 공연하기에 좋았다. 그래서 허베이河北성 탕산唐山 일대의 농촌과 탄광에서 많은 환영을 받았다. 이러한 평극을 전국적인 규모로 발전시킨 사람이 지금 살펴볼 청자오차이이다.

청자오차이成兆才(1874~1929)의 자는 첩삼捷三이고, 예명은 동래순東來順이다. 그는 허베이성 롼현灤縣 사람이다. 가난한 농민 출신이라 청소년 시절에는 지주의 소작농으로 일하다가, 열여덟 살 때부터 연화락 전문가에게 기예를 배우기 시작했다. 그는 똑똑한데다가 열심히 노력한 결과, 오래지 않아 관악기(吹), 현악기(拉彈), 노래(唱)를 모두 익힐 수 있었다. 또한 단旦, 노생, 노단老旦, 축 등의 배역도 모두 소화할 수 있었다.

그는 나중에 웨밍주月明珠와 위위보余鈺波 등의 배우와 함께, 탕산에 들어가 '경세희사警世戱社'를 세웠다. 그 뒤 경극과 하북방자河北梆子, 그림자극(皮影戱), 대고서大鼓書 등의 음악과 공연 기술을 흡수하며, 차츰 연화락을 새로운 극종으로 발전시켰다. 그 결과 평극이 생겼다.

그런데 청자오차이의 학업 수준을 결코 무시해서는 안 된다. 그는 고학을 통해 글을 익히고, 일생 동안 90여 편의 극본을 창작하거나 편극했다. 그 가운데 가장 유명한 작품은 「꽃을 중매 삼아(花爲媒)」, 「왕소안이 배에 오르다(王少安赶船)」, 「마과부가 가게를 열다(馬寡婦開店)」, 「두십낭杜十娘」, 「양씨네 셋째 딸 사건(楊三姐告狀)」 등이다. 제목에서도 알 수 있듯이, 평극은 경극과 달리 역사 소재는 많지 않았다. 대신 대부분 백성들이 즐기는 사랑 이야기와 생활과 밀접한 세태극이 많았다. 위의 여러 작품 가운데 「양씨네 셋째 딸 사건」이 가장 유명하다.

극본은 1918년에 허베이의 롼현에서 일어난 실제 사건을 바탕으로 창작되었다. 주인공인 양씨네 셋째 딸은 농부의 딸로서, 열아홉이었다. 그녀의 둘째 언니가 롼현의 벼락부자인 고씨의 아들 고점영高占英

에게 시집을 갔다.

어느 날 고씨네에서 둘째 언니가 중병에 걸렸다는 소식을 전해 왔다. 셋째가 어머니와 함께 고씨네에 도착했을 때 이미 둘째 언니는 죽어 있었다. 셋째는 고씨네 사람들의 수상한 분위기와 둘째 언니의 잘린 손가락을 보았다. 그녀는 언니가 틀림없이 억울하게 죽었으리라 판단하고, 용감하게 롼현 관청에 이 사건을 고발한다.

실제로 둘째 언니는 고점영에게 살해되었다. 고점영은 본디 성질이 포악하여, 둘째 언니와 결혼한 뒤에도 두 형수들과 관계를 맺었다. 둘째 언니가 이를 알고 따지자, 그는 그녀를 눈엣가시로 여겨 가족들과 짜고 그녀를 살해한 것이다.

롼현의 담당자 우씨는 고씨네에게 신세진 적이 있어, 신중을 기해야 하는 살인 사건이지만 그냥 단순히 벌금형으로 매듭지었다. 그러나 셋째는 이 판결에 승복하지 않았다. 그래서 다시 톈진天津의 상급 기관에 고발했다. 이에 당시 검찰 총책임자인 화치국華治國은 신분을 숨긴 채 직접 롼현에 와 사건을 조사한다. 그리고 셋째 딸의 요구대로 무덤을 파헤치고 사체를 검시하여 마침내 진실을 밝힌다. 결국 고점영은 사형에 처해지고, 셋째 딸은 언니의 원한을 갚았다.

양씨네 셋째 딸은 계란으로 바위를 치듯이, 돈과 권력을 지닌 부자와 부정한 관리에 맞서며 조금도 두려워하지 않았다. 작가는 오로지 정의와 인격의 힘에만 의지한 결과 소송에서 이길 수 있었다는 메시지를 전달하려 하였다. 사회 하층민이었던 청자오차이는 같은 처지의 소녀인 양씨네 셋째 딸을 이처럼 생생하게 그렸다.

근대 연극의 대두

지금까지는 중국의 지방극을 살펴보았다. 이제 중국의 근대 연극을 보겠다.

중국의 근대 연극(話劇)은 100여 년의 역사를 갖고 있다. 초기의 근대 연극은 상하이의 일부 교회 학교에서 시작되었다. 유럽 각국에서도 근대 연극은 학교에서 유행하여 '학교극'이라고 불렀다. 당시 연극은 학생들의 정서를 함양하고, 연설 능력을 훈련시키는 것이 목적이었다. 이는 학생들에게 좋은 사회교육이 되었다.

19세기 말, 상하이의 요한 서원과 쉬후이徐匯 공학公學에서는 성탄절을 맞이하여 학생들이 중심이 되어 연극을 준비했다. 서양 극본을 이용하긴 했지만 실제 연극에서는 중국어를 썼다. 이 공연은 관중의 시야를 넓혀주는 계기가 되었다. 예전에 중국인들은 연극 공연을 '저급한 것'으로 취급했고, 지식인이 하루 종일 '광대놀음'에 빠져 있는 것은 '자신을 학대하는 짓'이라 여겼다. 그러나 인식이 바뀌면서 선생님들도 적극적으로 학생들에게 연극을 권장했다. 이처럼 학생들의 공연은 연극을 경시하던 옛 풍습을 바꾸기 시작했다.

시간이 흐르면서 연극은 새로운 내용을 담기 시작했다. 「관청추악사(官場丑史)」, 「6명의 군자(六君子)」, 「의화단義和團」 등의 새로운 시사극이 등장했다. 연극은 갈수록 인기를 끌어, 학교에서 벗어나 사회로 퍼져 나갔다. 이를 통해 유명한 초기 연극배우들이 훈련을 받을 수 있었다.

고승 리수통

최초의 배우 가운데 근대사에 이름을 남긴 인물로는 리수통이 있다. 리수통李叔同(1880~1942)은 톈진天津 출생이다. 그는 은행가인 예순여덟의 아버지와 후처인 스무 살의 어머니 사이에서 태어났다. 그러다 아버지가 돌아가시자, 그는 어머니와 함께 상하이로 이사하여 난양南洋 공학에서 공부하며, 남사南社에도 참가했다. 그때부터 그는 글솜씨가 뛰어나 선생님들에게 많은 칭찬을 받았다.

나중에는 어머니마저 돌아가시자 일본에 유학하여 미술과 음악을 공부하고, 도쿄에서 '춘류극사春柳劇社'를 조직했다. 이 극단에서는 「톰 아저씨의 오두막집(黑奴吁天錄)」, 「춘희유사(茶花女遺事)」, 「신접몽新蝶夢」, 「생상련生相憐」 등의 작품을 공연했다.

리수통의 연기는 매우 진지했다. 그는 미술에도 조예가 깊어 언제나 그림 속 인물의 모습을 연구하고, 복장과 모자를 갖추고 거울 앞에서 연기 연습을 반복했다. 그는 일단 무대에 오르기만 하면, 일거수일투족이 배역에 정확히 일치했다. 놀랍게도 그가 맡은 역할은 춘희인 마르그리트와 에밀리 부인 같은 여자 역할이었다. 그러나 분장 덕분에 그가 남자란 사실은 아무도 눈치 채지 못했다.

어느 해인가 중국 화이허淮河 일대에 홍수가 났다. 이때 춘류사는 일본에서 수재민 돕기 공연을 하여 큰 성공을 거두었다. 일본 언론에서도 이 사실을 크게 보도하며 칭찬을 아끼지 않았다. 이후 춘류사는 중국으로 돌아왔지만, 리수통은 더 이상 무대에 오르지 않았다.

또한 그는 최초로 중국에 연극과 서양의 음악과 유화를 소개한 사람이기도 하다. 그는 난징南京과 항저우杭州의 사범학교에서 음악과

리수통이 그린 자화상(1911).

미술 교사로 활동하기도 했다. 이런 과목들은 이전에는 주목받지 못하던 과목이었다. 하지만 그가 가르친 뒤로는 학생들에게 가장 인기 있는 과목이 되었다. 수업이 끝나면 교정에는 피아노 소리가 울려 퍼졌고, 곳곳에서 이젤에 도화지를 걸고 스케치하는 학생들의 모습을 볼 수 있었다.

 리수통이 서른아홉 되던 해, 그는 갑자기 짐을 싸 들고 항저우의 호포사虎跑寺로 간다. 그리고는 불가에 귀의하여 승려가 되었다. 그의 법명은 홍일법사弘一法師였다. 이후 그는 불교 교리에 정진하여 근대의 유명한 고승이 되었다.

깨어나 외치다 5

『신청년』
후스胡適
천두슈陳獨秀
리다자오李大釗
첸쉬안퉁錢玄同
류반농劉半農

5·4운동 때 청년 학생들이 천안문 광장 앞에서 시위를 하고 있다.

『신청년』과 신문화운동

중국 문학에서 근대와 현대의 구분은 1919년이다. 이 해에 바로 세상을 뒤흔든 '5·4운동'이 일어났다. 이보다 앞서 1911년에는 신해혁명辛亥革命이 일어나, 청나라의 마지막 황제가 권좌에서 물러났다. 그러나 몇 천 년 동안 이어져 내려오던 봉건세력은 하루아침에 무너지지 않았다. 아울러 제국주의 열강의 간섭은 갈수록 맹위를 떨치고 있었다.

1918년, 제1차 세계대전이 끝났다. 이에 중국 정부에서는 이듬해 파리에서 열린 강화회의에 대표단을 파견했다. 전승국으로서 배상문제를 논의하려는 포석이었다. 그러나 뜻밖에도 중국에서 이권을 노리는 몇몇 제국주의 국가들은 공의를 행한다는 명분으로 산둥성山東省을 패전국 독일에게 넘겼다. 그리고 독일은 이 권한을 다시 일본에게 이양했다.

당시 북양北洋 정부는 서구 열강의 자본을 이용하여 대표단을 회유하고, 이런 내용에 동의하도록 종용했다. 이 사실을 전해들은 중국인들은 도저히 참을 수 없었다. 가장 먼저 행동에 나선 것은 베이징의 학생들이었다.

1919년 5월 4일, 베이징대학 학생들은 홍루紅樓에서 출발해 물밀듯이 천안문광장으로 몰려갔다. 그들은 여기서 나라를 팔아먹은 정부에 반대하는 시위를 벌였다. 일부 학생들은 자금성 동쪽에 있는 조가루趙家樓로 달려갔다. 매국노인 차오루린曹汝霖의 집이 거기에 있었다. 학생들은 그의 집을 불태웠고, 전국의 중국인들은 그들의 행동을 지지했다. 그 뒤 노동자들의 파업과 상인들의 철시가 이어지면서 항의의 물결이 전국으로 확산되었다. 중국인은 더 이상 봉건 통치의 압박 아래에서 '황제 폐하 만세'만 외치는 노예가 아니었다.

5·4운동은 중국인들을 각성시켰고, 그 선봉에는 청년들이 서 있었다. 하지만 그날 갑자기 중국의 청년들이 잠에서 깨어난 것은 아니다. 몇 년 전부터 일련의 사상 계몽운동이 일어났으니, 신문화운동이 바로 그것이다.

전통의 노예가 되어서는 안 된다고 주장한 『신청년』의 표지.

신문화운동을 말하려면 『신청년』이라는 잡지를 언급하지 않을 수 없다. 『신청년』은 1915년에 창간된 잡지인데, 천두슈陳獨秀, 후스胡適, 리다자오李大釗 등이 주요 편집자였다.

반反봉건의 기치를 높이든 『신청년』은 창간호의 발간사에서 청년들에게 바라는 여섯 가지 희망을 적었다.

첫째, 자주적이 되고 노예가 되지 말 것.
둘째, 진보적이 되고 보수적이지 말 것.
셋째, 진취적이 되고 물러서지 말 것.
넷째, 세계적이 되고 쇄국적이지 말 것.
다섯째, 실리적이 되고 허식적이지 말 것.
여섯째, 과학적이 되고 공상적이지 말 것.

이 여섯 가지는 조항마다 봉건 문화와 상반되는 것이다. 봉건 문화는 그때까지 백성들에게 아첨하는 노예가 되라고 주장했다. 그들은 백성들이 주관을 갖는 것을 가장 두려워했다. 봉건 문화의 본질은 수구이자 도태, 폐쇄, 귀신 놀음에 반反과학이었다.

『신청년』의 여섯 가지 희망은 청년들에게 역사의 주인공이라는 정신을 고취시켰다. 그리고 그들에게 과감하게 전진하며 세계를 바라보고, 과학을 강구하며 조국을 위해 실질적인 일을 하게 했다. 이전까지 이렇게 선명한 구호를 내세운 사람은 아무도 없었다.

이를 다시 요약하면, 청년들에게 '더(德)' 선생과 '사이(賽)' 선생을 보호하라고 요구한 것이다. 이 두 사람은 5·4운동 시기에 청년들의 입에 자주 오르내렸다. '더' 선생은 '데모크라시(민주)'의 첫 발음이고, '사이' 선생은 '사이언스(과학)'의 첫 발음이다. 바로 민주와 과학이 당시 '신청년'들이 추구한 목표이자, 봉건세력과 맞서 싸우는 강력한 무기였다.

그러나 봉건 문화가 신문화운동이라는 강력한 도전에 순순히 물러난 것은 결코 아니었다. 봉건 문화를 옹호하는 사람들은 공자를 내세우며 '더' 선생과 '사이' 선생에게 대항했다. 이런 보수 진영의 세력은 만만치 않았다. 위안스카이袁世凱는 봉건 문화의 선봉장으로 나서 이렇게 주장했다.

"공자를 존경하고 경전을 읽어야 한다(尊孔讀經)."

황제가 되려는 욕망에 사로잡힌 위안스카이는 자연스럽게 '군신부자君臣父子'를 주장한 공자를 앞세울 수밖에 없었다. 그의 뒤를 이어 캉유웨이康有爲 같은 수구파 인물들도 '존공尊孔'의 대열에 합류하여, 유가 사상을 '국교國敎'로 정해 헌법에 명시했다.

이에 『신청년』도 반박에 나섰다. 천두슈는 계속 반박의 글을 써서, 공자의 가르침과 황제 제도의 연관성을 지적했다. 당시 공자의 가르침을 주장하던 사람은, 사실 황제 제도를 부활시키려고 꿈꾸는 자들이었던 것이다. 당시의 상황으로 볼 때, 공자의 '삼강오륜'은 평등한 인권에 위배되는 극복해야 할 대상이었다. 그런 마당에 공자의 가르침을 국교로 정한다는 것은, 사상과 종교의 자유를 내세우는 헌법의 기본 원칙에도 어긋나는 것이었다.

　시간이 흐르자, 혁명 진영에서는 아예 '공자 타도'라는 구호까지 등장했다. 당시 지식인으로서 '위대한 선생님'에게 절하지 않으며 이런 구호를 제창한다는 것은, 대단한 용기가 필요한 행동이었다.

　그러자 공자는 본의 아니게 차츰 구舊사상과 구도덕의 우상이 되었다. 그러면서 공자에 반대하는 것은 구사상과 구도덕에 반대하는 것이 되었다. 옛것은 없애고, 새것을 수립해야 했다.

　그렇다면 신사상과 신도덕은 어디서 가져올 것인가?

　해답은 자산 계급의 사상에서 찾았다. 자유와 평등, 개성의 해방, 사회 진화와 같은 학설이 『신청년』을 통해 전국의 청년들에게 소개되었다. 이는 마치 창문을 열어 놓자 신선한 공기가 들어와, 독기가 가득한 방에서 살았음을 스스로 깨닫는 상황과 같았다.

팔불주의

　'문화'라는 개념은 '문학'이라는 의미를 포함하고 있다. 그렇다면 신문화운동을 겪으며 문학에는 어떤 변화가 있었을까?

　먼저 문언文言과 백화白話의 논쟁이 있었다. 이는 문학의 도구에 관한 논쟁으로서, 배경에는 신·구의 사상 투쟁이 깔려 있었다.

　가장 처음 백화문을 주장한 사람은 학자인 후스胡適였다. 그는 1917년 『신청년』에 유명한 「문학 개량에 관한 소견(文學改良芻議)」를 발표했다. 여기서 문학 개량을 위한 여덟 가지를 제시했다.

첫째, 반드시 내용 있는 말을 쓸 것(須言之有物).

둘째, 옛 사람을 모방하지 말 것(不摹仿古人).

셋째, 반드시 문법에 맞게 쓸 것(須講求文法).

넷째, 병 없이 신음하는 글을 짓지 말 것(不作無病之呻吟).

다섯째, 낡은 말씨와 틀에 박힌 말을 하지 말 것(務去濫調套語).

여섯째, 전고를 쓰지 말 것(不用典).

일곱째, 대귀를 생각하지 말 것(不講對仗).

여덟째, 속자俗字와 속어俗語를 피하지 말 것(不避俗字俗語).

이를 줄여 '팔불주의八不主義'라고 한다. 나중에는 이것을 네 문장으로 압축했다.

"할 말이 있으면 바로 그대로 하라."

"하고 싶은 말은 하고, 말하고 싶은 방식대로 하라."

"자신의 말을 하고 남의 말을 하지 말라."

"시대에 맞는 사람이 되고 시대의 말을 하라."

이전까지 중국 문학은 문언문의 세상이었다. 사람들은 말할 때에는 이해하기 쉬운 구어를 쓰면서, 붓을 들기만 하면 옛날 사람으로 변했다. 신문에 실린 뉴스, 친구 사이의 편지, 계약서, 영수증 등 거의 모든 글에는 '지호자야之乎者也' 같은 거북한 표현이 난무했다. 후스는 처음으로 이런 문언문에 도전장을 내민 사람이다.

죽은 문자로는 결코 살아 있는 문학을 만들 수 없다는 것이 그의 생각이었다. 후스는 중국 문학 발전의 역사는 사실 문학 언어 도구의 변천사라고 주장했다. 옛 언어 도구가 기능을 잃으면 문학 발전에 장애가 되고, 그러면 이를 대신할 활력 넘치는 새로운 도구가 생긴다는 것이다.

이어서 그는 문학 발전사에서 예를 하나 들었다. 활력 넘치는 문학은 원나라 때 생겼는데, 그것이 바로 소설과 희곡이라고 했다. 그러나 명나라 때 다시 복고 바람이 불어, 이 기세가 억눌리게 되었다는 것이다. 그렇지 않았다면 이탈리아의 단테, 영국의 초서Chaucer, 독일의 루터가 일으킨 유럽의 문학 혁명이, 중국에서도 일찌감치 나타났을 것이라고 주장했다. 결론적으로 그는 중국 문학이 진보하려면, 반드시 문언문이라는 장애물을 버리고 백화를 써야 한다고 했다.

봉건 문화의 밑바탕을 뒤흔든 후스.

후스의 이론은 어느 정도 허점이 있다. 그러나 몇 천 년 동안 이어져 내려온 봉건 문화의 토대를 뒤흔든 그의 공로는 절대 무시할 수 없다.

후스와 신시 '실험'

후스(1891~1962)의 학명은 홍성洪騂이고, 자는 적지適之이다. 그는 안후이성安徽省 지시績溪 사람이다. 그의 아버지는 청나라 말기의 관리였는데, 타이완의 지부知府를 지냈다. 청나라에서 타이완을 일본에 할양할 때, 그의 아버지는 중병을 앓고 있어 하마터면 대륙으로 철수하지 못할 뻔했다고 한다.

후스가 태어났을 때 아버지는 이미 연로했다. 하지만 어머니는 아직 젊었다. 그래서 아버지가 세상을 떠나자 그는 어머니 손에서 자랐다. 4살이 되자, 그도 서당에 가서 사서오경을 배웠다. 그 뒤에는 소설에 흥미를 느껴, 여덟아홉 살 때 이미 『수호지』, 『삼국지』, 『홍루몽』 등을 완독했다. 또 그는 아버지의 영향으로 정주리학程朱理學에도 관심을 가졌다.

열세 살 때에는 상하이로 이사하여, 메이시梅溪 학당과 중국 공학에서 공부했다. 그는 영어와 서구의 자연과학을 통해, 새로운 사상을 접하며 시야를 넓혔다. 열아홉이 되던 해에는 베이징에 가서 국비 유학 시험에 합격하고, 미국으로 유학길에 오른다.

그는 처음에는 코넬대학 농학과에서 공부를 했다. 하지만 '사과는 모두 몇 종인가'와 같은 제목이 그의 머리를 아프게 했다. 그래서 자신의 주장을 밀어붙여 문학과로 바꾸고, 4년 뒤 문학사 학위를 취득했다.

그 뒤 다시 컬럼비아대학에서 철학을 공부하면서 듀이의 사상에 심취했다. 듀이의 철학은 실용주의라고도 하고, 실험주의라고도 부른다. 이후 후스는 "대담하게 가설을 세우고, 꼼꼼하게 증명하라"는 유명한 관점을 내세운다. 이는 모두 듀이에게 받은 영향 때문이다.

1917년 스물여섯의 후스는 철학 박사학위를 얻어 중국으로 돌아온다. 그의 「문학 개량에 관한 소견」은 이때 발표한 것이다. 그는 베이징대학 철학과 교수를 시작으로, 영문과 주임과 문학원 원장 등의 직책을 역임했다. 당시 베이징대학의 교장은 유명한 교육가였던 차이위안페이蔡元培였다. 그는 격식에 얽매이지 않고 인재를 초빙하여, 동서양을 막론하고 각국에 유학한 인재들을 불러 모았다.

후스는 적극적으로 『신청년』에 자신의 글을 투고하여, 신문화운동의 선봉장이 되었다. 그는 이론적으로 문학 혁명의 길을 열며, 직접 번역과 창작에 나서기도 했다. 백화로 글과 소설을 쓰자는 그의 주장은 사람들에게 많은 호응을 얻었다. 그러나 그는 이에 만족하지 않고, 시도 백화로 쓰자고 주장했다.

예부터 중국은 시의 나라였다. 『시경』에서 『초사』, 당시, 송사, 원곡에 이르기까지 그야말로 시의 바다라 할 수 있다. 그러나 시체詩體는 변했지만, 복잡한 격률과 심오한 언어는 변함없이 이어졌다. 그래서 소설과 희곡은 백화로 쓸 수 있어도, 시는 절대 그럴 수 없다고 단정하는 사람도 있었다.

후스는 그런 주장에 동의하지 않았다. 백화는 문언문과 싸워서 이미 70~80%의 승리를 얻었다. 마지막 남은 부분까지 어떻게 하든 점령해야 했다. 그래서 그는 직접 백화로 시를 짓는 실험에 착수했다. 자신의 신시집 이름을 『상시집嘗試集』, 곧 '실험 시집'이라고 지었다.

그렇다면 후스의 신체시新體詩는 '5언 절구'나 '7언 율시' 같은 근체시와 어떤 차이가 있을까? 「웃음(一笑)」이라는 제목의 백화시를 살펴보자.

십여 년 전,
한 사람이 나를 보고 웃었다.
당시 나는 그 이유를 알지 못해,
웃는 모습이 좋다고 생각했을 뿐이다.

그 사람의 행방은 알지 못하지만,
그의 웃음만은 여전히 남아
그를 잊지 못하고,
갈수록 그가 사랑스럽게 느껴진다.

그를 핑계로 많은 사랑 시도 쓰고,
그를 대신해 갖가지 상상도 해보았거늘,
그것을 읽고 상심하는 사람도 있고,
그것을 읽고 기뻐하는 사람도 있다.

기뻐하건, 상심하건,
사실은 그 웃음 때문이지.
더 이상 웃음 짓던 그 사람 보지 못할 수도 있겠지만,
보기 좋게 웃던 그에게 감사할 뿐이다.

시의 의미가 좀 애매하여, 작품 속의 '그(他)'를 '그녀(她)'로 바꾸어도 문제가 없을 듯하다. 물론 당시에는 여성을 의미하는 '그녀(她)'는 쓰지 않았다. 이렇게 보면 좀 감성에 젖은 애정시라고 볼 수 있다.
문장은 매우 직설적이어서 앞에 대놓고 말하는 듯하다. 글자 수도 일정치 않아 마음대로 쓴 듯하다. 그러나 여러 번 읽어보면 시에 숨어 있는 음률을 발견할 수 있다. 평범한 문장이지만 독자들이 그 속뜻을 음미하게 한다. 후스는 이처럼 신시는 언어뿐만 아니라 내용도 참신해야 한다고 생각했다.
후스는 사회 현실과 밀접한 시도 많이 지었다. 「권위權威」라는 시는 '권위'가 산꼭대기에 앉아 노예들이 광산에서 일하는 것을 감독하는 내용을 담고 있다. 노예들이 광맥을 찾아 땅속을 뚫고 들어가다가 산허리를 자른다. 그 바람에 산이 무너지면서 결국 '권위'는 바위에 깔려 죽는다. 시에서 언급하는 '권위'는 당시 군벌 통치자들을 겨냥한 것이다.
또 노동자를 묘사한 「인력거꾼(人力車夫)」도 있다. 시 앞에는 "경찰

법령에는 18세 이하의 어린이나 50세 이상의 노인은 인력거꾼이 될 수 없다고 써 있다"라는 서문을 달았다. 시는 이렇게 진행된다.

"인력거요, 인력거!" 인력거가 나는 듯 다가온다.
손님은 인력거꾼을 보더니 갑자기 마음이 시렸다.
손님이 묻기를, "너 올해 몇 살이니? 인력거 끈 지는 얼마나 됐니?"
인력거꾼이 대답하길, "올해 16이구요, 3년 됐어요. 그런 눈으로 보지 마세요."
손님이 묻기를, "네가 너무 어려서 네 인력거를 탈 수가 없구나. 네 인력거를 타면 내 맘이 아플 거야."
인력거꾼이 대답하길, "반나절 동안 장사를 못해서 춥고 배고프답니다. 좋은 마음을 가지고서도 배고픈 제 뱃가죽을 채워 주시지 못하는군요. 어린 나이에 인력거를 끌어도 경찰도 상관하지 않는데, 손님이 무슨 상관이십니까?"

작품은 손님과 인력거꾼이 주고받는 대화로 이루어져 있다. 그들의 대화에는 노동자의 비참한 처지와 당국의 무관심이 묻어난다. 작품 속의 '손님'은 시인 자신이기에 어렵지 않게 자조自嘲 어린 느낌을 찾을 수 있다.

총체적 서구화

후스는 고대 백화 문학에도 심혈을 기울여, 『백화문학사』를 집필했다. 하지만 아쉽게도 상권上卷만 쓰고 그쳤다.

또 그는 『수호지』, 『홍루몽』, 『삼국연의』 같은 소설을 고증하는 글도 썼다. 『홍루몽』을 예로 들면, 이전 학자들은 등장인물들을 역사적 인물의 반영이라고 보았다. 그래서 가보옥賈寶玉을 순치順治 황제의 화신이라거나 납란성덕納蘭性德이라고 여겼다.

그러나 후스는 많은 자료를 연구한 끝에, 이 소설은 작가인 조설근曹雪芹의 자전 소설이라고 결론지었다. 이 주장은 많은 학자들의 지지를 받았다. 그 결과 후스는 '신홍학新紅學'의 창시자라는 영예를 안는다.

후스는 젊은 나이에 미국에서 유학하며 미국식 민주와 자유에 깊은 인상을 받았다. 그래서 그는 '총체적 서구화'를 주장했다. 중국 문화에서는 더 이상 얻을 것이 없으니, 중국은 세계를 향해 나아가 총체적으로 서구 문명을 받아들여야 한다는 것이다. 나중에는 '총체적 서구화'라는 구호를 '충분한 세계화'로 바꾸었지만, 중국 문화를 부정하는 핵심은 변하지 않았다.

5·4운동 뒤 그는 다시 「문제를 많이 연구하고, 주의를 적게 말하자」라는 글을 발표했다. 이는 『신청년』을 통해 마르크스주의를 선선하는 리다자오를 염두에 두고 쓴 글이다. 이를 위해 후스는 '문제'와 '주의'에 관한 논쟁을 벌이기도 했다. 이처럼 후스는 시종일관 자산계급의 입장을 견지했다.

후스는 1949년 이전까지는 국민당 정부의 주미 대사와 베이징대학교 총장을 역임했다. 그리고 중화인민공화국이 성립된 1949년 10월 10일의 전날 밤에 미국으로 건너갔다. 이후에는 타이완 정부의 UN 대표와 '중앙연구원 원장' 등을 역임했다. 그러나 국민당 정부의 독재와 전제주의에 불만을 품어, 만년에는 힘든 세월을 보냈다. 결국 1962년 타이완에서 병으로 세상을 떠난다.

『신청년』을 창간한 사람

이제 『신청년』을 주도한 나머지 인물들을 살펴보자. 가장 먼저 『신청년』을 창간한 사람은 천두슈이다.

천두슈陳獨秀(1880~1942)의 자는 중보仲甫이고, 안후이성 사람이다. 그는 일찍부터 일본에서 유학하고, 1916년에 베이징대학 교수로 부임하여 이듬해 문과대학 학장이 되었다.

『신청년』 창간호의 '청년들에게 바라는 여섯 가지 희망'은 바로 그의 주장이다. 그는 결연한 태도로 봉건 문화와 대결하고자 했다. 그래서 자원하여 전국의 지식인을 상대로 '문학 혁명군'의 기치를 높이 들고 절대 물러서지 않겠다고 선언했다. 그리고 문학을 혁명하는 '3대주의'를 제시했다.

'3대주의'란 무엇인가?

첫째, 꾸미고 아첨하는 귀족 문학을 타도하

결연한 태도로 옛 문학을 타도할 것을 촉구한 천두슈.

고, 쉽고 서정적인 국민 문학을 건설한다.

둘째, 진부하고 늘어놓기만 하는 고전 문학을 타도하고, 신선하고 진지한 사실 문학을 건설한다.

셋째, 애매하고 난삽한 산림 문학을 타도하고, 명료하고 통속적인 사회 문학을 건설한다.

결론적으로 그의 주장은 구舊문학을 타도하고, 국민적이고 사실적이며 사회적인 신문학을 건설하자는 것이다.

천두슈의 이런 주장은 문학 혁명의 중요한 내용이 되었다. 나중에 저우쭤런周作人이 다시 '평민 문학'이라는 구호를 내세워, 천두슈의 주장을 진일보시켰다. 저우쭤런은 이후 다시 설명하겠다.

혁명 선동가

리다자오李大釗(1889~1927)는 『신청년』의 편집인으로 참가했다. 그의 자는 수상守常이고, 허베이성河北省 러팅樂亭 사람이다. 그는 일본에서 유학하고 중국으로 돌아와, 『신보晨報』의 주간을 맡았다. 1918년부터는 베이징대학 경제학 교수와 도서관 주임을 맡아 활동했다.

그는 뛰어난 혁명 선동가였다. 러시아 민중

서른여덟의 나이에 혁명의 최전선에서 희생된 리다자오.

이 10월 혁명을 승리로 이끌자, 그는 『신청년』에 「서민의 승리」와 「나의 마르크스주의관」 등의 글을 발표하며 마르크스주의를 열심히 선전했다.

나중에 그는 천두슈와 함께 중국공산당을 창시한다. 그러나 천두슈는 대열에서 이탈하고, 리다자오만 투쟁의 최전선에서 자신을 희생했다. 서른여덟이 되던 해, 당시 군벌이던 장쭤린張作霖에게 피살된다.

고문을 가차 없이 비판하다

첸쉬안퉁錢玄同도 『신청년』 편집에 참가한 인물이다. 첸쉬안퉁(1887~1939)의 자는 중계中季이고, 호는 의고疑古이다. 그는 저쟝성浙江省 우싱吳興 사람이다. 일찍부터 일본에서 유학하며 동맹회同盟會에 가입했다. 귀국한 뒤 줄곧 교사로 일하다가, 1915년에 베이징대학 교수가 되었다. 이후 『신청년』에 글을 발표하며 문학 혁명을 이끌었다.

그는 "선학은 요상하고 거추장스럽고(選學妖孽)," "동성은 그릇되고 부족하다(桐城謬種)"며 봉건 문화를 가차 없이 비판했다. '선학選學'은 『문선文選』류의 병문駢文을 가리키고, '동성桐城'은 청나라를 풍미한 동성파 산문을 말한다. 이를 통해서도 알 수 있듯이, 5·4운동의 투사들에게 봉건 문화는 절대 양립할 수 없는 대상이었다.

물론 봉건 문화 전체를 부정할 수는 없다. 각 시대의 정수精髓가 고전으로 남아 지금까지 전하기 때문이다. 그러나 20세기 초반의 중국은 사회 및 문학 혁명이 시대를 이끌었다. 그러한 혁명은 평화로운 분위기에서는 이룰 수 없기에, 자신들이 타도할 대상을 찾게 마련이다.

신문화의 투사들은 손오공孫悟空이고, 봉건 문화는 손오공을 가둔 오행산五行山과 같았다. 손오공이 변신하려고 큰소리로 주문을 외자, 커다란 산이 무너졌다. 이런 상황에서 돌 속에 금이 있는지 어떤지는 따질 겨를이 없다. 그것은 변신한 다음 폐허를 정리하면서 할 일이었다.

'그녀'를 만든 시인

류반농劉半農(1891~1934)도 『신청년』의 편집자였다. 그도 신문화운동의 선구자로서, 「복왕경헌서復王敬軒書」 같은 유명한 글을 썼다. 그는 백화시에도 뛰어났다. 그의 시풍은 청신하고 소박하며, 리듬감이 넘쳤다. 일부 시에서는 빈부 격차라는 사회현상을 폭로하기도 했다. 그의 「종이 한 장 사이(相隔一層紙)」란 시를 살펴보자.

> 방 안 화로 옆에 앉아
> 할아버지가 창문 열고 과일 사라 하면서
> "춥지 않은 날씨에 불기운이 너무 세니,
> 쪄 죽이지 말거라" 하신다.
> 방 밖에 누워 있는 거지는
> 북풍을 맞아 이를 달달 떨며 "죽겠네"를 외친다.
> 가련하구나 방 안과 밖은

종이 한 장 사이일 뿐인데.

이 시를 보면 다음과 같은 두보의 시가 생각난다.

귀족들 집안에는 술과 고기 썩는데   朱門酒肉臭
길가엔 얼어 죽은 사람들의 시체가   路有凍死骨

두보가 살 때에는 곳곳마다 '붉은 대문(朱門)'으로 나뉘어 있었다. 그런데 여기서는 단지 종이 한 장 차이이니, 이 얼마나 강렬한 대비인가.

류반눙은 영국에 유학하면서 격정적인 「절로 드는 그녀 생각(敎我如何不想她)」이란 시도 지었다. 유명한 언어학자인 자오위안런趙元任은 이 시에 곡을 붙여, 국내외를 풍미한 명곡으로 만들었다. 작품에서 시인이 언제나 그리워하던 '그녀'는, 사실 자신의 조국 중국이다.

하늘엔 구름이 흐르고
땅으론 미풍이 분다
아!
미풍이 머리칼을 날리니
절로 드는 그녀 생각

달빛은 바다를 사랑하고
바다는 달빛을 사랑한다
아!
이렇게 꿀같은 은색의 밤

절로 드는 그녀 생각

물 위에 떨어진 꽃 천천히 흐르고
물 밑의 고기 천천히 노닌다
아!
제비야 너는 무슨 말을 하고 있니
절로 드는 그녀 생각

고목이 찬 바람에 흔들리고
들풀은 황혼녘에 타오른다
아!
서쪽 하늘에 아직 안개 서려 있으니
절로 드는 그녀 생각

   그는 프랑스문학 박사학위를 받고 귀국하여 베이징대 교수가 된다. 그리고 언어와 음운학을 연구하여 많은 업적을 남겼다. 백화문에서 여성을 대표하는 '그녀(她)'라는 글자는 바로 류반농이 만든 것이다.
   1934년, 류반농은 학생들을 데리고 내몽고 일대로 방언 조사를 나간다. 하지만 불행히도 그곳에서 병에 감염되어 세상을 떠났다. 이처럼 그는 죽을 때까지 중국 문화를 위해 헌신해 중국인들의 가슴 속에 깊이 각인되었다. 루쉰魯迅은 「류반농 군을 회상하며(憶劉半農君)」란 글을 써서 그를 추모했다. 루쉰은 그를 『신청년』 전사의 한 사람으로 소개하며 이렇게 평가했다.
   "활발하고, 용감하며, 몇 번의 큰 전투를 겪었다. … 맑은 시내처럼 투명하여, 침전물과 부패한 풀들조차 그의 맑음을 가릴 수 없었다."

중국의 민족혼 6

루쉰魯迅

"머리를 숙여 기꺼이 자식을 위한 소가 되리라"고 다짐한 루쉰.

루쉰의 어린 시절

강철 같은 어깨에 도의를 짊어지고　　　　　鐵肩擔道義
날카로운 손으로 글을 엮는다　　　　　　　辣手著文章

부릅뜬 눈으로 많은 이의 비난에 침착하게 맞서고　橫眉冷對千夫指
머리를 숙여 기꺼이 자식을 위한 소가 되리라　　俯首甘爲孺子牛

　앞의 대련對聯은 리다자오의 시구이고, 뒤의 것은 루쉰의 시 「자조自嘲」의 한 구절이다.
　"많은 이의 비난(千夫指)"은 "많은 이의 비난에도 흔들림 없이 나아간다(千夫所指, 無疾而終)"란 성어에서 나온 말인데, 여기서는 반어적인 의미로 썼다. 곧 자신은 수많은 적 앞에서도 두 눈을 부릅뜨고 당당히 맞서며, 절대 굽히지 않겠다는 뜻이다.
　"자식을 위한 소(孺子牛)"는 『좌씨춘추』에서 따온 전고이다. 제齊나라 경공景公이 막내아들을 총애하여, 자기 입에 새끼줄을 물고 아들이 모는 소를 흉내 냈다. 그러다 아들이 잘못하여 발로 차서 이가 뽑혔다고 한다. 루쉰은 이 '아이'를 중국인으로 보고, 국민을 위해 힘쓰는 소가 되겠다고 자원한 것이다.
　루쉰魯迅(1881~1936)은 현대 중국에서 가장 위대한 문학가이자 사상가이다. 그의 본명은 저우수런周樹人이고, 저장성浙江省 사오싱紹興 사람이다. 그는 대표작인 「아큐정전阿Q正傳」과 「광인일기狂人日記」 말고도 「사소한 사건(一件小事)」, 「고향故鄕」, 「콩이지孔乙己」, 「백초원에서 삼미서옥까지(從百草園到三味書屋)」, 「뇌봉탑의 붕괴를 논하다(論雷峰塔

倒掉)」,「'우방인사의 놀라움'을 논함(友邦驚詫論)」,「제놀이(社戲)」,「후지노 선생(藤野先生)」,「약(藥)」,「류허전 군을 기념하여(紀念劉和珍君)」등 수많은 작품을 남겼다. 이 글들을 나열하면, 그의 인생 역정과 사상의 변화를 살펴볼 수 있다.

먼저 그의 생애를 살펴보자. 루쉰의 아명은 장수樟壽이고, 자는 예산豫山이다. 나중에는 자를 예재豫才로 고치고, 열일곱 살 때에는 이름을 수인樹人으로 바꾸었다. '루쉰'은 그의 필명인데, 1918년「광인일기」를 발표할 때 처음 썼다. 그에게는 문학가인 저우쭤런周作人과 생물학자인 저우젠런周建人이라는 두 동생이 있었다.

루쉰의 할아버지는 청나라 말기의 관리였다. 그는 과거 시험장의 부정에 연루되어 투옥되기도 했다. 그리고 그의 아버지는 과거에 합격한 수재秀才였는데, 당시 중병을 앓고 있었다. 그래서 집안의 장남인 루쉰은 도맡아 전당포와 약방을 드나들었다. 음산한 전당포와 코를 찌르는 냄새가 가득한 약방을 드나드는 일은 10대 소년에게 강렬한 인상이었을 것이다.

집안에 돈 되는 물건은 모두 저당을 잡히거나 팔아서, 돌팔이 의사의 해괴한 처방전에 따라 약을 지었다. 그러니 아버지의 병이 좋아질 리 없었다. 차츰 집안이 몰락하자 친척과 친구들은 모두 그들을 냉대했다. 이렇게 루쉰은 어린 시절부터 세상의 쓴맛을 너무 일찍 맛보았다.

그럼에도 불구하고 루쉰은 어린 시절에 재미있는 추억을 많이 쌓을 수 있었다. 그의 집 뒤뜰에는 '백초원百草園'이라는 예쁜 이름의 작은 화원이 있었다. 사실은 나무와 우물이 있고 잡초가 우거진 텅 빈 공터일 뿐이었다. 그러나 아이의 눈에는 천국이나 다름없었다. 루쉰은 동생들과 무리 지어 다니며, 벌레를 잡고 나무에 오르거나 과일을 따먹는 등 신나게 놀았다.

　루쉰의 외가는 시골이라 때때로 어머니를 따라 방문길에 나섰다. 그는 들과 밭, 개울, 오봉선烏篷船, 제놀이(社戱), 그리고 순박한 시골 아이들을 비롯하여 그곳의 모든 것을 좋아했다. 대자연 속에서 형제들과 함께 천진난만한 아이들과 어울릴 때, 상류층이니 하류층이니 하는 구분은 먼 나라의 일이었다.

소년 루쉰, 학문을 배우다

　이후 루쉰은 집에서 멀지 않은 '삼미서옥三味書屋'이라는 사설 서당에서 공부한다. 선생님은 학식이 높은 서우징우壽鏡吾라는 분이었다. 그는 학생들에게 매우 엄격했다. 교재는 당연히 고리타분한(?) '사서오경'이었다. 선생님은 뜻풀이에 힘썼고, 학생들은 잘 외우기만 하면 되었다. 10대의 아이들이 "인仁이 멀리 있느냐? 내 인하고자 하면, 이에 인仁이 이르느니라(仁遠乎哉. 我欲仁. 斯仁至矣)"가 무슨 뜻인지 어떻게 이해할 수 있겠는가?

　아이들은 그저 틈만 나면 몰래 교실을 빠져나와, 서당의 뒤뜰에 가서 꽃가지를 꺾거나 벌레를 잡으며 놀았다. "이놈들 어디 갔느냐"라는 선생님의 호통이 들리면, 그제야 속속 방으로 들어왔다. 루쉰도 선생님의 눈을 피해 반투명한 종이를 소설책 위에 올려놓고 삽화를 베낀 다음, 하나하나 감상하기도 했다. 그래도 루쉰은 선생님의 지도 덕분에 고문에 튼튼한 기초를 닦을 수 있었다.

삼미서옥의 분위기는 그래도 자유로운 편이었다. 다른 이웃의 서당에서는 선생님이 학생들을 심하게 혼내고, 화장실을 갈 때도 선생님에게 검사(?) 받아야 갈 수 있었다. 루쉰은 그곳의 학생들이 불쌍하다고 생각했다. 그래서 어느 날 서당이 끝난 뒤, 삼미서옥의 친구들과 함께 그 서당의 선생님이 없는 틈을 타 '소변 검사 도구(?)'를 모두 부러뜨렸다. 그리고 붓과 먹을 뒤엎어 난장판을 만들어 놓았다.

학생 시절 루쉰의 모습.

또 친구들이 지나갈 때마다 괴롭히는 건달이 있다는 말을 듣고는, 친구들과 함께 『수호지』의 영웅들처럼 집 앞에 매복해 있다가 혼쭐을 내준 적도 있었다. 그 뒤부터 건달의 모습은 찾아볼 수 없었다고 한다. 이처럼 루쉰은 어릴 때부터 자유를 열망하고 권력을 증오하는 성격을 유감없이 드러냈다.

아버지가 돌아가시고 3년 뒤, 루쉰은 난징南京으로 가 강남수사학당江南水師學堂을 거쳐 광로礦路학당에서 공부했다. 열여덟이 된 루쉰은 유신維新이라는 당시 분위기에 영향을 받아, 새로운 책을 많이 읽었다. 그를 가장 크게 깨우친 책은 옌푸嚴復가 번역한 『천연론天演論』이다. 그의 진화론적 관점은 이때 수립되었다.

4년 뒤 그는 광로학당을 졸업했지만, 매우 난감했다. 돛대 위를 몇 번 오르내린다고 선원이 되고, 지하 갱도를 몇 번 들락거린다고 광부가 되는 것은 아니지 않는가? 루쉰은 조국을 위해 힘을 발휘하기에는 자신의 능력이 턱없이 부족하다는 것을 깨달았다. 그래서 루쉰은 국비 유학 시험을 보고, 합격하여 1902년 일본으로 향한다.

의학을 버리고 문학을 공부하다

그는 먼저 도쿄의 홍문학원弘文學院에서 2년 동안 공부하면서 과학과 철학, 문학에 관한 많은 책을 접한다. 이를 바탕으로 지질과 광산에 관련된 책을 집필하고, 또 몇 권의 공상과학 소설도 번역한다. 당시 그는 자연과학에 흥미를 가지고 있었다. 그는 언제나 유학생 중심의 반청反淸 집회에 참가하고, 과감하게 변발을 잘라 버렸다. 이는 청나라 봉건 통치자들과 철저히 결별하겠다고 선언하는 행동이었다.

자신이 그토록 사랑하는 조국이건만, 당시 중국은 봉건 통치자와 외국 침략자들의 손에 철저히 망가져 있었다. 무술정변戊戌政變이 실패로 끝나고, 8개국 연합군이 중국의 대지를 농락하고 있었다. 큰 뜻을 품은 청년이었던 루쉰은 자신의 뜨거운 피를 바쳐서라도 위험에 처한 모국을 구하고 싶었다. 스물셋이 되던 해 루쉰은 「자화상에 부치는 시(自題小像)」에 이런 심정을 담았다.

내 마음 큐피드의 화살 피할 길 없는데	靈臺無計逃神矢
비바람이 검은 장막처럼 조국을 뒤덮었네	風雨如磐闇故園
찬 별에 부치는 나의 뜻 향초는 몰라주어도	寄意寒星荃不察
사랑하는 조국에 붉은 피를 바치리	我以我血薦軒轅

첫 번째 구의 '영대靈臺'는 마음을, '신시神矢'는 신의 화살을 뜻한다. 로마 신화에 보면, 사랑의 신 큐피드가 쏜 화살에 맞은 사람은 사랑에 빠진다고 하지 않는가? 시인 역시 그 화살에 맞았다. 그가 사랑하는 대상은 누구였을까? 바로 조국이었다. 그러나 조국은 한창 비

바람에 시달리고 있었다. 조국의 하늘은 마치 커다란 바위에 짓눌린 듯 깊은 어둠에 잠겨 있었다.

세 번째 구의 '전荃'은 향초의 하나이다. 일찍이 굴원은 이를 임금에 비유했지만, 여기서는 조국을 상징한다.

네 번째 구의 '천薦'은 '바친다'는 뜻이다. '헌원軒轅'은 중국인이 조상으로 받드는 황제黃帝를 가리킨다.

아득한 밤, 시인은 나라를 사랑하는 자신의 심정을 알아주는 이 없음에 탄식한다. 그러다가 조국을 위해 뜨거운 피를 바치겠다고 결심한다.

루쉰은 일본의 메이지유신이 서양 의학을 배우면서 비롯된 것을 알고 있었다. 그래서 그는 홍문학원을 졸업한 뒤, 시험을 보고 센다이仙臺의 의학전문학교에 진학했다. 그곳에서 잊지 못할 스승 후지노 겐구로藤野嚴九郎를 만난다. 그는 후지노 선생에게 의학 지식뿐만 아니라, 학문을 연구하는 방법과 인간이 되는 법을 배웠다.

그러다가 인생의 전환점을 맞이한다. 한번은 학교에서 러일전쟁에 관한 기록영화를 상영했다. 1904년 일본이 중국 영토에서 러시아와 벌인 패권 다툼이 러일전쟁이다. 영화에서는 한 중국인이 러시아 군대의 간첩으로 활동하다가, 결국 일본군에게 잡혀 머리가 잘리는 장면이 나왔다. 그런데 수많은 중국인들이 주위를 에워싸고, 신기한 듯 처형 장면을 쳐다보고 있지 않은가?

루쉰은 모든 감각이 마비된 중국인의 모습에 깊은 수치심을 느꼈다. 조국 동포들의 건강한 신체를 위해 의학을 공부했지만, 영혼이 마비된 사람들에게 건강한 신체가 무슨 필요란 말인가? 이 일을 통해 마비된 정신을 치료하는 것이 육체의 고통을 치료하는 것보다 더 중요하다는 사실을 깨달았다.

젊은 시절 루쉰의 모습.

루쉰은 마비된 정신을 치료하는 방법으로 문학예술을 선택했다. 과감하게 의학 공부를 중단하고, 문학의 길로 돌아선 것이다. 이때가 1906년, 루쉰의 나이 스물다섯이었다.

루쉰은 도쿄로 돌아와 쑨원孫文과 장타이옌 章太炎 등이 주도한 혁명 활동에 적극적으로 참가했다. 장타이옌과 함께 문자학에 심취한 것도 이때였다. 이 시기에 「문화편지론文化偏至論」, 「마라시를 위한 역설(摩羅詩力說)」 등 일련의 글을 썼다. 이를 통해 중국이 세계열강과 경쟁하려면 먼저 '국민을 바로 세워야(立人)' 한다고 역설했다. 아울러 이방異邦에서 신사상을 찾아, 구태의연한 봉건사상을 무너뜨려야 한다고 강조했다. 그 일환으로 반항 정신이 투철한 영국의 '마라시파'를 소개하기도 했다. 마라시파는 바이런을 중심으로 유럽에서 성행했던 낭만주의시파를 말한다. '마라'는 인도 불교에 나오는 하늘의 악마이다. 유럽인들은 이를 '사탄'으로 여기고 반항과 혁명을 주장하는 낭만파 시인 바이런을 '마라'라 불렀다. 루쉰은 '마라시파'를 제창하면서 "무릇 반항에 뜻을 두고 그것을 행동으로 옮기는 자로서 세상 사람들의 미움을 사는 자는 다 여기에 속할 것"이라고 하였다.

이때 동생 저우쭤런도 도쿄에 함께 있었다. 형제는 많은 외국 소설을 번역하여 『외국소설집(域外小說集)』이란 이름으로 출간했다. 책에는 대부분 러시아와 동부 유럽에서 압박받고 있던 민족의 작품이 실렸다. 이를 통해 그들의 의도를 쉽게 짐작할 수 있다.

1909년, 스물여덟의 루쉰은 일본을 떠나 중국으로 돌아왔다. 그 뒤 항저우와 사오싱紹興 등에서 교사로 일하는데 신해혁명이 일어났다.

혁명이 성공한 뒤 교육부 장관인 차이위안페이가 그를 교육부로 이끌었다. 그래서 그는 정부와 함께 베이징으로 옮겨간다.

그러나 곧이어 위안스카이가 재기하고, 곳곳에서 군벌들이 혼전을 벌였다. 이에 루쉰은 깊이 실망했다. 순국선열들이 흘린 수많은 피가 이렇듯 헛되이 사라진단 말인가? 그는 정서적으로 깊은 침체기에 빠져, 고서를 교열하거나 불경의 비첩碑帖들을 살펴보거나 금석문의 탁본을 수집하는 일로 소일했다.

「광인일기」: 반봉건의 외침

1917년, 러시아의 10월 혁명에 세상이 놀랐다. 이어서 1919년 우리나라의 '3·1운동'에 영향을 받아, 중국에서는 '5·4' 운동이 일어났다. 루쉰은 마치 참호 속에 웅크리고 앉아 기회를 노리던 전사처럼, 순식간에 혁명 대열의 선봉에 나섰다. 사실 그는 1918년 초부터 『신청년』의 편집자로 참가하고 있었다. 그해 5월, 그는 『신청년』에 중국 최초의 백화 소설인 「광인일기狂人日記」를 발표했다. 이는 루쉰의 첫 백화 소설이자, 중국 현대문학의 첫 열매이다.

소설 「광인일기」는 미친 사람의 입을 빌어 일기체로 써서, 언뜻 보면 모두 미친 소리 같다. 주인공은 하루 종일 남들이 자신을 해치거나 잡아먹으려 한다는 피해망상에 사로잡혀 있다. 이웃집의 개조차 자신에게 악의적이라고 느낀다.

나중에는 형도 자신을 해치려는 대열에 동참하고 있음을 알게 된다. 아울러 먼저 죽은 여동생도 형들이 잡아먹었으며, 자신도 어물어물하는 사이에 여동생의 살점을 먹지 않았을까 의심을 품는다.

그는 도대체 역사가 무엇인지 알아보려고 책을 뒤적이지만, 페이지마다 '인의도덕'이란 글자만 적혀 있을 뿐이었다. 그는 잠도 자지 못하고 밤새도록 글자만 뚫어지게 쳐다보다가, 마침내 글자 안에 숨어 있는 또 다른 글자를 찾아낸다. 알고 보니 책 속에는 하나같이 '식인(吃人)'이라는 두 글자가 가득했다.

이 미친 사람이 하는 말은 모두 헛소리일까? 놀랍게도 그의 말에는 심오한 뜻이 있었다. '인의도덕'이란 번듯한 말을 앞세운 봉건의 역사야말로 '식인'의 역사였던 것이다.

소설에서는 마지막에 미친 사람의 입을 빌어 이렇게 외친다.

"사람을 잡아먹어 본 적이 한 번도 없는 아이들이 아직 있을지도 모른다. 아이들을 구하라! ……."

아이들을 구하는 일이야말로 미래를 구하는 것이다. 장래의 아이들이 더 이상 사람을 잡아먹거나 잡아먹히지 않게 하려면, 3천년 동안 이어온 봉건 식인의 역사를 끝내야만 한다.

'5·4운동' 무렵에 나온 반反봉건적인 글 가운데 이처럼 투철하면서도 명확하게 일침을 가한 작품은 없었다. 이 작품이야말로 봉건세력에게 전쟁을 선포하는 커다란 외침이었다. 그래서 이 소설이 실린 루쉰의 작품집 이름이 바로 『외침(吶喊)』이었다.

『외침』에는 또 「콩이지」, 「약」, 「고향」, 「아큐정전」 등 10여 편의 소설이 실려 있다. 이는 모두 「광인일기」 이후에 쓴 작품들이다. 이 작품들은 중국 현대 소설의 본보기이자, 현대문학의 튼튼한 기반이 되었다.

또한 루쉰은 이 시기에 『열풍熱風』과 『무덤(墳)』등의 문집에 '5·4

운동' 시기에 쓴 잡문을 실었다. 이 글들은 대부분 『신청년』에 발표했던 것이다.

교육자 루쉰

1920년 이후 루쉰은 베이징대학과 베이징여자사범대학에서 학생들을 가르쳤다. 베이징대학에서는 '소설사'를 가르쳤는데, 학생들에게 인기가 많았다. 이전에는 고전 소설 연구자가 많지 않아, 그때까지 완전한 형태의 중국소설사가 한 권도 없는 형편이었다. 그래서 루쉰은 자신의 강의를 정리하여 『중국소설사략中國小說史略』이란 이름으로 책을 출간해 그 공백을 메웠다. 이 책은 지난 80여 년 동안 검증을 거쳐 지금도 중국 소설을 연구한 가장 권위 있는 성과로 손꼽는다.

루쉰은 학술 연구와 교수 활동을 하면서도 계속 문학 창작에 힘썼다. 그는 『방황彷徨』이라는 두 번째 소설집을 통해 「축복祝福」, 「죽음을 슬퍼한다(傷逝)」, 「고독한 사람(孤獨者)」 같은 작품을 발표했다. 이 작품들 속에 등장하는 지식인들은 대부분 이상과 포부를 지녔으나 암울한 현실로 곳곳에서 장애에 부딪쳐, 방황하며 출구를 찾지 못하는 청년들이다.

'5·4운동' 이후 혁명의 중심은 남쪽으로 옮겨가고, 베이징의 문단은 쓸쓸하기 짝이 없었다. 루쉰은 전쟁터를 배회하며 자신을 작전에 투입되지 못하는 고독한 전사라고 생각했다. '방황'이라는 소설집의 이름은 이런 심정을 반영한 것이다.

'3·18사변'과 「류허전 군을 추모하며」

루쉰은 방황하면서도 결코 싸움을 멈추지 않았다. 더욱이 이때는 신·구세력 사이의 투쟁이 끊이지 않고 이어지던 때였다. 사건은 먼저 베이징여자사범대학에서 일어났다.

1924년 베이징여자사범대학 총장으로 양인위楊蔭榆라는 여성이 부임했다. 그런데 그녀는 독재적인 성격 때문에 학생들을 마치 부하 다루듯이 했다. 그러자 학생들이 학내 소요를 일으켰다. 하지만 양인위는 교육부를 장악하고 자신의 잘못을 인정하지 않았다. 그뿐만 아니라 소요에 가담한 학생들을 제명하려고까지 했다. 그 학생들에는 뒤에 '3·18사건'으로 희생되는 류허전劉和珍과 루쉰의 부인이 되는 쉬광핑許廣平도 끼여 있었다.

루쉰은 당시 베이징여자사범대학에서 '소설사'를 가르치고 있었다. 그는 정의감 넘치는 몇몇 교수들과 함께 선언문을 발표하고 학생들 편에 섰다. 이에 교육부는 학생들을 강제로 해산하는 쪽으로 가닥을 잡고, 경찰을 동원하여 학생들을 학교 밖으로 몰아냈다.

하지만 학생과 교수들은 굴복하지 않고, 다른 장소를 찾아 학교 간판을 내걸고서 꿋꿋하게 수업을 진행했다. 몇 달 뒤 양인위를 지지하던 교육부 장관이 물러나자, 학생들이 학교로 복귀하면서 이 사건은 일단락을 맺는다.

이 힘겨루기에서 루쉰은 언제나 투쟁의 선봉에 섰다. 이 경험을 통해 그는 「페어플레이는 뒤로 미뤄야 한다」라는 유명한 글을 남겼다. '물에 빠진 개'는 모질게 두들겨 패야지, 그러지 않으면 땅으로 올라와 사람을 해친다는 것이 그의 생각이었다.

비무장 시민들에게 총격을 명령한 돤치루이段琪瑞 정권의 수뇌부.

여기서 앞서 잠깐 언급한 '3·18사건'을 자세히 알아보자. 1926년 3월 18일, 베이징의 시민들은 천안문 앞에서 반反제국주의 집회를 열었다. 이어서 자신들의 의사를 전달하고자, 철사자 골목에 있는 정부 청사를 찾아갔다. 그러나 거대 군벌이던 돤치루이段琪瑞는 시민들의 의견을 묵살하고, 심지어 헌병대에게 발포하라고 명령까지 했다. 그 결과 200여 명의 시민들이 그 자리에서 총에 맞아 죽거나 부상을 당했다. 사망자에는 루쉰의 제자였던 류허전劉和珍과 양더췬楊德群 양이 있었다.

1년 전만 해도 교실에서 자신의 강의를 듣던 갓 스물을 넘긴 여대생들이 억울하게 죽자, 루쉰은 매우 슬퍼하며 분노했다. 더욱 화가 나는 것은 몇몇 다른 속셈을 지닌 문인들이 학생들을 앞장 세워 이용했다는 점이었다. 세상에 이보다 더 파렴치한 일이 또 어디 있겠는가?

그래서 루쉰은 「류허전 군을 추모하며(紀念劉和珍君)」란 글을 통해 희생된 학생들을 추모했다.

"참상, 차마 눈뜨고 볼 수가 없다. 유언비어, 차마 귀를 열고 들을 수가 없다. 더 이상 무슨 할 말이 있는가? 멸망하는 민족이 왜 침묵하는지, 나는 그 이유를 알았다. 침묵이여, 침묵이여! 만일 침묵 속에서 폭발하지 않는다면, 침묵 속에서 멸망할 뿐이다."

글에 비통한 심정이 가득함을 느낄 수 있다.

아울러 루쉰은 죽거나 다친 세 여학생을 찬양한다.

"문명인이 발명한 총탄이 우박처럼 쏟아지는 속에서, 이 세 여성은 침착하게 행동하다 쓰러졌다. 사람의 혼을 뒤흔드는 이 위대함이여!"

글의 말미에는 이렇게 말했다.

"그냥그냥 되는대로 살아가는 사람이라 할지라도, 빛바랜 핏자국 속에서나마 가녀린 희망을 엿볼 수 있을 것이다. 진정한 용사는 더욱 떨쳐 나아가리라!"

'진정한 용사'는 바로 류허전 양의 학우들이자 루쉰 자신이기도 하다.

루쉰이 이 시기에 쓴 잡문들은 『화개집花蓋集』과 『화개집속편續編』 등의 문집에 담겨 있다. 또 산문시집인 『들풀(野草)』을 내기도 했다.

마르크스주의로 전향

1926년 하반기, 루쉰은 북양北洋 정부의 박해를 피해 남쪽으로 내려간다. 그는 그곳의 샤먼厦門대학과 중산中山대학에서 차례로 교수를 지냈다. 그러던 1927년 4월 국민당國民黨 정권이 '숙청(清黨)' 사건을 일으켜, 수많은 공산당원과 혁명가들을 하룻밤 사이에 모두 살해했다. 당시 중산대학의 교무주임이던 루쉰은 체포된 학생을 구하려고 최선을 다했다. 하지만 좋은 결과를 얻지는 못했다. 이에 루쉰은 교수직을 버리고, 오래지 않아 광저우廣州를 떠나 상하이로 향했다.

이전까지 루쉰은 진화론을 믿었다. 그래서 미래는 반드시 과거보다 나을 것이고, 젊은이는 반드시 노인보다 강하다고 여겼다. 그러나 여러 사건을 겪으면서 확실히 깨달았다. 곧 젊은이들도 두 부류라서, 투서와 밀고로 사람 잡는 일을 돕는 이들도 젊은이라는 사실을 말이다. 결국 진화론에 대한 믿음은 순식간에 무너지고, 이때부터 마르크스주의로 전향한다.

당시 상하이는 중국 문화의 중심지였다. 이곳에서는 다양한 문인들이 활동하고 있었다. 문학 단체와 잡지가 유난히 많았다. 그 와중에 루쉰은 한 자루 붓을 무기로 하여, 꿋꿋하게 잡문을 쓰고 번역을 하며 잡지를 편집했다.

당시 혁명 진영 내부에서도 한바탕 논쟁이 벌어져, 신문과 잡지를 통해 진정한 프롤레타리아혁명 문학이 무엇인지 저마다 의견을 개진했다. 루쉰은 마르크스주의 이론을 공부하는 한편, 때마다 정치精緻한 견해를 적지 않게 발표했다. 이러한 논쟁은 좌파의 대열이 더욱 단합하는 계기가 되었다.

분노 속에 탄생한 시

1930년, 중국좌익작가연맹(좌련으로 약칭)이 상하이에서 성립되었다. 루쉰도 여기에 발기인의 한 사람으로 참가했다. 좌파의 단결은 늘 우파에겐 골칫거리였다. 그러니 좌련은 국민당 정권에게 눈엣가시 같은 존재였다.

다음해 국민당 정권은 좌련에 속해 있던 두 젊은 공산당원 러우스柔石와 인푸殷夫를 체포하여 살해했다. 그런데 러우스가 체포될 때, 그의 주머니에는 루쉰의 이름을 적은 종이가 있었다. 일찍감치 루쉰을 체포할 기회만 노리던 당국에게는 호재가 아닐 수 없었다. 루쉰은 할 수 없이 가족을 이끌고 피신했다.

다음 7언 율시는 피신하고 있던 여관에서 쓴 것이다.

긴긴 밤 봄 지내기 이제 익숙해지는데	慣於長夜過春時
처자를 거느리다 귀밑머리 희었구나	挈婦將雛鬢有絲
눈물 젖은 어머님 얼굴 꿈속에 희미하고	夢裏依稀慈母淚
성 위의 대왕 깃발은 변화 잦아 예측하기 어렵다	城頭變幻大王旗
벗들이 죽어감을 차마 볼 수 없어서	忍看朋輩成新鬼
칼 든 놈들 향하여 분노하며 시 짓는다	怒向刀叢覓小詩
다 읊고 고개 숙이니 보낼 곳 없구나	吟罷低眉無寫處
달빛만 강물처럼 검은 옷 적시네	月光如水照緇衣

첫 두 연은 눈에 보이는 광경을 적고 있다. 봄이라면 아름다워야 마땅한데, 주위가 온통 어둠에 잠겨 있다. 이제 아내와 아이를 데리

고 피신하는 처지라 걱정과 분노 때문에 머리칼도 하얗게 새었다. 꿈에 본 어머니는 아들 걱정에 눈물을 흘리고 계셨다. 성 위로는 강도의 깃발이 수시로 변하는데, 어느 놈이 우두머리인지도 알 수 없다.

둘째 구에서 '끌다(挈)'와 '부축하다(將)'는 모두 '데리고' 라는 뜻이 있다. '새 새끼(雛)'는 어린 아이를 가리키고, '실(絲)'은 흰머리를 말한다.

넷째 구에서 '대왕'은 '대왕代王(daiwang)'으로 읽어야 마땅하다. 옛날에는 도적의 우두머리를 일컫는 말인데, 여기서는 군벌을 가리킨다.

나머지 두 연은 자신의 비분한 심경을 읊은 것이다. 친구들이 죽었다는 소식을 들으면 어떻게 참을 수 있겠는가? 가슴 가득한 울분을 토로할 곳 없으니, 서슬이 시퍼런 칼날이 위협해도 작으나마 시를 써서 애도의 정을 전할 수밖에 없다. 시를 썼으나 발표할 곳이 없어, 고개를 떨어뜨리고 물결 같은 달빛이 검은 옷을 비추는 모습을 지켜볼 뿐이다.

2년 뒤 루쉰은 또 「망각을 위한 기념」을 써서 2명의 열사를 추모했다. 그는 끝부분에서 이렇게 적었다.

> 밤은 길고, 갈 길은 먼데, 내 망각에 드느니 차라리 말하지 않으련다. 그러나 나는 안다. 내가 아니더라도 장차 누군가는 그들을 기억하여 그들에 대해 말할 때가 오리라는 것을……

루쉰은 비통함에 휩싸였지만, 가장 암울한 순간에도 끝내 희망을 잃지 않았다.

1931년 9월 18일, 일본이 중국의 동북 3성을 침략하면서 중일전쟁이 시작되었다. 루쉰은 곧바로 반反침략 투쟁의 대열에 동참하여, 일본의 침략을 비난하고 타협적인 중국 정부의 태도를 비판하는 글을 연이어 발표했다. 또 중국민권보장동맹에 참가하여 쑹칭링宋慶齡, 차이위안페이 등과 함께 열심히 활동했다.

당국의 비밀 요원이 민권보장동맹의 총간사를 암살하자, 루쉰은 신변의 위협을 무릅쓰고 당당하게 그의 장례식에 참가했다. 그는 집을 나서면서 문을 잠그지도 않았다. 이 문을 나서서 다시 돌아올 생각이 없다는 것을 비밀 요원에게 보이려는 행동이었다. 그는 역시 혁명의 강골이었다.

이런 활동 속에서도 그는 잡문을 발표하고 출간하는 일을 게을리하지 않았다. 그래서 『이이집而已集』, 『삼한집三閑集』, 『이심집二心集』, 『남강북조집南腔北調集』, 『위자유서僞自由書』, 『준풍월담准風月談』, 『화변문학花邊文學』, 『차개정잡문且介亭雜文』, 『고사신편故事新編』, 『아침 꽃을 저녁에 줍다(朝花夕拾)』 등을 연이어 출간했다.

또 이 시기에는 러시아 작가 고골리의 소설 『죽은 영혼』과 파제예프의 소설 『훼멸』 등을 번역하기도 했다.

동지가 된 혁명 청년들

루쉰은 청년들 사이에서 명망이 높았다. 그는 청년 작가들이 발전하는 데 도움을 주고자, 그들의 원고를 검토하고 수정하는 일에 시간과 정력을 아끼지 않았다. 또 청년들에게 목판화의 장점을 알리는 목판화 강습반을 열어, 일본에서 교사를 불러와 강의를 맡겼다. 그리고 자신은 직접 판화집을 출간하고, 전시회를 개최하기도 했다. 혁명을 꿈꾸는 문예 청년들은 모두 루쉰을 스승이자 친구로 받아들였다.

이런 활동으로 루쉰은 과로 때문에 몸이 나날이 쇠약해졌다. 친구들이 병원에 입원하거나 외국에서 요양하라고 권유하자 루쉰은 이렇게 말했다.

"일 안하고 몇 년을 더 사느니, 빨리 일하고 몇 년 적게 사는 것이 낫네."

1936년 10월 초순, 그는 병중에도 목판화 전시회에 참가했다. 그러나 며칠 뒤 병원에 입원할 정도가 되었고, 10월 19일 결국 쉰다섯을 일기로 세상을 떠나고 말았다. 사람들은 모두 중국의 위대한 문호를 잃었다고 애통해 했다. 그의 장례식 날, 수만 명이 운집한 가운데 영구가 옮겨졌다. 그의 관에는 상하이의 시민들이 보낸 깃발을 덮었는데, 거기에는 '민족혼'이라는 세 글자가 수 놓여 있었다. 루쉰의 위상에 걸맞은 표현이다.

루쉰이 세상을 떠나자 중국공산당 중앙위원들은 위로의 전문을 보냈다. 나중에 마오쩌둥毛澤東은 「신민주주의론新民主主義論」에서 루쉰을 '중국 문화혁명의 주장主將'이라고 높이 평가했다. 아울러 비굴함이나 아첨하는 기색이 전혀 없는 강골이며, '전무후무한 민족 영웅'이라고 칭송했다.

사실 루쉰은 상하이에 있을 때 공산당원들과 밀접한 관계를 맺었다. 공산당 지도자였던 취치우바이瞿秋白는 몇 번이나 루쉰의 숙소에 피신했다. 루쉰은 혁명의 동지와 함께 문예이론과 좌련의 일을 놓고 서로 의견을 주고받았고, 이를 '루쉰'이라는 필명으로 발표하기도 했다.

뒤에 취치우바이가 피살되었다는 소식을 들은 루쉰은 매우 비통해했다. 그는 병으로 누워 있으면서도 취치우바이가 번역한 「바다 위에서 숲을 논하다(海上逃林)」를 정리하여, 친구를 위한 추모의 정을 보여주었다.

한편 공산당원이었던 팡즈민方志敏은 옥중에서 당 중앙에 보내는 서신을 비롯해 많은 글을 남겼다. 거기에는 유명한 산문 「청빈淸貧」도 있다. 그런데 이런 글을 어떻게 당 중앙에 전달할까?

팡즈민은 루쉰을 떠올렸다. 사실 팡즈민은 루쉰을 한 번도 만난 적이 없었다. 그러나 자신의 동지를 믿듯이, 루쉰을 믿었던 것이다. 루쉰에게 원고를 전하자, 과연 그는 생명의 위협을 무릅쓰고 원고를 보존하여 결국 당 중앙에 온전히 전달했다. 그는 일면식도 없는 동지의 기대를 저버리지 않았던 것이다.

홍군紅軍이 장정長征을 승리로 이끌고 산베이陝北의 옌안延安에 도착하자, 루쉰은 흥분을 감추지 않았다. 그는 중국 혁명에 동조하는 외국 기자에게 부탁하여, 파리에서 당 중앙에 전보를 보내 열렬히 축하했다.

마오쩌둥도 루쉰의 인격과 그의 글을 매우 존경했다. 전쟁 기간 동안 그는 남북을 전전해야 했기에, 지닐 수 있는 물건이 매우 제한되었다. 그럼에도 그의 곁에는 언제나 『루쉰전집』이 있었다고 한다.

칼보다 무서운 붓 7

『외침』
『방황』

대중 앞에서 연설하는 루쉰.

『외침』 속의 소설들

　루쉰의 소설은 대부분 『외침(吶喊)』과 『방황』에 실려 있다. 『외침』에는 이미 소개한 「광인일기」 말고도 「쿵이지孔乙己」, 「사소한 사건(一件小事)」, 「약藥」, 「풍파風波」, 「고향故鄕」, 「제놀이(社戲)」 등의 작품이 실려 있다.
　그 가운데 「쿵이지」는 독자들에게 깊은 인상을 남겼다. 루쉰은 쿵이지라는 인물을 낡은 시대의 몰락한 지식인의 전형으로 묘사했다. 그는 평생 과거 급제도 해보지 못한 채, 남의 책을 베끼면서 끼니를 이었다. 그런 신세지만 먹는 것은 좋아하면서 일에는 게으른 나쁜 버릇까지 있었다. 그가 남의 책과 종이, 붓, 벼루 등을 몽땅 가지고 달아나는 일이 거듭되자, 그에게 일을 맡기는 사람도 차츰 없어졌다. 쿵이지는 할 수 없이 도적질에 나선다.
　한번은 과거에 급제한 거인擧人의 집에 몰래 들어갔다가 잡혀, 자백서를 쓰고 밤늦게까지 매를 맞아 정강이가 부러지기도 했다. 그 뒤 부러진 다리를 양반 다리로 포갠 뒤 밑에는 부들자리를 깔고는, 그것을 새끼줄로 어깨에 묶어 두 손으로 땅을 짚고 다녔다. 결국 쿵이지는 많은 이들의 비웃음 속에서 삶을 마감한다.
　「약」, 「풍파」, 「고향」은 같은 주제를 담고 있다. 그것은 철저하지 못했던 신해혁명에 문제를 제기하는 것이다. 「약」에 나오는 혁명 열사 샤위夏瑜는, 정면에 등장하지는 않았지만 신해혁명 당시 활약하던 순국열사 치우진秋瑾의 모습을 반영한 인물이다.
　이처럼 혁명가들은 국민의 행복을 위해 목숨을 바치는데, 정작 국민들은 그들을 이해하지 못했다. 아니 오히려 그들이 흘린 피를 돈

주고 사서, 자기 아들의 병을 치료하는 약으로 삼는 현실이었다. 진정으로 치료해야 할 것은 바로 국민들의 마비된 심령이었다. 루쉰은 센다이 의대에서 느꼈던 비분을 이 작품에 담았다.

국민성을 개조하는 일은 루쉰의 초기 창작에서 주요한 관점이었다. 이는 사실상 국민을 교육하고, 국민의 자질을 향상시키는 일이었다. 이 문제는 지금도 큰 의미를 갖는다.

그렇다면 어째서 신해혁명이 성공했는데도 농촌의 봉건세력은 여전히 활개를 칠 수 있었을까? 「풍파」에서 자오치趙七 영감은 장쉰張勳의 복귀 소식을 듣자마자, 머리에 틀어 올렸던 변발을 풀고 사방을 떠돌고 다니며 이렇게 외쳤다.

"이번에 황제를 받들고 나선 분이 바로 장 장군님이오. 장 장군으로 말하자면 바로 연燕나라 사람 장익덕張翼德의 후손일세. 그의 한 길 하고도 여덟 자 길이의 사모蛇矛는, 설사 만인을 이길 용력을 가졌다 한들 그 누가 막아낼 건가?"

「아Q정전」

『외침』에서 가장 중요한 작품을 꼽으라면, 역시 「아Q정전」을 들 수 있다. 이는 루쉰이 중국인의 심리를 예리하게 분석한 작품이다.

아Q는 야윈 몸에 허약했다. 그리고 머리에는 언제 생겼는지 모를 비루먹은 자리가 여러 군데 있었다. 그는 일정한 직업 없이 이 집 저 집 다니며 품을 팔고, 미장未庄 마을의 토지 사당 안에서 살았다. 아무도 그를 상대하지 않았고, 그에게 건네는 말도 대부분 그를 골리거나 비웃는 것들이었다. 그가 반항이라도 할라치면, 십중팔구 변발을 틀어쥐고 소리가 날 정도로 벽에 머리를 처박았다.

그래도 아Q는 '자존심'이 있었다. 그는 '자존심'을 지키는 나름의 방법을 가지고 있었다. 그래서 다른 사람과 말다툼하게 되면 눈을 부릅뜨고 이렇게 소리쳤다.

"우리도 옛날에는 …… 네놈보다 훨씬 잘 살았단 말이다! 네놈이 도대체 뭐냐!"

그러다가 사람들에게 얻어맞으면 속으로 '난 아들놈에게 얻어맞은 셈이야. 요즘 세상은 정말 말이 아니라니까' 라고 생각했다.

한번은 도박판에서 돈을 많이 땄다. 그런데 갑자기 싸움이 벌어져, 온통 아수라장이 되었다. 아Q는 무슨 영문인지도 모른 채 얻어맞고 발길에 채였다. 그러다가 자기 앞에 있던, 분명 자기 것인 눈이 부시도록 새하얀 은화 무더기를 잃어버리고 말았다.

아Q는 기분이 언짢고 서운했다. 그래서 오른손을 들어 힘껏 자기 뺨을 연달아 서너 번 때렸다. 뺨은 얼얼하고 아팠지만, 마음은 가라앉고 기분이 누그러졌다. 자신이 다른 사람을 때린 것 같은 기분이 들어 승리자가 된 듯했다.

아Q의 이런 모습을 작가는 '정신승리법' 이라고 이름을 붙였다. 이는 누구에게서나 쉽게 찾아볼 수 있는 심리적 약점이 아닌가? 더욱이 루쉰이 살던 당시 많은 중국인들은 여전히 낙후된 세계에서 조상의 후광을 등에 업고 살았다. 이는 예전에는 네놈보다 잘 살았다고 외치던 아Q와 무슨 차이가 있는가?

아Q는 열등감에 사로잡혀 있었다. 그는 마음속으로 자오趙 영감을 멸시했다. 유학에서 돌아와 변발을 자른 '가짜 양놈' 이기 때문에,

'골수에 사무치게 증오' 했다. 그러나 그들을 마주하면 감히 아무 말도 못 붙이고, 매를 맞기 전에는 "근육을 긴장시키고 어깨를 움츠린 채 기다릴" 뿐이었다.

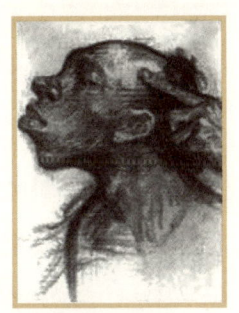

'정신승리법'의 아Q

마을에 혁명의 소식이 전해지자 아Q는 매우 기뻤다. 원래 그는 혁명당을 철저하게 증오했다. 혁명은 곧 모반이기 때문이다. 그러나 마을의 거인擧人 영감들과 '한 무리의 새 같은 남녀들'이 놀라고 두려워하는 모습을 보고는, 생각을 바꾸어 '혁명당에 투항' 하기로 뜻을 굳힌다. 혁명당이 몰려온다는 소리에 놀란 거인 영감들은 자기들의 보따리를 모두 시골로 내려 보낸다.

그러나 혁명의 결과는 어떠했는가? 지현知縣의 나으리들은 호칭만 바뀌었을 뿐, 여전히 자기 자리를 차지하고 있었다. 병력을 이끌고 온 사람도 예전의 총감이었다. 이에 목숨을 잃을까 전전긍긍하던 거인 영감들도 혁명당의 관리가 되었다.

이 작품도 철저하지 못했던 신해혁명을 반영하고 있다. 관리가 된 옛 술이 아예 새 부대를 바꿔 버리고, 국민들도 예전의 무지몽매함에서 깨어나지 않았다. 그렇다면 신해혁명의 성과는 무엇인가? 이것이 바로 작가가 묻고 싶은 것이었다.

누가 샹린 아줌마를 죽였나

　외부 세계는 하나도 변하지 않았다. 국민들의 내면세계는 더더욱 말할 필요도 없었다. 봉건사상은 여전히 의연한 자태를 뽐내며 버티고 있었다. 샹린祥林 아줌마가 어떻게 죽었는지를 보면 이런 상황을 이해할 수 있다.
　샹린 아줌마는 「축복」의 여주인공이다. 「축복」은 앞서 언급했듯이 소설집 『방황』에 실린 작품이다.
　루쓰魯四 영감네에서 하인 노릇을 하는 샹린 아줌마는 보통 농촌 여성으로서, 별다른 특징이 없었다. 유일하게 남다른 점은 두 번 결혼했다는 사실이다. 첫 남편이 죽자 그 집에서 도망쳐 나와 남의 집에서 하인으로 지냈다. 그런데 그녀가 성실하고 일을 잘하자, 여주인이 남자 몫의 품삯을 주며 그녀를 거두어 주었다. 그러나 오래지 않아 그녀의 시어머니가 사람을 데리고 찾아와서는 강제로 그녀를 끌고 갔다. 자기 아들을 장가보내려고 그녀를 데려다 팔려고 했다.
　당시 사회에서 여성의 재혼은 자신의 목에 '부정한 년'이라는 팻말을 거는 것과 같았다. 그래서 샹린 아줌마는 산골로 팔려 가면서 죽을힘을 다해 반항했다. 그러나 두 번째 결혼은 그런대로 행복한 듯 보였다. 얼마 지나지 않아 아들도 낳고, 남편도 능력이 있어 잘 풀리는 듯했다.
　그러나 2년 뒤 샹린 아줌마는 다시 쓰수四叔 댁에 나타났다. 그녀의 남편은 장티푸스로 죽고, 아들 아마오阿毛도 이리에게 물려 죽었기 때문이다. 이 충격으로 샹린 아줌마는 예전 같지 않았다. 그전처럼 행동이 민첩하지도 않았고, 기억력도 나빠졌다. 시체 같은 얼굴에 하루 종일 웃음기를 잃었다. 시간만 나면 사람을 붙잡고 아마오가 죽던 상황을 늘어놓았다.

"저는 정말 어리석어요. 정말 …… 눈이 올 때는 산골에 먹을 것이 없어 짐승이 마을로 내려온다는 것은 저도 알고 있었지만, 봄에도 내려오는 건 몰랐어요. ……."

그녀의 말은 사람들에게 많은 동정을 샀다. 하지만 머지않아 사람들은 이 말에 싫증을 느끼고 그녀를 보면 피해 다녔다.

그러나 그녀에게는 더 큰 충격이 남아 있었다. 쓰수 댁의 가장 중대한 일은 제사였다. 그때는 샹린 아줌마가 가장 바쁜 시기였다. 그런데 이번에는 달랐다. 숙모가 그녀에게 어떤 것도 만지지 못하도록 명했기 때문이다.

사실 이는 쓰수의 의견을 반영한 처사였다. 쓰수는 그녀가 두 번이나 파경을 맞아 풍기를 어지럽힌 사람이라 부정하기 때문에, 제사 음식만은 손대지 못하게 하라고 했다. 그렇지 않으면 부정을 타서 조상님이 잡수시지 않을 것이라며. 그래서 샹린 아줌마가 술잔과 젓가락을 집으려 하자, 숙모는 급히 소리쳤다.

"샹린 아줌마, 그냥 둬요. 내가 놓을 테니!"

이 일만으로도 샹린 아줌마는 매우 당황스러웠는데, 일을 도와주러 왔던 류마(柳媽)가 결정적인 말을 던졌다. 곧 두 번 결혼했던 여자가 저승에 가면, 염라대왕이 그녀를 톱으로 썰어 두 남자에 나눠준다는 것이다. 이 일을 막으려면 사당에 가서 입구의 문지방을 하나 기부해야 한다고 했다. 그걸 여러 사람들이 밟고 넘어 다니면, 세상의 죄를 용서받아 죽어서 고통 받는 것을 면할 수 있다고 했다.

샹린 아줌마는 어렵게 저축한 임금을 받아, 열두 냥의 은화로 바꾸어 정성스럽게 문지방을 사서 붙였다. 일을 끝내고 돌아온 그녀는 기분이 좋았고, 눈빛도 평소와 달리 생기가 있었다. 그러나 동지가 되어 다시 제사상을 차리려고 술잔과 젓가락을 집으려 하자, 숙모가 또다시 손대지 말라고 소리쳤다. 이때 샹린 아줌마는 큰 충격을 받았다. 그래서 안색도 잿빛으로 변했다.

이튿날 그녀의 눈은 움푹 들어갔을 뿐만 아니라 기운마저 없어 보였다. 게다가 몹시 겁쟁이가 되어, 캄캄한 밤이나 검은 그림자조차 두려워했다. 인형처럼 우두커니 앉아 있을 때가 많았고, 기억력이 더 나빠져 심지어 쌀 일러 가는 것도 잊어버리는 경우가 생겼다.

어느 해 세밑에 '나'는 고향을 찾았다. 그러다 개울가에서 샹린 아줌마를 만났다. 그녀는 한 손에 대바구니를 들고 있었다. 그 안에는 깨진 대접 한 개가 있었다. 다른 한 손에는 그녀보다 더 큰 대나무 지팡이를 짚었는데, 지팡이의 아래쪽이 갈라져 있었다. 어느 모로 보나 영락없는 거지꼴이었다.

5년 전에는 반백이던 머리칼은 어느새 백발이 되어, 전혀 40대 같지 않았다. 얼굴은 형편없이 야위어 생기라고는 전혀 찾아볼 수 없었고, 예전의 슬픈 눈빛마저 사라져 마치 목상 같았다. 다만 어쩌다가 눈동자가 움직이는 것으로 보아, 아직은 살아 있음을 알 정도였다.

그녀는 나에게 구걸이 아닌 질문을 했다.

"사람이 죽고 난 뒤 영혼이란 게 있을까요?"

그날 밤, 연말 대제의 향냄새와 폭죽 소리가 울러 퍼지는 가운데 샹린 아줌마가 죽었다는 소식을 듣는다.

누가 이 선량하고 불쌍한 아줌마를 죽였을까? 가난하고 고된 삶일까? 그의 남편을 앗아간 병일까? 그녀의 아이를 물어 간 이리일까?

아니다. 가장 치명적인 살인자는 쓰수로 대표되는 냉혹한 봉건 도덕이었다. 그것이 샹린 아줌마를 인격적으로 대우하지 않았고, 그녀에게서 미래의 모든 희망을 앗아갔다. 봉건 도덕이 사람을 죽인 것이다. 이는 루쉰이 「광인일기」에서 이미 소리쳐 외친 그것이다.

「죽음을 슬퍼한다」: 신가정의 비극

하층 부녀자의 운명이 이와 같았다면 신여성의 운명은 어땠을까? 소설 「죽음을 슬퍼한다(傷逝)」는 이에 대한 답을 준다.

「죽음을 슬퍼한다」의 여주인공인 즈쥔子君은 가족의 방해와 다른 사람들의 냉혹한 시선에도 아랑곳하지 않고, 지식인 쥐안성涓生과 가정을 꾸린다. 이들 부부는 '5·4운동'의 영향으로 개성의 해방과 결혼의 자유를 추구하는 신세대였다.

쥐안성은 회관에서 즈쥔과 연애하던 시절을 잊을 수 없었다. 그녀는 종종 홰나무의 푸른 잎사귀나 엷은 보랏빛 등나무 꽃받침을 들고 와서 그에게 보여주곤 했다.

또 즈쥔이 결연하면서도 침착하게 내뱉던 말도 잊을 수 없었다.

"나는 나 자신의 것이에요. 그들 가운데 누구라도 나에게 간섭할 권리는 없어요!"

그녀가 언급한 그들은 그녀의 아버지와 숙부를 말한다.

결혼한 뒤 둘의 생활은 꿈만 같았다. 둘은 연애하던 때의 아름다웠던 순간을 떠올리며 자유의사에 따라 이룬 가정의 행복을 꿈꾸었다. 그들에게는 더 이상 아무런 목표가 없었다.

그러나 냉혹한 현실은 그들의 꿈을 압박해 오기 시작했다. 특히 쥐안성이 직장을 잃으면서부터 당장 먹고 사는 문제가 대두되었다. 사람도 굶는지라 즈쥔이 아끼는 닭과 개까지 신경 쓸 여유가 없었다. 결국 닭이 먼저 식탁에 오르고, 곧이어 개도 교외로 끌고 가 버렸다.

그토록 씩씩하고 낙관적이던 즈쥔도 나날이 변해 갔다. 어느덧 그녀의 얼굴에는 처참하고 싸늘한 기운이 감돌았다. 쥐안성은 집에 가서 그녀의 냉랭한 모습을 보기 두려워 하루 종일 도서관에서 시간을 보냈다. 결국 쥐안성은 용기를 내서 즈쥔에게 고백했다. 자신은 더 이상 그녀를 사랑하지 않는다고! 그는 이렇게 하는 것이 그녀를 위한 길이며, 그녀의 짐을 덜어 주는 것이라고 생각했다.

마침내 즈쥔은 그와 헤어져 아버지에게 돌아갔다. 그녀는 아무런 흔적도 남기지 않았다. 다만 소금과 마른 고추, 밀가루, 배추 반 포기만 한곳에 모아 놓고, 그 옆에 동전 몇 개를 놔두었을 뿐이다. 그들의 전 재산을 눈앞에 모아 놓은 것이다. 그리고 오래지 않아, 쥐안성은 다른 사람을 통해 그녀가 죽었다는 소식을 들었다. 그의 가슴 속에는 한없는 후회와 슬픔이 몰려왔다.

즈쥔은 순결하면서도 용감한 아가씨로서, '5·4운동'의 정신을 계승한 세대였다. 그녀는 이상적이었지만 그에 걸맞은 현실적 능력과 경험이 부족했다. 그 결과 아름다운 꽃 같았던 그녀는 비바람을 이기지 못하고 시들어 버렸다.

쥐안성은 즈쥔보다도 못한 사람이었다. 그는 생활의 무게와 정신적 압박을 이기지 못했다. 오히려 '솔직함'을 내세우며 즈쥔에게 남은 마지막 희망마저 앗아갔다. 그는 즈쥔의 죽음에 일말의 책임이 있다.

그러나 쥐안성의 고뇌는 바로 5·4운동 이후에 많은 청년들이 겪던 것이었다. 숨 막히는 사회에서 인생의 목표를 잃은 청년들이었기에, 자유연애를 기반으로 한 가정조차 지킬 수 없었다. 그들은 연약하고 의기소침하여 갈 길을 모른 채 방황했다.

쥐안성 뿐만 아니라 「술집에서(在酒樓上)」의 뤼웨이푸呂緯甫, 「고독한 사람(孤獨者)」의 웨이롄수魏連殳도 이런 지식인들의 모습을 반영한다. 작자인 루쉰도 이 시기에 이들처럼 방황했다.

반봉건 정신으로 가득 찼던 초기 잡문

소설은 생활을 비추는 거울이기에 충실히 생활을 반영할 수 있었다. 그러나 생활을 변화시키는 힘은 부족했다. 그래서인지 루쉰은 이때부터 소설 창작을 급격히 줄이고, 새로운 문학 형식인 잡문雜文에 더 심취했다.

잡문이란 중국 현대 문단에 새롭게 등장한 문체이다. 이는 신문과 잡지가 출현하면서 함께 생겼다. 그 최초의 형태는 『신청년』에 '수상록隨感錄'이란 꼭지가 생기면서 사회, 정치, 역사, 문화 등의 문제를 다루었던 수필이나 잡감문雜感文 등이다. 이러한 글들은 의견 개진이 활발하고 자유로워 독자들의 호응이 좋았다. 그러자 다른 잡지에서도 이를 모방하여 한때 크게 성행했다. 굳이 따지자면 산문 가운데 논설문, 곧 문학성을 띤 논설문에 해당한다. 이 문체는 태도가 분명하고, 간결한 글에 예리함까지 갖추었다. 또한 활발하고 다양하며, 독자들의 반응이 신속하다는 것이 특징이다.

잡문은 '소품문小品文'이라는 이름도 있었다. 이 소품문을 어떻게 정의할지는 저마다 의견이 분분하다. 일부 작가들은 소품문이 해학과 유머를 띠면서 한적하고 우아한 풍격을 표현해야 한다고 주장했다. 그들에게 소품문은 있어도 그만, 없어도 그만인 심심풀이나 구경거리인 셈이다.

그러나 루쉰의 생각은 달랐다. 그는 진정한 소품문을 이렇게 정의했다.

"반드시 비수여야 하고, 투창이어야 하며, 독자들과 함께 생존의 혈로를 개척할 수 있는 것이어야 한다."

비수와 투창이야말로 적과 백병전이 벌어졌을 때 쓰는 가장 예리한 무기이다.

루쉰이 평생 동안 쓴 잡문은 수를 헤아릴 수 없이 많다. 모음집만 하더라도 17권에 달한다. 그는 1918년부터 이후 18년 동안 쉬지 않고 잡문을 썼다.

일부 연구자들은 그의 잡문을 서정 소품, 풍자 소품, 문예평론, 사회 평론과 잡감 수필 등 크게 다섯 가지로 분류한다. 문장의 체제는 더욱 다양하여 잡감, 수필, 소품, 정론政論, 단평, 논설, 전기傳記, 서문, 속보, 우언, 강연, 통신, 일기 등이 있다.

루쉰의 초기 잡문에는 반反봉건 정신이 강렬하게 드러난다. 『화개집』의 「홀연히 떠오르는 여섯 가지」에서 그는 이렇게 말했다.

> 바로 지금 우리가 당면한 가장 시급한 일은 첫째, 생존이요. 둘째, 따뜻하게 입고 배불리 먹는 것이요. 셋째, 발전이다. 이러한 앞길을 방해하는 자가 있다면 옛것이든 지금 것이든, 사람이든 귀신이든, 『삼분三墳』과 『오전五典』이든, 백송百宋과 천원千元이든, 천구天球와 하도河圖든, 금인金人(금으로 만든 불상)과 옥불玉佛(옥으로 된 부처)이든, 조상 대대로 내려오는 환약과 가루약이든, 비법으로 만든 고약과 단약이든 모

조리 짓밟아 버려야 한다.

『삼분』은 복희伏羲, 신농神農, 황제黃帝의 글을 담은 책이고, 『오전』은 '오경五經'을 말한다. 이를 통해 봉건 문화에 반대하는 루쉰의 태도가 얼마나 결연한지 알 수 있다.

또 루쉰은 백화를 쓰지 못하게 하거나 반대하는 모든 사람을 저주하고, 이 일로 자신이 지옥에 가더라도 결코 후회하지 않겠다고 했다.

그는 또 「'페어플레이'는 뒤로 미뤄야 한다」라는 글에서 '물에 빠진 개는 두드려 패야 한다'는 주장을 펼쳤다. 이는 린위탕林語堂이 제시한 '페어플레이'에 맞서 쓴 글이다. '페어플레이'는 말 그대로 운동경기에서 부정한 수단을 쓰지 않고 정정당당하게 임하는 정신을 가리킨다. 아울러 사회에서 생활할 때도 실패자들에게 관심과 배려를 보이는 것을 가리킨다.

그러나 루쉰은 이런 견해에 반대했다. 그는 물에 빠진 개에게는 절대 연민을 가지면 안 된다고 강조했다. 용감한 무사는 넘어진 상대는 절대 때리지 않는다. 상대도 용감한 무사이기에, 패한 뒤에는 부끄러워하고 뉘우치며 다시는 덤비지 않기 때문이다. 아니면 정정당당하게 복수하고자 할 것이다.

그러나 물에 빠진 개는 다르다. 물에 빠진 개는 죽도록 때리지 않으면, 언젠가 분명 둑으로 기어 올라올 것이다. 그때 주의하지 않으면 몸을 털어 사람에게 물을 튀기고 꼬리를 사리며 달아날 것이다. 그리고 기회만 있으면 사람을 물 것이기 때문이다.

그러면서 루쉰은 신해혁명을 예로 들었다. 치우진의 전우였던 왕진파王金發는, 치우진을 살해하여 붙잡혔다 풀려난 살인자에게 죽임을 당했기 때문이다.

그렇다면 루쉰은 어떤 생각을 가지고 있었을까? 그는 그 사람의 도를 가지고 그 사람의 몸을 다스려야 한다고 했다.

"반反개혁가들이 개혁가를 악랄하게 박해하는 일은 한 번도 미뤄진 적이 없고, 그 수단의 맹렬함도 이미 극에 달했다."

루쉰은 개혁자가 태도와 방법을 바꾸어야 한다고 주장한 것이다. 더 이상 악인들에게 연민을 가지지 말아야 중국에 희망이 있다는 뜻이다.

후기 잡문 일별 : '가져오기주의'와 기타

루쉰의 사상은 후기에 잡문을 창작하면서 다시 한 번 새롭게 변화했다. 혁명에 관한 글을 쓰려면 먼저 자신이 혁명가가 되어야 한다는 사실을 깨닫기 시작한 것이다. 이 시기의 루쉰은 이러한 명언을 남겼다.

"분수에서 나오는 것은 모두 물이고, 혈관에서 나오는 것은 모두 피다!"(『이이집』, 「혁명 문학」)

그는 일관되게 봉건 문화에 반대하면서 건설적인 의견을 제시했다. 그 가운데 대표작을 꼽으라면 「가져오기주의(拿來主義)」를 들 수 있다. 이 글에서 외국 문화와 전통 문화에 대한 그의 태도를 엿볼 수 있다.

중국은 그때까지 일관되게 '폐쇄주의' 적인 태도를 취해 왔다. 그런데 서구 열강의 총포 앞에 굳게 닫은 대문이 깨진 뒤, 울며 겨자 먹기로 영국의 아편과 독일의 못 쓰는 총포, 프랑스의 화장품, 미국의 영화 등을 '받아들일' 수밖에 없었다. 이렇게 가져 온 물건들 때문에 중국인들은 서양의 물산에 공포를 느끼게 되었다. 그 원인은 자발적으로 '가져오지' 못했기 때문이다.

그렇다면 '가져오기'란 무엇인가? 이는 받아들이는 사람이 주도적인 입장에서 외래 사물을 선택하여 쓰는 것이다. 루쉰은 다음과 같은 생생한 비유를 써서 이것을 설명했다.

가난한 청년이 큰 집을 얻으면 어떻게 해야 할까? 일단은 이것저것 가리지 말고 쓸 물건을 '가져와야' 한다. 집이 더러워질까 봐 밖에서만 서성거리고 문으로 들어서지 못한다면, 그는 패기 없고 무능한 사람이다. 불을 질러 집을 태워서 자신의 청렴함을 과시한다면, 그는 멍청한 놈이다. 옛 집주인을 흠모하여 그가 즐기던 모든 것, 심지어 그가 피워 물던 아편 도구까지 기꺼이 받아들인다면, 그는 쓰레기이다.

'가져오기주의'자라면 그렇게 하지 않는다. 그는 먼저 차지하고 필요한 것을 골라낸다. 상어 지느러미를 보면 길거리에 버려 '시골촌놈' 티를 내거나 거창하게 손님들을 불러와 잔치를 여는 대신, 친구들과 함께 무나 배추를 나누어 먹으며 영양을 보충할 것이다. 아편을 보면 모조리 쓸어다 화장실에 버려 혁명가의 모습을 보여주는 대신, 약방에 보내 병을 치료하는 데 쓰게 할 것이다. 화승총이나 호롱불을 보면 쓸 만한 것을 골라 박물관에 보내고, 그 나머지는 버릴 것이다. 후원의 첩들은 저마다 자기 길을 가도록 내보낼 것이다.

글의 말미에서 루쉰은 이렇게 말했다.

"결국, 우리는 가져와야 한다. 사용하거나, 방치하거나, 없애 버려야 한다. 그러면 주인은 새롭게 바뀌고, 집도 새집으로 바뀔 것이다.

그렇게 하려면 먼저 당사자가 신중하고, 용감하며, 변별력 있고, 사심이 없어야 한다. ……."

이를 통해 알 수 있듯이, 루쉰은 유물주의 사상을 가지고 있었다. 프티부르주아 계급의 입장에서 전통적이거나 외래의 사물을 받아들이는 태도가 아니라, 거시적인 안목을 가지고 냉철하지만 열린 마음으로 생각을 정리하고 있다. 이는 문예 분야에서뿐만 아니라 문화와 사상, 경제 등 모든 분야에 적용되는 말이다.

루쉰은 문학 창작에 대해서 나름의 견해를 갖고 있었다. 당시 눈앞에 당면한 치열한 현실은 외면한 채, '보편적이고 안정적인 인성'이 담긴 글을 쓰는 일부 작가들이 있었다. 루쉰은 그들을 반박하는 글을 썼다.

> '희로애락'은 인지상정이다. 그러나 가난한 사람은 장사에서 손해 보는 고통은 느낄 수 없고, 또 석유 재벌은 베이징에서 탄가루를 줍는 할머니의 고통을 알 수 없다. 재난 지역에서 기아에 허덕이는 국민은 부유한 영감이 화초를 가꾸는 한가함을 이해할 수 없고, 『홍루몽』에 나오는 가씨 집안은 결코 임대옥을 받아들일 수 없다.(『이심집二心集』「경역硬譯과 '문학의 계급성'」)

이 얼마나 반박할 여지없이 생생한 지적인가.

루쉰의 잡문은 내용도 풍부하고 사상도 깊이가 있다. 자신이 일일이 읽어보지 않고 단순히 다른 사람들에게 소개만 하였다면, 그처럼 투철하게 이해하지 못했을 것이다. 따라서 같은 잡문 작품이라도 읽을 때마다 새로운 체험과 소득을 얻게 된다.

결론적으로 그의 잡문은 사상성이 높고, 전투 정신이 강하며, 예술성이 뛰어나다. 지금까지 간단히 소개한 몇 편의 글만 보더라도 생생한 모습과 빼어난 필치, 그리고 신랄한 풍격을 느낄 수 있지 않은가?

이처럼 글에 스며 있는 신랄한 유머와 상대방을 불안하게 만드는 풍자가 하나로 융합해, 루쉰의 잡문은 조롱하면서도 꾸짖는 독특한 특징을 띤다. 대문호의 위대성은 종종 전례 없는 문체와 풍격을 창조하는 것으로 나타난다. 그런 면에서 잡문이란 문체야말로 루쉰 덕에 크게 발전했다. 비수와 투창처럼 날카로운 단문을 '루쉰체 잡문'이라고 불러도 지나치지 않을 것이다.

여러 의미가 담긴 잡문집 제목

한편 루쉰의 잡문집은 제목 자체에 풍자의 뜻을 담고 있는 것이 많아 매우 흥미롭다.

먼저 『뒤죽박죽집(南腔北調集)』을 보자. 상하이의 한 문인이 루쉰을 왜곡하여 그는 연설에 미쳐 있고, 하는 말도 뒤죽박죽이라고 꼬집은 적이 있다. 그러자 루쉰은 1932년과 1933년에 쓴 잡문을 한 권으로 묶어 펴내면서 그 이름을 『뒤죽박죽집』이라고 했다. 이를 통해 한 일도 없는 그 문인을 거꾸로 풍자한 것이다.

『위자유서僞自由書』는 루쉰이 1933년에 『신보申報』의 '자유 담론(自由談)'에 연재한 글을 모아 엮은 책이다. '자유 담론'이라고는 했지만, 당시에는 진정한 언론의 자유가 없었다. 그래서 루쉰도 우회적으로 자신의 생각을 표현할 수밖에 없었다. 그랬는데도 신문사는 당국에 의해 많은 압력을 받았다. 얼마 뒤 신문사에서는 '자유 담론'이란 작가들이 '한가롭게 경치를 읊고, 걱정을 푸는 곳'이라고 그 성격을 밝혀야 했다. 이에 루쉰은 자신의 책에 『위자유서』란 이름을 붙였다. 곧 '거짓 자유'라는 것이다.

『준풍월담准風月談』이란 제목도 '한가롭게 경치를 읊는다'는 앞선 '자유 담론'에서 비롯된 것이다. 여기서 '준准'이란 '정식이 아니다' 라는 뜻이다. 루쉰은 악한 세력의 압력에 굴하지 않고, 꿋꿋하게 '경치(風月)' 대신 '정세(風雲)'를 읊었다.

또 일부 문인들이 루쉰을 '유한계급'이라고 부르는데다가, 자신의 글에도 3번이나 '유한有閑'을 언급하여 『삼한집三閑集』이라는 이름을 만들었다.

『차개정且介亭 잡문』이란 책에는 루쉰이 조차지에 피신해 있을 때 쓴 글들이 실려 있다. 당시 루쉰의 숙소가 서구 열강의 조계지에 있는 한 정자였기에, 완전한 조계지가 아닌 절반의 조계지란 뜻에서 붙인 이름이다. 그래서 '조계租界'라는 글자에서 각각 절반씩 떼다가 '차개且介'라고 한 것이다.

『아침꽃을 저녁에 줍다』에는 전체적으로 어린 시절과 유학 시절을 추억하는 글들이 실려 있다. 「백초원에서 삼미서옥까지」, 「후지노 선생」, 「판아이농范愛農」 등이 모두 여기에 실려 있다. 따라서 '아침꽃을 저녁에 줍다'라는 제목에는 중년이 되어 지난 세월을 돌아보니, 마치 아침에 피어난 꽃을 황혼녘에 줍는 듯한 느낌이 든다는 뜻이 담겨 있다.

『양지서兩地書』는 엄격히 말해서 루쉰과 그의 부인 쉬광핑이 함께 지은 것이다. 두 사람이 주고받은 편지가 실려 있기 때문이다. 이 책을 읽으면 루쉰과 쉬광핑이 연애하는 모습도 볼 수 있을 뿐만 아니

상하이 훙커우공원의 루쉰 동상.

라, 위대한 문호의 일상생활을 총체적으로 알 수 있다.

루쉰은 50여 년이란 짧은 생을 살았다. 하지만 남들이 몇 년에 걸쳐 이룰 것을 1년 만에 이루는 식으로 치열하게 살았다. 그의 소설, 잡문, 서신, 일기 및 『중국소설사략』 같은 학술 저서를 모두 합하면 4백만 자에 달한다. 또 그가 번역한 외국 작품만 하더라도 250만 자에 달한다. 이밖에 1백만 자에 달하는 글을 통해 여러 고적을 비교하여 틀린 부분을 바로잡고 그 내용을 기록했다. 그 결과 1938년 20여 권이 넘는 『루쉰전집』이 출판되었다. 1980년대에 새로 편집되어 나온 『루쉰전집』은 번역문을 빼고 16권으로 발행되었다.

한번은 사람들이 그를 천재라고 추켜세웠다. 그러자 루쉰은 남들이 커피 마실 시간에도 자신은 글을 썼을 뿐이라며 사람들의 말에 동의하지 않았다. 겸허하면서도 진심이 묻어나는 말이다.

뼈를 깎는 노력이 아니라면 이처럼 위대한 성취는 없었을 것이다. 그러나 그렇게 열심히 노력한 사람은 많지만, 이러한 경지에 이른 사람은 오직 루쉰밖에 없다.

굴원을 부활시키다 8

궈모뤄 郭沫若

창조사의 거인 궈모뤄.

여러 문학사단

중국 현대문학사에는 많은 문학사단이 등장하였다. 루쉰 역시 많은 문학사단에 참여했다. 미명사未名社는 루쉰이 제의하여 세워졌고, 웨이수위안韋素園, 타이징농臺靜農, 자오징화曹靖華 등이 함께 참여했다. '미명'이란 '아직 좋은 이름이 생각나지 않았다'라는 뜻이다.

미명사의 활동은 외국의 문학작품을 번역하여 소개하는 것이 주였고, 창작물도 실었다. 아울러 주간지 『망원莽原』과 반월간지 『미명』의 출판을 주관했다. 루쉰은 미명사를 '열심히 일하지만 큰 소리로 떠벌리지 않았던 작은 단체'였다고 평가했다.

그밖에도 루쉰은 어사사語絲社에 속한 간행물인 주간지 『어사』에도 작품을 실었다. 아울러 마오둔茅盾, 예성타오葉聖陶, 저우쭤런周作人 등이 참여하여 당시 큰 규모였던 문학연구회文學研究會와도 관계를 맺고 있었다.

당시에는 창조사創造社, 태양사太陽社, 신월사新月社 같은 문학사단도 있었다. 창조사는 그 구성원이 모두 좌익 작가여서 사상이 과격했기에, 루쉰은 언제나 이들이 순수하지 못하다고 생각했다. 반면 신월사의 구성원들은 우익 편향이었기 때문에, 루쉰은 그들과 논쟁을 벌여야 했다. 그러나 이후 좌익 작가들이 연합하면서 신월사의 구성원들도 분화되었다.

궈모뤄의 청소년 시절

 창조사에는 현대 문단의 거목들인 궈모뤄郭沫若와 위다푸郁達夫를 중심으로 톈한田漢, 청팡우成仿吾, 장즈핑張資平 등이 참여했다. 이제 궈모뤄를 알아보기로 하자.
 궈모뤄(1892~1978)의 본명은 궈카이전郭開貞이고, 호는 상무尚武이다. 모뤄는 고향인 쓰촨성四川省 러산樂山의 사완沙灣 부근에 흐르는 모강沫江과 뤄강若江에서 따와 만든 필명이다. 이밖에도 정탕鼎堂, 스퉈石沱, 마이커앙麥克昂 등의 필명을 썼다.
 궈모뤄는 부유한 가정에서 태어났다. 기업가였던 아버지는 수완이 뛰어나 많은 재산을 남겼고, 관리 가문 출신인 어머니는 학식이 뛰어나고 문학을 좋아했다. 그는 자신이 시를 좋아한 것도 어릴 때 어머니가 당시唐詩를 암기하도록 가르친 영향이라고 밝힌 바 있다.
 그는 다섯 살 때부터 서당에 다녔다. 그래서 낮에는 딱딱한 사서오경을 배우고, 밤에는 당시를 암기했다. 하지만 총명하여 다른 아이들과 달리 조금도 힘들어하지 않았다. 이후 초등학교에 진학했을 때 그는 반에서 가장 어린 학생이었다. 평소 공부하는 모습을 볼 수 없었지만, 시험만 보면 늘 1등이었다. 나이 많은 학생들은 이를 인정하지 않고, 선생님이 그를 편애한다고 생각했다. 이 때문에 학교에서 한바탕 소동이 나기도 했다.
 열다섯이 되자 자딩부嘉定府의 중학교에 들어가, 옌푸嚴復가 번역한 『천연론天演論』을 비롯한 많은 번역 소설들을 읽는다. 그 가운데 특히 린쉬林舒가 번역한 영국 작가 스콧의 『아이반호』를 좋아했다. 그 안에 담긴 낭만 정신은 그에게 많은 영향을 끼쳤다. 또 한가할 때면 『사기』를 즐겨 읽었는데, 이는 나중에 역사극을 쓸 때 튼튼한 기초가 되었다.

궈모뤄는 학창시절부터 반항아 기질을 드러냈다. 학교에서 불공평한 일을 보면 그는 꼭 이를 바로잡는 일에 앞장섰다. 그래서 학교의 미움을 사 결국 퇴학 처분을 받는다. 하지만 그의 재능을 아까워한 한 선생님이 추천서를 써 줘, 청두成都의 유명한 중학교에서 계속 공부할 수 있었다.

궈모뤄의 큰형인 궈카이원郭開文은 일찍부터 집을 떠나 자기 일을 시작한 열린 사고의 소유자였다. 그는 수시로 동생에게 신문과 잡지를 보내 견문을 넓혀 주었다. 궈모뤄는 이처럼 몸은 고향에 있었지만 마음은 이미 오대양 육대주를 누비고 있었다.

중학교를 졸업하고 스물한 살이 된 궈모뤄는 일본 유학길에 올랐다. 그가 일본행을 택한 것은 형의 전폭적인 지원 때문이기도 하지만, 구식 결혼에서 벗어나려는 목적도 있었다. 그 무렵 집에서는 그에게 마음에도 없는 신부와 결혼하라고 했기 때문이다.

유학 초기에는 그도 루쉰처럼 규슈九州에 있는 제국대학교에서 의학을 공부했다. 어려운 교과목은 별 문제 아니었지만, 만리타향에서 일본인들에게 차별받으며 생활하는 것이 그를 힘들게 했다. 그는 이런 우울함을 달래고자 더 열심히 책을 붙잡고 정신적 위안을 찾았다.

이때 그는 명나라의 철학자인 왕양명王陽明의 문집 『왕문성공전서王文成公全書』를 파고들었다. 왕양명을 시작으로 다시 장자와 공자를 공부하며 중국 철학의 오묘함을 파악했다. 그는 또 인도 철학에도 흥미를 가졌다. 특히 인도의 대시인 타고르의 시가 지닌 아름다움에 매료되어, 그의 범신론적 관점에 흠뻑 빠지기도 했다.

독일 시인 하이네의 시에도 관심을 가져, '질풍노도'의 풍격에 흥분하기도 했다. 이후 그는 다시 미국 시인 휘트먼의 시에 사로잡혔다. 자유로운 형식과 자유분방한 열정이 궈모뤄의 기질과 잘 맞아떨어졌기 때문이다. 그래서 궈모뤄는 그의 시를 접한 뒤 이렇게 말했다.

"나는 마침내 분화구를 찾았다!"

그가 말한 분화구란 자신이 지닌 불같은 열정을 시로 표현할 수 있다는 것을 뜻한다. 이에 궈모뤄는 신시新詩를 창작하기 시작했다. 먼저 타고르처럼 무운시無韻詩를 시험하고, 이후 다시 휘트먼처럼 '분출'하는 풍격으로 발전시켰다. 이때가 1918년에서 1920년 사이였는데, 우연찮게 '5·4운동' 시기와 맞물려 있다.

「봉황의 열반」: 열화와 같은 송가

궈모뤄의 첫 번째 시집 『여신女神』에는 「봉황의 열반(鳳凰涅槃)」, 「지구, 내 어머니(地球, 我的母親)」, 「하늘의 개(天狗)」, 「아침 인사(晨安)」, 「화로 속의 석탄(爐中煤)」 등의 작품이 실려 있다. 이 시집은 후스胡適의 『상시집』보다 늦었지만, 중국의 신시는 『여신』에 와서야 시작되었다고 여기는 사람들이 적지 않다.

그런데 왜 시 제목을 '봉황의 열반'이라고 했을까? 신화에 보면 봉황은 500년을 살고 나면 스스로 향나무를 물어 와 불을 낸 뒤, 스스로 그 속에 뛰어들어 죽는다고 한다. 그러면 새로운 생명이 불 속에서 생겨 영생을 얻는다는 것이다.

시의 첫 부분인 '서곡'에서는 섣달 그믐날 밤하늘에 봉황 한 쌍이

슬픈 노래를 부르면서 향나무를 물어 나르고 있다. 밤이 깊어 피곤해진 봉황은 향나무에 불을 붙인다. 이제 봉황의 죽음이 가까워진 것이다.

이에 '봉의 노래'가 이어진다. 수컷인 봉은 '지지, 지지' 하는 울음소리와 함께 이 우주를 저주하기 시작한다.

"아! 이렇게 음침한 세상에 사니, 다이아몬드 보검도 녹이 스는구나! …… 보라, 동서남북 어디나 도살장과 감옥이 아니면 무덤과 지옥이로다! 이런 세상에 태어난 우리는 바다의 울음소리를 배울 수밖에."

'봉의 노래'가 끝나자 '황의 노래'가 이어진다. 암컷인 황은 '주주, 주주' 하는 울음소리와 함께 노래를 시작한다.

"아! 이리저리 떠다니는 우리, 망망대해의 일엽편주 같다. 왼쪽도 파도요, 오른쪽도 파도요. 앞으로는 등대가 보이지 않고, 뒤로는 해안도 보이지 않는다. 돛은 이미 찢어지고, 돛대도 이미 부러졌고, 노도 이미 바람에 떠내려갔고, 키도 이미 썩어 버렸네. 지친 뱃사공은 배에서 신음 소리만 낼 뿐, 성난 파도는 바다에 흘러넘치네. ……."

이윽고 봉황이 함께 노래한다.

"아! 불빛이 이글거린다. 향기가 피어오른다. 때가 되었구나. 죽을 때가 가까웠구나. ……."

이어서 그들의 임종을 지키려고 모여든 독수리, 공작, 올빼미, 비둘기 등이 저마다 소리 내어 노래를 부른다.

"봉황아! 봉황아! 너희는 우리의 우두머리였다! 너희가 죽으면 이제 우리들 세상이 되겠지!"

그러나 이때 봉황이 다시 살아난다. 먼저 닭 울음소리가 들린다.

새벽 무렵 밀물이 몰려왔네.

새벽 무렵 밀물이 몰려왔네.
죽어 버린 빛도 되살아났네.

봄의 밀물이 몰려왔네.
삶의 밀물이 몰려왔네.
죽어 버린 빛도 되살아났네.

그러자 봉황이 이에 화답한다.

우리는 다시 태어났네.
우리는 다시 태어났네.
모든 것 가운데 하나가 다시 태어났네.
하나의 모든 것이 다시 태어났네.
우리가 곧 그이고, 그들이 곧 나일세.
내 안에도 네가 있고, 네 안에도 내가 있네.
내가 곧 너.
네가 곧 나.
불이 곧 황.
봉이 곧 불.
하늘을 빙빙 돌며, 하늘을 빙빙 돌며
즐거이 노래 부른다! 즐거이 노래 부른다!
……

시인의 감정이 얼마나 격앙되었는지 잘 알 수 있다. 그가 찬송한 봉황은 바로 그의 조국 중국과 그 민족이었다. 그들은 500년 동안

'결코 지워지지 않는 오욕'과 '씻을 수 없는 치욕'을 당했기에, 불의 세례와 그 속에서 영생을 얻어야 한 것이다.

그러자 온 세상에는 신선함, 명랑함, 아름다움, 자유분방함, 즐거움, 조화, 웅장함이 넘실댔다. 시는 이러한 찬양이 최고조에 이르렀을 때 끝을 맺는다.

"우리가 곧 그이고, 그들이 곧 나일세. 내 안에도 네가 있고, 네 안에도 내가 있네. 내가 곧 너. 네가 곧 나." 이 구절을 좀 더 풀어 보면, '물아일체'라는 뜻을 담고 있다. 이것이 바로 범신론의 핵심이다. 당시 시인의 머릿속에는 너와 나, 봉황과 불길이란 구분이 없는 상태였다. 시인과 조국과 민족이 하나로 융합해 다함께 불길 속에서 새 생명을 얻은 것이다.

또 다른 시 「아침 인사(晨安)」에서는 형식이 더 자유로워졌다.

잘 주무셨소! 늘 쉬지 않고 움직이는 큰 바다여!
잘 주무셨소! 밝고 어지럽도록 황홀한 아침빛이여!
잘 주무셨소! 시처럼 끓어오르는 흰 구름이여!
잘 주무셨소! 고르고 밝고 곧은 실비여! 시어詩語여!
잘 주무셨소! 열정처럼 타오르고 있는 바다의 산이여!
잘 주무셨소! 인간의 영혼을 빗질하는 새벽바람이여!
새벽바람이여! 당신은 나의 목소리가 사방에 퍼지도록 해주기 바라오.
……

이어서 시인은 젊은 조국, 거듭난 동포, 도도히 흐르는 양자강, 얼어붙은 황하, 만리장성, 눈과 얼음으로 뒤덮인 광야, 러시아, 타고르,

피라미드, 대서양, 휘트먼 등에게 경의를 표하며 "잘 주무셨소"라고 인사한다. 인사하는 대상은 단숨에 27가지에 이르렀다. 산만한 듯하면서 거침없고 자유분방한 풍격은 이미 휘트먼의 가장 전형적인 모습을 보여 주었다.

이밖에도 「하늘의 개(天狗)」나 「비도송匪徒頌」 등은 더욱 거칠고 호방하여, '질풍노도'의 날카로움으로 가득하다. 잘 알다시피 '질풍노도(Sturm und Drang)'는 독일에서 발생한 문학 혁명으로서 계몽주의 사조에 반항하면서 감정의 해방, 독창, 천재를 부르짖었다. 「하늘의 개(天狗)」의 일부분을 살펴보자.

> 나는 하늘의 개!
> 나는 달을 삼켜 버리고
> 나는 해를 삼켜버렸네
> 나는 모든 별들을 삼켜버리고
> 나는 온 우주를 삼켜버렸다.
> ......
> 나는 내 껍질을 벗기고
> 나는 내 육신을 먹고
> 나는 내 피를 맛보고
> 나는 내 심장과 간을 씹으며
> 나는 내 신경 위로 날고 뛰며
> 나는 내 척수 위로 날고 뛰며
> 나는 내 머리 위로 날고 뛴다.
> 나는 곧 나야!
> 나의 나는 곧 터져 버릴 것 같구나!

질풍노도하는 중국을 보는 것이 궈모뤄의 꿈이었다.

이후 궈모뤄는 괴테의 『파우스트』와 『소년 피터의 번뇌』를 번역하고, 새로운 시집 『별나라(星空)』를 내놓았다. 1921년에는 청팡우, 위다푸 등과 함께 창조사를 창립했다.

1923년, 궈모뤄는 조국을 떠난 지 10년 만에 아내와 함께 중국으로 돌아왔다. 그는 여전히 빈곤을 면치 못한 국민들과 어둠에 잠긴 사회를 보며 마르크스주의를 배우기 시작했다. 이에 따라 그의 문학관도 차츰 변화했다. 예전에 글을 쓸 때는 눈을 높이 들어 우주와 태양, 별, 바다 등을 다루다가, 이제는 눈을 아래로 돌려 노동자와 농민의 생활을 살피기 시작했다.

이 무렵 그는 시와 소설을 창작하는 일 말고도 「탁문군卓文君」과 「왕소군王昭君」 같은 희곡도 썼다. 그는 특별히 역사극에 깊은 관심을 보였다. 이후 '5·30운동'이 한창일 때 2막으로 된 역사극 「섭형聶嫈」을 썼는데, 이는 현실적 의미가 강한 작품이었다. 「섭형」은 전국戰國 시대 섭형과 섭정聶政 자매가 한韓의 재상을 암살하는 이야기이다. 섭정이 암살에 실패하고 자살하자 섭형이 섭정의 영웅적 행동을 알리고 스스로 한의 진영에 뛰어들어 목숨을 바쳐 한의 폭정에 대항한다는 줄거리로서, 당시 군벌과 제국주의에 대한 투쟁을 고취시켰다.

1926년, 궈모뤄는 상하이를 떠나 광저우廣州로 가 광동대학 문과대학장으로 취임했다. 루쉰도 1년 뒤 이곳에서 교편을 잡는데, 그를 초빙하자고 제안한 사람이 바로 궈모뤄였다.

북벌과 항일운동에 투신하다

북벌 전쟁의 기세가 더욱 고조되자, 궈모뤄는 붓을 놓고 군장을 갖춘 뒤 국민혁명군의 정치부 총주임을 맡았다. 그러나 오래지 않아 장제스蔣介石가 혁명에 등을 돌리고 노동자와 농민을 비롯한 민중을 학살하기 시작했다.

그 칼바람과 핏자국에 놀란 일부 사람들은 겁을 먹고 입을 다물었다. 그러나 나약한 지식인이던 궈모뤄는 큰 용기를 내, 예리한 지적이 담긴 「오늘의 장제스를 보라」라는 글을 썼다. 이 또한 '질풍노도'였다.

이후 그는 다시 '8·1 난창南昌 봉기'에 참가하고, 행군하다가 중국공산당에 가입했다. 그에게 입당을 권유한 사람은 바로 나중에 중국의 총리가 되는 저우언라이周恩來였다. 이 봉기가 실패하자 궈모뤄는 상하이로 피신했다. 하지만 점점 적의 수색이 삼엄해지자, 저우언라이의 도움으로 다시 일본으로 향했다. 이리하여 다시 10년 동안 타국 생활을 시작한다.

그는 타국에 있으면서도 결코 전투에서 물러나고 싶지 않았다. 다만 전선을 달리하여 중국의 역사와 문자를 연구하기 시작했다. 그는 마르크스주의의 관점에서 중국에 노예제 사회가 존재했다는 학설을 세우고, 갑골문을 연구하면서 중요한 발견을 했다.

1937년, 노구교蘆溝橋사건을 시발로 하여 일본의 중국 침략이 시작되었다. 더 이상 적국에 머물 수 없게 된 궈모뤄는 처자식을 거느리고 상하이로 돌아와, 과감하게 항일 구국 운동에 투신했다.

그의 아내는 안나라는 이름의 일본인이었다. 그들은 1916년에 일

서재의 궈모뤄.

본에서 연애결혼을 했다. 그런데 공교롭게도 그 무렵 창작한 시집 『여신』에 실린 작품들 대부분이 일본 침략에 맞서 조국에 대한 사랑을 노래한 것들이었다. 그 가운데 '조국을 그리워하는 마음'이란 부제가 붙은 「화로 속의 석탄(爐中煤)」은 조국을 사랑하는 불타는 마음을 석탄에 비유하고, 조국을 아름다운 처녀에 비유하면서 속내를 풀어낸 수작이다.

아, 나의 젊은 여인이여!
나 그대의 은근한 정 저버리지 않으리니.
그대 또한 나의 그리움 저버리지 마오.
나는 내 진심으로 사랑하는 이를 위하여
이 같은 모양으로 타 버렸다오.

아, 나의 젊은 여인이여!
그대 나의 이전 모습 알고 있겠지.
그대 검은 노예같이 거친 내 모습 싫어 않겠지.
나 이 검은 노예의 가슴속에라야
불같은 마음이 있으니까.

아, 나의 젊은 여인이여!
나는 생각하오. 예전의 나는
원래 쓸모 있는 들보였다고.

나는 오랫동안 땅속에 묻혀 살다가
오늘 아침에야 다시 하늘의 빛을 보게 되었소.

아, 나의 젊은 여인이여!
나 하늘의 빛을 다시 본 뒤로는
늘 나의 고향을 그리워하며
내 진심으로 사랑하는 이를 위하여
이 같은 모양으로 타 버렸다오.

  귀국한 이듬해 그는 우한武漢에서 국민당 정부의 군사위원회 정치부 제3국 국장이 되었다. 같은 해 이 기관이 충칭重慶으로 옮겨간 뒤에는 정치부 문화공작위원회 주임을 맡았다. 그의 업무는 문화계를 이끌고 항일 선전 활동을 펼치는 것이었다. 루쉰이 세상을 떠나자 궈모뤄는 문화계를 이끄는 기수가 되었다.
  1941년 쉰 살 생일을 맞이한 궈모뤄는 충칭, 청두, 옌안, 홍콩 등지에서 융숭한 대접을 받았다. 그가 문학 창작에 종사한 지 이미 25년이 지나고 있었다. 친구들은 그를 위해 사람 키 높이의 붓을 선물하며, '서까래 같은 붓如椽之筆'이라는 고어 투의 이름을 붙여 주었다. 말 그대로 궈모뤄는 혁명을 위한 위대한 붓이었다.

시대의 분노가 굴원의 시대로 부활하다

이 무렵 궈모뤄는 연이어 5~6개의 극본을 썼는데, 모두 역사극이었다. 「굴원屈原」, 「호부虎符」, 「고점리高漸離」, 「공작담孔雀膽」 등이 있는데, 그 가운데 「굴원」을 살펴보자. 이는 5막으로 이루어진 화극話劇으로서, 전국시대 초나라의 대시인이자 애국자였던 굴원의 이야기를 다루었다.

연극이 시작되면 굴원이 자기 집 귤밭에서 「귤송橘頌」을 낭송한다. 이는 그의 제자 송옥宋玉이 쓴 것이다. 그는 송옥에게 속이 깔끔하고, 뿌리가 굳으며, 강인한 품성을 가진 귤나무의 기질을 배우라고 가르쳤다. 커다란 시련이 닥쳐도 굽히지 않고, 자리를 떠나지 않으며 광명 속에 살다가 깨끗하게 죽음을 맞이하는 것이 귤의 일생이었다. 이는 바로 굴원 자신의 모습이자, 시인의 자백이기도 하다.

진秦나라 왕이 사신 장의張儀를 파견하여 초와 제齊의 연맹을 이간하자, 굴원은 그 음모를 간파하고 결연히 반대한다. 그러자 장의는 초의 왕비인 남후南后와 결탁하여 굴원을 모함한다. 결국 굴원은 남후 일당의 모함을 받고, 제자인 송옥에게도 배반을 당한다. 그의 곁에는 시녀이자 학생인 선연嬋娟만 남았을 뿐이다. 그러나 굴원은 자신의 생각을 굽히지 않고, 영도郢都 동문에서 초왕과 남후, 장의 일당을 만난다. 굴원은 그 자리에서 장의를 꾸짖고, 나라를 파탄으로 이끄는 초왕을 질타한다. 이에 화가 난 초왕은 굴원을 동황태일묘東皇太一廟에 가두어 버린다.

그러자 궁전 밖에서 갑자기 광풍이 일더니, 천둥이 울리고 번개가 내리친다. 굴원은 격앙된 모습으로 「뇌전송雷電頌」을 부른다.

바람이여! 일어라! 네 힘껏 노호하라! 어둡고 참참한 이 때, 모든 것이 잠들고 꿈속에 잠겼거늘, 모든 것이 죽어 넘어졌거늘. 너 이제 노호할 때다. 바야흐로 네 힘껏 노호할 때다!

……

아, 이 우주의 위대한 시여! 그대 바람이여, 그대 우뢰여, 그대 번개여, 이 암흑 속에서 노호하고 번쩍이는 그대들, 모두가 시요, 음악이요, 춤일진대. 그대들은 우주의 위대한 예술가들, 힘껏 내뿜으라. 그 힘을 한량없이 뻗치는 노한 불길로써 이 참참한 우주를, 음산한 우주를 폭발시키라, 폭발시키라.

……

폭발하라 이 내 몸이여! 폭발하라 우주여! 그 활활 달아오르는 불덩이를 굴려라. 이 바람처럼, 저 바다처럼 굴려라. 형체가 있는 모든 더러운 것들을 불사르라, 깡그리 불사르라, 모든 죄악의 씨가 깃든 이 암흑을 불사르라!

그럼에도 불구하고 남후 일당은 굴원을 놓아주지 않았고, 오히려 사람을 시켜 사약을 보낸다. 굴원이 사약을 마시려 할 때, 선연이 달려와 선생님 대신 사약을 마신다. 이렇게 해서 아름다운 선연은 굴원의 품에 안긴 채 세상을 떠난다.

병사들은 남후의 음험함과 악랄함에 분노하여, 그녀의 하수인들을 죽이고 굴원을 구한다. 굴원은 민중의 뜻을 존중하여 한북漢北 지역으로 가서 백성들과 함께 항진抗秦 운동을 계속한다. 그리고 「귤송」의 여음이 울려 퍼지는 가운데 대단원의 막이 내린다.

궈모뤄는 단순히 고대 위인을 찬양하려고 역사극을 쓰지 않았다. 그는 스스로 이렇게 말했다.

"시대의 분노를 굴원의 시대에 부활시켰다."

그는 '환남사변晥南事變'이 발생한 지 얼마 되지 않았을 때 이 화극話劇을 창작했다. 일본 침략군이 한창 중국 대륙을 짓밟고 있는데, 국민당 정부는 항일 투쟁에 나서고 있는 신사군新四軍에게 총부리를 겨누었다. 이것이야말로 「굴원」에서 다루고 있는 현실이 아니고 무엇이란 말인가.

궈모뤄는 시인인지라 그의 화극도 시와 같은 풍격을 보여준다. 극 중 인물들의 대사가 시와 같은 어투로 이어지기에, 화극 전체가 호기 어린 서사시 같다. 특히 「뇌전송」같은 경우 격앙된 감정으로 호방함과 비장함을 보여주기 때문에 『여신』에서 보여준 거침없는 격정을 다시 듣는 듯하다.

1944년, 궈모뤄는 다시 「갑신삼백년제甲申三百年祭」란 서사론을 썼다. 이는 300주년을 맞는 명나라 말기 이자성李自成의 봉기를 기념하여 쓴 작품이다. 이 글은 이자성이 승리하고도 실패하게 된 역사적 교훈을 이야기하며 끝을 맺는다. 이는 혁명가들에게 승리에 도취되어 판단력을 잃는 잘못을 다시는 범하지 말라고 일깨우려는 뜻이다. 마오쩌둥은 이 글을 높이 평가하여, 당원들에게 반드시 읽어보라고 권유했다고 한다.

항일 전쟁이 승리로 끝나자, 궈모뤄는 다시 내전 반대 투쟁에 앞장섰다. 한번은 충칭에서 열린 진보적 집회에 참석했다가 비밀경찰에게 쫓겨 부상을 당했다. 하지만 그는 조금도 위축되지 않았다.

이후 빠르게 내전의 불길이 전국으로 번지자, 그는 상하이와 홍콩 및 동북 지방을 거쳐 1949년 2월쯤 베이핑北平, 곧 오늘날의 베이징北京에 도착했다. 그는 이곳에서 중화인민공화국(이후 중국으로 약칭)의 성립을 맞이했다.

상식을 뒤엎은 2부의 희곡 :「채문희」와 「무측천」

궈모뤄는 중국이 성립된 이후에도 많은 작품을 남겼다. 시집만 하더라도 『신화송新華頌』, 『백화제방百花齊放』, 『조석집潮汐集』 등 여러 권을 남겼다. 그리고 여전히 역사를 소재로 희극을 창작했다. 그 가운데 「채문희蔡文姬」와 「무측천武則天」이 가장 유명하다. 두 작품의 공통된 특징은 상식을 뒤엎은 희곡이라는 점이다.

고전문학에서 이미 다루었듯이, 채문희는 유명한 「비분시悲憤詩」와 「호가십팔박胡笳十八拍」을 남긴 동한 말의 여류 시인이다. 그녀는 흉노족에게 강제로 끌려갔다가 조조의 도움으로 귀환했다.

작가는 이 작품을 조조를 위해 바쳤다. 소설과 희곡을 막론하고, 기존의 문학작품에서 조조는 간신으로 통했다. 그러나 궈모뤄는 조조를 긴 안목을 지니고 인재를 사랑하며, 영웅의 기개를 가진 새로운 형상으로 그렸다. 이처럼 무리에 휩쓸리지 않고 자신의 주장을 펼칠 수 있는 대작가가 아니라면, 감히 누가 이렇게 쓸 수 있겠는가.

또 다 알다시피 무측천은 당나라의 여황제였다. 여성을 하대하는 봉건사회에서, 그녀는 이씨 군주를 몰아내고 스스로 황위에 오를 정도로 기백이 넘치는 인물이었다. 봉건 문인들은 이런 그녀를 천여 년이 넘도록 비난만 했다. 그러나 궈모뤄는 백성의 지지가 없었다면 여성 통치자가 어떻게 평생 호족과 귀족들에 맞서 싸울 수 있었겠느냐고 반문했다. 그의 붓 끝에서 무측천은 더 이상 '군주를 홀리고 속인 여우'가 아니라, 천고에 길이 남을 여성 정치가로 거듭 태어났다.

그는 또 『방랑3부작(漂流三部曲)』이라는 소설집으로도 유명하다. 이는 「기로岐路」, 「연옥煉獄」, 「십자가十字架」라는 내용상 연속성을 지닌

궈모뤄의 옛집에 세워진 앉아 있는 모습의 동상.

세 단편소설을 모은 모음집이다. 작가의 말을 빌자면, 자전소설이라고 한다.

더욱 흥미로운 것은 그가 「나의 어린 시절(我的童年)」, 「반정전후反正前後」, 「창조십년創造十年」, 「북벌도차北伐途次」, 「홍파곡洪波曲」 같은 전기傳記 작품을 남겼다는 사실이다. 이런 작품들은 역사의 변천을 반영할 뿐만 아니라, 작가의 인생 여정을 기록하고 있기 때문에 매우 가치가 높다.

궈모뤄는 중국 성립 이후 수많은 주요 직책을 맡아 활동했다. 그러다가 '문화대혁명' 기간 동안에는 다른 원로들과 마찬가지로 '4인방'의 핍박을 받았다. 1979년 '4인방'이 몰락하자, 궈모뤄는 흥분을 감추지 못하고 단숨에 그 유명한 「만강홍滿江紅」을 써 내려갔다.

"사람들이 그토록 간절히 원하던 4인방이 축출되었다! 정치 깡패와 무식자들, 개 같은 군대 놈들……."

중국인의 마음을 대변한 이 사작詞作은 당시 모든 사람들이 암송할 정도였다.

그 뒤 2년이 지나지 않아 궈모뤄는 안타깝게도 병으로 죽음을 맞이한다. 그렇지 않았다면 그는 새로운 시대의 도래를 노래하는 수많은 시를 남겼을 것이다.

제2부
문학 사단의 문예지

9장_창조와 몰락
10장_문학연구회
11장_깊은 밤
12장_미문과 산문
13장_불같은 외침
14장_단명한 문인들
15장_어린이를 품에 안은 어머니

창조와 몰락

위다푸 郁達夫

중국 문학의 지평을 넓힌 위다푸.

창조사와 위다푸

앞서 잠시 언급했듯이 창조사創造社는 1921년 7월 상하이에서 '5·4운동' 이후 가장 빨리 성립된 문학 단체이다. 궈모뤄, 위다푸, 장즈핑, 청팡우, 톈한 같은 구성원은 모두 일본 유학생이었다. 이 문학 단체에서는 '창조'라는 이름을 딴 계간 『창조』, 『창조주보』 등의 수많은 책과 간행물을 출판했다.

그들은 봉건 보수 세력에 맞서 싸운다는 뜻에서 단체의 이름을 '창조'라고 지었다. 몇 천 년 동안 봉건세력은 한결같이 수구와 복고를 앞세우고, 공맹의 학설을 교조화하여 떠받들었다. 이에 반발해 궈모뤄와 같은 '5·4운동'의 전사들은 혁신과 창조를 숭배하게 되었다. 그래서 궈모뤄는 자신의 시에서 이렇게 외쳤다.

  나는 창조 정신을 숭배한다. 힘을 숭배하고, 피를 숭배하며 심장을 숭배한다.(「나는 우상 숭배자다」)

  창조하자! 창조하자! 힘써 창조하자! 인간의 창조력이 지닌 권위는 신과 맞설 수도 있다!(「피라미드」)

창조사란 이름은 여기에서 유래했다. 창조사는 일종의 낭만주의적 풍격을 주장했다. 그들은 개성의 해방을 추구하고, 자아의 표현을 중시했다. 그래서 문학은 자기 '내면의 요구'에 충실해야 한다고 여겼다. 그런 면에서 '공자 가라사대'나 '시경에 이르길' 및 '삼강오륜' 등은 그들의 관심 밖이었다.

이처럼 그 무엇도 두려워하지 않는 그들의 용기는 봉건 문화에 큰 충격을 주었다. 궈모뤄의 뒤를 이어 명성과 성취를 이룬 사람을 꼽으라면 당연히 위다푸를 들 수 있다.

위다푸郁達夫(1896~1945)의 본래 이름은 위원郁文이고, 저장성浙江省 푸양富陽 사람이다. 그는 세 살 때 서당 훈장이자 의사였던 아버지를 여의고, 친척과 이웃들에게 따돌림을 당했다. 이처럼 어려운 환경에서 자란 위다푸는 사람들과 어울리지 못하는 괴팍한 성격을 갖게 되었다.

그는 나중에 서당과 학교에서 공부를 했다. 반에서 키가 가장 작고 나이도 가장 어렸지만, 성적은 언제나 1, 2등을 다투었다. 이에 1년 뒤에는 관할 지청의 격려를 받으며 고학년으로 진급했다. 고학년 학생들은 그와 나이 차이가 거의 배 이상이었다.

나이는 어리지만 허영심이 강했던 그는, 제복을 입고 눈길에도 견딜 수 있는 가죽신을 신어 동학들의 기를 누르고 싶었다. 그러나 어머니는 이미 학비를 대느라 돈을 다 쓴 상태였다. 할 수 없이 아들을 데리고 신발 가게에 찾아가 외상을 사정했다. 그렇게 온 동네의 신발 가게를 다녔지만 외상은커녕, 온갖 수모만 당했다. 어머니는 눈물을 머금고 집으로 돌아와, 옷가지를 한 보따리 챙겨 전당포로 향했다. 그러자 위다푸는 울면서 어머니를 쫓아가 무릎을 꿇고 말했다.

"어머니, 어머니, 가지 마세요. 저는 괜찮아요. 가죽 신발 안 신어도 돼요!"

모자는 그 자리에서 서로를 부둥켜안고 한참을 울었다. 이때부터 위다푸는 미친 듯이 공부에 전념하고, 옷이나 학용품 따위에는 신경 쓰지 않았다고 한다. 이처럼 그의 마음속에는 일찍부터 부자에 대한 원한이 자리 잡았다.

이후 그는 학교 교육에 불만을 품고 집에서 독학한다. 날마다 아침 일찍 일어나 한 시간 정도 외국어를 공부한 다음, 『자치통감自治通鑑』이나 『당송시문순唐宋詩文醇』 같은 중국책을 읽었다. 그리고 오후에는 이과 서적을 공부했다. 이렇게 2년 동안 자신의 실력을 충분히 다져 나갔다.

그때는 이미 신해혁명이 지나간 뒤였다. 당시 그의 큰형은 베이징에서 관리로 일하고 있었는데, 정부의 명으로 사법 제도를 살피러 일본에 가게 되었다. 이에 위다푸는 1913년 큰형을 따라 일본으로 향했다.

가난한 고학생에게 유학은 힘든 일이다. 그는 국비를 지원하는 학교에 입학하려고 죽을 각오로 공부에 매달렸다. 밤을 새워 공부하다가 공장의 출근 나팔 소리가 울릴 때가 되어서야 숙소로 돌아가 잠시 눈을 붙였다. 매서운 북풍이 몰아칠 때에도 그는 얇은 홑옷을 입고, 다 떨어진 신발을 신은 채 보냈다. 고향 사람들이 얻어 준 낡은 군복 하나로 엄동설한을 버텼다. 그 결과 마침내 원하던 학교에 합격했다. 하지만 그는 이때 몸이 상하여 호흡기 질환을 얻었다.

그는 루쉰과 궈모뤄와 달리 처음에는 경제를 공부했다. 그러다가 문학에 깊은 흥미를 느꼈다. 그래서 학교를 마치면 닥치는 대로 유럽과 일본의 문학작품을 읽어, 소설만 하더라도 1천여 권을 독파했다. 특히 그는 프랑스의 루소와 러시아의 투르게네프를 좋아했다.

나중에는 궈모뤄, 청팡우와 함께 창조사를 구성하여, 아예 직접 창작의 길에 나섰다. 「몰락(沈淪)」은 그의 소설 데뷔작이다.

소설 대표작 「몰락」

단편소설 「몰락」은 이름 모를 중국 청년 '그'의 일본 생활을 다룬 작품이다. 그는 열일곱에 정든 고향을 떠나, 홀로 일본에서 유학하고 있다. 처음 그를 데리고 왔던 형도 이미 귀국한 상태였다.

그는 중국인을 개돼지 보듯 멸시하는 일본인들 속에서 고독을 느끼며, 저도 모르게 심리상태가 왜곡되고 변형되었다. 일본인 남녀 동학들이 말을 걸어오면 외면하고 원망하며, 마음속으로 복수만 떠올릴 뿐이었다. 그나마 몇 명 남아 있던 중국인 친구들과도 조금씩 멀어지면서 우울증까지 앓는다.

그는 N시(나고야)의 고등학교에 입학하여 그곳의 하숙집에서 머물게 되었다. 밤이 되어 창을 열면 사방이 모두 검은 그림자뿐이었다. 그야말로 황량하기 그지없고, 오동나무가 미풍에 끊임없이 소리를 냈다. 이에 그는 비할 데 없는 고독과 적막을 느끼며 거의 울 뻔했다.

그곳에서 생활하며 그는 나날이 몸이 쇠약해졌다. 이제는 남의 얼굴을 대하기조차 두려웠고, 특히 부녀자를 볼 때면 더욱 견디기 힘들었다. 그러나 마주하기 두려울수록 마주하고 싶은 마음이 일어나는 것은 청춘기이기에 치러야 할 홍역이었을 것이다. 그가 묵던 하숙집 주인에게는 웃는 모습이 예쁜 딸이 있었다. 그는 마음속으로 그녀를 매우 사랑했지만, 밥상을 가져오거나 이불을 깔아 줄 때에도 말조차 건네지 못했다.

그러던 어느 날, 우연히 그녀가 목욕하는 모습을 훔쳐보다가 들켰다. 그는 죄책감에 다음날 아침 일찍 하숙집을 나와, 산 위에 있는 낡은 초가집으로 거처를 옮겼다. 세상과 더욱 멀어지면서 그의 우울증

「몰락」의 삽화.

은 심해졌다. 심지어 중국에 있는 형과도 의절할 정도였다.

하루는 목적지도 없이 길을 나섰다가, 바닷가의 한 기루에 들어가 술에 잔뜩 취했다. 그는 황당한 반나절을 보낸 뒤, 달빛 가득한 바닷가에 섰다. 그러자 끝없는 후회가 밀려왔다.

'어쩌다가 이런 곳까지 왔지? 나는 이미 가장 열등한 인간으로 변했구나!'

그가 절망으로 가득 차 서쪽 하늘을 바라보니, 짙푸른 하늘 아래 한 떨기 밝은 별이 빛나고 있었다. 그 아래 자신의 조국이 있었다.

"조국이여! 조국이여! 나의 죽음은 바로 네가 나를 해친 것! 너는 빨리 부자가 되어라! 강해져라! 너에게는 아직도 고통 받고 있는 수많은 젊은이가 있다!"

소설의 내용을 보면, 이 작품은 작가의 자서전이라고 할 수 있다. 작가 스스로도 이런 말을 한 적이 있다.

"문학작품은 모두 작가의 자서전이라는 말은 절대적인 진실이라고 생각한다."

이와 같이 위다푸의 소설도 자신의 생애를 반영했다고 볼 수 있다.

그는 또 『고백록』을 쓴 루소를 숭배했다. 『고백록』의 서두에는 이전까지 그 누구도 하지 않고 이후에도 아무도 하지 못할 일, 곧 자신의 진면목을 적나라하게 세상 사람들에게 드러내 보이겠다는 선언이 나온다. 위다푸도 그 전통을 계승하여 자신의 자전적 소설에 모순된 심리와 박약한 의지, 복잡하게 뒤엉킨 감정 등 자신의 내면에 감추어진 비밀을 쏟아 냈다. 「몰락」 중에 나오는 일기 부분은 이를 잘 보여 주고 있다.

나는 무엇 때문에 일본에 와서, 나는 무엇 때문에 학문을 하나. 이미 일본에 왔으니 자연히 그들 일본인의 경멸을 받지 않을 수 없는 법. 중국이여! 중국이여! 너는 어째서 부강해지지 않느냐? 나는 더 이상 참아낼 수가 없구나.

고향에 어찌 아름다운 산하가 없으리오? 고향에 어찌 꽃처럼 아름다운 여인이 없으리오? 나는 무엇 때문에 또 이 죽을 것 같은 고등학교에 진학했나? 그들, 다섯 달 동안 남아서 공부하고 돌아간 사람들은 어찌 여기에서 영화와 안락을 누리지 않았는가? 이 오륙 년의 세월을 나는 어떻게 견디어낼 수 있을까? 천신만고 끝에 십 몇 년의 학식을 쌓아 귀국한다 해도 내가 그들 시끌벅적하던 유학생들에 비하여 반드시 더 낫다고 할 수 있겠는가?

인생 백 년 중에 젊은 날은 다만 칠팔 년의 세월 뿐. 이 가장 순수하고 가장 아름다운 칠팔 년을 나는 이 무정한 섬나라 안에서 헛되이 보내야만 한다. 가련하게도 나는 올해 이미 스물한 살이 되었다.

고목 같은 스물한 해!

식어버린 잿더미와도 같은 스물한 해!

나는 진정 광물질로 변하는 편이 차라리 낫겠다. 나에겐 아마도 꽃 피는 날이 없을 게다.

지식도 나는 필요 없고 명예도 나는 필요 없다. 나는 다만 나를 위안해 주고 나를 이해해 주는 '마음' 하나만이 필요하다. 백열하는 심장! 그 심장에서 생겨나는 동정! 동정에서 나오는 사랑!

내가 필요로 하는 것은 바로 사랑이다!

만약 한 미인이 있어 나의 고통을 이해해 주기만 한다면, 그녀가 나더러 죽으라 한다 해도 나는 기꺼이 따를 것이다.

만약 한 부인이 있어 그녀가 아름답던지 추하던지 상관없이 진심으로 진정으로 나를 사랑해 주기만 한다면 나 또한 그녀를 위해 죽고 싶다.

내가 필요로 하는 것은 바로 이성간의 사랑이다!

하늘이시여! 하늘이시여! 나는 지식도 필요치 않고, 나는 명예도 필요치 않으며, 나는 그 무용한 금전도 필요치 않습니다. 당신이 만약에 에덴동산의 '이브' 하나를 나에게 내려주시어 그녀의 육체와 영혼을 온전히 저에게 귀속시켜 주신다면 저는 그것으로 만족합니다.

그래서 그를 두고 '감상적'이고 '퇴폐적'이며, 심지어 '색정적'이라고 욕하는 사람들도 있다. 그러나 그렇게 욕하는 사람들의 마음이야말로 오물로 뒤덮여 있을 것이다. 그래서 궈모뤄는 "위다푸가 대담하게 자신을 폭로하여, 몇 천 년 동안 허울 속에 감추었던 사대부의 허위에 폭풍우처럼 타격을 주었다"며 그를 변호했다. 이 말은 당시 상황의 핵심을 꿰뚫은 정확한 표현이다.

심층적인 심리 분석에 뛰어나다는 점이 위다푸 소설이 지닌 또 하나의 특징이다. 「몰락」을 예로 들면, 거기에는 우여곡절이 많은 이야기 줄거리는 없다. 단지 주로 외부 행동을 묘사하여, 풍부하고 세밀한 내면 심리를 묘사하고 있다. 그래서 사람들은 그를 낭만 서정 소설의 대표 작가로 인정한다.

일본에서 귀국한 위다푸는 베이징대학교를 비롯한 여러 대학교에서 교편을 잡았다. 1926년에는 궈모뤄와 함께 광저우의 중산中山대학교로 부임했다.

「봄바람에 흠뻑 취한 저녁」과 「초라한 제사상」

위다푸는 1923년부터 1927년까지 많은 소설을 썼다. 그때 쓴 소설 가운데 「봄바람에 흠뻑 취한 저녁(春風沈醉的晚上)」과 「초라한 제사상 薄奠」이 가장 유명하다. 내용과 풍격 면에서 이 두 작품은 이전 시기의 작품들과 차이를 보인다.

「봄바람에 흠뻑 취한 저녁」은 가난과 병마에 시달리는 지식인이 담배 공장의 여공과 나누는 우정을 다룬 작품이다.

소설 속의 '나'는 가난과 병마에 시달려, 정신 상태가 붕괴 직전인 사람이다. '나'는 좁고 어두운, 통로 정도밖에 안 되는 작은 누각에서 살고 있다. 이웃과 누각 안에 사는 젊은 여자가 출입할 때면, '나'는 언제나 일어나서 길을 비켜 줘야 했다. '나'는 몇 권의 헌책과 솜이불 말고는 아무것도 가진 것이 없었다. 병 때문에 머리가 흐리멍덩해져 책을 앞에 놓고서도 멍하니 아무것도 하지 못했다.

처음에 '나'는 젊은 여공에게 경계심을 품었다. 하지만 나중에는 동정을 품게 되었다. 그녀는 자신이 받은 월급으로 빵과 바나나를 사 와 '나'에게 함께 먹자고 청했다. 그 돈은 공장에서 피땀 흘려 번 것인데 말이다.

오래지 않아 여공은 '나'에게 경계심을 품고, 정상적인 생활로 돌아오라고 권하기도 했다. 그런데 이는 모두 오해에서 비롯된 것이었다. 때는 봄이었다. 봄은 '내' 신경쇠약 증세가 악화되어 발작을 일으키는 계절이다. '나'는 밤에도 쉽게 잠을 이룰 수 없어, 밤새도록 밖에 나가 배회한다. 아가씨는 이런 나를 밤에만 나다니며 좀도둑과 어울려 도둑질하는 사람으로 오해한 것이다.

그러나 이렇게 하고 나면 잘 자고, 잘 먹을 수 있었다. 또 머리도 회복되어 소설 몇 편을 써서 원고료도 좀 벌 수 있었다. 많지 않은 돈이지만 셔츠를 사서 입고, 초콜릿과 카스테라를 사가서 여공과 나누어 먹었다. 초콜릿을 나누어 먹으며 둘은 오해를 풀었다.

소설 속의 생활은 결말이 되어도 희망을 찾아볼 수 없다. 그러나 독자들은 젊은 여공에게 많은 감동을 받는다. 그녀는 자신도 불쌍한 처지이지만 남을 위한 동정심으로 가득하고, 궁핍한 환경에서도 정직하고 순결한 본성을 잃지 않는다. 작가가 그녀의 외모를 자세히 언급하지 않았지만, 독자들은 그녀가 가진 인격과 정신에서 아름다움을 느낀다.

소설「초라한 제사상」에서는 '나'와 노동자의 거리가 더욱 가까워진다. 이 작품에서는 '나'와 어느 인력거꾼의 인연을 다루고 있다.

나는 우연히 어느 인력거를 타게 되었다. 인력거꾼은 쉰 전후의 등이 굽은 사람이었는데, 차를 모는 솜씨가 대단했다. 마침 그는 나와 같은 골목에 살고 있었다. 그는 성실하고 온화한 사람이라 내가 차비를 건네면 이렇게 말했다.

"그냥 넣어 두세요. 한 골목에 사는 처지에 어떻게 돈을 받겠어요?"

그의 차를 계속 타면서, 그가 올해 마흔둘이고 아내와 아이들이 있음을 알았다. 그리고 물가는 계속 오르는데 손님들은 갈수록 차비를 깎는다며 자신의 고충을 들려주었다.

한번은 그의 집 앞을 지나다가, 평소 온화하던 사람이 부인과 크게 다투는 소리를 들었다. 집으로 들어가 사정을 들어보니 씀씀이가 헤픈 부인이 어렵게 모은 3원으로 옷감을 산 것이다. 그는 더운 날씨에 우리같이 가난한 사람이 뭐 하려고 옷을 지어 입느냐고 하소연했다.

그 돈은 인력거를 빌려주는 주인의 착취에서 벗어나고자 인력거를 사려던 것이었다. 수중에 돈이 없던 나는 그들 몰래 은시계를 풀러 책상 위에 놓고 나왔다. 그러나 다음날 그가 찾아와 시계를 잊어버리지 않았느냐며 묻고는 돌려주고 갔다.

한 여름 장마가 쏟아지고 난 어느 날, 나는 뜻밖에도 그 인력거꾼이 남쪽으로 내려갔다가 물에 빠져 죽었다는 소식을 들었다. 아마 투신자살했을 거라는 짐작이 갔다. 어떻게 해서든 살아보려고 애쓰던 그 가족을 위해 나는 뭔가 도움을 주고 싶었다. 그러나 그의 부인은 이렇게 말했다.

"그이가 생전에 그렇게도 자기 인력거를 갖고 싶어 했는데, 결국 그 꿈을 이루지 못하고 세상을 떠났으니······."

그래서 나는 그의 묘 앞에서 불사르려고 수의壽衣 가게에 가서 종이로 만든 인력거를 주문했다. 마침내 묘소로 가던 날, 거리의 사람들은 이 행렬을 이상하게 쳐다보았다. 나는 울긋불긋 차려 입은 사람들과 자동차 안의 부자들을 향해 속으로 욕을 퍼부었다.

'개돼지 같은 놈들! 짐승들! 뭘 쳐다보고 그래? 인력거를 끌던 내 친구는 너희들 때문에 죽은 거야! 그런데 뭘 쳐다봐?'

작가는 이 작품을 통해 맘속의 고통을 불공평한 세상에 대한 분노와 원망으로 바꾸어 놓았다. 그는 노동자를 동정하고, 성심성의껏 그들을 도왔다. 그래서 인력거꾼을 '내 친구'라고 불렀다. 어느 날 인력거꾼이 세상살이의 어려움을 한탄하자 그는 이렇게 말했다.

"정말로 인력거에서 뛰어내려 그를 부여잡고 한바탕 울고 싶었다. 그러나 몸에 걸친 베적삼과 머릿속에 박힌 규범들이 내 진솔한 감정을 얽매어 놓았다."

이처럼 진실한 고백과 모순된 심리 표현이야말로 위다푸의 풍격을 돋보이게 한다.

1927년, 위다푸는 창조사를 떠나 루쉰과 함께 월간 『분류奔流』 편집에 종사했다. 앞서 살펴보았던 루쉰의 "부릅뜬 눈으로 많은 이의 비난에 침착하게 맞서고, 머리를 숙여 기꺼이 자식을 위한 소가 되리라(橫尾冷對千夫指, 俯首甘爲孺子牛)"란 시는 바로 이 당시 위다푸와 밥을 먹다가 지은 것이다.

또 위다푸는 좌련에도 참가하고, 1933년에는 쑹칭링宋慶齡과 차이위안페이蔡元培가 주관하던 민권보장동맹에도 참가했다.

후기 대표작 「늦게 핀 계수나무 꽃」

위다푸는 이후의 소설에서 풍격이 변한다. 이 시기의 대표작을 꼽으라면 「늦게 핀 계수나무 꽃(遲桂花)」을 들 수 있다. '늦게 핀 계수나무 꽃'는 일반적인 계수나무 꽃보다 꽃향기가 더 오래간다고 한다.

이 작품은 장문의 편지로 시작한다. 그것은 웡翁씨 친구가 '나'에게 보낸 편지이다. 항저우에 사는 그는 결혼을 앞두고 특별히 친구인 나를 결혼식에 초대한다. 편지에는 롄얼蓮兒이라는 그의 여동생 얘기가 나온다. 그녀는 매우 활발한 아가씨인데, 시집가서 시어머니가 그녀를 학대했다. 그 뒤 남편이 죽자 시댁에서 쫓겨나, 지금은 오빠와 지내고 있다고 한다. 그 친구는 자신이 결혼하고 나면 여동생이 불안해할까 매우 걱정하고 있었다.

편지를 받아 본 나는 기꺼이 초대에 응하여 그의 집을 찾아간다.

그런데 그 집에서 가장 처음 만난 사람은 렌얼이었다. 큰 키에 건강한 모습이었지만 좀 수줍어했다.

다음날, 친구는 신방을 꾸미게 되었다. 그는 혹시라도 여동생이 불편해 할까 봐, 나에게 그녀를 데리고 나가 놀아 달라고 부탁했다. 명목상으로는 동생에게 오빠를 찾아온 손님을 접대하라는 식이었다.

가을을 맞은 우원산五雲山의 경치는 매우 아름다웠다. 나는 오가는 길에 이 새는 언제 부화하고 언제 날아가는지, 저 식물은 언제 꽃이 피고 언제 열매를 맺는지 등 이것저것 두서없이 물었다. 그때마다 그녀는 막힘없이 대답해 주었다. 학교에서 4년밖에 공부한 적이 없다고 들었는데, 그녀는 자연사를 꿰뚫고 있었다.

그녀의 자연스럽고 건강한 청순미는 대자연 속에서 유난히 돋보였다. 그녀의 활발하고 천진한 성격도 유감없이 발휘되었다. 이런 여자 앞에서 나는 마음이 흔들렸다. 그러면서 독일 소설에 나오는 여자들이 떠올랐다. 둘은 모두 들에서 자란 진실하고 귀여운 아가씨들이었는데, 결말이 좋지 않았다.

이런 상념에 잡혀 있는 사이, 자연스럽게 그녀가 한 손을 내 어깨에 얹으며 무슨 생각을 하는지 물었다. 그녀의 천진무구한 표정을 보니, 순간 심령이 정화되는 느낌이 들었다. 나는 후회스럽다는 듯 내 마음을 솔직하게 밝히면서, 친동생처럼 대하고 싶다고 말했다. 이렇게 우리는 손을 잡고 우원산에 올랐다. 그러다 몰래 그녀를 바라보니, 어느새 얼굴에서 근심이 사라지고 희망과 믿음이 가득한 성스러운 빛이 빛나고 있었다.

이 작품은 몽롱한 분위기로 독자를 사로잡는다. 미풍에 실려 오는 늦게 핀 계수나무 꽃의 짙은 꽃내음이 청량한 풀냄새와 어우러져 꿈결처럼 몽롱한 상태로 이끈다. 아름다운 대자연과 인생이 서로 어우러져, 건강하고 조화로운 경지 속에서 심령의 정화를 얻게 한다.

현실의 환경이 나날이 열악해질수록 위다푸의 문학 세계는 이상적인 색채를 띠었다. 반대 세력의 압박이 갈수록 심해지자, 그는 저도 모르게 소침해져 항저우에서 은거 생활을 한다.

동남아에서 맞은 최후

위다푸는 항일 구국 운동이 맹렬하게 펼쳐지자 자리를 털고 일어났다. 그는 일찍이 일본 본토에서 반전운동을 벌이고, 국민당 정부의 군사위원회 제3실에서 항일 선전을 담당하기도 했다.

이후 가정에 변고가 생기자 그는 단신으로 동남아로 피신했다. 그는 싱가포르의 몇몇 잡지사에서 주간으로 지내면서도 자신의 책임을 잊지 않고 항일 선전에 매진했다. 태평양전쟁이 시작된 이후에는 화교계의 항일운동에도 참가했다.

하지만 일본군이 인도네시아를 점령하자, 그는 이름을 숨기고 양조장을 경영하면서 사태의 추이를 살폈다. 일본어에 능통한 그는 강제로 일본 헌병대의 통역을 맡게 되었다. 그는 이 일을 하면서 6개월이 넘는 기간 동안 적지 않은 화교와 현지인을 구하고, 적의 비밀을 알아냈다.

그가 쉰을 앞둔 1945년, 마침내 일본은 항복한다. 그러나 일본 헌병대에서는 자신들의 침략 행위를 은폐하려고 비밀리에 위다푸를 암살했다.

위다푸는 '5·4운동'에 따른 신문학운동의 선봉으로서, 가장 재능 있는 소설가의 한 명이었다. 그래서 그가 천재적 시인이요, 인문주의자이자 진정한 애국주의자라는 평가도 있다. 그는 중국이 성립된

가정에 변고가 생기기 전, 아내와 다정한 한때.

뒤 정부에서 '민족 해방 사업을 위해 순국한 열사'로 추대되어, 고향에 그를 기념하는 정자가 세워졌다.

위다푸는 소설 말고도 아름다운 산문과 시를 남겼다. 특히 기행(遊記) 산문은 많은 독자들의 사랑을 받았다. 그 가운데 「낚시터의 봄낮(釣臺的春晝)」은 1931년 봄에 푸춘강富春江 옌링嚴陵에 있는 낚시터에 놀러 갔던 이야기를 담고 있다. 글의 잔잔한 전개가 마치 그와 함께 길을 가는 듯한 느낌을 준다.

이 글에서는 이틀 동안 물길을 따라 이동하여 낚시터에 이르는 부분이 가장 감동적이다. 배에서 단잠을 자다가 뱃사람이 부르는 바람에 꿈에서 깨어난다.

> 눈을 비비고 옷매무시를 고치며 고개를 들어 보니, 사방의 물빛과 산의 자태가 갑자기 변했다. 맑고 얕은 강물이 전보다 약간 좁아졌고, 사방의 산도 남달리 빽빽해져 마치 앞으로는 길이 없는 것처럼 보였다. 또한 산세가 빼어나 특별히 높고 뾰족해 보였다.
> 하늘에서부터 땅에 이르기까지 둘러보니, 적막하여 한 명의 사람도 보이지 않았다. 노 젓는 소리조차 여기서는 함부로 내면 안 될 것 같았다. 낚시하자는 소리를 낸 뒤 반나절이 지나서야 고요한 메아리가 들려

왔다.

고요, 고요, 고요. 물 위와 산 아래 바위가 태고적 고요함과 죽음과도 같은 고요함에 잠겨 있었고, 협곡에는 날아가는 새의 그림자도 보이지 않았다. ……

위다푸는 자연 풍경 묘사에 빼어난 능력을 발휘하여, 산수의 고요한 아름다움을 맛깔스럽게 표현했다. 글에 나오는 낚시터는 동한東漢의 은자인 엄광嚴光이 숨어살던 곳이다. 그는 황제인 유수劉秀와 동창이었는데, 관직을 마다하고 낚시를 즐기며 평생 숨어살았다고 한다.

위다푸가 그의 유적을 찾은 것은 그의 사람됨을 흠모했기 때문이었다. 당시에는 수많은 사람들이 관리가 되려고 자신의 영혼을 서슴지 않고 팔아 치우던 때였다. 그래서 작가는 시류에 휩쓸리지 않고 절개를 지킨 쓸쓸한 선배의 발자취를 찾아가 존경을 표한 것이다. 이것이야말로 그가 깨어 있다는 명확한 증거이다.

또 위다푸는 구체시도 갈고 닦아, 이 작품에서도 칠언 율시를 선보였다. 신문학 작가들 가운데 그의 구체시는 꽤 수준급이었다.

'삼각관계'만 전문적으로 다룬 장즈핑

창조사의 구성원에는 장즈핑도 있다. 장즈핑張資平(1893~1959)도 일본에서 유학한 소설가이다. 그는 궈모뤄, 위다푸 등과 함께 창조사를 이끌었다.

지질학을 전공하다 소설가가 되었고, 한때 촉망받는 작가였으나 삼류 문인으로 전락한 장즈핑.

그는 누구보다도 많은 작품을 창작하여 중편과 장편만 하더라도 24편을 썼고, 단편집도 5개나 냈다. 그 가운데 『충적기화석沖積期化石』은 중국 최초의 장편소설로서, 자전적 내용을 담고 있다.

1925년 이후 그는 장편소설 『비서飛絮』를 출판했다. 이때부터 그는 연애를 소재로 한 소설의 전문가가 되었다. 그런데 대부분 삼각 또는 사각 관계를 다루어 갈수록 격조가 떨어졌다. 주인공도 사촌 동생이나 사촌형의 아내, 당숙과 조카딸 등으로 인륜은 조금도 거들떠보지 않았다.

얼마 뒤에는 『신보申報』에 삼각관계를 다룬 연애 소설을 연재했다. 그런데 너무 저속하여 독자들이 항의하여, 끝도 맺지 못하고 중도에 연재를 포기했다.

그리고 그는 루쉰이 자신에게 맞선다고 의심하고는, 여기저기에 루쉰을 공격하는 글을 발표했다. 또한 일본이 쳐들어오자 부끄럽게도 그들의 앞잡이 노릇까지 했다. 그는 결국 창조사와 중국인에게 잊을 수 없는 반역자가 되었다. 이처럼 작가는 단순히 재주만으로 되는 것이 아니다. 먼저 떳떳한 인간이 되는 것이 중요하다.

문학연구회 | 10

예성타오 葉聖陶

쉬띠산 許地山

왕통자오 王統照

정전둬 鄭振鐸

「소설월보」의 표지.

문학연구회

　문학연구회는 '5·4운동'의 일환으로 형성된 신문학운동 속에서 가장 빨리 성립된 문학단체이다. 창조사보다도 6개월 빠른 1921년 1월에 성립되었다. 또한 규모가 가장 큰 문학 단체이기도 하다. 모두 170여 명의 문학가가 들고나가고, 베이징·상하이·광저우·닝보寧波·정저우鄭州 등지에 지부가 있었다. 그리고 11년이라는 가장 오랜 기간 동안 활동했다.

　이와 같이 모든 면에서 문학연구회는 모든 문학 단체 가운데 맏형격이다. 문학연구회는 이처럼 많은 작가들로 구성되어 있었기 때문에, 마치 작가협의회 같은 역할을 했다.

　여기서는 『소설월보』와 『문학주간』, 월간 『시』 등의 간행물을 주관했다. 또 회원들의 창작물과 번역서 등을 중심으로 한 문학연구회 총서를 펴내기도 했다.

　문학연구회는 문학을 소일거리로 삼거나 감정의 발설 도구로 삼는 것에 반대하고, '예술을 위한 예술'을 철저히 부정했다. 문학은 인생을 위한 것이기에 작가는 사회를 직시하고, 작품은 보통 사람과 사건을 다루며, 인생에 절실히 요구되는 문제에 관심을 가져야 한다는 것이 이들의 주장이었다. 그래서 이런 원칙에 근거하여 창작한 소설을 '문제 소설'이라고 부른다.

　12명의 발기인은 정전둬鄭振鐸, 마오둔茅盾, 예사오쥔葉紹鈞, 쉬띠산許地山, 왕퉁자오王統照, 저우쭤런周作人 등 유명 작가들이다. 이후 빙신氷心, 루인廬隱, 주쯔칭朱自淸, 라오서老舍, 주샹朱湘, 쉬즈모徐志摩 등이 참가했다.

구두 수리공을 흠모한 예성타오

12명의 발기인 가운데 먼저 예사오쥔을 살펴보자. 그의 자가 성타오聖陶라서 흔히 예성타오라고 부른다.

예성타오(1894~1988)는 쟝쑤성江蘇省 쑤저우蘇州 사람이다. 집안 형편이 넉넉치 않았지만, 어려서부터 서당에 다니며 고대 시문을 착실히 공부했다. 열세 살 때에는 공립 쑤저우 제1학당에 입학하여 몇몇 외국 문학작품을 접했다. 그 가운데 미국의 유명 작가인 워싱턴 어빙의 영향을 많이 받았다. 어빙은 평범함 속에 남다른 깊은 맛이 있었다. 그는 또 몇몇 학우들과 '방사放社'라는 시모임(詩社)을 만들어 활동했다. 그 모임에서 시를 모르는 친구들은 모두 그에게 가르침을 청했다고 한다.

그는 열아홉에 중학교를 졸업했지만, 집안 형편상 진학이 어려워 초등학교 교사로 10년 동안 활동했다. 그는 아이들을 가르치는 이 일을 좋아했다. 하지만 무관심한 동료들과 관료주의적인 장학사들을 견딜 수 없었다. 그래서 한때는 구두 수리공을 흠모하기도 했다. 그들은 독자적으로 신발을 만들어 사람들에게 편의를 제공하니 그 얼마나 즐거운 일이냐며.

예성타오는 1914년부터 소설을 쓰기 시작했다. 당시 발표한 작품들은 문언문으로 썼다. 그가 백화문을 사용한 것은 '5·4운동' 이후의 일이다.

뒤에 정전둬가 문학연구회에 참여해 달라고 편지를 보내자, 그는 이에 응하여 공동 발기인이 되었다. 문학연구회가 '인생을 위한' 창작이라는 목표를 내세우자, 그의 창작열도 더욱 높아져 몇 년 안 되

젊은 날의 예성타오

는 기간에 『격막隔膜』, 『화재火災』, 『선하線下』 등의 소설집을 냈다.

그는 스스로 공상에 사로잡힌 내용이 아니라 도시와 시골에 살면서 자연스럽게 느낀 그곳의 생활을 다루었다고 밝혔다. 특히 노동자, 농민, 상인, 관료보다는 지식인과 소시민과 많이 만나서 작품에서도 이들을 많이 언급했다.

아울러 그에게 가장 익숙한 교사 생활을 자주 다루었다. 「밥(飯)」에는 시골 초등학교 교사인 우吳 선생이 나온다. 그의 월급은 6원인데, 그나마 사범학교 출신이 아니라는 이유로 관할 교육청 학무위원들이 3원만 지급토록 했다. 그는 돈을 절약하려고 직접 장을 봐서 밥을 해먹었다.

그러던 어느 날, 상급 기관에서 시찰을 나온다고 하여 학무위원은 그의 학생 10여 명을 동원하려 했다. 그런데 그가 장을 보러 가서 돌아오지 않아, 학무위원은 직무 태만을 이유로 월급에서 2원을 깎았다. 이는 밥을 먹지 말라는 처사와 다를 바 없었다. 그러나 우 선생은 그나마 밥줄이 끊길까 봐 항의하지도 못하고 굽실거렸다.

생동적인 소시민의 모습 : 「어려움에 처한 판 선생」

「어려움에 처한 판 선생(潘先生在難中)」은 예성타오의 단편소설 가운데 가장 성공한 작품이다.

주인공인 판 선생은 시골의 초등학교 교장이다. 작품은 두 파로 나뉘어 싸우는 군벌 이야기로 시작한다. 마을에 전쟁의 포화가 미치려 하자, 판 선생은 서둘러 아내와 두 아들을 챙긴다. 그는 검은 가죽 가방을 들고, 죽을힘을 다해 가족과 함께 기차에 올라 상하이로 피신한다.

요행히도 여관의 빈방을 얻어 하루를 보냈지만, 갑자기 난감한 상황에 봉착한다. 교육국장이 신문에다 각 학교는 정상적으로 수업에 임하라는 담화를 발표한 것이다. 교장인 자신이 돌아가지 않으면 밥줄이 끊어질 판이었다. 그래서 판선생은 아내와 아이들을 여관에 남겨둔 채 집으로 돌아간다.

집에 돌아오니 당부한 대로 왕 어멈이 문단속을 잘해서 절반쯤 안심이 되었다. 그는 급히 학교를 정상적으로 운영한다는 통고문을 등사하여, 학교의 공무원을 시켜 학생들 집에 돌리도록 했다. 이렇게 해서 학생들이 오든 말든 교장으로서 자신의 소임은 다한 것이다.

이어서 철도가 끊겼다는 소식이 전해진다. 판 선생은 사태가 심상치 않게 전개되고 있음을 직감하고, 곧바로 적십자 사무소로 가서 회원 자격을 신청했다. 그러면서 학교는 널찍하여 부녀자 수용소로 쓸 수 있다며, 만일의 경우 부녀자들을 수용하겠다고 말했다. 이런 자선적인 행동은 뜨거운 환영을 받았고, 적십자 사무소에서는 그에게 적십자 깃발과 휘장을 주었다. 이 호신부(護身符)만 있으면 군대가 쳐들어와도 두려울 것이 없었다. 적십자 회원은 어떤 군대라도 공격할 수 없기 때문이었다.

그러나 판 선생은 만족스럽지 않았다. 그는 학교에 옆문이 있다는 핑계로 깃발을 하나 더 얻었다. 그리고 사정하여 휘장도 몇 개 더 얻었다. 깃발은 자기 집에 하나 더 걸고, 휘장은 아내와 아이들에게 달아 주려는 치밀한 계산이었다.

마침내 전쟁의 불길이 코앞까지 들이닥쳤다. 그러자 적십자 휘장도 소용없었다. 결국 판 선생은 최악의 상황이 전개되던 그날 밤, 황급히 붉은 벽돌집으로 피신했다. 그곳은 이미 사람들로 북적였다.

그곳에서 그는 공교롭게도 먼저 와 있던 교육국장과 마주쳤다. 국장은 짐짓 콧수염을 쓰다듬으며 이번 전쟁으로 학생들의 손해가 가장 크다고 한탄했다. 하지만 맘속으로 매우 만족스러워 하고 있었다. 이미 자신은 안전한 피난처에 들어와 있다는 생각에서였다.

20여 일 뒤, 전투는 끝났다. 어디에서도 군대는 충돌하지 않았다. 그제야 판 선생은 후회가 밀려왔다. 이럴 줄 알았다면 피난한답시고 그렇게 많은 돈을 쓰지 않아도 괜찮았다고 생각하니 속이 쓰렸다.

그가 교육부에 들리니, 몇몇 직원들이 종이를 자르고 먹을 갈고 있었다. 승리한 군벌의 개선을 환영한다는 글을 쓸 준비를 하는 것이었다. 판 선생은 글을 잘 쓰기로 소문이 나 그 일을 맡았다. 그는 붓을 들고 잠시 생각에 잠겼다가, 다음과 같은 큰 글자를 써 내려갔다.

"공훈은 악목보다 더 높다(功高岳牧), 위엄이 동남을 누른다(威鎭東南), 품덕이 숭고하고 은혜가 넓도다(德隆恩溥)."

그때 마치 영화 필름을 보는 듯 강제 징병, 대포 소리, 불에 타는 가옥, 부녀자를 간음하는 장면, 남녀의 썩은 시체들이 눈앞을 스쳐 지나갔다.

판 선생이라는 사람은 영악하고 능란하다. 전란의 위험 속에서도 처자식과 재산을 지키고, 또한 자신의 명예와 지위도 지켰다. 이 모두가 눈치껏 재빠르게 움직인 덕분이다.

그러나 그의 속 좁은 계산 어디에도 학생과 교육, 사회를 위한 자리는 없었다. 이처럼 겉으로는 엄숙하고 정직한 인물이, 속으로는 천박하고 비열한 소시민의 모습을 간직하고 있었던 것이다.

한 마디로 그의 인생은 회색이다. 이런 회색 인물이야말로 예성타오가 풍자하려던 대상이다.

『니환즈』: 장편소설의 역작

예성타오는 장편소설인 『니환즈倪煥之』도 창작했다. 이 작품도 교육에 대한 이야기이다.

주인공 니환즈는 열정적이며 이상을 품은 젊은 초등학교 교사였다. 그는 교육으로 나라를 일으키겠다는 숭고한 이상을 품고 시골 초등학교의 교사로 부임하여, 그곳 교장인 장빙루蔣氷如와 만난다.

장빙루도 중국 민족에게 가장 중요한 것은 교육이라는 신념을 가지고 있었다. 그래서 '정정당당한 인물'을 길러야만 정부의 부패와 사회의 부조리를 해결할 수 있다고 믿었다. 니환즈도 그의 의견에 동조하여 손발이 짝짝 맞았다. 그래서 둘이 힘을 합하면 이상을 이룰 그날이 멀지 않은 듯이 보였다.

그들이 학교를 운영하는 방식은 매우 독특했다. 그곳에서는 수업과 놀이가 하나이고, 지식 습득과 사회적 실천도 하나였다. 이를 위해 학교에서는 농장과 공장, 상점, 무대를 개설하여 운영했다.

그러나 문제점도 이어졌다. 보수 세력이 학교의 새로운 조치에 불만을 품고 나선 것이다. 호랑이 장蔣씨라는 지역 유지는 학교가 황무지를 개간하면서 자기 조상의 묘를 파헤쳐 집안의 풍수를 망쳤다며 온갖 유언비어를 퍼뜨렸다. 장빙루와 니환즈는 구습을 혁신하자고 했지만, 이러한 골치 아픈 사건에 부딪치자 매우 난감했다.

이처럼 일이 여의치 않자 개인 생활에도 문제가 생겼다. 니환즈가 진페이장金佩璋을 처음 만난 것은 그녀가 시내의 여자사범학교 학생일 때였다. 그녀는 용모가 매우 아름다웠다. 게다가 생각도 혁신적이어서, 교육 개혁 얘기가 나오면 둘은 시간 가는 줄 모르고 대화를 나누었다. 그런 그녀는 훌륭한 교사가 되는 것이 꿈이었다. 이런 그녀가 니환즈와 결혼했으니, 둘은 부부이자 동지로서 너무나 이상적이었다.

그러나 결혼을 해 아이를 낳고부터 예전의 진페이장은 모습을 감추었다. 그녀의 모든 관심과 정력은 집안의 잡다한 일에 쏠렸다. 니환즈가 농장의 새로운 분위기와 공장의 새로운 설비를 이야기해도 그녀는 조금도 흥미를 보이지 않았다. 시간이 갈수록 니환즈는 고독을 느꼈다. 아내를 얻었지만, 연인과 동지를 한꺼번에 잃은 느낌이었다.

얼마 뒤 새로운 방식으로 가르친 학생들이 학교를 졸업했다. 그러나 다른 학교 학생들과 비교하여 특별한 점을 찾을 수 없었다. 그래도 니환즈는 맘속으로 이렇게 스스로를 위로했다.

'장차 사회에 나가면 틀림없이 그들의 능력을 발휘할 거야!'

그러나 그의 동창은 그것이 불가능하다고 지적했다. 그는 왕러산王樂山이라는 사람이다. 왕러산은 졸업하고 베이징으로 가, 베이징대학 예과를 다니고 있었다. 혁명가가 된 그는 상하이에 일이 있어 내려오는 김에, 친구가 불러 '시골에 묻혀 지내던' 니환즈를 만나러 온 것이다.

그는 '5·4운동'에 관한 새로운 소식을 전하면서 단도직입적으로 니환즈의 문제점을 지적했다. 곧 사회는 기존의 조직을 가지고 있어, 새로운 방식으로 가르친 학생이 남다르더라도 사회에 나가면 곧바로 사회 속에 매몰된다는 점이다. 그래서 사회를 개조하려면 조직을 가져야 한다고 지적했다. 본문을 살펴보자.

러산은 잠시동안 주위의 경치를 바라보았다. 그리고는 곧이어 큰형이 어린 동생에게 공부를 어떻게 하고 있나를 알아보듯이 환즈에게 물었다.

"자네들이 변화시키고 있는 교육은 좀 어떤가?"

"뭐? 여전히 자네에게 말한 것처럼 그냥 그러네."

"약간은 재미있다고 느끼는데."

"다만 아직은 그냥 괜찮은 편이네." 환즈는 자연스럽지 못하게 기가 죽은 모습으로 말을 더듬으면서 대답했다.

"학생들에게 땅에 씨를 뿌리고 일하는 법, 연기와 회의를 운영하는 것에 대해서 가르치고 있지 않나?"

"맞아! 내가 최근에 듀이의 연설을 담은 책을 읽었을 때 나는 그 사상 가운데 몇몇이 우리의 것과 일치한다는 것을 발견했다네. 우리의 교장인 장빙루 선생도 농담 삼아 '영웅은 생각이 깊다'고 말했지."

"나는 듀이의 연설을 담은 책을 그렇게 주의깊게 읽지 못했어. 비록 자네의 교육방법이 단지 문제의 표면적인 접근에 불과한 것으로 보이기는 하지만 말야. 자네는 학생들이 이것 또는 저것을 학습하기를 원하겠지. 나는 자네가 학생들을 가르치는 것만이 궁극적이라고 보고 있지 않네."

"이것저것 학습한다는 의미는 순수하게 학생들에게 어떤 사건들을 다루고 상황에 대처하며, 우리에게 내재해 있는 목적을 달성하기 위한 출발점을 제공해 주기 위한 거야."

"그 뜻은 매우 좋아. 그러나 나는 공리주의자야. 난 자네에게 또 한 가지 물어 보고 싶은 것이 있네만, 자네들의 그 성과는 어떤가?"

러산은 이렇게 계속 질문하여 마치 담력이 약한 투사가 겁먹은 듯이 고개를 돌려 피하게 만들었다.

"성과가 어떠냐구? 이번의 새로운 방법으로 가르친 학생들이 최근 졸업을 했는데 아직은 어떤 특별한 곳에도 들어가지는 않았어. 내 생각으로는 그들이 사회에 발을 들여놓고, 각종 분야에 참여하는 것을 기다려봐야 비로소 보통학생들과 같은지 같지 않은지를 알 수 있을 거야. 지금까지는 별달리 시험할 기회가 없었네."

"자네는 그렇게 생각하는가?" 러산은 마치 환즈의 환상적인 기대와 희망을 비꼬는 듯이 말했다. 이어서 그는 또 말했다.

"자네가 말한 것 가운데 십중팔구는 맞겠지만, 그들이 사회에 진출하고 각종 분야에 참여하는 것은 결과적으로 똑같은 하나의 사회에서 맴도는 것 뿐이야. 난 그들이 결코 하나의 어떤 특출한 곳에는 참여할 수 없다고 보네. 사회를 알려면 어떤 조직적인 것이 있어야 하는데, 자네들이 학생들에게 가르쳐준 것은 단지 보기 좋은 기술일 뿐이었다고. 이런 것들을 가르쳐주고 그들이 가지고 있는 것에 대해서 희망을 거는 것은 지나친 소망이 아니냐고 말할 수밖에 없군."

……

러산은 심혈을 기울여 아주 진지하게 대답해 주었다.

"나도 방금 전에 말했던 것을 다시금 자네에게 말하겠네. 사회라는 것은 하나의 조직이 있는 것이야. 자네가 말하는 것은 마치 아무 것도 없는 공중에다가 주먹으로 때리는 것과 같은 것이야. 이것은 결국 헛된 노력일 뿐이야. 사회를 바꾸고 개조하려면 반드시 하나의 조직이 있어야만 하네."

"그러면 어떻게 해야 비로소 조직을 갖출 수 있단 말인가?"

"그것은 한두 마디의 말로써 이루어지는 것이 아니야." 러산은 손가락으로 영문으로 된 책을 툭툭 두드리며 잠시 침묵을 지켰다. 그리고는 곧 힘있는 목소리로 말했다.

"나는 자네가 이곳의 교사 생활을 그만두어야 한다고 보네. 그리고 밖으로 나가야 한다고 생각해. 마치 한 마리의 새가 훨훨 창공을 날듯이 말이야." 동시에 그는 손으로 하늘에다 하나의 원을 그리면서 새가 나는 것을 나타내 보였다.

"나의 교사 생활을 청산해 버리라고?" 환즈의 마음이 움직이기 시작했다. 비록 이것이 실현된다고 할 수는 없지만, 그는 아직 이 교사 생활에서 어떤 싫증 같은 것도 느끼지 못했다. 그러나 이보다 더 뜻있는 하나의 알 수 없는 것에 대해서 그는 막연하게 동경하기 시작한 것이다.

이때에 그들은 강줄기를 다 걸었고, 배는 넓은 호수를 향해 들어갔다. 호수 표면은 온통 하얗고 끝이 없었다. 환즈는 조용히 정신을 가다듬고 생각했다.

'지금의 내 심정이 마치 이 호수의 표면과 같구나! 하지만 나는 단지 내 인생이 하얀 빈 종이로 남지 않기를 바랄 뿐이야.'

니환즈는 친구의 지적으로 '교육을 통한 구국'이란 울타리에서 벗어났다. 그리고 그는 상하이로 향했다. 그곳에서 어느 여자중학교의 교사로 일하면서 혁명가들과 긴밀한 관계를 맺었다. 1925년 '5·30 사건' 때에는 공장지대를 드나들며 거리에서 강연도 하고, 시위대 행렬에도 참가했다. 이제 그의 몸에는 지칠 줄 모르는 힘이 솟구쳤다.

그러나 지식인이었던 사람이 어느 날 갑자기 확고한 혁명가로 거듭나기란 쉬운 일이 아니다. 대혁명이 실패하자 많은 혁명가들이 살해되었고, 니환즈의 사상도 흔들리기 시작했다. 그에게는 분노와 비관, 공포가 엄습했다. 결국 그는 술집을 전전하다가, 장티푸스라는 불치병을 얻어 쓸쓸히 생을 마감한다.

그는 죽기 직전 깨닫는다.

"혁명의 성공은 우리가 받기에는 적합하지 않은 상품이다. 장래에 우리와 전혀 다른 사람들이 나오겠지. 그들이 받을 수 있도록 내주자!"

이 작품은 당시 희망을 찾으려고 애쓰던 지식인들의 자화상이다. 이상과 열정은 있지만 만년설로 뒤덮인 산과 같은 사회에 직면했을 때, 그들 각자의 실낱같은 빛과 열기로는 찬란한 봄을 불러올 수 없었다.

작가는 현실주의 원칙에 충실하여 주인공을 비운의 영웅으로 추앙하지 않았다. 그래서 니환즈 역시 냉혹한 사회 속에 매몰되는 최후를 맞는다. 이런 묘사가 더욱 진실성을 담보하여 독자의 반성을 유도했다.

예성타오 이전에도 문단에서는 장즈펑의 『충적기화석』과 『비서』, 왕통자오의 『일엽一葉』과 『황혼黃昏』 같은 장편소설이 있었다. 그러나 대부분 등장인물이 적고, 이야기 전개가 간단하며, 분량도 10만 자를 넘지 않았다.

그런데 『니환즈』는 20여 명의 인물이 등장하고, 10만 자에 달하는 분량으로 10여 년에 걸친 주인공의 인생 여정을 기록했다. 시골과 도

시를 넘나들고, 주요한 정치 사건들을 다루기 때문에 서사시 같은 느낌도 준다. 그래서 이전의 장편소설들과는 비교할 수 없는 차별성을 가진다. 마오둔은 이 『니환즈』를 신문학사에서 '중요한 일을 짊어진(扛鼎)' 작품이라고까지 칭찬했다.

그의 단편소설「풍작을 거둔 뒤(多收了三五斗)」는 옛 시골 마을의 농민들 이야기이다. 특이하게 중심인물 없이 장면을 묘사하는 식으로 진행된다.

농민들은 풍작을 거두어 희망에 부풀었다. 그들은 좀 더 나은 값을 받으려고 수확물을 배에 싣고 대처로 나간다. 그러나 미곡상들이 짜고서 낮은 값을 부른다. 결국 농민들의 부푼 기대는 울분과 불평으로 변한다. 작가는 작품 속에서 반항 말고 다른 출구는 없음을 암시한다.

동화 『고대 영웅의 석상』

예성타오는 중국 현대문학사에서 가장 먼저 동화를 창작한 작가이다. 그가 창작한 동화는 『허수아비(稻草人)』와 『고대 영웅의 석상(古代英雄的石像)』이란 두 작품집에 모두 실려 있다. 루쉰은 "중국 동화의 길을 열었다"며 『허수아비』를 칭찬한 바 있다.

그의 동화는 대부분 철학적 의미를 담고 있다. 대표로 『고대 영웅의 석상』을 살펴보자.

한 조각가가 커다란 바위를 이용하여 고대 영웅의 석상을 만들어, 그것을 받침대 위에 세우려고 했다. 받침대는 석상을 만들 때 나온

만년의 예성타오.

조각들을 모아 만든 것이었다. 석상은 높이 솟아오른 자신의 모습을 보면서 기고만장했다. 그래서 자신이 받침대에 있는 돌보다 훨씬 고귀하다고 생각했다. 그러나 나중에는 받침대에 있는 돌들이 자신을 지탱해 주지 않으면, 자신은 곧 쓰러진다는 것을 깨닫고 겸손한 모습을 되찾는다.

하지만 석상은 자신이 아래의 돌들과 완전히 평등하다는 사실은 인정하지 않았다. 어느 날 밤, 받침대가 무너져 석상이 쓰러지면서 산산조각 났다. 사람들은 이 부서진 돌을 모아 도로를 포장하는 데 썼다. 이리하여 그들은 모두 평등해졌다. 그들 모두 사람들에게 유용한 물건이 되어 더 이상 공허함을 느끼지 않게 되었다.

짐작하듯이, 이 동화는 어떤 위인이나 영웅도 백성들에서 나오고, 백성과 떨어질 수 없는 관계에 있음을 일깨워 준다. 누구든지 백성 위에 군림하며 백성을 업신여기는 자는 비참한 최후를 맞는다. 성실하게 유익한 일을 하는 것이 번지르르하게 말만 앞세우며 폼 잡는 것보다 낫다는 사실을 말하고 있다.

예성타오 자신이 이처럼 진솔하고 성실한 사람이었다. 그는 매우 진지한 자세로 창작에 임했다. 자신이 직접 경험하거나 느끼지 못한 대상은 절대 함부로 언급하지 않았다.

그는 작품을 창작하는 속도가 매우 느렸지만, 일단 쓴 다음에는 고치는 일이 드물었다. 따라서 구성이 탄탄하고, 무게감이 있었다. 언뜻 보기에는 평범하여 색깔이 없지만, 문장 속에는 작가의 애증과 포폄이 차근차근 함축되어 있다. 예를 들어 「어려움에 처한 판 선생」을 보면, 판 선생이 가방을 들고 아이를 안은 채 아내와 함께 열차에서 내려 인파를 뚫고 나오는 장면이 나온다. 웃음이 나오면서도 한편으로는 비애가 사무쳐 오르는 모습이다. 이것이야말로 절묘한 풍자화라고 할 수 있다.

얼마의 시간이 흐른 뒤, 예성타오는 문학연구회의 주요 간행물인 『소설월보』의 발간을 주관했다. 그는 이때 적지 않은 신인을 발굴한다. 딩링丁玲, 바진巴金, 스저춘施蟄存 등의 처녀작 소설은 모두 그의 손을 거쳐 발표되었다. 50년 뒤 딩링은 예성타오에게 이렇게 말했다. "선생님이 제 소설을 발표하지 않았다면 저는 아마도 이 길을 가지 않았을 거예요."

유명한 시인 다이왕수戴望舒의 시집 『우항雨巷』도 예성타오가 발굴하여 추천해서 빛을 본 경우이다. 다이왕수가 '우항 시인'이란 호칭을 얻은 배경에는, 이처럼 인재를 알아보는 '백락伯樂'과 같은 예성타오의 역할이 컸다.

쉬띠산의 「땅콩」

여기서는 문학연구회의 발기인인 쉬띠산許地山을 살펴보자. 쉬띠산 하면 자연스럽게 너무나 유명한 그의 작품 「땅콩(落花生)」이 떠오른다. 이 작품은 1천 자도 되지 않는 산문인데, '나'의 가족이 땅콩을 수확하면서 나누는 대화를 싣고 있다.

땅콩을 수확한 날 밤, 아버지는 아이들에게 이렇게 묻는다.

"누가 땅콩의 장점을 말해 보겠니?"

아이들은 맛있다, 쓸모가 많다, 값이 싸다 등 여러 답을 내놓았다. 그러자 아버지는 땅콩이 지닌 특별한 장점을 일러주었다. 땅콩은 사과, 복숭아, 석류처럼 자신의 열매를 나무 높이 매달지 않는다. 자신의 열매를 땅속에 묻었다가 다 익은 다음 사람들이 캐는 것을 허락한다.

이 이야기를 통해 아이들은, 겉으로만 위대하고 체면만 차리는 사람이 아니라, 참으로 유용한 사람이 되어야 함을 깨닫는다. 이처럼 소박한 이치를 담은 「땅콩」은 산문이라는 자유롭고 소박한 형식과 잘 어우러져 깊은 감동을 준다.

쉬띠산(1893~1941)의 필명은 작품명과 같은 낙화생이다. 그는 타이완의 애국자 가정에서 태어나, 아버지를 따라 광둥성廣東省으로 가 공부했다. 졸업한 뒤에는 푸젠성福建省의 중학교에서 교사로 일했다. 그 뒤 다시 옌징燕京대학에 입학해 문학을 창작하기 시작하면서 문학연구회의 발기인으로 참가했다. 이후에는 미국과 영국에서 유학하면서 종교와 철학을 연구하고, 귀국한 뒤에는 여러 대학에서 강의했다.

하층 부녀자의 전기 : 「춘타오」

쉬띠산의 소설집으로는 『거미줄(綴網勞蛛)』과 『위기의 둥지(危巢墜簡)』 등이 있다. 그 가운데 1934년에 쓴 「춘타오春桃」라는 작품이 가장 유명하다.

춘타오는 베이징에서 파지를 주워 생활하는 여자이다. 그녀는 본래 시골의 부유한 가정에서 태어나 어려움 없이 자랐다. 그런데 그녀가 결혼하던 날 밤 군대의 습격을 받았다. 부부는 서둘러 살림살이를 챙겨 피난길에 올랐는데, 남편 리마오李茂가 토비土匪에게 붙잡혀 간다.

그 뒤 춘타오는 베이징 성을 떠돌다가 서양인 부인 밑에서 보모 일을 했지만, 구속받는 것이 싫어서 그만두고 파지를 주어다 성냥으로 바꾸는 직업을 택했다. 더럽고 추한 일이었지만 춘타오는 천성적으로 깨끗한 사람이라, 날마다 집에 돌아오면 몸을 깨끗이 씻었다.

직원이자 동거인인 류샹까오劉向高의 눈에 춘타오의 아름다운 외모는 담배 회사 광고에 나오는 신식 여성과 다를 바 없었다. 류샹까오는 그녀가 피난길에 만난 사람이다. 두 사람은 결혼식을 올리지는 않았지만, 힘겨운 생활이 그들을 하나로 이어주었다. 그는 글을 조금 읽을 줄 알아서 파지에서 값이 나갈 만한 물건을 골라내는 일을 했다. 그러나 춘타오에게 그는 영원히 직원이었고, 춘타오는 그의 삶의 기둥이었다.

어느 날 춘타오는 늘 하던 대로 파지를 주우러 나갔다. 그런데 뜻밖에도 4~5년 전 실종된 남편 리마오를 만난다. 그는 낡은 군복을 걸친 채 길가에 앉아 구걸하고 있었다. 그는 토비들에게서 탈출하여 군대와 의용군에서 활동하다가, 상처를 입고 두 다리를 잃었다고 했다. 그녀는 리마오를 데리고 집으로 왔다.

'하룻밤 부부는 100일의 은인(一日夫婦百日恩)'이라고 하지만, 춘타오가 류샹까오와 지낸 시간은 리마오와 지낸 시간보다 더 길었다. 춘타오가 리마오를 데리고 온 것은, 사실 고향 사람의 정이자 양가의 친분 때문이었다.

춘타오는 서로의 관계를 확실하게 정리했다. 그녀는 그를 원하지도 않지만 그렇다고 버릴 수도 없으니, 누가 누구를 먹여 살린다는

땅콩 쉬띠산의 모습.

부담 없이 함께 지내자고 했다. 이렇게 해서 두 남자와 한 여자가 한 집에 살게 되었다.

류샹까오는 조금 배웠다고 이런 관계가 사람들의 비웃음을 살까 봐 늘 못마땅했다. 예로부터 백성을 통치하고 풍속을 유지하고자 성인들의 교훈이나 채찍, 사람들의 입이 동원되지 않았던가? 그러나 춘타오는 자신이 그러하듯이 남들에게도 비난 받기 싫었다. 그래서 그녀는 류샹까오에게 분명히 말했다.

"만약 다른 사람이 당신을 비웃으면 당신은 왜 그를 때리지 못해요? 뭐가 두려워요? 우리의 일에 그 누구도 상관할 수 없어요!"

그렇지만 류샹까오는 집을 나갔다. 이제 그녀의 남편이 돌아왔으니 어떻게 끼어 살 수 있겠는가? 하루는 춘타오가 그를 찾아 헤매다 집에 돌아오니, 리마오가 자살하려고 창문에 목을 매고 있었다. 춘타오와 류샹까오의 행복을 위해 자신을 희생하려 한 것이다.

그러나 춘타오의 빠른 조치로 리마오는 죽지 않고 살아났다. 류샹까오도 이틀 뒤 제 발로 걸어 들어왔다. 도저히 그녀를 떠날 수 없었던 것이다. 그날 밤, 리마오가 잠든 사이 춘타오와 류샹까오는 오이 넝쿨 밑에서 소곤소곤 이야기를 나누었다. 류샹까오는 춘타오에게 주려고 모자를 사 왔다. 고요 속에 잠긴 뜰에는 만향옥晩香玉의 향기가 바람을 타고 풍길 뿐이었다.

이 작품에는 강력한 반反봉건의 의의가 담겨 있다. 작품에서는 지아비의 권한을 앞세우는 봉건 예교에 맞서, 두 남자를 설정하여 부권夫權지상주의에 심각한 타격을 주었다.

초반부에는 세 사람이 함께 사는 것에 대한 리마오의 생각이 나온다.

"그렇다면 남들이 나를 왕빠王八(자기 아내를 남에게 뺏긴 남자)라고 비웃을 기요."

그러자 춘타오가 말했다.

"돈 있고 권세 있는 자들이나 그런 걸 두려워하죠. 당신 같은 사람을 누가 알아요? 살아서도 죽어서도 이름을 남기지 못하는데, 왕빠든 아니든 무슨 상관있나요? 지금의 나는 나일뿐이고, 내가 하는 일은 당신을 부끄럽게 하지 않아요."

이 얼마나 명쾌하고 통쾌한 말인가!

덧붙인다면 폐지를 줍는 여자가 소설 주인공으로 나오는 것은 '5·4운동' 이전에는 상상도 할 수 없었던 일이다.

왕통자오의 『침몰선』

앞서 언급했던 왕통자오王統照(1897~1957)도 문학연구회의 발기인이다. 그의 자는 검삼劍三이고, 필명에는 웨이페이韋佩와 모젠默堅 등이 있다. 그는 산둥성山東省 주청諸城 사람이다. 그는 1916년부터 『신청년』에 글을 발표했다. 이후 중국대학에 입학하여 '5·4운동'에 적극 동참하고, 문학연구회의 성립을 이끌었다. 그는 교수 생활을 하면서 여러 잡지와 신문의 발행과 편집에 힘썼다. 또한 산문과 시에서도 나름의 성과를 보였다.

왕통자오는 『일엽一葉』과 『황혼黃昏』 같은 장편소설을 남겼다. 『일

『침몰선』의 왕퉁자오.

엽』은 험난한 시대를 헤쳐 나가는 지식인들의 운명을 비관적 색채로 그렸다. 그리고 『황혼』은 한 대학생이 지주인 숙부의 봉건사상에서 벗어나, 두 첩과 하녀 한 명을 해방시키는 이야기이다. 이는 모두 그의 초기작들로서, '5·4' 운동 이후 가장 먼저 나온 장편소설이다.

또 다른 장편소설인 『산비(山雨)』는 더욱 중요한 의미를 지닌 작품이다. "산비가 내리려고 누대에 바람이 가득하다(山雨欲來風滿樓)"라는 말은, 20~30년대 중국 농촌의 상황을 잘 표현하고 있다. 이 작품에서는 농촌의 파산과 농민의 각오를 보여주었다. 그래서 소설이 나오자마자 당국에서는 판매금지 조치를 내렸고, 작가도 국외로 피신할 수밖에 없었다.

그의 단편소설 가운데 『침몰선(沈船)』 역시 농민의 비참한 운명을 다룬 것이다. 이것은 『산비』보다 몇 년 앞서 발표했다.

농민 류얼쩡(劉二曾)은 가족과 수레를 이끌고 관동(關東)으로 향했다. 안분지족하는 농민이 고향을 등지고 타지로 향하기란 쉽지 않은 일이다. 그러나 전쟁과 도적질, 자연 재해가 이어졌다. 더구나 설상가상으로 각종 세금 부담이 가중되면서 농민들은 대대로 정붙이고 살던 고향을 등질 수밖에 없었다.

바닷가에 이르러 그들은 일본 회사 소유의 작은 증기선에 오른다. 이제 그들 앞에는 어떤 운명이 펼쳐질 것인가?

돈벌이에 혈안이 된 일본인들은 작은 배에 무려 400여 명의 승객을 싣는다. 결국 해안을 벗어난 지 얼마 되지 않아 배는 풍랑을 만나 침몰하고, 류얼쩡 가족에서는 큰아들만 살아남는다. 류얼쩡의 사체는 흔적도 없이 사라졌고, 그의 아내는 해안가로 떠밀려 왔다. 그녀의 품속에는 작은 아들이 숨진 채 안겨 있었다.

배가 침몰하는 사건은 우연일지 모른다. 그러나 당시의 중국 전체가 침몰히는 거대한 배나 다름없었다. 증기선이 침몰하지 않았더라도, 류얼쩡 가족과 수많은 농민들은 닥쳐오는 재난에서 벗어나지 못했을 것이다.

비행기 사고로 잃은 목숨

마지막으로 정전둬鄭振鐸는 문학가이자 학자이며 출판가였다. 정전둬(1898~1958)의 본적은 푸젠성인데, 태어난 곳은 저쟝성浙江省 용자永嘉였다. 그는 언제나 시티西諦라는 필명을 썼다. 그는 처음에는 철도 관리가 되려고 공부했는데, 이후 완전히 독학으로 문학의 길에 들어선다.

정전둬는 '5·4운동' 시기에 졸업하기 전부터 잡지를 출간해 글을 발표했다. 「인터내셔널가」를 중국어로 가장 먼저 번역한 사람이 바로 그이다. 그는 또 최초의 아동 문학가이기도 하다.

또 그는 학생 신분으로 문학연구회 성립을 이끌었다. 이후에는 천옌빙沈雁氷의 소개로 상하이 상무인서관商務印書館에 들어가 출판

최초의 아동문학가 정전둬.

에 관한 모든 일에 종사했다. 이렇듯 그의 생활에서 책을 떼어놓으면 논할 수 없을 정도이다. 그가 지은 책도 수없이 많다. 그의 역사소설집 『계공당桂公塘』이 나왔을 때는 큰 반향을 불러일으켰다. 또 『문학대강』, 『삽도본 중국문학사』, 『중국속문학사』 등의 문학사를 저술하고, 대형 문학총서인 『세계문고』의 출간을 주관하기도 했다.

아울러 그는 장서가로도 유명하다. 그가 세상을 떠난 뒤 소장하고 있던 장서를 모두 국가에 헌납하여, 지금도 베이징도서관에 그의 장서만 모아 놓은 '시티서실西諦書室'이 따로 있다.

그는 중국이 성립된 뒤 문화부 부국장을 지냈다. 그런데 1958년 중국의 문화 대표단을 인솔하여 외국 순방에 나섰다가 비행기 사고로 목숨을 잃는다.

깊은 밤 | 11

마오둔茅盾

『깊은 밤』의 속표지.

마오둔의 청소년 시절

정전둬가 문화부 부부장이던 시절, 부장은 마오둔茅盾이었다. 마오둔은 중국 현대 문단에서 가장 높은 성취를 이룬 작가 가운데 한 명이다. 그는 정전둬, 예성타오 등과 깊은 교분을 나누었다. '마오둔'이란 필명도 예성타오의 도움으로 지은 것이다.

1927년, 당시 예성타오는 『소설월보』의 주편을 맡고 있었다. 마오둔, 곧 선앤빙沈雁冰은 소설 「훼멸」을 완성하여 '마오둔矛盾'이란 필명으로 『소설월보』에 발표하려고 했다. 그런데 당시 국민당 정부에서는 그를 지명수배자 명단에 올려놓고 있었다. 이때 예성타오가 '마오둔矛盾'이란 이름은 너무 자극적이니, '모矛' 자를 '모茅' 자로 바꾸는 것이 좋겠다고 충고했다. 이에 그는 흔쾌히 동의했다. 이후 이 필명이 더 유명해지자 그의 본명은 잊혀졌다.

선앤빙(1896~1981)의 본명은 선더훙沈德鴻이고, 앤빙은 그의 자이다. 그는 마오둔 말고도 쉔주玄珠, 팡비方璧, 푸라오蒲牢 등의 필명을 가지고 있다. 그는 저장성浙江省 통샹현桐鄕縣 우전烏鎭 사람이다.

그는 수재에 합격했던 아버지를 닮아, 중의학과 수학에 재능을 보였다. 또한 음성학, 광학光學, 화학, 전기학 같은 신학문에도 깊은 관심을 보였다. 그러나 작가가 열 살이던 해 아버지가 세상을 떠난다. 하지만 그의 어머니는 문리를 터득한 식견 있는 여성이라, 아들의 교육을 매우 중시했다. 마오둔이 다섯 살에 글을 깨우친 것도 어머니의 역할이 컸다.

특히 고전소설을 좋아한 어머니는 시간이 날 때마다 아들에게 소설을 들려주었다. 그녀가 『서유기』와 『요재지이』 등의 고전 명작을 출판사 관계자는 이 평범한 젊은이가 외국어뿐만 아니라 문장 실력도 뛰어나고, 빠른 판단력에 속기 능력까지 갖추었음을 알게 된다.

들려줄 때, 이것이 중국 현대 문단의 명작으로 손꼽히는 『깊은 밤(子夜)』을 탄생시키는 밑거름이 되리라곤 예상치 못했을 것이다.

마오둔은 전심으로 공부에 몰두하여, 그의 생활에서 공부는 언제나 우선 순위였다. 어머니를 따라 외할머니 댁에 가서도 방안에 들어앉아 책을 읽었다. 그래서 1주일이 지나서야 동네 아이들이 그가 왔음을 알 정도였다. 공부 말고는 서예와 그림 및 도장 파기를 즐겼다.

그의 이러한 노력은 헛되지 않아, 언제나 성적이 최고였다. 그래서 학기말이 되면 어김없이 상장과 상품을 들고 돌아왔다. 선생님은 언제나 그의 작문 공책에 붉은 색연필로 빽빽하게 첨삭해 주셨다. 어느 날 선생님은 그의 작문 뒤에 이렇게 적었다.

"장차 문인이 될 수 있겠다."

이는 그의 문학적 재능이 어린 시절부터 두각을 나타냈다는 증거이다.

어머니는 아버지가 남기고 간 얼마 되지 않는 돈을 모두 통장에 저금했다가 아들의 학비로 충당했다. 중학교를 마친 마오둔은 이러한 어머니의 정성에 힘입어, 베이징대학에서 3년 과정의 예과豫科를 다니며 뒷날 문학가가 되는 기초를 쌓았다.

그는 스물에 베이징대학 예과를 졸업했지만, 집에서는 더 이상 그를 뒷바라지할 형편이 되지 않았다. 그래서 그는 상하이의 상무인서관商務印書館에 직원으로 취직하여, 자신의 업무를 보는 한편 번역에도 참여했다. 출판사 관계자들은 곧 이 평범한 젊은이가 외국어뿐만 아니라 문장 실력도 뛰어나고, 빠른 판단력에 속기 능력까지 갖추었음을 알게 되었다.

이후 몇 년 동안 노력한 끝에 그는 수많은 번역서와 문학 이론에 관한 글을 발표했다. 이처럼 그는 걸출한 소설가로 인정받기 전에도 번역가와 문학이론가로 적지 않은 성취를 거두었다.

『소설월보』의 젊은 편집자

1920년, 스물넷의 마오둔은 『소설월보』의 편집자가 되었다. 『소설월보』는 상무인서관에서 발행하던 별 볼일 없는 잡지였다. 실리는 작품이라곤 '오빠, 동생'으로 일관하는 원앙호접파鴛鴦胡蝶派 계열의 따분한 소설이 대부분이었다. 그러다 때마침 전임 편집자가 사직하여, 그동안 마오둔을 눈여겨 본 상무인서관의 책임자가 그에게 일을 맡긴 것이다.

마오둔이 가장 처음 한 일은, 전임자가 남기고 간 원앙호접파의 원고들을 모두 상자에 담아 책상 밑에 처박은 것이다. 그는 이 잡지를 신문학의 진지로 삼겠다는 계획을 품고 있었다. 그래서 베이징에 있는 일면식도 없는 작가에게 편지를 보내 원고를 청탁했다. 그가 바로 왕젠산王劍三, 곧 왕퉁자오王統照이다.

며칠 뒤 마오둔은 왕퉁자오의 친구인 정전둬에게 편지를 받았다. 자기들이 문학연구회를 조직하고 있으니 함께 참여해 달라는 내용이었다. 마오둔은 매우 기뻤다. 그렇게 되면 잡지에 실을 좋은 원고를

1949년 북경에서 마오둔과 궈모뤄.

걱정할 필요가 없기 때문이다. 이리하여 마오둔은 문학연구회의 발기인이 되었고, 『소설월보』는 신문학을 이끄는 전국 유일의 순수문학 잡지가 되었다.

새롭게 개편된 『소설월보』에는 빙신冰心, 예성타오, 쉬띠산, 왕통자오, 정전둬, 저우쭤런 등과 마오둔 자신의 작품이 실리면서 독자들의 이목을 새롭게 했다. 5천 권을 찍어 배포하기가 무섭게 팔려 나가고, 정기 구독을 요청하는 전보가 물밀듯 쏟아져 들어왔다.

그러나 이후 혁명적 입장을 고수한다는 이유로 마오둔은 편집자의 자리에서 물러나게 된다. 그리고 언제나 신문학의 진지 역할을 했던 『소설월보』도 1932년에 정간되고 말았다.

마오둔은 최초의 중국 공산당 당원이었기 때문에, 『소설월보』의 편집부는 당의 비밀 연락처로 이용되기도 했다. 회사 동료들은 마오둔이 언제나 '선옌빙 선생 전 중잉鍾英 아가씨 앞'이라는 편지를 받는 것을 보았다. 도대체 중잉이 누구인가? 혹시 마오둔의 애인이 아닐까?

결국 호기심 많은 동료 한 사람이 몰래 편지를 뜯어보았다가 깜짝 놀라고 말았다. 이는 다름 아닌 공산당 지방조직이 당 중앙에 보내는 보고서였던 것이다. '중잉'은 '중앙中央'의 음을 변형시킨 것이었다.

마오둔은 당의 상하이 지역 집행위원회 위원장이었다. 그는 상하이와 광저우, 우한武漢 등지에서 노동조합을 결성하고, 파업을 주도

하며, 노농학생을 지도하고, 군인 학교의 교관, 좌파 잡지의 편집 등 다양한 영역에서 혁명 활동을 벌였다.

이후 혁명이 실패하자 그는 우한에서 상하이로 돌아가, 3편의 초기 소설인 「환멸幻滅」, 「동요動搖」, 「추구追求」 등을 완성했다. 이 소설들은 모두 몇 명의 청년 지식인이 혁명의 와중에서 겪는 경험과 느낌을 다루고 있다. 당시 혁명의 물결이 빠져나가자 많은 청년들은 당혹감과 실망감에 사로잡혔다. 작가가 '모순矛盾'이라는 필명으로 이런 소설을 발표하려 했던 이유가 여기에 있다. 당황스럽고 모순에 가득 찬 당시의 심경을 드러내고 싶었던 것이다.

물론 마오둔의 당혹감은 잠시뿐이었다. 그는 재빨리 당혹감을 떨쳐 버리고 앞을 바라보았다. 그래서 그는 3편의 소설을 장편으로 엮어 출판하면서 『식蝕』이라는 이름을 붙였다. 일식日蝕이나 월식月蝕은 잠깐이며, 유구한 광명은 언젠가 반드시 돌아온다는 것이 그의 생각이었다.

그는 국민당 정부의 박해를 피해 1928년 일본으로 건너갔다. 그때는 바로 궈모뤄도 두 번째 일본으로 향한 해이다. 그 뒤 마오둔은 2년 동안 일본에 머물다가 곧 귀국했다. 그리고 상하이에서 좌련左聯에 가입하여, 집행서기를 맡아 루쉰과 함께 일했다. 한동안 루쉰과 이웃에 살아, 한밤중 집필에 몰두하면서 서로의 방에 불빛을 바라볼 수 있었다.

마오둔은 일부 좌련 작가가 제시한 과격한 구호를 달가워하지 않았다. 그들은 좌련 작가라면 마땅히 서재를 뛰쳐나가 표어를 붙이고 전단을 돌리며, 거리를 피로 물들여야 한다고 생각했다.

그러나 작가의 역량은 그의 붓끝에 실려 있는 법이다. 역량 있는 작품을 창작하는 일이야말로 좌련 작가들에게 주어진 최고의 임무이다. 그래서 일부 좌련 작가들이 시위에 참가하고 집회를 이끄느라 분주할 때, 마오둔은 작품 창작에 몰두했다. 중국 현대 장편소설의 고전으로 꼽히는 『깊은 밤』도 이 시기에 탄생했다.

장편 대작 『깊은 밤』

예성타오의 소설은 시골 학교의 선생님을 주요 소재로 삼았다. 그리고 왕통자오는 파산한 농민을, 위다푸는 자기 그림자에서 벗어나지 못했다. 반면 마오둔은 민족 자본가의 모습을 생생하게 그렸다. 『깊은 밤(子夜)』은 바로 상하이 민족 자본가의 흥망사라고 할 수 있다.

소설의 주인공 우쑨푸吳蓀甫는 네모난 진한 구릿빛 얼굴에 짙은 눈썹과 둥근 눈을 가졌다. 그의 얼굴에는 가득 여드름이 나서, 화가 나면 모든 여드름에서 열기를 뿜는 듯했다.

그런 외모를 가진 그는 제사 공장을 운영했다. 제사업 자체가 불경기였는데도 그의 공장은 언제나 활황이었다. 그에게는 강철 같은 수완과 의지가 있었기 때문이다. 그에게는 충분한 재력만 있다면 매판 자본가와 맞서 싸울 배짱도 있었다.

그는 큰 계획을 갖고 있었다. 그는 몇몇 식견을 지닌 자본가와 업계의 연합 집단을 구성하여, 발전할 가능성이 있는 회사를 지원했다. 그러는 한편 도산 위기에 처한 민족 기업을 구제하고자 했다. 이를 위해서는 자금 지원이 절실했다.

그런데 시골에서 농민 봉기가 일어나 그가 3년 동안 심혈을 기울여 세운 '쌍교雙橋 왕국'이 무너지고 말았다. 설상가상으로 공장에서는 급여 삭감 소식이 유출되어 노동자들이 파업을 준비하고 있었다.

이때 금융매판 자본가인 자오보타오趙伯韜가 접근해 채권을 발급하자고 제안했다. 수완 좋은 자오보타오는 우쑨푸와 결탁하여 투기회사를 차린 뒤 대량의 채권을 매입했다.

당시 치열하게 벌어지는 전쟁을 예측할 수 없어, 사람들은 앞 다퉈 채권을 팔아넘겼다. 그러나 자오보타오는 자신이 이미 서북군西北軍에 많은 자금을 보내 전쟁을 좌우할 수 있게 만들어 놓았으니, 채권 시장의 상황이 바뀌면 채권을 팔아 큰돈을 벌 수 있다고 했다. 당시 자금 압박을 받고 있던 우쑨푸에게 이 말은 커다란 유혹이 아닐 수 없었다.

드디어 우쑨푸가 오매불망 꿈꾸던 '익중신탁공사益中信託公司'가 어렵게 건립되었다. 이렇게 채권 투기에 성공하자 몇 개의 공장을 합병했고, 공장의 시위도 잠시 안정을 되찾았다. 이에 득의양양해진 우쑨푸는 상하이 공업계의 '맹주'가 되겠다는 야심을 가졌다. 그리고는 더 많은 자금을 채권 투기에 쏟아 부었다. 그러나 이는 여우같은 자오보타오가 쳐놓은 올가미에 걸려든 꼴이었다.

자오보타오는 상하이 채권시장의 마왕으로서, 외국의 금융자본 세력을 대표하는 인물이었다. 민족 공업을 말살하는 것이 그의 가장 큰 목표였다. 그는 우쑨푸를 유인해 올가미에 걸려들자 단숨에 낚아챘다. 우쑨푸는 차츰 자기 힘으로는 어떻게 할 수 없음을 실감했다. 많은 공장을 합병하다 보니 더 많은 자금을 회전해야 했다.

그 와중에 익중신탁공사의 중요 구성원이던 두주자이杜竹齋마저 손을 떼고 떠났다. 그는 우쑨푸의 친척이었다. 그러나 전장을 방불케 하는 경제계에서 형제자매나 친척 따위는 중요치 않았다.

두주자이가 떠나자 우쑨푸의 진영은 기둥 하나가 뽑힌 듯 흔들리기 시작했다. 그러나 우쑨푸는 호락호락 넘어질 사람이 아니었다. 그는 수완을 발휘하여 새롭게 진영을 갖추고, 자오보타오의 마수에서 벗어나고자 노력했다.

그러나 서북군이 대거 침공해 온다는 소식이 들리면서 채권시장이 급락하고, 우쑨푸는 파산 위기에 몰렸다. 공장의 노동자들도 동요하기 시작했다. 그런데 이때 우쑨푸가 새로 발탁한 타오웨이웨屠維岳가 자신의 '실력'을 유감없이 발휘한다. 그는 온갖 수단을 동원해 노동자들의 반발을 잠재우고자 노력했다. 하지만 그럴수록 반발만 더 커졌다. 그래서 우쑨푸는 할 수 없이 자신이 합병한 공장들을 모두 외국 기업에 넘겨주었다.

하지만 우쑨푸는 쉽게 물러나지 않았다. 자오보타오가 자금 회전이 좋지 않다는 소식을 듣고, 채권시장에서 그와 결전을 벌이기로 작정한 것이다. 그러나 수중에 자금이 부족하여 공장과 호화 주택 등을 모두 저당 잡혔다.

그렇게 결전의 날이 임박했을 때, 그는 자신이 매수한 사람들이 모두 신뢰할 수 없는 인물들이라는 소문을 듣는다. 그는 충격으로 거래소 바닥에 쓰러질 뻔했다. 그동안 우쑨푸가 기울인 노력이 완전히 '수포'로 돌아가고, 150만 원이라는 공채가 날아가는 모습이 눈에 선했다. 우쑨푸가 간절히 바라던 희망이 하루아침에 무너질 것이었다. 이럴 때 친척인 두주자이가 이 '수포' 진영에 남아 있었다면 자오보타오를 쓰러뜨릴 수 있었을 것이다. 우쑨푸 혼자의 힘으로는 역부족이었다.

그런데 우쑨푸가 공관으로 돌아와 쉬고 있을 때 나쁜 소식이 전해졌다. 어느 큰 거래선에서 채권을 대량으로 매입해 거래소의 거래 가격이 급상승했다는 것이다. 그가 바로 두주자이일 줄 누가 알았겠는가?

그야말로 뒤통수를 얻어맞은 격이었다. 우쑨푸는 서랍을 열고 권총을 꺼내 가슴을 겨누었다. 그러나 이내 한숨을 내쉬며 권총을 땅에 떨어뜨렸다. 그는 아내를 시켜 짐을 챙긴 뒤 부두로 향했다. 그리고 구링牯嶺으로 피서를 떠나며 소설은 끝을 맺는다.

이 작품은 30만 자에 달하는 장편 거작이다. 마오둔이 1931~1932년에 걸쳐 8개월이나 걸려 완성한 작품이다. 소설의 이야기는 모두 그즈음 일어났던 일이다. 이 소설처럼 당시 사회 상황을 빠르고 정확하게 반영한 작품은 찾아보기 힘들다.

마오둔은 표면적으로 자본가인 우쑨푸의 노력과 실패를 그렸다. 하지만 실제로는 1930년대 중국의 총체적인 사회 실상을 반영한 것이다. 대도시, 참담하게 연명하는 민족 공업, 호시탐탐 기회를 엿보는 제국주의의 금융 세력, 자본가의 착취와 이에 따른 노동자들의 파업, 농촌의 파산과 폭동, 군벌 사이의 전쟁 등이 끝없이 일어났다.

작가는 원래 소설 속에 더 많은 장면을 담으려 했다. 그러나 병마와 씨름하느라 안타깝게도 많은 내용이 축소되거나 실리지 못했다. 그럼에도 불구하고 『깊은 밤』은 웅장한 구조를 지닌 대작이라고 말하기에 손색이 없다.

마오둔은 우쑨푸의 형상을 가장 전형적으로 창조했다. 그는 외모에서부터 마음까지 강인한 인물이다. 손가락 두 개만으로 의자의 팔걸이를 내리치는 장면에서도 힘이 넘친다.

이런 우쑨푸가 맹호라면, 그의 상대 자오보타오는 악마였다. 자오보타오의 배후에는 탄탄한 외국자본과 함께 군과 정계가 버티고 있었다. 우쑨푸가 아무리 기백이 좋고 수완이 뛰어나더라도 이런 마귀의 세계와 대적할 수는 없었다. 그의 실패는 일찌감치 예정되어 있던 것이나 다름없다.

이밖에도 소설에는 두주자이, 펑윈칭馮雲卿, 우쑨푸의 집에 드나드는 금융가, 기업가, 군인, 교수, 시인과 각양각색의 여성들을 비롯한 생동적인 인물이 많이 등장한다. 작가는 이들을 간단명료하게 인물을 묘사하는 중국식 수법과, 정확하면서도 세밀하게 인물을 묘사하는 서양식 수법을 잘 결합하여 이야기를 이끌었다. 이는 마오둔만이 할 수 있는 일이다.

『깊은 밤』은 언어적으로도 많은 특징을 갖고 있다. 소설의 첫 장면에 나오는 풍경 묘사를 읽어보면 곧 분명하게 느낄 수 있다.

해가 막 지평선 아래로 떨어졌다. 부드러운 바람이 살랑살랑 사람들의 얼굴을 간지럽게 스쳤다. 더러운 쑤저우강蘇州河 강물은 석양을 받아, 황금빛과 초록빛으로 일렁이며 고요히 서쪽으로 흐르고 있었다.

어느새 밀려왔는지 저녁 밀물이 황푸강黃浦江에 차올라, 쑤저우강 양쪽 언덕에 줄지어 매어 있는 갖가지 배들의 갑판이 부두보다 반 자쯤 높이 떠올라 있었다.

와이탄外灘 공원의 음악 소리가 바람결에 실려 왔다. 콩 볶는 듯한 꽹과리 소리가 가장 뚜렷하게 들리고, 또 사람들을 매우 흥분시켰다. 와이바이外白 철교의 높이 솟은 아치형 철골은, 저녁노을과 옅은 안개에 둘러싸여 어렴풋이 자태를 드러내고 있었다. 전차가 지나가자 철골 아래 가로 걸린 전깃줄에서 새파란 불꽃이 튀었다.

다리 위에서 동쪽을 바라보면, 포구의 창고 건물이 마치 거대한 괴물처럼 황혼 속에 웅크리고 있고, 그 건너로 수백 개의 눈동자 같은 등불이 반짝였다. 서쪽에는 서양식 빌딩의 옥상에 설치된 높다란 네온사인 광고판에서, "Light, Heat, Power"라는 전력 회사의 광고 글이 붉고 푸르게 깜박거려 사람들을 놀라게 했다.

천국과도 같은 5월의 저녁, 1930년형 시보레 자동차 3대가 쏜살같이 와이바이 철교를 지나 서쪽으로 구부러져 북쑤저우로北蘇州路로 향했다.

독자들은 이처럼 생동적인 산문체 묘사를 통해 서양풍이 물씬한 상하이의 모습을 실감할 수 있다.

「린씨네 가게」: 시골 사장의 고행

마오둔의 중편소설 「린씨네 가게(林家鋪子)」도 자본가의 이야기를 다루었다. 이 소설의 주인공 린씨는 작은 마을의 잡화상 주인이다. 다재다능한 우쑨푸가 경영하던 공장에 비하면 매우 작은 규모였다. 그러나 작으면 작은 대로 어려움이 있게 마련이다.

린씨는 비료 장사에서 손해를 보고, 남의 자금을 빌려 잡화상을 차렸다. 하지만 농촌 생활이 갈수록 어려워져 밥도 제대로 먹지 못하는 판에, 대체 옷감과 양산 살 돈이 어디 있겠는가?

그래서 린씨는 상하이식으로 10% 세일한다는 알록달록한 광고지를 크게 써 붙여, 어느 정도 매상을 올렸다. 그러나 이런 방식은 완전히 제 살 깎아 먹는 식이라 팔수록 손해도 커졌다.

어느 새 연말이 다가와 빌린 돈의 이자를 갚아야 했다. 청부업자는 장부를 들고 그의 가게로 찾아와 빚을 갚으라고 압박했다. 린씨도 다른 집에 가서 자기가 빌려준 돈을 받으려고 독촉했다. 빚을 받고 녹초가 되어 돌아와도 자기 빚을 갚기에는 터무니없이 부족했다.

이렇게 연말이 지나자 마을의 크고 작은 점포 수십 곳이 문을 닫았다. 린씨는 수백 원의 빚을 다 받지도 못한 상태였다. 이제 더 이상 전당포에서도 그에게 돈을 빌려주지 않았다. 그때 다행히도 린씨의 머릿속에 번뜩이는 아이디어가 떠올랐다. 전쟁을 피해 상하이에서 빠져나온 사람들이 미처 세숫대야나 수건도 챙기지 못하고 피난길에 오르지 않았는가! 린씨는 그들의 필요에 맞춰 '대 바겐세일 1원짜리 물건'의 판매에 나섰고, 아니나 다를까 장사는 대박이었다.

그러나 이것은 꺼지기 직전의 마지막 불꽃이었다. 그가 잘나가자 동업자들의 시기와 지역 관리의 압박이 이어졌다. 부ㅏ 국장은 아직 학교에 다니는 린씨의 딸에 눈독을 들였고, 지역 간부는 린씨가 돈을 빼돌린다는 혐의로 그를 체포했다. 그리고 동업자들은 그의 위기를 틈타 린씨의 가게에 있는 물건을 빼돌렸다. 결국 린씨는 항복하고 말았다. 그는 남은 돈을 챙겨 딸과 함께 마을에서 도망쳤다. 린씨네 가게는 파산한 것이다.

가게의 물건은 거액 채권자들이 나눠 갖기에도 모자랐다. 그러니 소액 채권자들의 고충은 어떠했겠는가? 장張 과부는 아이를 안고 남의 집에 다니며 삯바느질로 모은 100원을 모두 린씨네 가게에 투자했다. 그런데 지금 그녀와 같은 '채권자'는 명함도 내밀지 못하는 신세가 되었다.

린씨네 가게 앞에서 한바탕 소동이 일자, 경찰이 곤봉을 휘두르며 진압했다. 장 과부는 용케 그 자리에서 빠져나왔지만, 안고 있던 아이가 보이지 않았다. 그녀는 산발을 한 채 소리를 지르며 거리를 뛰어다녔다. 다시 린씨네 가게로 왔을 때 그녀는 이미 미쳐 있었다.

린씨네 가게는 시대를 보는 창이다. 농촌의 몰락, 중소도시의 불황, 국민당의 부패, 일본인의 경제 침략과 군사적 도발 등이 이 작품에 고스란히 담겨 있다.

작가는 아무런 취미 없이 그저 성실하고 진지하게 장사하는 린씨를 동정했다. 그러나 당시 사회는 그가 성실한 사람이 되도록 내버려 두지 않았다. 그의 계획과 노력에도 불구하고 파산의 비극은 이미 예정되어, 그는 이 비극에서 벗어날 수 없었다.

린씨의 운명도 비참하지만, 더욱 비참한 것은 장 과부, 주싼朱三, 아타이阿太 등 극빈층 노동자이다. '먹고 먹히는 것'이 약육강식의 사회에서 통하는 유일한 철칙이다.

농촌의 몰락과 「봄누에」

「봄누에(春蠶)」라는 작품도 마오둔의 명작 가운데 하나로 손꼽힌다. 여기서는 농촌의 잠농蠶農이라는 또 다른 극빈층을 주인공으로 다루었다. 『깊은 밤』의 제사 공장에서 사용하는 원료가 잠사인데, 이는 잠농들이 힘들게 누에를 키워 만드는 것이다.

라오퉁바오老通寶는 이웃 사람들이 모두 그렇듯이 대대로 양잠을 생업으로 이어왔다. 그러나 반평생을 노력했지만 돈을 벌기는커녕, 300원의 빚만 지고 있다.

그러나 올해는 작황이 좋았다. 청명절淸明節인데도 날씨가 유난히 따듯했다. 고치가 부화할 때가 되자, 온 가족은 긴장 속에 숨을 죽였다. 마치 아이를 강보에 싸듯이 고치 집에 무명천을 깔아 정성을 들였다.

무수히 많은 밤을 잠 못 든 결과 풍성한 수확을 거둬 온 동네는 기쁨에 넘쳤다. 그러나 머릿속에 불길한 생각이 떠올랐다. 전쟁의 영향으로 많은 제사 공장이 문을 닫는 상황이라, 이렇게 좋은 고치라도 받아 주는 곳이 없으리라는 불안감이었다.

만년의 마오둔.

수로를 이용하여 먼 거리를 고생하며 제사 공장을 찾았다. 그러나 값을 낮게 부르는 것은 둘째 치고, 품질 검사가 지나치게 까다로웠다. 며칠 뒤 라오퉁바오의 고치는 마을로 돌아왔다. 그의 집안은 예전에 비해 더 열심히 일했지만, 돌아온 것은 늘어난 빚뿐이었다. 풍작을 했음에도 파산한 것이다.

이런 희한한 설정은 농촌 경제가 파탄에 이르던 1930년대 초 중국의 실상이었다. 이 작품이 나오자 동일한 소재를 다룬 작품들이 뒤를 이었다. 예성타오의 「풍작을 거둔 뒤(多收了三五斗)」, 예즈葉紫의 「풍작(豊收)」, 샤쩡농夏征農의 「탈곡장에서(禾場上)」, 바이웨이白薇의 「풍성한 재난(豊災)」 등이 「봄누에」의 영향으로 탄생했다.

특수 공작원의 일기 『부식』

1937년 중일전쟁이 발발하자 마오둔은 적극적으로 항일운동에 참가했다. 하지만 결국 상하이가 함락되자, 그는 창사長沙, 우한武漢, 홍콩, 광저우廣州 등지를 전전했다. 신쟝新疆의 띠화迪化(오늘날의 우루무치)까지 간 적도 있었다.

1940년 하반기에는 혁명의 근거지인 옌안延安에서 강연 활동을 벌였다. 그 뒤에는 다시 충칭重慶을 거쳐 홍콩으로 갔다. 특별한 소재를 다룬 소설 『부식腐蝕』은 이때 홍콩에서 쓴 작품이다. 이 작품은 일기체 소설인데, 여성 특수 공작원이 주인공이다.

자오휘밍趙惠明은 원래 적극적이고 진보적인 애국 청년이었다. 그런데 허영심과 향락이라는 유혹에 빠져, 특수 조직의 마수에 걸려들고 말았다. 마귀의 소굴 같은 그곳에서 그녀는 할 수 없이 다른 사람을 해쳤다. 하지만 늘 특수 조직에게 협박과 유린을 당했다.

그러다가 그녀는 사랑하던 사람이 살해되면서 이성을 되찾기 시작한다. 그리고 마침내 위험을 무릅쓰고 진보적인 여성 청년을 구한다. 일기는 여기서 끝이 난다.

마오둔이 이 소설을 쓰던 때는 국민당의 스파이 활동이 가장 활발하던 시기였다. 국민당 정권의 잔인함과 흉악함을 어떻게 폭로할 수 있을까? 그들의 속내를 꿰뚫어 보면 정확히 알 수 있지 않을까? 소설은 이런 의도에서 여성 특수 공작원의 일기라는 형식으로 주제 의식을 표현한 것이다.

이 소설은 사실감 넘치는 묘사로 뜨거운 사회적 반응을 불러일으켰다. 어떤 독자는 마오둔에게 편지를 보내, 『부식』이 진짜 방공호 안에서 주은 일기장이냐고 물었을 정도였다. 어떻게 자오휘밍 같은 여자가 조심성 없이 자신의 일기를 방공호에서 잃어버릴 수 있겠는가.

그렇다면 이후 자오휘밍은 어떻게 되었을까? 작가가 이 여성 청년의 심리 갈등을 생동적으로 그려, 많은 독자들은 그녀를 실존 인물로 받아들였다. 또한 그녀의 행방은 어떻게 됐는지 궁금증을 감추지 않았다.

서북 행로를 통해 마오둔의 산문을 말하다

마오둔이 신쟝에 간 것은 친구의 초청에 응해서였다. 당시 신쟝은 군벌인 성스차이盛世才가 통제하고 있었다. 그는 겉으로는 진보적인 인사처럼 위장했지만, 실제로는 투기꾼이었다. 마오둔의 친구는 신쟝학원의 원장으로 있으면서 특별히 마오둔을 강사로 초청한 것이다. 그때가 1939년이었다.

마오둔은 신쟝에서 1년 동안 머물면서 문화를 발전시키려고 많은 일을 했다. 그러면서 성스차이가 혁명에 반대하고 있음을 간파했다. 그래서 그는 어머니의 죽음을 핑계로 신쟝을 빠져나왔다. 그리고 오래지 않아 성스차이가 가면을 벗어던지고 신쟝에서 일하던 많은 공산당원을 암살했다는 소식을 들었다.

신쟝을 빠져나온 마오둔은 전부터 가보고 싶었던 옌안으로 향했다. 옌안의 군민들은 그를 위해 성대한 환영회를 열었다. 그들이 웅장한 기세로 「황하대합창」이란 노래를 불렀을 때, 그의 눈에는 눈물이 맺혔다. 이미 광저우에서 한 번 만난 적이 있었던 마오쩌둥도 직접 나와 그를 맞이했다.

마오둔은 양복을 벗고, 거친 팔로군八路軍 군복으로 갈아입었다. 그는 옌안의 루쉰예술학원에서 강의를 했다. 그는 사람과 대자연 등 옌안의 모든 것이 좋았지만, 중국 공산당 중앙에서는 그와 생각이 달랐다. 그들은 마오둔 같은 대작가는 국민당이 통치하는 지역에서 힘을 써야 한다고 생각했다.

마오둔은 그 뜻을 받아들였다. 그는 5개월 동안의 옌안 생활을 접고 다시 장도에 올랐다. 여행길에서 황토 고원 어디에서나 볼 수 있는 백양나무를 통해, 일치단결하여 큰 뜻을 향해 나아가는 옌안의 군민들을 찬양하는 글을 구상했다. 결국 충칭에 도착한 뒤 「백양예찬白楊禮讚」이란 이름의 산문을 썼다.

> 대지에 우뚝 솟은 백양목과, 늘어지지 않고 위로 쭝긋 치솟은 잎사귀는 순박하면서도 강인한 민중과 항전 시기 병사들을 상징하였다.
> ......
> 백양목은 평범한 나무가 아니다. 서북 고원에서 극히 보편적이고 사람들의 주목을 끌지 못한다는 점에서 북방의 농민과 닮아 있다. 강인한 생명력으로 부러지지 않고 압박을 당해 쓰러지지 않는다는 점에서도 북방의 농민과 닮아 있다. 나는 백양목을 찬양한다. 북방의 농민을 상징할 뿐만 아니라 특히 오늘날 우리 민족의 해방투쟁에서 없어서는 안 될 순수함과 결연함, 그리고 앞으로 나아가는 정신을 상징하기 때문이다.
> 민중을 깔보고 무시하는 완고하고 도태한 인간들은 귀족적인 녹나무(楠木)를 찬양한다. (그 역시 곧고 수려하다) 그리고 지극히 평범하고 아무

마오둔문학상은 중국의 작가들이 수상하기를 열망하는 상이었다.

곳에서나 쉽게 자라는 백양목을 멸시한다. 그러나 나는 소리 높여 백양목을 찬양하련다!

이밖에 황토 고원에 펼쳐진 북국의 풍경을 읊은 「풍경담風景談」이란 작품도 있다. 이 글에서는 수수를 가득 심은 계단밭, 달빛 아래의 협곡, 푸른 잎을 자랑하며 빽빽이 들어선 복사나무 숲 등의 풍경을 내세웠다. 그러나 작가의 의중은 그 풍경 속에서 생활하는 사람들에 대한 애정이었다.

글의 말미에 보면 아름다운 장면이 펼쳐진다. 새벽 미명에 어린 호각수가 엄숙하게 나팔을 불자, 그 리듬이 새벽바람을 타고 울려 퍼진다. 멀지 않은 곳에 총을 멘 병사가 조각처럼 서 있다. 총검 끝에 찬 기운이 번쩍이고, 선홍빛 노을 아래 선 그에게서는 강인함이 묻어난다. 작가는 가장 함축적인 방식으로 민족의 희망을 표현했다.

중화인민공화국 성립 이후, 마오둔은 저우언라이周恩來 총리의 지명에 따라 중앙인민정부 문화부장을 지냈다. 하지만 문화혁명 기간 동안에는 다른 작가들처럼 압박 때문에 붓을 놓았다.

문화혁명이 끝나자 여든의 고령임에도 글을 쓰고 회의에 참가하며, 신인을 육성하고 회고록을 집필하는 등 문화계의 최전선에서 의욕적으로 활동했다. 그러다 1981년 봄, 세상을 떠났다.

그는 죽음을 앞두고 수년 동안 모은 원고료를 출연하여, 유명한 '마오둔 문학상'을 설립했다. 마오둔 문학상은 현재 중국의 많은 작가들이 수상하기 바라는 영예로운 상이 되었다.

미문과 산문

저우쭤런周作人

주쯔칭朱自清

서로 다른 길을 간 친형제 루쉰(오른쪽)과
저우쭤런(그 뒤).

미문을 제창한 저우쭤런

저우쭤런周作人과 주쯔칭朱自淸은 모두 문학연구회에서 활동한 중국 현대 산문의 대가들이다. 오늘날 '산문'이란 문체는 널리 알려져 있다. 그러나 중국에서는 '5·4운동' 이전까지만 하더라도 중국 문학의 기본 문체에서 제외되어 있었다. 신문과 잡지를 통해 많은 수필과 단평들이 나왔지만, 큰 주목을 끌지도 못하고 이렇다 할 성취도 없었다.

이때 가장 먼저 산문 창작을 주도한 작가가 바로 저우쭤런이다. 그는 「미문美文」이라는 글을 통해 '산문'이라는 문체의 중요성을 부각시켰다. 그는 외국 문학의 문장을 크게 둘로 나누었다. 하나는 학술 비평적인 글이고, 다른 하나는 예술성을 띤 글이다. 그리고 후자를 '미문'으로 정의했다.

미문은 비록 산문체이지만, 시적 운율을 가지기에 아름다움을 담을 수 있다. 이런 문체는 영미권에서 특히 발달했고, 중국 문학에서는 미진했다. 사람들이 자신의 생각을 표현하고자 할 때, 시나 소설로 표현하기 힘들 경우 가장 좋은 표현 형식은 바로 '미문'이다.

저우쭤런은 '5·4운동' 시기 문단을 이끌던 선봉장이었다. 그래서 그의 이런 주장은 설득력을 얻었다. 아울러 그는 스스로도 '미문'을 창작하는 데 온몸을 바쳤다. 이리하여 '미문'이라고 하는 신문학의 새로운 땅을 일구었다.

이후 사람들은 '미문'을 '산문' 또는 '소품문小品文'이라고 불렀다. 잡문雜文도 앞서 언급했듯이 산문의 한 종류이다.

저우쭤런(1885~1967)의 본명은 쿠이서우櫆壽이고, 호는 치밍啓明 또는 즈탕知堂이다. 그는 필명으로 두잉獨應 또는 야오탕藥堂 등을 썼다. 그는 대문호 루쉰의 4살 아래 동생이기도 하다.

그의 유년 시절은 루쉰과 비슷하다. 난징南京의 수사학당水師學堂에서 공부하고, 일본에서 유학했다. 그는 루쉰보다 5년 늦은 1925년에 일본으로 건너갔다. 그리고 이공계와 의학을 공부하다가 문학으로 전향한 루쉰과 달리, 그는 처음부터 도쿄의 세이호우대학政法大學과 릿교대학力敎大學에서 문과를 다녔다.

나중에 형제는 함께 『세계소설집(域外小說集)』을 편찬했다. 또 장타이옌章太炎에게 문자학 강의를 듣기도 했다. 아울러 귀국한 뒤에는 형제가 함께 '5·4 신문화운동'에 적극적으로 동참했다. 그리고 루쉰이 소설에서 두각을 보였다면, 저우쭤런은 문학 이론과 시, 산문에서 기량을 드러냈다.

저우쭤런은 1911년 여름 일본에서 귀국했다. 그 뒤 저장성浙江省에서 교사 생활을 하다가, 1917년 베이징대학의 문과 교수가 되어 유럽 문학사와 그리스·로마 문학사 등의 과목을 가르쳤다. 신문화운동이 한창이던 그 시절, 베이징대학은 운동의 중심지였다. 그런 곳에 그가 있었다는 사실은 너무 당연한 일이다. 그는 그곳에서 문학에 대한 수많은 관념을 새롭게 소개했다.

후스胡適는 『신청년』에서 백화문을 쓰자고 주장했다. 그런데 백화문의 효용을 너무 과장한 면이 없지 않다. 그래서 백화문이 살면 새로운 문학 혁명도 성공할 수 있다는 인상을 심어 주었다.

이에 저우쭤런은 「사상 혁명」이란 글을 썼다. 그는 문학 혁명에서 문자 개혁은 첫걸음이요, 사상 개혁은 둘째 걸음이라고 밝혔다. 그리고 전자보다 후자가 훨씬 중요하다는 점을 지적했다. 따라서 난삽하고 애매한 문언문을 사용한 고문이 가진 문제점은, 사상이 황폐한 데 그 근본 원인이 있음을 직시했다.

사상 개혁 없이 문자라는 도구만 바꾼다면 구태의연함을 면할 길이 없으니, 문학 혁명이 완전히 성공했다고 말할 수 없다는 말이다.

반역자의 산문

저우쭤런의 글은 창작한 까닭이 분명하면서도 매우 침착하고 유머를 잃지 않는다.

예를 들어 그는 봉건사상을 선전하는 작가들을 대신하여, 백화로 봉건 예교의 교조적인 문장들을 '번역'하기도 했다. 중국의 옛 윤리 덕목 가운데 "아버지는 아들의 중심이요, 지아비는 아내의 중심이다(父爲子綱, 夫爲婦綱)"라는 구절이 있다. 그는 이 구절을 "아버지는 아들의 올가미요, 지아비는 아내의 올가미이다"라고 번역했다. '중심(綱)'이라는 글자를 '올가미'라는 본연의 뜻으로 풀이한 것이다. 이를 통해 옛 윤리가 얼마나 황당하고 가소로운지 여실히 보여주었다.

저우쭤런은 문학연구회 대신 「선언」의 초안을 작성했다. '인생을 위한 문학'이란 주장도 그의 「사람의 문학(人的文學)」과 「평민문학平民文學」 등의 글에서 비롯된 것이다.

그는 신시도 썼다. 가장 유명한 작품으로는 중국 최초의 산문시로 평가되는 「강(小河)」이 있다.

그래도 그의 가장 큰 성취는 바로 산문이다. 그는 평생 동안 『자기의 뜰(自己的園地)』, 『비 내리는 날의 편지(雨天的書)』, 『택사집澤瀉集』,

『담룡집談龍集』, 『고차수필苦茶隨筆』, 『야오탕어록藥堂語錄』, 『즈탕문집知堂文集』 등 20여 권의 산문집을 출간했다. 그때그때 사상의 변화에 따라 그의 산문도 풍격이 거듭 변화했다.

저우쭤런은 자신의 몸속에는 반역자와 은둔자의 모습이 숨어 있다고 밝혔다. 여기서 말하는 '반역자'란 당연히 봉건 진영에서 보는 반역자를 일컫는다.

반역자 시절의 저우쭤런.

그는 유가의 '조상 숭배'에 반대하는 글을 썼다. 자연 법칙으로 따지면 조상은 분명 자손을 위해 존재한다. 그래서 일방적으로 조상만 숭배하고 고인을 기리는 것은 자연 법칙에 어긋난다. 끊임없이 진화하는 인류에게 조상 숭배는 자기 숭배와 자손 숭배로 고쳐야 한다. 이것이 그의 주장이었다.

그는 또 여성의 전족에 반대하는 「자연스러운 발(天足)」 같은 글도 썼다.

저우쭤런의 글은 대부분 편폭이 길지 않다. 메시지의 힘은 강렬하지만, 언제나 냉정한 어조로 차근차근 풀어 나갔다. 사이사이에 반어와 속어를 써서 색다른 모습을 보여주기도 했다.

「부딪혀 상처를 입다(碰傷)」란 글을 보자. 작가는 서두에서 자신이 예전에 설계한 날카로운 철갑옷을 언급한다. 그 갑옷을 입으면 야수의 도발을 막을 수 있다. 달려들던 야수가 제풀에 찔려 상처를 입고 도망가기 때문이다.

이어서 작가는 흉악한 독사와 칼을 날리는 검객의 이야기를 꺼낸다. 어느 정도 글이 전개되었지만, 독자들은 작가의 의중을 도무지 알 수 없다.

곧이어 세 가지 시사적인 문제가 뒤따른다. 첫째는 일부 교사와 학생들이 신화문新華門 밖에서 '상처를 입었다'는 기록이다. 둘째는 3~4년 전 양자강을 지나던 화륜 여객선이 중국 군함에 '부딪혀' 침몰했다는 기록이다. 셋째는 얼마 전 재경부(招商局) 소속의 화륜선이 국무총리가 타고 있던 군함을 '들이받아' '그 자리에서 침몰하면서 별 볼일 없는 사람들이 몇 명 죽었다'는 기록이다.

여기서 말하는 첫 번째 사건은 교수와 학생들이 청원서를 제출하려고 신화문 앞에 갔다가, 군인과 경찰들에게 맞거나 죽임을 당한 사건이다. 그러나 당국은 자신들의 악행을 숨기고 축소시키고자 신문에 교사들과 학생들 스스로 '상처를 입었다'고 선전했다. 작가는 울분에 가득한 가슴을 안고 일부러 반어법을 썼다.

> 상처를 입는 것은 중국에서 늘 있는 일이다. 책임은 온전히 부딪힘을 당한 편에서 진다. 예를 들어 내가 입고 있는 날카로운 갑옷이나, 독사나, 칼을 날리는 검객을 건드리거나 보거나 죄를 짓는 사람이 있으면 그들이 상처를 입는다. 그것이 어찌 내 잘못이라고 할 수 있는가?

여기까지 읽으면 독자들은 앞서 언급한 갑옷과 독사와 검객이 모두 이러한 풍자적 결론을 얻으려는 장치였음을 깨닫는다.

작가는 끝부분에서 이제부터 중국은 청탁을 그만 두고 각자 노력하자고 당부한다. 이는 당시 루쉰의 주장이기도 하다.

저우쭤런은 루쉰과 함께 베이징여자사범대학에서 강의를 했다. 앞서 언급했듯이 그때 학내 소요사태가 벌어지자, 그는 루쉰과 함께 끝까지 학생들 편에 섰다.

1926년에는 '3·18사건'이 일어났다. 그는 이에 분개하여 「3월 18

일의 사망자에 관하여」란 글을 썼다. 그 가운데 류허전과 양더췬의 장례식을 묘사한 장면은 매우 감동적이다.

다음날 오전 10시, 나는 입관식에 참석했다. 천만다행히도 상처와 피 묻은 옷은 볼 수 없었다. 두 사람은 몸에 천을 두르고, 얼굴만 얇은 비단으로 가려서 윤곽만 살필 수 있었다. 마치 편안하면서도 장엄하게 깊은 잠에 빠진 모습이었다.
류 양은 지난 반 년 동안 종마오宗帽 골목 시절부터 가르친 학생이라 낯이 익었고, 양 양은 초면이었다. 그러나 둘이 나란히 잠들어 있는 모습을 보니, 여동생을 보는 것 같아 슬픔을 감출 수 없었다. 아니, 내 여동생은 살아 있다면 마흔이 넘었을 것이다. 마치 내 두 딸의 언니들— 사실은 언니가 없지만—을 보는 것만 같았다.
관의 상판을 덮을 때 여학생들은 소리 내 울었다. 머리와 수염이 희끗한 교직원들조차 아래턱을 꽉 다물고 억지로 울음을 참았다. 그러나 흐르는 눈물을 참을 수는 없었다. ……

은둔자의 좌절

시간이 흐름에 따라 저우쭤런의 '반역자' 같은 모습은 사라졌다. 대신 차츰 '은둔자'의 모습, 곧 봉건 사대부의 일면이 드러났다. 따라서 그의 산문 작품에서도 신변잡사를 쓴 내용이 늘어났다.
사실 그의 초기 산문에도 이런 내용은 적지 않다. 그는 「차 마시기

(喝茶)」란 글에서 이렇게 말했다.

"차를 마시려면 마땅히 기와집 종이창 아래에서 도자로 된 우아한 다기에 맑은 물로 녹차를 우려내, 2~3명이 함께 음미하며 한나절의 여유를 가져야 한다. 그러면 10년 동안 묵은 때를 벗어버릴 수 있다"

이런 정서를 가진 그는 더 이상 반反봉건 투사가 아니었다. 그는 더 이상 정치에 관심을 갖지 않고, 독서와 꽃 가꾸기, 도장 파기, 대련 쓰기, 골동품 감상, 친구들과 한담 나누기, 술과 차 마시기 등으로 소일했다. 이후 이러한 사상과 취미의 차이 때문에 형과도 등을 돌리고, 서로 말도 하지 않았다.

중국을 침략하려는 일본의 야심이 하루하루 다가오던 상황에서, 그는 중국이나 일본 모두 황인종에 한자를 공유하기 때문에 운명을 같이 해야 한다고 말했다. 여기서 그치지 않고 역사적으로 죽을 때까지 자신의 명예만 지키면 될 뿐이지, 국가나 민족을 따져서 좋은 점은 없다고까지 말했다. 이는 나중에 그가 일본에 투항하는 사상적 기초가 된다.

1937년 일본은 노구교蘆溝橋사건을 빌미로 중일전쟁을 일으켜, 베이핑北平(오늘날의 베이징)을 함락했다. 많은 애국지사가 베이핑을 떠나고, 남은 사람들도 칩거하거나 침략자에게 협조하지 않았다. 그러나 이 '은둔자'는 침략자의 협박을 이기지 못했다. 그래서 정작 은둔해야 할 때 괴뢰정권의 '교육부 감독관'과 '동아시아문화협회장' 등의 직책을 맡아 절개를 잃었다. 중일전쟁이 끝난 뒤 그는 반역죄로 4년 동안 감옥에 갇힌다.

중국이 성립된 뒤, 그는 루쉰에 관한 회고 자료를 정리하거나 일본과 그리스의 문학작품을 번역했다. 그러다가 문화혁명 기간에 세상을 떠났다.

그를 평가할 때 그가 민족적 절개에 남긴 오점은 절대 씻을 수 없다. 그러나 '5·4운동' 시기 문학 혁명에 남긴 공적은 부인할 수 없다. 후스는 저우쭤런의 소품문을 "담담한 어투에 심각한 의미를 담고 있다"고 평가했다. 아울러 이런 작품의 성공은 "미문에서 백화를 쓸 수 없다"는 미신을 철저하게 타파한 것이라고 지적했다.

재판을 받기 위해 재판정으로 가는 저우쭤런.

주쯔칭의 시와 초기 산문

문학연구회의 또 다른 산문가인 주쯔칭도 구어를 활용하는 데 뛰어났다. 저우쭤런이 베이징대학에 교수로 있을 때, 주쯔칭은 그의 학생으로 입학했다. 그의 본적은 루쉰 형제와 같은 사오싱紹興이다. 그런데 그의 할아버지와 아버지가 양저우揚州에서 관직 생활을 하여, 스스로는 양저우 사람이라고 했다.

주쯔칭朱自清(1898~1948)의 본명은 즈화自華이고, 자는 페이솅佩弦이다. 그는 어릴 때부터 서당에 다니다가 열네 살 때 중학교에 입학하고, 열여덟에는 베이징대학 예과에 들어갔다. 이후 철학과에서 3년 만에 본과 과정을 이수했다. 졸업한 뒤에는 저쟝과 쟝쑤江蘇의 몇몇 중학교에서 교직 생활을 했다. 이 무렵 예성타오의 글을 접하여, 글쓰기를 게을리 하지 않고 문학연구회에도 참가했다. 나중에 그는 예성타오와 함께 월간『시』를 발행하는데, 이는 중국 최초의 시 전문 잡지이다.

이처럼 주쯔칭은 문학 활동 초기부터 신시에 많은 관심이 있었다. 하지만 오래지 않아 자신에게는 산문이 더 어울린다는 사실을 깨닫는다. 과연 그가「불빛과 노래로 뒤엉킨 진회하(槳聲燈影裏的秦淮河)」란 작품을 내놓자마자 문단의 관심을 사로잡았다. 이는 오랜 친구인 위핑보俞平伯와 함께 난징의 진회하에서 배를 타고 유람하다 돌아와서 지은 작품이다.

진회하의 물은 어떤 모습이었을까?

진회하의 물빛은 검푸르다. 언뜻 보기에는 두텁지만 늑늑하지는 않다. 육조六朝 시대의 금빛 찬란한 빛깔이 농축된 탓일까?

우리가 배에 막 올라탔을 때 하늘은 아직 남은 빛이 있었고, 넘실대는 파도는 그리도 조용하고 완만했다. 한편으로는 세상이 온통 물이요, 하늘은 텅 빈 느낌이었다. 다른 한편으로는 금빛 찬란한 몽환 세계를 아련히 동경하게 되었다.

이윽고 등불이 켜지자, 깊은 어둠은 칠흑으로 변했다. 암담한 물빛은 꿈이 되었고, 언뜻언뜻 반짝이는 빛발은 꿈의 눈동자였다.

'꿈의 눈동자'란 말이 시적 정취를 물씬 풍긴다. 풍경을 냉정하고 객관적으로 묘사하는 대신 시인의 마음으로 느끼고 상상했다.

이어서 작가는 강변의 풍경을 묘사했다. 먼 곳과 가까운 곳의 등불이며, 달빛, 그 달빛을 받으며 서 있는 나무들.

그리고 마지막으로는 진회하의 가기歌妓들을 언급했다. 작가가 배를 정박하자 가기들을 태운 배가 다가왔다. 그리고 한 사내가 건너와 가사집을 건네며 곡목을 고르라고 청했다. 처음에는 여러 사람들의 이목을 의식하여 완곡하게 거절했다.

그러나 내내 맘이 불편했다. 속으로는 즐거운 마음으로 노래를 듣고 싶었지만, 도덕적 규율 때문에 일부러 가기들과 접촉하지 않으려 거절한 것이기 때문이다. 친구인 위핑보도 그녀들을 거절했지만, 그는 그녀들을 동정하고 존중하여 그런 것이다.

이렇듯 작품은 후회 어린 심정으로 끝을 맺는다.

분석을 통해서도 알 수 있듯이, 「불빛과 노래로 뒤엉킨 진회하」는 단순한 기행문이 아니다. 풍경과 감정이 어우러지면서도 도덕적 사고와 반성하는 마음이 담겨 있다. 이 모든 내용이 몽롱하고 몽환적인 분위기 속에 젖어 있지만, 또한 강한 주관적 색채를 띠고 있다. 마치 소동파蘇東坡의 「적벽부」를 대하는 느낌이다. 어떤 면에서는 「적벽부」보다 더 아름답다.

시보다 아름다운 「초록」과 「달빛 아래의 연지」

『원저우의 종적(溫州的蹤跡)』은 주쯔칭이 원저우에서 교사 생활을 하면서 지은 산문들을 모은 작품집이다. 그 가운데 「초록(綠)」은 풍경을 묘사한 또 하나의 수작으로 손꼽힌다. 이 작품은 선암仙巖의 매우담梅雨潭에 고인 푸른 물을 묘사한 것이다.

작가는 푸른 담수를 묘사하면서 아름다운 비유를 많이 썼다. 오히려 시인이라고 부르는 것이 더 적당할 정도이다.

"날 취하게 하는 푸르름아! 커다란 연잎을 깔아 놓은 듯 온통 신비한 초록빛"이라고 표현하는가 하면, 물결치는 담수를 묘사하며 "질질 끄는 새댁의 치마폭인 양 드문드문 주름지고, 콩콩거리는 첫사랑의 여심女心인 양 가만가만 꿈틀거리고," "티끌 한 점 없는 한 조각 비취처럼 푸르고 푸르기만 한. 그래도 그대는 다 알지 못하리! 이 아름다움을"이라고 했다.

시인은 또 다른 곳의 푸름을 매우담의 담수와 비교했다.

나는 일찍이 베이징 십찰해불지十刹海拂地의 푸른 버들을 본 적이 있으나, 연둣빛에 지나지 않아 너무 열었던 것 같다. 또 항주 호포사虎跑寺 부근의 장대하고 짙은 녹벽綠壁의 빽빽한 녹음綠陰을 보았으나, 너무 진한 것 같았다. 그리고 서호西湖의 파도는 너무 밝고, 진회하秦淮河의 것은 또 너무 어두웠지.

사랑스러운 것. 내 무엇으로 너를 비유할까? …… 날 취하게 만드는 푸르름아! 너 만약 리본 자락 되어 가져갈 수 있다면, 나 살포시 춤추는 무녀舞女에게 주려네. 사뭇 바람이라도 불어치면 정령 아름다우리. 너 만약 눈(眼)이라서 담아갈 수 있다면, 나 노래 부르는 눈먼 소녀에게 주려네. 분명 밝은 빛을 보게 되겠지.

그야말로 산문이라기보다 한 편의 시라고 할 정도로 아름다운 표현이다.

풍경을 묘사한 또 하나의 명작은 바로 「달빛 아래의 연지(荷塘月色)」이다. 이는 작가가 베이징 칭화清華대학 교수로 있던 1927년에 지빛과 그림자의 조화를 바이올린 명곡에 비유한 주쯔칭.

은 작품이다.

　문장 속의 '연지'는 바로 칭화대학에 있는 연못을 말한다. 이 연못은 크고 낮은 나무들에 둘러싸였고, 연못에는 연꽃이 가득했다. 달빛이 몽롱하게 비치던 어느 날 밤, 작가는 홀로 연못가를 거닐었다.

　꼬불꼬불한 연못 위를 가득히 덮은 것은 널찍널찍한 잎사귀. 수면을 뚫고 고고하게 귀를 세운 잎사귀는 무녀舞女의 치마. 층층이 포개진 잎사귀 사이사이마다 드문드문 빠끔히 얼굴을 내민 하얀 꽃송이가 더러는 교태스럽게 피어 있고, 더러는 아직도 부끄러운 듯이 봉우리에 입막음을 하고 있다. 어쩌면 알알이 뒹구는 구슬일까, 아니면 파란 하늘의 별들일까? 아니면 욕실에서 지금 막 나온 미인일까?

　산들바람이 스치자 몇 오리기 맑은 향기는 마치 먼 다락에서 아련히 들려오는 노랫소리 같은 것. 이때 잎사귀와 꽃 사이엔 조그마한 충동이 일고, 그 소동은 번개처럼 금방 연못 저쪽으로 물결쳐 간다. 서로의 어깨와 어깨를 다정하게 비비던 나머지라 잎사귀 사이엔 금방 파란 물결이 길처럼 환하게 뚫린다. 그리고 잎사귀 아래로 줄기차게 흐르는 물. 잎사귀에 가려서 어떤 빛깔인지는 볼 수 없고 잎사귀만이 풍치를 보일 뿐.

　달빛은 흐르는 물처럼 고요히 연꽃과 연잎에 쏟아지고 있다. 얇디얇은 파랑 안개가 연못에서 으스스 일어난다. 잎사귀와 꽃은 어쩌면 마치 우유에다 멱을 감은 듯 뽀얗게 아롱져 있고, 어쩌면 가벼운 면사綿紗에 가린 꿈처럼 몽롱하다. …… 연못에 깔린 달빛은 결코 고르지 않건만, 달빛과 그림자 사이엔 조화를 이룬 선율이 조용히 물결치고 있다. 금시 바이올린 독주라도 들려올 듯이……

연잎을 무녀의 치마로 묘사하고, 연꽃을 구슬과 별, 방금 목욕하고 나온 미인으로 묘사했다. 이러한 비유는 다른 작가들도 충분히 생각할 수 있는 것이다. 그러나 연꽃의 향기를 묘사하면서 "먼 다락에서 아련히 들려오는 노랫소리 같은 것"이라 하고, 빛과 그림자의 조화로운 음률을 바이올린으로 연주하는 명곡에 비유한 부분은 누구도 흉내 낼 수 없는 경지이다.

연못 위로 "얇디얇은 파랑 안개와 함께 퍼지는" 미풍을 묘사하는 부분에서는 마음을 온통 빼앗기는 기분이 들 정도이다.

「아버지의 뒷모습」: 부자의 정을 담은 미문

주쯔칭은 이처럼 아름다운 경치뿐만 아니라 아름다운 휴머니즘을 묘사하는 데에도 빼어난 기량을 보였다. 「아버지의 뒷모습」은 휴머니즘을 그린 가장 전형적인 미문이다. 이 글은 2천 자가 넘지 않는데, 아주 평범한 일을 다루고 있다.

그해 겨울 할머니가 세상을 떠나자, 작가는 장례식에 참석하려고 쉬저우徐州로 향했다. 그즈음 아버지는 직장을 잃은 상태였다. 집안의 물건들을 저당 잡히고 장례를 치른 뒤, 아버지는 일거리를 찾아

난징으로 떠났다. 아들도 학업을 위해 베이징으로 가야 했다. 그래서 두 사람은 난징까지 동행했다. 부자는 난징의 기차역에서 헤어지는데, 이 작품은 그 상황을 그리고 있다.

당시 작가는 이미 스무 살도 넘은데다가, 베이징도 두세 번 오간 경험이 있었다. 그러나 아버지는 마음이 놓이지 않는지 직접 아들을 기차에 태워 보내려고 했다. 기차역에 도착한 아버지는 작가가 표를 사는 동안 짐을 지켰다. 그리고 역부와 흥정하여 짐을 옮기고, 차 안에까지 올라와 자리를 챙겨 주었다. 판매원에게는 아들을 잘 보살펴 달라고 당부까지 했다. 그리고는 힘든 걸 마다하고 아들에게 과일까지 사주려 했다.

"아버지, 그만 들어가세요."
그러나 아버지의 시선은 차창 밖을 바라보고 있었다.
"내 귤 몇 개 사 가지고 오마. 너 이 자리에서 꼼짝 말고 있어."
나는 저쪽의 플랫폼 울타리 밖에서 물건을 파는 행상 몇이 손님을 기다리고 있는 것을 보았다. 그곳으로 가자면 반드시 철도로 내려가 건넌 뒤 다시 기어올라 와야만 했다.
뚱뚱한 체구의 아버지는 걷기에도 힘이 들었다. 그래서 내가 가겠다고 했지만 아버지는 원치 않았다. 아버지는 검고 작은 모자에, 검고 큰 마고자와 검푸른 색의 솜저고리를 입고 뒤뚱거리며 철길을 건너갔다. 거기까지는 그런대로 괜찮았다. 그러나 플랫폼을 오르는 것은 그리 쉬운 일이 아니었다. 두 손으로 플랫폼을 잡고서 있는 힘을 다해 두 다리를 끌어당겼다. 아버지의 뚱뚱한 몸이 좀 왼쪽으로 기울었다. 아버지는 그렇게 기운 자세로 매달려 안간힘을 쓰고 있었다.
아버지의 뒷모습을 바라보는 내 가슴은 눈물이 차오르기 시작했다.

나는 서둘러 눈물을 닦았다. 아버지가 볼까 염려되었다. 다시 밖을 보았을 때 아버지는 주홍빛 귤을 끌어안고 돌아보며 걸어오고 있었다. 철길을 건널 때 그는 먼저 귤을 땅에 던져 놓고 천천히 기어 내려서는 다시 귤을 끌어안고 걸어왔다. 이쪽에 다다랐을 때 나는 서둘러 아버지를 부축했다.

아버지와 나는 차 위로 올라와, 커다란 외투 위에 귤 무더기를 쏟아 놓았다. 아버지는 옷의 흙을 툭툭 털며 매우 홀가분한 표정을 지었다. 잠시 후 아버지가 말씀하셨다.

"이만 가 보련다. 도착하거든 편지하거라."

나는 아버지를 따라 내려가면서도 아무런 작별 인사도 하지 못했다. 다만 돌아서서 가시는 모습을 바라볼 뿐이었다. 아버지는 몇 발자국 못 가서 멈춰 섰다. 이내 고개를 돌리고는 나를 바라보며 손짓하셨다.

"어서 들어가거라. 차 안에 사람이 없을 때 들어가라니까……."

나는 잠자코 서 있었다. 오고 가는 사람들 사이로 역을 빠져 나가시는 아버지의 모습이 점점 시야에서 멀어져 갔다. 아버지의 뒷모습이 완전히 사라지자 비로소 나는 돌아서서 차에 올랐다. 자리로 돌아와 앉은 나는 절제되어 있었던 감정이 솟구쳐 올라 눈물을 왈칵 쏟아냈다. ……

이 묘사에서는 아름답게 꾸민 말을 하나도 찾을 수 없다. 너무 평범한 말과 일상적인 신변잡사만 서술했을 뿐이다. 그러나 어찌된 영문인지 이 글에서는 독자를 감동시키는 힘이 솟아나고 있다. 독자들도 작가를 따라 곧 눈물을 흘릴 것만 같다.

또한 아버지의 모습은 전혀 언급하지 않았다. 작가가 그린 아버지의 뒷모습도 결코 고매하거나 위대하지 않다. 그러나 독자들은 플랫폼을 넘어가면서 기우뚱거리던 아버지의 뒷모습에서, 아들을 배려하는 인자한 아버지의 사심 없는 사랑을 절실히 깨닫는다. 이것이야말로 세상에서 가장 아름다운 감정이 아닐까?

이처럼 부자 사이의 진실한 감정이 자신의 아버지를 사랑하는 모든 독자들의 심금을 울린 것이다.

주쯔칭의 또 다른 모습

주쯔칭은 실제로도 매우 다정다감하고, 성실하며 진실했다. 그는 칭화대학에 있을 때 두 학생을 놓고 강의한 적이 있었다. 그럼에도 불구하고 그는 학생들이 가득한 교실에서 강의하듯이 철저하게 준비하여 열정적으로 가르쳤다. 두 학생은 이에 보답하듯이 나중에 훌륭한 학자가 되었다.

그의 문장은 겸허하고 평온한 그의 성격과 닮았다. 그러나 '노기충천' 한 글들도 없지 않다. 앞서 언급한 『원저우의 종적』이란 산문집에 실린 「생명의 가격─7전(生命的價格─七毛錢)」에는 의분이 가득 담겨 있다. 이 작품은 부모를 잃은 다섯 살 난 여자아이를 7전에 올케가 술주정뱅이에게 파는 장면을 다루었다.

작가는 아이의 미래를 걱정했다. 앞으로 그 아이는 언어폭력과 학대에 시달리면서 착취당할 것이고, 결국 하녀나 첩으로 팔려 가거나 뚜쟁이에게 넘어가 창녀가 될 것이 분명했다. 평생 비극적인 삶을 살 것이 뻔했다.

작가는 마지막 부분에서 이렇게 탄식했다.

"아! 7전에 네 생명 모두를 살 수 있다니! 피와 살을 지닌 너의 육체가 어떻게 7전만 못하단 말이냐? 생명이 참으로 값없구나! 생명이 참으로 값없어!"

이는 차라리 외침이었다. 작가는 이를 통해 자신의 아이를 떠올리고는 이렇게 말했다.

"돈이 지배하는 세상에서 생명을 사고파는 시장이 존재한다는 사실은, 우리 아이들에게 매우 위험할 뿐만 아니라 아이들에게도 모욕이다. 아이들을 가진 사람들아, 생각해보라! 이것이 누구의 죄인가? 이것이 누구의 책임인가?"

「집정부의 대학살(執政府大屠殺記)」에서는 작가의 의분이 더욱 강렬하게 표출되었다. 이 작품은 바로 '3·18 사건'을 다루고 있기 때문이다. 루쉰과 저우쭤런을 비롯한 정의감을 가진 수많은 문인들이 이 사건의 주범들을 비판하는 글을 남겼다. 주쯔칭은 남들과 달리 직접 청원 활동에 뛰어들었다. 빗발치는 탄환과 사자死者의 무리 속에서 우뚝 솟아오른 것이다. 그 결과 그의 묘사는 특별히 진지하고 명확하다.

작가는 비통함과 울분으로 이렇게 부르짖었다.

"이번 참살은 사상자가 '5·30 사건' 때보다 많다. 더욱이 '동포의 총탄'에 희생되었으니, 어떻게 다른 사람의 입을 빌릴 수 있겠는가? 수도에 있는 집권 정부 앞에서 버젓이, 그것도 밝은 대낮에, 학살도 모자라 위협하고 시신을 훼손했다. 이 만행은 돤치루이段祺瑞 등의 잔인성을 만방에 드러낸 사건이다. 우리 중국인은 이처럼 얼굴을 들 수 없는 정부를 갖고 있으니, 어떻게 세계 여러 나라에 얼굴을 내보일 수 있겠는가? 이야말로 세계의 치욕이 아닐 수 없다!"

굽히지 않는 신념

주쯔칭에게는 또 『유럽여행기(歐游雜記)』란 산문집이 있다. 그는 1931년 언어학과 문학을 공부하려고 영국에 머물렀다. 그 뒤 1년 동안 프랑스, 독일, 네덜란드, 스위스, 이탈리아를 여행하고 이 산문집을 남겼다.

그는 유럽에서 돌아온 뒤 줄곧 칭화대학 중문과의 주임을 맡았다. 중일전쟁이 시작되어 학교가 서남쪽으로 철수하자, 그도 학교를 따라가 서남연합대학 중문과 주임을 맡았다. 이때 그는 고전문학을 가르치며 학술적 가치가 높은 많은 저작을 남겼다. 그 가운데 『경전이야기(經典常談)』는 매우 독특하다. 여기에서는 가장 통속적인 언어를 써서 최신 문학 연구 성과를 소개하여 당시 큰 영향을 끼쳤다.

주쯔칭은 본래 정치에는 큰 관심이 없었고, 그저 학교 생활에 충실하고자 했다. 그런데 그의 친구인 원이둬聞一多가 비밀경찰에게 피살되면서 이에 격분하여 정치운동에 투신했다. 그는 용감하게 원이둬 추모회에 참석하여, 유명한 작품인 「원이둬 선생을 애도하며(挽一多先生)」를 낭송했다. 이는 원이둬가 남긴 유고를 주쯔칭이 직접 정리한 글이다. 평소에는 고지식한 주쯔칭이었지만 이때만큼은 딴 사람처럼 보였다.

그는 청년 학생들과도 어울렸다. 한번은 저녁 모임에서 알록달록한 옷에 빨간 꽃모자를 쓰고서, 학생들과 함께 앙가秧歌를 불렀다. 앙가는 농민들의 '모내기 노래'로 시작해 중국 북부의 민간 무용으로 발전하는, 해방구에서 전해지던 문학 형식의 하나였다.

그 무렵 주쯔칭은 위장병을 심하게 앓고 있었다. 오래지 않아 입원하여 수술을 받았지만, 회복되기는커녕 신장염까지 발병해 결국 쉰 하나의 나이로 세상을 떠났다.

그의 집은 고지식한 주쯔칭 때문에 형편이 매우 어려웠다. 일본을 지지하는 미국에 항의하는 의미로 미국이 보낸 구호품인 밀가루를 받지 않겠다고 서명까지 할 정도였다. 그의 가난한 가정 형편에 그것은 큰 손실이었다. 그렇지만 그는 결코 조금도 후회하지 않았다. 또 자신이 병에 걸렸을 때에는 집안사람들에게 입단속을 시킬 정도였다. 평온함이 담긴 그의 글 이면에는 이처럼 강골의 기질이 숨어 있었다는 사실을 놓치면 안 된다.

현재 칭화대학 안의 연지 옆에는 즈칭정自淸亭이라는 고아한 정자가 있다. 이는 산문의 대가인 주쯔칭을 기념하여 세운 것이다. 달빛 밝은 여름 밤, 정자에 앉아 있다 보면 「달빛 아래의 연지」에 나오는 아름다운 경지를 체험할 수 있을 것이다.

불같은 외침 13

원이둬聞一多
주샹朱湘

잿더미 속에서 새 중국을 일으키려 한 원이둬.

당신은 불이다

앞서 언급했듯이 주쯔칭은 원이둬聞一多가 살해되자 그를 애도하는 시를 지었다. 이 시는 3절인데, 그 기세가 충만하다. 그는 시의 마지막 절에서 이렇게 외쳤다.

당신은 이글거리는 불이다!
마귀를 경고하고자
자신을 불살라
잿더미 속에서 새 중국을 일으켰다!

주쯔칭은 원이둬의 동료이자 친구였다. 둘은 서로 잘 알고 깊은 우정을 나누었다. 그들은 정직한 지식인으로서 학문 연구를 게을리 하지 않았다.

그러나 성격은 너무나 달랐다. 주쯔칭이 맑은 물이라면, 원이둬는 주쯔칭의 말대로 이글거리는 불과 같았다. '이글거리는 불'이란 비유는 원이둬의 시구에서 비롯되었다.

시인의 초기작인 「홍촉紅燭」은 말 그대로 촛불을 소재로 한 시이다. 이는 당나라의 시인 이상은李商隱의 시구 "봄날의 누에는 죽도록 실을 뽑아내고, 촛불은 재가 되도록 눈물 마르지 않는다(春蠶到死絲方盡, 蠟炬成灰淚始乾)"에서 영감을 얻어 지은 것이다.

「홍촉」의 전문을 살펴보자.

붉은 촛불아!

어찌도 이리 붉으냐!
시인아!
네 마음 토해 비교히더라도
같은 색을 낼 수 있겠는가?

붉은 촛불아!
누가 만든 초로—너의 몸을 빚었는가?
누가 붙인 불로—영혼을 불 부치는가?
어째서 초를 태워 재가 되어야만
빛을 발하는가?
거듭되는 오해
모순! 충돌!

붉은 촛불아!
오해하지 마라, 오해하지 마라!
애초에 너의 빛을 '불사르는 것'
이야말로 자연스러운 방법.

붉은 촛불아!
기왕 만들어졌으니 몸을 불사르라!
불사르라! 불살라!
세상 사람의 꿈 불살라 깨우고
세상 사람의 피 불살라 적셔
그들의 영혼을 구하고
그들의 감옥을 부숴라!

붉은 촛불아! 네 마음을 불사르고 빛을 발할 때가
바로 눈물이 시작되는 날.

붉은 촛불아!
장인이 너를 만든 것은
애초에 불사르기 위한 것.

이왕 불살라질 것
어째서 가슴 아프게 눈물 흘리는가?
아! 나도 안다!
잔풍이 너의 빛을 위협하여
온전히 불사르지 못할 때
급히 눈물을 흘린다는 것을!

붉은 촛불아!
흘려라! 어찌 안 흘릴 수 있겠는가?
너의 살을 쓰다듬으며
인간을 향해 쉴 새 없이 흘려
편안한 꽃을 키우고
즐거운 열매를 맺으라!

붉은 촛불아!
너의 눈물 한 방울, 타들어간 마음;
마음 졸이며 눈물 흘린 결과
너로 인해 빛이 만들어진다.

붉은 촛불아!
'수확에 대해 묻지 말고, 쟁기질을 물어라.'

여기서 시인은 자신을 촛불에 비유했다. 촛불은 일단 불이 붙으면 다 탈 때까지 자신을 태운다. 이는 사람들의 가슴을 아프게 한다.

원이둬의 시집 『홍촉』.

그러나 시인은 촛불이 자신의 몸을 불사를 때 발산하는 빛과 열기에 주목했다. 빛을 만들면서 자신을 녹이는 것이 촛불의 정신이자, 불같은 인생을 산 원이둬의 초상이었다.

원이둬는 시인이자 대학자였다. 그는 국민당의 암흑 정치에 굳건히 대항하다가, 중국이 성립되기 전 비밀경찰에게 암살되었다. 현재 베이징의 칭화대학에 가면 그를 기념하는 정자가 세워져 있다. '원팅聞亭'이라고 부르는 이 정자 안에는 커다란 동종이 달려 있다.

신월시파

원이둬는 '신월파新月派' 시인으로서 쉬즈모徐志摩, 주샹朱湘 등과 함께 활동했다. 이들은 인도의 시인 타고르의 시집 『신월집新月集』에서 영감을 받아 문학사단을 결성했다. 신월에는 '새 달은 반드시 둥글다'라는 뜻이 있다. 이들은 자신들의 노력으로 새로 돋은 보름달처럼 밤하늘을 온통 휘영청 밝히겠다는 뜻을 품었다.

그러나 신월파의 성원들은 대부분 부르주아 사상을 갖고 있었다. 처음에 그들은 군벌과 반反개혁적 정부에게 비판을 가했다. 하지만 나중에 좌익 문학계와 갈라서면서부터 루쉰 등과 첨예한 논쟁을 벌였다.

신월파 시인들의 시는 열정이 가득한 궈모뤄의 시와 달리, 언제나 미망에 사로잡혀 의기소침하고 애조를 띠었다. 그러나 문학 세계는 원래 다채로운 법, 독자의 마음을 사로잡는 형태는 여러 가지가 있을 수 있다. 신월파 시인들은 시의 형식미를 중시하며 신시의 '격률화'를 추구하여 적잖은 성과를 거두었다. 원이둬가 이런 실험의 선봉에 있었다.

원이둬(1899~1946)의 본명은 이둬亦多이고, 자는 여우산友三이다. 시시夕夕라는 필명을 썼는데, 시夕를 겹치면 둬多이다. 그는 후베이성湖北省 시수이현浠水縣 바허진巴河鎭 사람이다. 원이둬의 고증에 따르면 원가聞家는 원래 문천상文天祥의 후예인데, 핍박을 피해 성을 원聞으로 바꾸었다고 한다.

원이둬의 아버지는 청나라 말기의 수재였다. 그래서 아들 교육을 매우 중시했다. 덕분에 원이둬는 네 살부터 서당에서 공부했다. 그는 서당이 쉴 때면 아버지와 함께 역사서를 읽었다. 1912년, 원이둬는 열세 살의 나이로 베이징 칭화학교에 합격했다. 그는 이때부터 고향을 떠나 10년 동안 대학 생활을 시작한다. 칭화학교는 미국 유학을 가기 위한 예비학교로서, 오늘날 칭화대학의 전신이다.

긴 두루마기를 걸치고 헝겊신을 신은 그는 영락없는 촌사람이었다. 전등과 전화를 갖춘 서양식 학교에 들어가, 하인까지 데리고 다니는 일부 학생들과 함께 공부를 하자니 주눅이 들만도 하다. 그러나 그의 재능은 감출 수 없었다. 그는 희곡 창작과 연출, 강연, 시 창작,

그림 등 모든 면에서 남다른 재능을 보였다.

여름방학 때 다른 학생들이 피서를 가면, 그는 무더운 고향으로 내려가 문을 닫아걸고서 방학 내내 공부에 몰두했다. 그래서 그의 서재는 '두 달의 오두막(二月廬)'이라고 불렸다.

그렇다고 원이둬가 만사에 무관심한 '책벌레'는 아니었다. 그는 시사문제에 민감하게 반응하는 뜨거운 피를 가진 청년이었다. '5·4 운동' 동안 그는 칭화학교의 학생 대표를 맡아 선전 활동을 전담했다. 이때 그의 강연 실력과 그림 솜씨가 큰 역할을 했다.

시에 흥미를 느낀 것은 칭화학교에서 시작되었다. 그런데 정작 첫 시집 『홍촉』이 나온 것은 그가 미국에서 유학 생활한 지 2년째 되던 해였다.

그가 미국에서 선택한 전공은 뜻밖에도 미술이었다. 미술에는 일찍이 칭화학교 시절부터 뛰어났다. 미술 선생님이 그가 그린 풍경화를 외국 전시회에 출품할 정도였다. 그는 미국에 가자마자 시카고 미술학원에 들어가고, 졸업한 뒤에는 다시 콜로라도대학에서 미술을 전공했다.

태양을 보며 고향을 그리워한 나그네

원이둬는 미국 색이 짙은 칭화학교에서 10년을 지내고, 다시 미국에서 3년을 보냈다. 그러니 일찌감치 서양풍에 물들지 않았겠는가 의심할 수 있다. 하지만 그는 그렇지 않았다.

그는 몸에는 양복을 입고 구두를 신었지만, 마음에는 언제나 중국을 담고 있었다. 그는 언제나 조국과 고향을 그리워했다. 특히 고개를 들어 해를 볼 때마다 자신의 고향을 떠올렸다. 그래서 「태양의 노래(太陽吟)」에서는 이렇게 노래했다.

> 태양아, 건물 사이로 새롭게 솟은 태양아!
> 우리 동쪽에서 지금 막 솟아오른
> 이 시각 고향도 모두 변함없겠지?
>
> 태양아, 내 고향에서 온 태양아!
> 베이징 궁 둘러싼 버드나무에도 가을이 내렸겠지?
> 아! 나도 늦가을 마냥 근심에 싸여 있다.
>
> 미국에서도 햇볕은 모든 땅에 내리쬐지 않는가? 그러나
>
> 태양아, 고향 산천에서와는 사뭇 다른, 태양아!
> 이곳 풍경은 남다른 색채를 띠고,
> 이곳 새들의 지저귐은 남달리 처연하다.
> ……
> 태양아, 온 세상을 두루 비추는 태양아!
> 다음에 다시 너를 볼 때면, 또 한 번 집에 다녀온 뒤겠지.
> 우리 집은 지하가 아닌 지상에 있으리라!

고향을 그리는 나그네의 설움이 절절이 드러나는 대목이다. 이처럼 조국을 향한 깊은 사랑이 원이둬의 시에 일관되게 흐르는 주선율

이었다.

조국은 빈약하고, 나그네는 외국에서 서양인들에게 멸시를 받았다. 중국인의 머리는 깎아 주지 않는 이발소까지 있었다. 중국인은 백인이 아니라 유색인종이기에 '특별 취급'을 한 것이다. 그래서 원이둬는 "여기 풍조는 같은 색깔을 매우 중시한다"고 썼다.

원이둬는 「세탁의 노래(洗衣歌)」에서 이런 인종차별에 분개하는 모습을 보인다. 미국에서 화교는 십중팔구 세탁소를 경영했다. 그래서 시인은 세탁소 주인의 입을 빌어 이렇게 노래했다.

(한 벌, 두 벌, 세 벌)
깨끗하게 빨래를 한다!
(네 벌, 다섯 벌, 여섯 벌)
주름 하나 없이 다림질한다!

슬픔으로 젖은 수건을 깨끗이 빨고,
죄악으로 얼룩진 옷을 하얗게 빤다.
탐욕의 기름때와 욕망의 재,
……
그대 집안의 모든 더러운 것을,
빨 수 있도록 내게 건네라, 빨 수 있도록 내게 건네라.

이 시는 하이네의 「슐레지엔의 직조공들」과 많이 닮았다. 시는 빨래판에 빨래하는 리듬을 바탕으로 인종 차별로 핍박받는 화교들의 불만을 토로했다. 시는 다음과 같은 말로 끝을 맺는다.

해마다 고향을 그리며 흘리는 눈물,
한밤중에도 세탁하려고 켜 놓은 등불
……

비천하든 비천하지 않든 상관하지 말라,
더러운 곳이 어딘지 불평등한 곳이 어딘지는
중국인에게 물어봐라, 중국인에게 물어봐라.

여기서 '더럽다'와 '불평등'이란 말에는 남다른 뜻이 담겨 있다. 곧 빨래를 깨끗하게 빨았는지 아닌지 잘 다려졌는지 아닌지를 뜻하는 것이 아니라, 인종 차별자들의 더러운 얼굴과 불공평한 세상을 의미한다.

이처럼 원이둬의 시는 음절의 울림과 구조의 균형을 중시했다. 「태양의 노래」를 예로 들면, 3구가 1절로 이루어져 있다. 그리고 절마다 "태양아"로 시작하고, 각운도 일정하다. 산만하고 각운이 없는 일부 신시와 비교했을 때 큰 차이를 보인다.

방금 살펴본 「세탁의 노래」도 구절의 길이가 일정하여, 건축물처럼 가지런한 구조를 보여준다. 이는 신시의 격률에 심혈을 기울였던 시인의 성과이다.

원이둬는 높은 예술적 수양을 쌓은 인물이었다. 그는 신시가 영혼의 아름다움뿐만 아니라, 형태의 아름다움도 병행해야 한다고 주장했다. 그가 말하는 형태미는 음악미와 회화미, 건축미를 일컫는다. 음악미는 음절의 아름다움을, 회화미는 단어의 아름다움, 건축미는 시 구절의 가지런한 구조를 의미한다. 이러한 '삼미' 이론은 이후 신시에 큰 영향을 끼쳤다.

'고인 물'에 맞서서

시인은 1925년에 중국으로 돌아왔다. 배가 상하이 외곽의 우쑹吳淞 입구로 들어서 낯익은 풍경이 펼쳐지자 시인은 가슴이 벅차올랐다. 그는 입고 있던 양복을 벗어던지고, 유학 생활 동안 겪은 온갖 굴욕을 깨끗이 씻으려는 듯 강으로 뛰어들었다.

원이둬는 귀국한 뒤 먼저 베이징예술전문학교에서 강의를 시작했다. 그러는 한편 『시전詩鐫』의 편집과 투고에도 적극 참여했다. 나중에는 국립 우한武漢대학의 문학원 원장과 칭다오靑島대학의 국문과 주임 등을 역임하고, 1932년에는 베이징으로 이주하면서 모교인 칭화대학의 중문과 교수가 되었다.

원이둬는 교편을 잡고서도 붓을 놓지는 않았다. 그의 두 번째 시집인 『고인 물(死水)』에는 1925년부터 1932년까지 지은 신시들이 실려 있다. 「고인 물」, 「설레임(心跳)」, 「천안문天安門」, 「기도祈禱」 등은 그의 시가 한층 성숙했음을 보여준다.

'고인 물'은 시인이 악취가 풍기는 시궁창 옆을 지나가다가 영감을 얻어 지은 시이다.

> 이것은 절망 어린 고인 물
> 맑은 바람도 악취를 조금도 없애지 못한다.
> 더 많은 고철을 집어던져
> 아예 남은 반찬과 국까지 뿌려 넣어라.

이어서 시인은 아름다운 수식어를 사용하여 고인 물을 묘사한다.

아마도 청동은 비취처럼 푸르러지고,
깡통 위에는 몇 줄기 복사꽃이 피어오르리라.
그 위로 기름이 엷은 비단 막을 짜고,
곰팡이가 구름과 노을을 뿌리리라.

고인 물이 녹주처럼 발효되고, 흰 거품들은 진주처럼 빛나고 있다. 적막함을 견디지 못한 개구리 몇 마리가 우는 소리는 마치 고인 물의 찬가처럼 들린다.
시인은 마지막 절에서 이렇게 노래한다.

이것은 절망 어린 고인 물
이곳은 결단코 아름다운 곳이 아니다.
차라리 추악으로 개간하여
어떤 세계가 만들어지는지 보는 편이 나으리라.

시인이 처한 당시 사회가 고인 물과 같았다. 겉으로는 춤과 노래가 끊이지 않고 사치와 향락으로 화려해 보이지만, 고인 물속은 이끼와 녹슨 쇠, 기름띠가 범벅이 된 '운하雲霞'였다. 시인은 냉정하고 방관적인 태도로 '추악'한 현실이 어떤 세계를 만들지 꿰뚫어 보고 있었다. 이처럼 극도의 혐오감과 증오를 통해 조국에 대한 시인의 사랑을 엿볼 수 있다.

쿤밍의 루쉰

중일전쟁이 터지자 원이둬는 학교를 따라 쿤밍昆明으로 피신하여 서남연합대학에서 가르치기 시작했다. 이는 베이징대학과 칭화대학 및 난카이南開대학이 임시로 구성한 대학교이다.

후방의 생활은 고달프기 그지없었다. 물가가 60배나 뛰었지만 교수들의 급여는 한 푼도 오르지 않았다. 원이둬의 월급은 열흘 치 밥값도 되지 않았다. 그는 할 수 없이 도장 파는 일로 가계를 도왔다. 도장 파는 일은 언제나 한밤중에 했는데, 과로로 손이 떨려 도장칼을 집을 수 없을 때가 많았다.

이런 고생이 원이둬의 학문 연구를 방해하진 못했다. 그는 당시唐詩, 초사楚辭, 고대 신화, 고대 문자, 민속학, 사회학, 인류학 등의 분야를 깊이 연구했다. 쿤밍에서 살 때 그의 서재는 옥상에 있었는데, 한 번 서재에 들어가면 내려와서 밥 먹는 일조차 잊어버릴 정도였다. 그래서 사람들은 그에게 농담 삼아 '내려오기 꺼려하는 주인'이라는 별명을 붙였다고 한다. 그런데 이 '내려오기 꺼려하는 주인'도 민주 세력을 탄압하는 국민당 정권의 악행을 보고는, 옥상에서 뛰쳐나와 민주와 진보를 쟁취하는 투쟁에 발 벗고 나섰다.

이처럼 험난한 피난처의 생활이 시인의 예봉을 꺾을 수는 없었다. 죄악을 혐오하는 그의 성격은 젊었을 때와 다름없

파이프를 문 원이둬.

이 한결같았다. 진보적인 학생들도 이런 그를 사랑했다. 학생들은 강의뿐만 아니라 열정적이고 철학적인 그의 강연을 즐겨 들었다. 이처럼 당시 젊은이들은 인생의 길을 인도해 주는 스승에게 '쿤밍의 루쉰'이라고 불렀다.

1946년 민족동맹의 책임자인 리공푸李公朴가 국민당 비밀경찰에게 암살되었다. 원이둬는 자신도 암살 대상자라는 사실을 알면서도 그의 추도회에 당당히 참석했다. 추도회 자리에서 그는 그 유명한 즉석 연설을 통해 반反민주 세력을 강력히 질타했다.

"붓과 입을 가진 여러분 모두 글을 쓰고 말해야 할 이유와 사실이 있습니다! 탄압하고 죽이려면 어째서 떳떳하게 나서서 하지 못하고, 몰래 숨어서 암살한단 말입니까? 이것이 말이나 되는 소리입니까? ……"

그리고 바로 이 날 밤, 원이둬는 비밀경찰에게 살해되었다. 총알은 그의 등 뒤에서 발사되었다. 그를 호위하던 큰아들도 그와 함께 죽임을 당했다.

원이둬에게는 시인의 열정과 전통 문인의 기개, 새 시대의 혁명가가 지닌 위대한 정신이 있었다. 그는 평생 공명정대함을 추구하고, 화산 속의 불처럼 조국과 민족을 뜨겁게 사랑했다. 다음 시를 보면, 애국에 대한 그의 갈망을 알 수 있다.

한 마디로 화를 입고
한 마디로 불지를 수 있는 말 있나니
5천 년 동안 이 말 못했다고만 보지 말라

화산의 침묵을 그대 어이 알리.
별안간 청천벽력이 내려
터지고야 말리.
'우리의 중국'이라고.

오늘이 말 내 어떻게 하랴?
무쇠 나무에 꽃이 피겠느냐고? 믿지 않아도 좋다.
그래도 그대 한 마디는 들을 수 있으리
화산이 침묵을 지킬 수는 없으리니
떨지 마라, 입을 열라, 버티고 서라.
청천벽력이 내리면
터지고야 말리.
'우리의 중국'이라고.

주샹과 그의 시편

칭화대학을 졸업한 청년 시인 주샹朱湘은 연배로 따지면 원이둬와 사제지간이다. 주샹(1904~1933)의 자는 즈위안子沇이고, 후난성湖南省 위안링현沅陵縣 사람이다. 그는 열여섯에 칭화대학에 입학했는데, 그때 원이둬는 막 졸업을 앞두고 있었다. 이후 1927년 미국에 유학하여 몇몇 대학에서 공부하고, 2년 뒤 귀국하여 안휘安徽대학에서 영문학과 주임을 맡았다. 이때 그의 나이 스물다섯이었다.

배에서 뛰어내린 시인 주샹.

주샹이 신시를 쓴 것은 칭화대학에 입학하고 나서이다. 그는 졸업하기 전에 이미 2권의 시집을 냈다. 그의 초기 시는 형식이 깔끔하고, 풍격이 참신했다. 이 시기의 대표작으로는 「작은 강(小河)」을 꼽을 수 있다.

주샹의 시는 스승인 원이둬의 주장대로 음악미와 건축미, 회화미를 중시했다. 「채련곡採蓮曲」을 살펴보자.

작은 배 두리둥실
버들은 바람에 살랑살랑
연잎은 푸르게 덮이고
연꽃은 사람인 양 교태를 부린다.
해가 지고
작은 파문이 일자
작은 강에 금빛 물결 일렁인다.
왼쪽으로 가고
오른쪽으로 잡으니
연 따는 배 위로 노랫소리 울려 퍼진다.

이는 시의 첫째 연이고, 뒤로 네 연이 이어진다. 그러나 격률은 이 연과 똑같다. 그래서 곡만 붙이면 아름답고 감동적인 노래나 다름없다. 이처럼 주샹의 신시는 고전 시가에서 많은 영향을 받았음을 쉽게 알 수 있다.

주샹은 「왕교王嬌」라는 작품도 썼다. 이는 고대 화본 소설인 「왕교

란의 백 년의 기나긴 한(王嬌鸞百年長恨)」에 근거하여 쓴 장편 서사시이다. 시 전체가 9백여 행으로, 고금을 통틀어 중국 시가에서 가장 긴 시 가운데 하나이다.

주샹은 안휘대학에서 3년 동안 일하다가 사직하고 베이징으로 갔다. 이후 다시 창사長沙와 상하이 등으로 다니며 창작에 몰두했다. 그러나 어려운 생활 형편과 심약한 성격 때문에, 1933년 말 상하이에서 난징으로 가는 배에서 투신자살하고 말았다.

……
그렇지 않으면, 이 몸을 불살라 재가 되어
넘치는 봄 강물에 들어가
떨어진 꽃과 함께 떠돌아다니리
남들이 알지 못하는 곳에서.

이는 시인이 8년 전에 예언하듯 써 놓은 시구이다. 이처럼 시인은 미처 서른을 넘기지 못하고 세상을 떠났다. 그의 작품도 삶처럼 감상적이나 격조는 참신하다. 「비 내리는 풍경(雨景)」처럼 감정과 경치가 잘 어우러진 작품도 있다. 시집으로는 『여름(夏天)』, 『초망집草莽集』, 『석문집石門集』, 『영언집永言集』 등이 있다.

단명한 문인들 | 14

쉬즈모 徐志摩
다이왕수 戴望舒

시단의 귀종자 쉬즈모.

은행가 대신 시인이 되다

신월파는 중국 현대 시단에서 가장 큰 영향력을 가진 시파였다. 쉬즈모는 그런 신월파의 주축으로서, 중국 현대문학사에서 확실하게 자리매김하고 있다.

쉬즈모徐志摩(1897~1931)의 본명은 장쉬章垿이고, 자는 요우선槱森이다. 이후 미국에서 유학하며 즈모로 자를 바꾸었다. 그는 저쟝성浙江省 하이닝海寧 사람이다. 그의 아버지는 상하이에서 유명한 전당포를 운영하던 실업가였다. 그의 집안은 대대로 지식인 계층이었으나, 명나라 이후로는 한 명의 시인도 배출하지 못했다.

집안에서는 원래 쉬즈모를 시인으로 키우려고 하지 않았다. 그는 어릴 때부터 남달리 똑똑해서 선생님과 동료들에게 '신동'이라고 불렸다. 그래서 아버지는 그가 가업을 물려받을 것이라는 큰 기대를 품었다.

쉬즈모는 열세 살 때 항저우杭州의 중학교에 합격했다. 그런데 당시 그곳에는 위다푸도 다니고 있었다. 위다푸의 기억에 따르면, 쉬즈모는 학교 공부를 멀리한 채 늘 소설책만 읽었다고 한다. 그래서인지 작문 시험을 보면 언제나 가장 좋은 점수를 받았다고 한다.

그는 열아홉에 베이징대학 법과에 들어갔다. 그리고 2년 뒤에는 아버지의 뜻에 따라 미국으로 건너가 은행에 관한 학문을 배웠다. 그는 '5·4운동'이 한창일 때 미국에 있었는데, 이러한 고국의 소식을 듣고는 몹시 흥분했다고 한다. 당시만 해도 정치, 경제 등 각종 사회 학설에 더 많은 관심을 쏟았기 때문이다.

중국 학자 가운데 그가 가장 존경한 인물은 량치차오梁啓超였다.

그리고 외국 학자로는 영국의 철학자 루소를 가장 존경했다. 그는 루소 문하의 제자가 되려고 미국 컬럼비아대학에서 석사 학위를 받은 뒤, 대서양을 건너 영국으로 가 케임브리지대학에 입학했다. 뒷날 쉬즈모의 시에 자주 등장하는 '캉차오康橋'는 케임브리지대학을 가리키는 말이다.

쉬즈모는 2년 동안 케임브리지대학에 다니면서 깊은 인상을 받았다. 그리고 19세기 낭만주의 시에 심취하여 신시를 창작하기 시작했다. 그는 시인 기질이 다분하여, 스스로 인정한 것처럼 시상이 몰려오면 봇물 터지듯 거침없이 시를 쏟아 냈다. 아버지가 그에게 기대했던 '가업 승계'라는 막중한 임무는 이미 그의 머릿속에서 지워졌다.

1922년, 쉬즈모는 중국으로 돌아왔다. 원래는 미래의 은행가가 되려고 출국한 쉬즈모였으나, 이제는 재주가 뛰어난 청년 시인이 되어 돌아왔다. 루쉰도 유학 초기에는 광산을 공부하다가 이후에는 의학으로, 다시 문학을 공부했다. 그리고 궈모뤄도 처음에는 의학을 공부했고, 후스도 농업을 공부하다가 철학으로 바꾸었다. 또한 위다푸도 경제학을 공부했고, 원이둬도 처음에는 미술을 공부했다. 재미있는 사실은 이들 모두 결국은 문학의 길로 돌아왔다는 점이다. 이는 중국 문학에서만 그런 것이 아니다. 외국 문학가들도 처음에는 의학이나 법률, 건축 등을 공부하다가 나중에 문학의 길로 돌아선 사람이 많다. 이처럼 문학의 매력은 모든 분야의 장점을 초월한다.

쉬즈모도 미국과 영국에 유학하면서 석사 학위를 따 은행가가 될 수 있는 전도유망한 청년이었다. 그러나 그는 '아무런 보장이 없는' 시인이 되고 싶었다. 이에 화가 난 아버지는 그와 부자 관계를 끊으려고까지 했다. 하지만 쉬즈모는 이에 굴하지 않고, 문학을 하겠다는 꿈을 더욱 키워 나갔다. 이후 그는 후스 등 영미 유학파 학생들과 '신

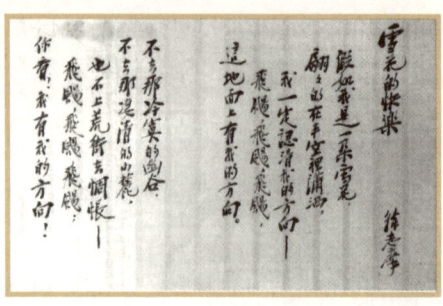

쉬즈모의 친필 시.

'월사'를 조직하는데, 이 '신월新月'이란 이름은 그가 지은 것이다.

나중에 그는 후스, 천시잉陳西瀅 등과 함께 주간 『현대평론』을 창간하고, 베이징대학 교수를 역임했다. 그의 첫 시집은 1925년에 출판된 『즈모의 시(志摩的詩)』이고, 그 뒤로 계속 『피렌체에서의 하룻밤(翡冷翠的一夜)』과 『맹호집猛虎集』 등의 시집을 출간했다.

어둠 속을 달리는 기수와 사요나라

청년 쉬즈모의 가슴에는 맹렬한 불길이 타오르고 있었다. 그는 조국과 자유를 사랑하고, 군벌이 혼전을 벌이는 현실을 증오했다. 아울러 온갖 고통에 시달리는 백성을 동정했다. 그는 맘속에 아름답고 찬란한 이상 세계를 담고 있었다.

그는 「밝은 별을 찾아서(爲要尋一個明星)」와 「비겁한 세계(這是一個怯懦的世界)」, 「회색 인생(灰色的人生)」 등의 시를 통해, 광명을 추구하고 개성의 해방을 갈망하는 자신의 심정을 담았다.

「밝은 별을 찾아서」에서 "나는 다리를 절룩거리고 눈이 먼 말에 올라, 어두운 밤길을 향해 채찍을 휘두른다"고 썼다.

그가 이처럼 칠흑 같이 어두운 밤에 말을 모는 이유는 '밝은 별을 찾기 위해서'였다. 이 밝은 별은 바로 시인이 꿈꾸는 밝은 세계이다. 그러나 밝은 별은 보이지 않고, 이윽고 말과 기수도 모두 지쳤다.

> 황야에 희생물 한 마리가 쓰러지고,
> 어둠 속에 시체 한 구가 누워 있다.
> 이때 하늘에 수정처럼 밝은 빛이 떠올랐다.

이런 결말은 길가에 쓰러져 죽는 한이 있더라도 광명을 추구하겠다는 시인의 의지를 상징한다.

이밖에도 「회색 인생」, 「다시 못 볼 뇌봉탑(再不見雷峰)」, 「대장군(大帥)」, 「짐승 같은 놈(人變獸)」, 「선생님, 선생님(先生, 先生)」 같은 시는 진보적 의의를 담고 있다.

그러한 시들은 쉬즈모 시의 일면만 대표할 뿐이다. 그는 내용과 시풍에서 이와 전혀 다른 작품들도 창작했다. 「사요나라(沙揚娜拉)」란 시를 살펴보자. '사요나라'는 '안녕히 가세요'라는 뜻의 일본어이다.

1924년 인도의 대시인 타고르가 중국을 방문한다. 이에 쉬즈모는 그와 함께 각지를 돌며 강연에 참가하며 통역을 담당했다. 나중에 그는 다시 타고르와 함께 일본을 방문했다. 「사요나라」는 바로 그가 타고르와 함께 일본을 방문했을 때 쓴 시이다. 원래는 모두 18수인데, 다른 작품은 모두 정리하고 이 시만 남았다. 이 시에는 "일본 아가씨에게 드림"이라는 부제가 달려 있다.

> 최고는 고개 숙인 온유
> 찬바람을 맞아 부끄러운 듯 고개 숙인 수련인 양

진중한 억양, 진중한 억양
　　진중한 억양 속에 담긴 달콤한 우수
　　사요나라!

　몇 안 되는 구절에 부끄럼 잘 타는 일본 아가씨의 모습을 그림처럼 그렸다.
　또 일부 단시短詩들은 몽롱한 의미를 담고 있지만, 읽을수록 묘한 맛이 난다. 「티끌(渺小)」을 예로 들어보자.

　　오랜 산들을 우러러보니
　　그들은 말이 없다
　　빛은 티끌 같은 나를 비추고
　　풀은 내 발 아래 있다
　　나 혼자 길가에 걸음을 멈추고
　　골짜기의 소나무 소리에 귀 기울인다
　　푸른 하늘에 자리 잡은 흰 구름
　　순식간에 홀연히 사라져 버린다

　시의 맛이 담담하지만 씹을수록 철학적 의미가 우러난다. 마치 『장자莊子』의 우언처럼!
　영겁의 세월을 견디며 말없이 자리를 지키고 있는 산을 대하면, 나는 티끌과 같은 존재이다. 그런데 내 발 아래 풀과 비교하면 어떤가? 그보다는 마땅히 위대해야지 않는가.
　시의 후반부는 도연명의 시풍을 느낄 수 있다. 순식간에 흩어지는 구름의 수명이 나와 다를 바 있겠는가?

형식과 내용의 교묘한 조화

쉬즈모 시의 풍격을 가장 잘 보여주는 작품으로는 「안녕! 케임브리지여(再別康橋)」를 꼽을 수 있다. 이는 1928년 외국으로 여행을 떠나, 꿈에도 그리던 케임브리지대학을 다시 방문한 뒤 귀국하는 배에서 지은 시이다. 작품을 살펴보자.

아무도 몰래 왔듯이
아무도 몰래 떠나네
하얀 손 흔들면서
서녘 하늘과 구름에 작별하리라

개울가 금빛 버들은
황혼의 새악시이어라
물결 속에 드리운 고운 그림자
내 마음속에 물결이 이네

향긋한 여울 위에 갓 핀 풀잎이
유유히 물속에서 손짓하고
케임브리지 부드러운 물결에 흘러
나는 기꺼이 한 그루 수초가 되리니

느릅나무 그늘 아래 작은 호수
샘이 아닌 하늘의 무지개려니

부평초 사이로 곱게 내려앉아
오색영롱한 꿈속에 숨어드나니

꿈을 찾으라, 기다란 삿대를 끌고
푸르디푸른 곳을 향해 저어 가리니
한 배 가득히 빛나는 별들을 싣고
휘황한 별무늬 속에서 노래하리라

하지만 불러도 노래는 터지지 않아
서러운 이별의 피리소리에
벌레도 목이 메어 노래 삼킬 때
침묵만이 이 밤 케임브리지를 흘러가네

아무도 몰래 왔듯이
아무도 몰래 떠나네
나그네 옷소매를 휘날리면서
한 조각 구름마저 함께 가진 않으리라

사람은 누구나 아름답던 젊은 시절의 꿈을 간직하고 산다. 세월이 갈수록 그 꿈은 더욱 아름다워진다. 케임브리지대학은 시인에게는 지워지지 않는 꿈으로 각인되어 있었다. 그곳에서 시인은 서양의 시를 배우고, 끝내 이루어질 수 없는 많은 여자를 사귀었다. 이런 애정이 시로 거침없이 표출된 것이다.

그가 꿈꾸던 성지로 돌아왔으니 그의 심정은 틀림없이 격동과 감상으로 어우러졌을 것이다. 강가의 금버들, 느릅나무 그늘에서 보는 무지개, 한밤중에 배를 타면서 보았던 휘황한 불빛들. 그는 그곳의 모든 것을 사랑했다. 심지어 바닥이 보일 정도로 투명한 물속으로 뛰어들어 이리저리 흔들리는 수초처럼 영원히 케임브리지와 함께 있고 싶었다.

그러나 그는 이처럼 고요하고 신성하기까지 한 꿈의 세계를 깨고 싶지 않았다. 그저 조용히 다가갔다가 한 조각 구름도 간직하지 않은 채 손 흔들며 조용히 떠날 수밖에 없었다.

이 시의 장점은 '진실한' 감정에 있다. 화려한 수식과 심오한 전고典故, 일부러 뒤죽박죽 섞어서 자신도 이해하지 못하는 시를 써야 좋은 시가 되는 것은 아니다. 쉬즈모를 비롯한 궈모뤄, 원이둬 등이 대시인이 될 수 있었던 것은, 시에 진실한 감정을 담아 모든 독자의 마음을 울렸기 때문이다.

「안녕! 케임브리지여」를 읽다 보면, 가지런한 시행과 운율이 물 흐르듯 글을 엮는 시인의 능력에 절로 감탄이 나온다. 아름다운 형식에 아름다운 사상과 감정을 담는 것이야말로 신월파 시인들의 전형적인 풍격이었다.

쉬즈모의 시는 확실히 형식에 많은 주의를 기울였다. 그는 시의 내용에 따라 그에 맞는 리듬과 운율을 만들었다. 「선생님, 선생님」이라는 시를 예로 들어보자.

이 시는 홑옷을 걸친 여자아이가 뼈를 애는 북풍을 맞으며 부잣집 자동차를 따라가 구걸하는 내용이다. 여기서 시인은 바람을 맞으며 차를 쫓아가서 헐떡이는 숨을 리듬으로 썼다.

......

바짝 따라붙어, 바짝 따라붙어

누더기 아이는 번쩍이는 차바퀴에 바짝 따라붙었다.
"선생님, 불쌍한 저에게 적선하세요. 자비하신 선생님!
가련한 저희 엄마는
춥고 배고프고 병든 채, 길가에 누워 신음하고 있어요.
적선하는 셈치고 밥값만이라도 주세요, 네, 선생님!"

그러나 큰 가죽 모자를 쓴 부자는 냉정하게 돈이 없다고 한다. 그래도 여자아이는 계속 쫓아가면서 말했다.

"선생님, 그렇지만 문을 나설 때 돈 없이 나오시지는 않았겠지요, 네, 선생님!"

그래도 '선생님'은 거들떠보지도 않았다.
마지막 구절에서는 끊어졌다 이어지는 여자아이의 외침만 들린다.

"선생님! …… 선생님! …… 선생님!"

시인은 말을 아꼈지만, 독자들은 이런 리듬을 통해 배고픈 아이가 구걸하려고 달려서 숨이 차다는 것을 알 수 있다.

쉬즈모의 정치 성향과 죽음

쉬즈모는 부르주아 시인이라서 그의 정치적 이상은 영국과 미국을 지향했다. 그도 사회주의를 연구하고 레닌을 존경하긴 했지만, 프롤레타리아혁명에는 태생적인 두려움이 있었다. 아울러 시문을 통해 좌익 작가들을 풍자하고, 루쉰과 궈모뤄 등과는 글을 통해 대립하기도 했다.

그렇지만 한편으로는 좌익 작가들과 연계하거나, 좌익 간행물인 『북두北斗』에 작품을 발표하기도 했다. 또 좌련 작가인 후예핀胡也頻 등이 체포되자 구명 운동에도 참가하고, 돈을 모아 딩링丁玲 등의 좌익 작가를 구제하기도 했다.

쉬즈모는 선후배나 국내외를 가리지 않고 여러 사람들과 폭넓게 교제했다. 모두가 그의 스승이자 친구였다. 그는 작품을 창작하고 편집하는 일 말고도 상하이와 난징, 베이징의 여러 대학에서 문학을 가르쳤다. 전하는 바에 따르면 강의할 때에는 학생들을 데리고 교실에서 나가, 풀밭에 앉아서 자연을 감상하며 낭만파 시를 설명했다고 한다. 이처럼 그는 몸으로 낭만을 실천했다.

이러한 쉬즈모는 1931년 비행기 추락 사고로 세상을 떠났다. 당시 그는 베이징대학에 재직하다가, 병든 아내를 보려고 상하이로 향했다. 그런데 다시 베이징으로 돌아오려고 탄 '지난濟南'이란 비행기가 안개를 만

비행기가 산 중턱에 충돌하여 서른여섯에 사망한 쉬즈모.

나 산 중턱에 충돌하고 말았다. 이때 시인은 서른여섯이었다.

마지막으로 1926년에 쓰인 「우연偶然」이란 시를 살펴보자. 이 작품은 쉬즈모의 작품 가운데 가장 완미한 형식을 갖춘 시로 평가 받았으며, 스스로도 전·후기의 작품 세계를 구분하는 경계선으로 파악했던 작품이다. 노래로도 만들어져 많은 중국인의 마음을 감동시킨 명작이다.

> 나는 하늘의 조각 구름
> 우연히 그대 가슴에 그림자를 던지면
> 그대 의아해하거나
> 기뻐하지 말라
> 순간에 종적을 감출 것이니.
>
> 너와 나 어두운 밤바다에서 만날 때
> 그대는 그대의, 나는 나의, 갈 길이 있지
> 그대 나를 기억해도 좋으나
> 그래도 잊는 편이 나으리라
> 우리 만나 나누었던 찬란함일랑!

'우항 시인' 다이왕수

중국 현대 문단에는 쉬즈모처럼 단명한 문인들이 꽤 있다. 앞에서 언급한 주샹珠湘은 스물아홉에 죽었다. 그리고 지금 소개하려는 다이왕수戴望舒란 시인은 40대에 죽었다. 그는 예성타오가 '우항雨巷 시인'이라고 부른 작가이다.

다이왕수(1905~1950)는 저장성浙江省 항현杭縣 사람인데, 항저우杭州와 상하이에서 학교를 다녔다. 그는 상하이 전단震旦대학에서 프랑스 문학을 공부하면서 프랑스 상징파의 시를 접했다. 그는 이 시에서 많은 영향을 받았다.

'우항 시인'이라는 아름다운 별명은 그의 초기 작품인「비 내리는 골목(雨巷)」에서 비롯되었다. 이는 몽롱한 색조를 띤 서정시로서, 많은 중국인들이 애송하는 작품이다.

우산을 들고, 홀로
오래 오래 방황한다.
비 내리는 쓸쓸한 골목
나는 만나리라 기대한다.
라일락 향기처럼
서글픔을 묶은 아가씨를.

그녀는 가지고 있다.
라일락 같은 얼굴을
라일락 같은 향기를
라일락 같은 우수를
빗속에서 슬퍼하며
슬퍼하며 방황한다.

그녀는 비 내리는 쓸쓸한 골목을 방황한다
우산을 들고
나처럼
나처럼
묵묵히 걷는다
냉정하고 처연하면서도 쓸쓸하게.

그녀는 조용히 다가와
다가와
탄식과 같은 눈빛을 보이고는
홀연히
꿈처럼
꿈처럼 애잔한 미련에 사로잡힌다.

꿈에서
라일락 향기가 날려 오듯
내 곁으로 그녀가 날라 오고
그녀는 조용히 멀어져 간다, 멀어져
무너진 담에 이르기 까지
비 내리는 골목을 걸어간다.

비의 슬픈 가락 속에
그녀의 얼굴이 사라지고
그녀의 향기가 흩어져
없어진다, 심지어 그녀의

탄식과 같은 눈빛과
라일락 향기 같은 우수도.

우산을 들고, 홀로
오래 오래 방황한다.
비 내리는 쓸쓸한 골목
나는 만나리라 기대한다.
라일락 향기처럼
서글픔을 묶은 아가씨를.

 라일락 향기 같은 아가씨가 나처럼 우산을 쓰고 비 내리는 골목을 걸어온다. 그런 그녀의 표정은 차갑고 처연하며, 쓸쓸하기까지 하다. 가까이 다가오자 그녀는 나에게 탄식 같은 눈빛을 던진다. 그리곤 꿈처럼 처량하고 아스라이 사라져 간다. 그 아가씨는 얼굴과 향기와 탄식 같은 눈빛과 라일락 향기 같은 쓸쓸함을 남기고 비 내리는 골목으로 사라진다.
 이런 아가씨가 정말 있을까? 아쉽게도 그녀는 실존 인물이 아니라 시인이 만든 정서적 상징일 뿐이다. 이 「비 내리는 골목」의 풍경은 남당南唐 시인 이경李璟의 "푸른 새 구름 밖 먼 곳으로 소식 전하지 못하니, 라일락은 헛되이 빗속의 서글픔을 엮어낸다"란 구절의 의미를 되살린 것이다.
 옅은 자줏빛의 라일락, 있는 듯 없는 듯한 그윽한 향기, 비 내리는 긴 골목, 가벼운 우산, 탄식 같은 눈빛 등 이 모두가 처연하고 쓸쓸한 분위기를 자아낸다.
 가지런히 이어지는 시구에 변화가 담겨 있고, 있는 듯 없는 듯 쭉

비내리는 뒷골목을 노래한 서정시인 다이왕수.

이어지는 압운을 느낄 수 있다. 그래서 이 시를 읽으면 모든 이의 가슴속에 몽롱하면서도 가벼운 음악이 울려 퍼진다. 이것이 바로 다이왕수 시가 지닌 장점이다. 그래서 예성타오는 이런 그를 두고 "신시의 음절에 신기원을 이뤘다"고 칭찬했다.

다이왕수는 초기 시에서 연인과 애정, 고독, 꿈 등을 즐겨 노래했다. 이를 통해 대부분 쓸쓸하고 아픈 심경을 표현했다. 그렇다고 다이왕수가 소극적인 인생관을 가졌던 것은 아니다. 그는 열정을 지닌 청년으로서 공산 청년단에 참가했다. 나중에는 좌련의 구성원으로 활동하기까지 했다.

중일전쟁 때에는 홍콩에서 항일운동을 벌이다가, 일본군에게 체포되어 몇 개월 동안 옥고를 치루기도 했다. 그는 옥중에서 유명한 시「옥중에서 벽에 쓰노라(獄中題壁)」를 남겼다. 시인은 처음부터 죽을 각오를 피력한다.

　　내가 여기서 죽더라도
　　친구들아, 슬퍼하지 말라
　　나는 너희들 가슴속에 영원히 살아 있으리라

마지막 두 구절에서는 승리한 뒤의 광경을 상상했다.

　　너희들이 돌아오면, 진흙 속에서
　　그의 찢어진 시체를 파내어

너희 승리의 환호성으로
그의 영혼을 드높이 휘날려라
그런 뒤 그의 백골을 산봉우리에 뿌려
태양을 쬐고, 바람에 목욕케 하라
어둠이 몰려드는 진토 속에서
이것이 유일한 그의 미몽美夢이었으니

여기서도 꿈을 이야기하지만, 더 이상 상처 입은 개인의 꿈이 아니다. 그것은 민족의 해방과 밝은 햇빛을 꿈꾸는 갈망이었다.

시인은 감옥에서 생활하면서 건강이 나빠졌다. 그 결과 격정적이고 재주 많은 시인은 마흔다섯에 세상을 떠나고 말았다. 중화인민공화국의 성립이 눈앞이라 그의 죽음은 더욱 아쉬움을 남겼다.

어린이를 품에 안은 어머니 | 15

빙신冰心

1923년 미국 유학 시절의 빙신.

장군의 딸 빙신

'5·4운동' 이후 신문학사단의 조직 구성은 그다지 치밀하지 않았다. 그래서 사단을 구분하는 기준이 명확치 않았다. 일부 작가는 한 문학사단의 일원이면서 또 다른 사단의 중심인물로 활동하기도 했다. 쉬즈모도 신월파의 주축인 동시에 문학연구회의 일원이기도 했다. 지금 보려는 빙신氷心도 예외는 아니다. 그녀는 채문희蔡文姬와 이청조李淸照처럼 여성 작가로 유명하다.

빙신의 본명은 셰완잉謝婉瑩이고, 빙신은 그의 필명이다. 이 필명은 당나라의 시인 왕지환王之渙의 다음과 같은 시구에서 따온 것이다.

낙양의 친구가 어떻게 지내냐고 물으면 　　洛陽親友如相問
얼음 한 조각 옥주전자에 담겨 있는 듯하다고 전해 주구려
　　　　　　　　　　　　　　　　　　一片氷心在玉壺

1900년에 태어난 빙신의 본적은 푸젠성福建省 창러長樂이다. 그녀의 아버지는 일찍부터 세상에 눈을 뜬 해군 군관이었다. 빙신은 이런 해군 아버지와 함께 유년 시절을 산둥성山東省 옌타이煙臺의 해변에서 보냈다. 그녀의 아버지는 중국의 민족 영웅 정스창鄭世昌의 전우였다. 1894년 갑오해전甲午海戰 때 정스창의 군함은 일본 함정에게 격침되었다. 그런데 그는 헤엄쳐 나와 맨발로 걸어 류공도劉公島까지 돌아갔다고 한다. 이후 그는 부함장을 지내고, 해군학교를 설립하는 데 참가했다.

빙신은 여자아이지만 군복을 즐겨 입었다. 어떤 때는 아버지의 단

검을 차고 커다란 말에 올라 바닷가를 달리기도 했다. 이를 본 사람들은 너나 할 것 없이 '위풍당당한 꼬마 군인'이라고 갈채를 보냈다. 그녀는 장군의 딸이 틀림없었다.

장군의 딸은 문학을 좋아했다. 그녀는 네 살 때부터 어머니에게 글을 배웠다. 또 틈만 나면 외삼촌에게 이야기를 해 달라고 졸랐다. 외삼촌이 바빠서 그러지 못하자, 자신이 직접 『삼국연의』를 들고 읽어 나갔다. 그래서 일곱 살 때 아버지가 군함 구경을 시켜 주자, 수병들에게 "동태수가 봉의정을 떠들썩하게 만들다(董帥大鬧鳳儀亭)"를 이야기해 줄 정도가 되었다. 그녀는 그 '보상'으로 린수林紓가 번역한 소설을 한 무더기 받았다. 이렇게 그녀가 열두세 살 때까지 읽은 소설이 수백 권이었다.

그녀는 열세 살 때 가족과 함께 베이징으로 이사를 갔다. 그곳에서 교회에서 운영하던 여학교를 졸업하고, 셰허協和여자대학에 입학했다. 그녀는 원래 의학을 지원했는데, '5·4운동'의 물결이 그녀를 문단으로 이끌었다.

'5·4운동'이 벌어지자 빙신은 다른 청년들처럼 수업을 거부하고, 시위에 참여해 가두선전을 하는 등 적극적으로 활동했다. 그러다가 당국이 몇몇 진보적 학생을 이유 없이 체포하여 공개 심판하는 사태가 벌어졌다. 이때 빙신은 학생 대표의 신분으로 재판장에 가 방청하고 돌아와, 울분을 누르지 못하고 「21일 재판을 방청한 느낌(二十一日聽審的感想)」이란 글을 썼다. 이 당시 『신보晨報』의 기자로 있던 빙신의 사촌오빠는 이 글을 보고 감탄하여, 신문사에 추천했다. 그 결과 그녀의 글은 『신보』에 실린다. 이후에도 사촌오빠는 그녀가 글을 쓰도록 격려해 주었다. 이렇게 한 번 창작의 문이 열리자, 그녀의 펜은 더 이상 멈추지 않았다.

빙신은 처음에는 소설로 문단에 등단했다. 「이 사람 홀로 초췌하다(斯人獨憔悴)」, 「가을바람 가을비 우수에 젖어(秋風秋雨愁煞人)」, 「거국去國」, 「초인超人」 등이 모두 큰 반향을 불러일으켰다.

그 가운데 「이 사람 홀로 초췌하다(斯人獨憔悴)」는 '5·4운동' 때의 일을 다룬 작품이다. 작가는 학생운동의 열기를 직접적으로 묘사하지 않고, 특이한 각도로 접근했다. 그녀는 애국 운동에 참여하려는 자녀들을 가로막고 파멸시키는 관료 가정의 모습을 그렸다.

소설에서 잉밍穎銘과 잉스穎石 형제는 난징에서 공부하고 있었다. 그러다 '5·4운동'이 벌어지자 그들은 학생운동의 지도자가 되어 청원단의 학생 대표까지 맡았다. 그런데 형 잉밍이 거리에서 강연하다가 병사의 칼에 찔리고 말았다. 비밀경찰이던 교장은 형제의 아버지인 화칭化卿에게 진상을 알리는 편지를 보냈다. 화칭은 곧바로 사람을 보내 아들을 데리고 집으로 돌아갔다. 이는 애국 운동에 참여한 아들의 기를 꺾는 행동이다.

작가는 화칭의 신분을 명확하게 밝히지 않았다. 그러나 저택의 규모와 수많은 하인, 대문을 지키는 보초병 등을 감안하면 고급 관료임에 틀림없다.

동생 잉스는 아버지의 책망에 논리적으로 대처했다. 그는 독일이 칭다오青島를 비롯한 산동 반도를 일본에 넘긴 문제를 국민들에게 환기시켜 여론을 형성하려고 강연한다고 했다. 또 이러한 때 정부를 돕는 것은 그들의 계략에 말려드는 길이라고 항변했다.

이에 화칭도 가만히 있지 않았다. 중국은 '중립국'이며, 칭다오는 일본이 독일에게 빼앗은 땅이기에 마땅히 일본 것이라고 주장했다. 또 정부의 자금 지원은 한마디로 일본에게 빌려주는 것이니, '도움이 필요한 친구에게 도움을 주는 것'이 어떻게 죄냐고 논리를 전개했다.

이와 같이 아들들과 대화하다 화가 난 아버지는 찻주전자를 집어 던지는 등 한바탕 소란을 벌인다. 그리고는 두 아들을 서재에 가두고, 신문도 보지 못하게 했다. 그래도 형제는 개학하면 이 감옥에서 벗어날 수 있으리라는 희망을 품고 있었다.

그러나 개학이 되어도 그들의 감금은 풀리지 않았다. 권위적인 아버지는 그들의 애국 활동을 막는다면서 학교 공부도 못하게 할 심산이었다. 이에 절망에 빠진 형제는 넋이 나간 모습으로 당시唐詩를 뒤적이다가, 두보의 「꿈에 이백을 만나다(夢李白)」두 번째 수를 나직이 읊조린다.

문을 나서며 흰머리를 긁는 품이	出門搔白首
평생의 뜻을 저버린 것만 같았네	若負平生志
서울엔 호화롭게 사는 이들 가득하거늘	冠蓋滿京華
이 사람만이 홀로 초췌하구나	斯人獨憔悴

'5·4운동'은 신·구 사상이 크게 격돌한 운동이다. 당시에는 거리와 학교뿐만 아니라, 가정도 전장戰場이었다. 빙신은 이 소설을 통해 매국 관료를 고발하고, 당시 청년들의 고뇌를 반영했다. 아울러 봉건세력이 완강히 저항할수록, 이 싸움에서 쉽게 이길 수 없다고 말하고자 했다.

빙신의 소설은 옛 가정의 일방적인 권위, 여성 청년의 운명, 관료 사회의 부패 등 많은 사회문제를 표면화시켰다. 소설에서는 명쾌한 답을 제시하진 않았지만, 독자들의 관심과 주의를 이끌어 내기에는 충분했다. 이는 당시로서는 대단한 시도였다. 그래서 이런 소설을 '문제 소설'이라 부르게 되었다. 이후 문학연구회의 일부 작가들도 이런 작품을 많이 발표했다.

시단을 풍미한 『뭇별』과 『봄강물』

빙신은 뛰어난 시인이기도 했다. 그녀의 단시短詩는 색다른 품격을 지니고 있다. 그녀는 매우 유명한 시집 『뭇별(繁星)』과 『봄강물(春水)』를 남겼다. 2권의 시집에는 편폭이 짧지만 저마다 특색을 지닌 300여 편의 시가 실려 있다.

『뭇별』에 실린 첫 번째 시를 살펴보자.

> 뭇별이 빛난다
> 짙푸른 하늘에서
> 그들의 말을 들을 수 있을까?
> 침묵 속에서
> 잔잔하게 빛나면서
> 진중한 모습으로 서로를 찬양한다.

시인의 눈에 하늘 가득 빛나는 별들은 살아 숨 쉬는 듯했다. 그것들은 서로를 찬양하며 화목하고 우애롭게 지낸다. 사실 별이 인간의 감정을 가질 리 만무하다. 그러나 시인은 사랑이 가득한 마음으로 자연 만물을 느끼고 있다.

특히 어머니의 사랑을 찬양하는 것은 빙신의 중요한 소재 가운데 하나였다. 빙신은 어머니의 사랑을 직접적으로 하나하나 말하지 않고, 그저 많은 것들을 통해 연상하게 했다.

큰비가 내리던 어느 날, 뜰 안 단지에서 자라던 붉은 연꽃이 비바람에 부러지려고 했다. 이때 갑자기 커다란 연잎이 고개를 숙이더니 연꽃을 위해 비를 막아 주었다. 이에 감동한 빙신은 어머니의 사랑을 노래하는 다음의 시를 지었다.

어머니!
하늘에 비바람이 몰아치면
새들은 둥지에 몸을 숨기고,
맘속에 비바람이 몰아치면
저는 당신의 품에 숨지요.

또 철학적 의미를 담은 시들도 독자들에게 긴 여운을 남긴다.

평범한 연못물
석양이 비치면
금빛 바다를 이룬다!
『봄강물』 22

담장 구석에 핀 꽃!
홀로 향기를 내고 있노라면
세상은 곧 작아지고.
『봄강물』 33

이처럼 청신하면서도 여운이 남는 단시는, 마치 타고르의 시집 『비조집飛鳥集』에 실린 작품 같다. 빙신이 이런 단시를 쓰면서 다른 시인의 작품을 모방하려고 생각하지는 않았을 것이다. 시인의 회상에 따르면, 이런 단시는 대부분 수업 시간에 몰래 '다른 책'을 보다가 떠오른 느낌을 공책에 적어 놓았던 것들이라고 한다.

그녀 자신도 나중에 타고르의 『비조집』을 읽고는 자신의 '잡감雜感'과 비슷하다고 느꼈다. 그래서 자신의 잡감을 옮겨 발표하여 큰 반향을 불러일으켰다. 한때 많은 이들이 이러한 시체詩體를 모방하기도 했다. 그래서 저우쭤런은 한 강연에서, "현재 시단에는 '빙신체氷心體'가 유행하고 있다"고 말할 정도였다. 당시 빙신은 아직 졸업도 하지 않은 학생이라 자리에서 강연을 듣고 있었다.

당시 빙신의 시는 '봄강물체(春水體)'라고도 불렸다. 온유함을 가득 품고 우수를 담아 말하려다가 이내 멈춘다. '봄강물체'의 특징을 시인은 이렇게 정의했다.

시의 마지막 구절에서 시인은 자신의 속내를 지나치게 밝히지 않고, 함축을 중시하는 시의 특징을 그대로 드러냈다. 이것이야말로 중국 시의 전통적인 심미 관념이다.

어린 친구들에게 보낸 통신

사실 빙신의 창작에서 가장 큰 성취는 산문이다. 그 가운데 대표작으로 손꼽히는 『어린 독자들에게(寄小讀者)』는 아름답고 감동적인 산문 작품이다. 모두 29편인 이 작품은, 작가가 1923년 미국에서 유학할 때 중국 어린이들에게 보낸 글이다. 이는 중국 현대 문학 최초의 아동문학 작품으로서, 이후 수십 번이나 출간되었다. 1920~1930년대 어린이들에게 이런 산문은 낯선 것이었다. 빙신은 이를 통해 아동문학 작가라는 공인을 받았다.

『어린 독자들에게』는 편지글 형식을 취했다. 작가는 수십 통의 편지글을 통해 자신의 여정과 외국에서 경험한 일을 서술했다. 여러 가지 가운데 대자연과 어머니의 사랑 및 조국에 대한 그리움 등이 주요 내용이다.

빙신은 어려서부터 바닷가에서 자랐기 때문에 바다에 특별한 감정을 가지고 있었다. 그녀는 외국에서 바다를 오가며 다시금 망망한 바다에 심취되었다. 『어린 독자들에게』 제7편은 배에서 쓴 글인데, 이렇게 바다를 묘사하고 있다.

> 나는 어릴 때부터 바닷가에서 살았지만, 수평선이 이렇게 조용한 것은 보지 못했다. 우쑹커우吳淞口에서 출발하여 하루의 항해 일정이 시작되었는데, 일망무제一望無際의 바다에 보이는 것이라곤 잔잔한 파도뿐이다. 싸늘한 바람이 불어와 배는 마치 얼음 위를 달리는 듯하다.
>
> 조선 영해를 지나니 바닷물이 마치 호수 같았다. 파란색과 초록색이 서로 섞여 있고, 석양의 금빛은 긴 뱀 마냥 하늘 저쪽부터 내가 서 있는 곳까지 이어져 있다. 위로는 푸른 하늘과 아래로는 배 밑의 바닷물이 연한 붉은색부터 짙은 초록색에 이르기까지, 여러 색을 만들어 하나하나 모양을 뽐내고 있다. ……어린 친구들이여! 그림을 그릴 수 없는 것이 한스러울 따름이다. 글은 세상에서 가장 쓸모없는 것이라 이처럼 천하의 절경을 온전히 표현할 수가 없구나.

작가는 인적이 끊긴 한밤중에 홀로 난간을 붙잡고 멀리 빛나는 별들을 바라본다. 그러다 갑자기 고향이 멀어지고 있음을 느끼고 쓸쓸함이 일었다.

빙신은 옌징燕京대학을 우수한 성적으로 졸업하여 미국에 유학할 수 있는 기회를 얻었다. 20대의 젊은 여성이 학업을 위해 부모 형제와 떨어져 혼자 이역만리로 떠나는데 어찌 조국과 가족이 생각나지 않겠는가?

그녀는 홀로 숙소에 앉아 중국의 시사를 읽다 보면, 문득 이국땅에 와 있음을 실감할 때가 많았다. 문 두드리는 소리에 "들어오세요"라고 말하면, 금발에 푸른 눈을 가진 외국 여인이 들어왔다. 그럴 때마다 타향살이에 대한 느낌이 더욱 커졌다.

가을바람이 일자 그녀는 베이징의 모습을 떠올렸다. 지금쯤 "포도 사세요, 대추 사세요" 하는 외침이 거리 가득 울려 퍼지겠지? 집 생각이 간절해지면 돌멩이 하나를 집어 들고서 작은 칼로, "꿈에도 고향 생각 멈추지 않으니 서글픔이 밀려드네"라는 시구를 새겨 호수로 던졌다. 호수가 마르거나 돌멩이가 닳아 없어지지 않는 한, 돌에 새긴 향수는 영원히 가시지 않으리라는 믿음에서였다.

한번은 산꼭대기에 올라, 고개를 들고 '바다처럼 푸르른 이국의 하늘'을 바라보았다.

······사면이 산으로 둘러싸여, 마치 푸르른 하늘을 펼쳐 모든 것을 뒤덮은 듯하다. 온 하늘에 석양이 물들자, 서쪽으로는 붉은빛과 진홍빛이 일어난다. 이 색은 시시각각 변하여 때로는 회색, 때로는 물고기 배 같은 하얀색, 또 갑자기 찬란한 황금색이 된다.

만산이 적막한 가운데 이처럼 기묘한 하늘의 변화에 따라 마치 소리가 울리는 듯하다. 파도 소리 같기도 하고, 새소리 같기도 하며, 때로는 바람소리 같기도 하다. 그래서 석양이 지는 소리를 들은 듯한 착각에 빠진다.

불현듯 나는 연약한 내 마음이 이처럼 위대한 장면 때문에, 하늘 높이 오르다가 갑자기 바다로 떨어지는 듯한 느낌을 받는다. 장엄한 조화를 느끼는 듯하다. ……

작가가 왜 이렇게 흥분한 걸까? 조국의 파란 북녘 하늘이 떠올랐기 때문이다. 그녀는 중국의 북녘을 3년 이상 떠난 사람이라면, 그곳의 파란 하늘을 그리며 노래할 것이라고 단언했다. 빙신은 이국의 파란 하늘 아래 서서 감동의 눈물을 흘렸다.

이처럼 바다와 파란 하늘을 사랑한 작가는, 광대무변한 그들의 모습에서 모든 것을 품어 주는 어머니의 모습을 보지 않았을까? 어머니 역시 『어린 독자들에게』의 주요 소재 가운데 하나이다. 통신문의 제10편은 어머니의 사랑을 전문적으로 다룬 작품이다.

나는 언제나 어머니 곁에 붙어서, 그녀의 옷자락을 붙잡고 내 어린 시절 이야기를 해 달라고 조르곤 했다.

이렇게 시작한 글은 계속해서 어머니의 기억으로 이어진다.

3개월 밖에 되지 않았는데 여러 질병에 시달렸단다. 약그릇을 들고 들어오는 사람의 발자국 소리만 들어도 무서워 눈물을 흘렸지. 많은 사람들이 침대를 에워싸고 가여운 눈빛으로 너만 바라보았다. 그 사람들 틈에서도 엄마를 알아보았다.

어머니의 말씀이 이어지는 내내 모녀의 눈가에는 이슬이 맺혔다.
다음과 같은 구절도 있었다.

너는 내가 먼 곳을 응시하는 것을 두려워했는데, 지금까지도 그 이유를 모르겠다. 내가 창밖을 응시하거나 조용히 앉아 있을 때마다, 너는 내 곁에 다가와 나를 부르고 흔들며 말하곤 했다.
"엄마, 어째서 눈을 움직이지 않아?"
나는 때때로 네가 다가와 나를 안아주는 게 좋아서 일부러 먼 곳을 응시하곤 했다.

세상에 이처럼 생동적인 모녀애가 또 있는가? 이처럼 빙신은 유년 시절부터 어머니를 깊이 사랑했다. 작가는 진심으로 찬양했다.

친구야! 네가 너 자신보다 몇 백배 몇 천배 너를 알고 사랑해 주는 사람을 만났다면, 어떻게 감격하여 눈물을 흘리지 않을 수 있겠니? 죽을 힘을 다해 그녀를 사랑하고, 또 그녀가 너를 사랑할 수 있도록 하지 않겠니?
……
그녀의 사랑은 나뿐만 아니라, 나를 사랑하는 모든 사람들을 포함한단다. 그리고 나를 사랑함으로써 세상 모든 아들딸을 사랑하고, 세상 모든 어머니를 사랑하게 되지.
친구야! 너에게 아이들에게는 너무 쉽고, 어른들에게는 너무 심오하게 들리는 말 한마디를 들려주려 한다.
"세상은 이렇게 세워 나가는 것이다!"

모성애를 바탕으로 이 세상에 나온 인류가 사랑을 키울 때, 이 세상은 찬란하게 빛날 것이다. '사랑'의 철학이야말로 이 시기 빙신 문학의 핵심이었다.

그러나 엄밀히 말해서 이는 동심 어린 이상에서 비롯된 것일 뿐이다. 기아와 빈곤, 억압과 전쟁이 가득한 세상에서 칼을 든 도살자들이 시시각각 어머니와 아이들을 위협하고 있었다.

내 사랑, 베이징

1926년 빙신은 마침내 미국에서 문학 석사 학위를 취득한다. 그리고 바로 귀국하여 옌징과 칭화대학 등에서 강의를 했다. 나중에는 다시 출국하여 일본, 영국, 이탈리아, 프랑스, 독일, 러시아 등지를 여행했다.

그녀는 중일전쟁이 발발하자 베이징을 떠나 쿤밍昆明으로 갔다. 쿤밍의 아름다운 경치에도 불구하고, 그녀는 언제나 베이핑北平을 그리워했다. 그녀의 「묵려시필默廬試筆」이란 글을 보면, 베이핑에 대한 그리움이 잘 드러나 있다. '묵려'는 그녀의 처소였다.

글의 전반부에서는 청공呈貢 일대의 아름다운 풍경을 자세히 서술한다. 청공은 윈난성雲南省의 한 현으로서, 당시 작가가 교편을 잡고 있던 곳이었다.

그런데 작가는 무슨 이유로 청공을 노래했을까? 자신을 위로하고, 베이핑에 대한 그리움을 지우려 했던 것일까?

청공은 매우 아름다웠지만, 작가는 베이핑에 대한 그리움은 지울 수 없었다. 베이핑은 빙신이 20여 년을 보낸 제2의 고향이었다. 그곳의 옛집, 사람, 거리를 어떻게 잊을 수 있겠는가? 더욱이 당시 그곳은 일본 침략자들의 발에 짓밟히고 있었다.

후반부에 이르면 작가는 더 이상 베이핑에 대한 연모의 정을 억누르지 못하고 이렇게 썼다.

여기(默廬)에 있으면 느낌이 좋고, 기쁘고 안정되며, 친구들도 찾아오곤 한다. 묵려를 감상하기도 하고, 종종 베이핑 이야기도 나눈다.

사람들은 베이핑 대각사大覺寺의 은행나무와 샹산香山의 단풍이 생각난다고 하고, 나 역시 그곳이 그립다고 말한다. 사람들은 베이핑의 지필묵이 생각난다고 하고, 나 역시 그것이 그립다고 말한다. 사람들은 베이핑의 고궁과 베이하이北海가 생각난다고 하고, 나 역시 그곳이 그립다고 말한다. 사람들은 베이핑의 오리 구이와 양고기가 생각난다고 하고, 나 역시 그것이 그립다고 말한다. 사람들은 베이핑의 화신묘火神廟와 융복사隆福寺가 생각난다고 하고, 나 역시 그곳이 그립다고 말한다. 사람들은 베이핑의 탕후루糖葫蘆와 군밤이 생각난다고 하고, 나 역시 그것이 그립다고 말한다.

그러나 이런 이야기를 나누면서 마음속으로는 순간순간 내 자신에게 일깨운다.

'안 돼, 너는 생각해서는 안 돼, 너는 돌아갈 수 없어, 그 날이 돌아오기까지는!'

이는 누구나 한번쯤 생각했을 법한 평범한 내용이다. 그러나 여기에는 어머니 못지않은 고도 베이핑에 대한 깊은 연민이 담겨 있다.

그런 '여신과 왕후처럼 아름답고 존엄한 도시'인 베이핑이 죽어 버린 것이다!

그래도 작가는 절망하지 않고, 베이핑으로 돌아갈 날만 손꼽아 기다린다. 그리고 마침내 작가는 베이핑으로 돌아갈 수 있었다. 그러나 베이핑의 품에 안긴 지 6개월도 되지 않아, 그녀는 일본으로 향했다. 남편을 따라 일본에 간 빙신은 도쿄대학의 초청으로 중국 현대문학을 강의했다. 그녀는 도쿄대학 역사상 첫 번째 여교수였다.

그즈음 중화인민공화국이 성립되었다. 일본에서 이 소식을 들은 빙신은 감격에 북받쳤다. 당시 그녀는 대륙으로 돌아갈지, 아니면 타이완으로 갈지 선택해야 할 기로에 놓였다. 타이완의 국민당 정권이 유명 인사인 그녀를 데려가려고 접촉해 왔기 때문이다. 그러나 그녀는 국민당 정권의 제안을 거절하고, 1951년 홍콩을 거쳐 베이징으로 돌아갔다.

중국이 성립되자 빙신은 예전보다 더 많은 작품을 썼다. 새롭게 태어난 중국으로 돌아온 빙신은, 한층 더 젊어진 듯 어린 독자들에게 한 발 더 다가갔다. 그녀는 모두 20편에 달하는 『다시 어린 독자들에게(再寄小朋友)』를 썼는데, 내용은 대부분 국내외 여러 곳을 방문하여 느낀 바를 담았다.

이밖에도 「나일강의 봄(尼羅河上的春天)」과 「벚꽃 예찬(櫻花贊)」 같은 유명한 산문을 썼다.

그녀는 소설도 썼는데 「귤등(小橘燈)」과 같은 유명한 단편을 남겼다. 이밖에 일기체의 중편소설인 「타오치의 여름방학 일기(陶奇的暑期日記)」도 있다. 초등학생 타오치의 입을 통해, 풍부하고 다채로운 아이들의 여름방학 생활을 다루었다.

문화혁명 기간 동안 빙신은 다른 작가들과 마찬가지로 붓을 놓아야 했다. 그리고 문화혁명이 끝난 1978년, 그녀는 『세 번째로 어린 독자들에게(三寄小讀者)』를 내놓았다. 아울러 신작 소설 「빈 둥지(空巢)」는 중국 전국 우수 단편소설상을 받았다.

그러나 그녀도 세월을 피할 수는 없어, 새 천년을 앞둔 1999년 2월 세상을 떠났다. 빙신은 중국 현대 문단에서도 최고령 작가였을 뿐만 아니라, '작가 경력'도 최고였다. 그녀는 가장 뛰어난 여성 작가이자 가장 많은 성과를 낸 아동문학가였으며, 또한 가장 재능 있는 산문가이기도 했다. 그녀의 산문 풍격이 주쯔칭보다 뛰어나다고 말하는 사람도 있다.

위다푸는 이렇게 말했다.

"빙신 여사의 산문이 가진 청려淸麗함과 사상적 순결함은 중국에서 유일무이하다."

"반드시 자신의 경험에서 글을 시작했지만, 뜻은 글을 초월했다. 슬퍼도 신음하지 않았고, 움직임 속에도 절도가 있었으니, 여사의 생애가 여사의 글이 지닌 극치이다."

빙신의 산문을 여러 번 읽어본 독자라면, 위다푸의 말이 참으로 적절하다는 것을 알 수 있을 것이다.

제3부
소설과 희곡의 발전

16장_베이징을 사랑한 라오서
17장_검은 집을 탈출한 무정부주의자
18장_현대 중국의 셰익스피어
19장_현대 연극의 발전

베이징을
사랑한 라오서

라오서 老舍

문화대혁명의 광풍 속에서 변사체로
발견된 라오서.

베이징 시장 통에서 뛰쳐나온 작가

라오서老舍는 1926년 뒤늦게 문학연구회에 참가했지만, 이후 이 문학사단의 주축이 되었다. 문학연구회에서도 그처럼 많은 작품을 남기고, 독자들에게 큰 영향을 끼친 작가가 없을 정도이다. 『낙타 샹쯔(駱駝祥子)』, 「찻집(茶館)」, 『4대가 한 집에(四世同堂)』 등의 대표작들은 영화와 TV연속극으로도 만들어져 많은 중국인들에게 깊은 인상을 남겼다.

그의 본명은 수칭춘舒慶春이고, 자는 서위舒予이다. 라오서는 그의 필명이다. 라오서(1899~1966)는 만주족 출신으로서, 그의 아버지는 청나라 말기 베이징 성城을 지키던 호위군이었다. 그는 라오서가 태어난 지 1년 반 만에 8개국 연합군의 침입에 맞서 싸우다가 전사했다. 그래서 그의 형제들은 홀어머니 밑에서 힘든 유년 시절을 보냈다.

라오서는 베이징의 시장 통에서 자랐다. 그래서 그의 작품을 보면 인력거꾼, 노점상인, 하층 예술인, 수공예 장인 등의 모습이 생생히 묘사되어 있다. 그들은 모두 작가의 친구나 다름없었다.

어느덧 학교 다닐 나이가 되자, 평소 친분이 있던 친척의 도움으로 진학한다. 그는 처음에 서당을 다니다가 오래지 않아 신식 학당에 들어가고, 이후 사범학교에 합격했다. 당시 가난한 아이들은 대부분 사범학교로 진학했다. 학비도 싸고, 밥과 잠자리까지 해결할 수 있었기 때문이다. 라오서는 열아홉이 되던 해 최고의 성적으로 사범학교를 졸업했다. 그는 초등학교 교장이 되어, 국어 과목을 가르쳤다.

그는 학생을 잘 가르치고, 평생 자녀들을 위해 헌신하신 어머니를 잘 봉양한 단정한 인품의 소유자였다. 그러나 '5 · 4운동'이란 사건은 그를 크게 각성시켰다. 이후 그는 자신에게 충실해야 할 뿐만 아니라, 끊임없이 전진해야 한다고 절감했다. 먼저 그는 톈진天津의 난카이南開중학교로 가서 국어 교사가 되었다. 그 뒤 베이징으로 돌아와서는 제1중학교에서 가르치는 한편, 옌징燕京대학에서 영어를 방청했다. 그리고 스물다섯에는 영국 유학길에 올랐다. 다른 사람들은 대부분 학생으로 유학길에 올랐다. 그러나 라오서는 선생님의 신분으로 영국으로 향했다. 그는 런던대학 동방학원에서 외국 학생들을 상대로 중국어를 가르쳤다.

영국에서 지내며 일이 없을 때는 학교 도서관에 박혀 외국 문학의 명작들을 읽으며 지냈다. 그런데 재밌게도 베이징 시민의 일상생활을 생생히 그린 작가가 뜻밖에도 처음 창작을 시작한 곳은 바로 영국이었다. 그는 외로움과 향수鄕愁를 달래려 조용한 도서관에서 소설을 쓰기 시작했다. 그의 초기 장편소설인 『라오장의 철학(老張的哲學)』, 『자오즈 가라사대(趙子曰)』, 『얼마(二馬)』 등은 모두 런던에서 쓴 작품이다. 귀국한 뒤에는 이 소설들을 문학연구회의 간행물 『소설월보小說月報』에 연재하여 많은 독자들의 호응을 받았다.

라오서는 영국에서 5년을 머무른 뒤 프랑스, 독일, 이탈리아를 거쳐 1930년에 귀국했다. 이후에는 치루齊魯대학과 칭다오靑島대학에서 강의하고, 화가인 후지에칭胡潔靑과 결혼했다.

그는 학기 중에는 수업으로 바빠 방학이 되어야 시간을 내서 붓을 들 수 있었다. 이처럼 라오서는 바쁜 일상 속에서 짬을 내어 『묘성기貓城記』, 『이혼離婚』, 『뉴톈츠전(牛天賜傳)』 등의 장편소설과 「월아月牙」, 「내 한 평생(我一輩子)」 등의 중편과 많은 단편소설을 창작했다.

이렇게 하루도 늦추지 않고 긴장 속에서 생활했으니 몸이 성할 리 없었다. 이후 그는 1936년에 사직하고, 칭다오에서 소설 창작에만 전념했다. 유명한 장편소설 『낙타 샹쯔』는 이때 창작한 것이다.

『낙타 샹쯔』: 인력거꾼의 비극적 인생

『낙타 샹쯔(駱駝祥子)』는 어느 인력거꾼의 일생을 그린 작품이다. 어느 날 라오서는 친구에게 두 인력거꾼 이야기를 들었다. 한 사람은 자신의 인력거를 갖겠다며 평생 힘들게 일했지만 꿈을 이루지 못했고, 다른 한 사람은 군대에 징집되었다가 전화위복으로 낙타 3마리를 훔쳐 돌아왔다고 한다.

라오서는 이 두 사람의 운명에서 영감을 얻어 이를 소설로 형상화한 것이다. 인력거꾼도 희로애락의 감정을 지닌 인간으로서, 인생의 이상과 목표, 가정을 이루려는 꿈도 있었다. 이런 생각을 거듭한 끝에 라오서의 마음속에 '낙타 샹쯔'라는 생생한 인력거꾼의 형상이 창조되었다.

샹쯔祥子는 20대의 시골 촌놈인데, 튼튼한 몸에 강철 같은 가슴을 지닌 청년이었다. 인력거를 처음 끌던 날, 그는 언젠가 자신의 인력거를 갖겠다는 목표를 세운다. 지금은 회사에서 빌린 인력거를 끄는 처지였다. 그는 먹고 입는 것을 아끼며 3년 동안 악착같이 벌어, 100원을 모아 번쩍이는 새 인력거를 장만했다. 그는 자신의 생일이 언제인지도 몰랐다. 그래서 인력거 산 날을 기념하여 자신의 생일로 삼기로 했다.

그러나 호사다마好事多魔라고 했던가. 하루는 손님을 태우고 군벌의 싸움터에 갔다가 병사들에게 붙잡혀 인력거를 빼앗기고 말았다. 다행히 지리에 익숙한 그는 병사들이 도망친 사이 낙타 3마리를 훔쳐, 어둠을 틈타 베이징 성으로 돌아왔다. 이때부터 그의 이름은 '낙타 샹쯔'라고 불리게 되었다.

샹쯔는 죽을 마음이 없었다. 그는 젊고 힘이 넘쳤다. 그는 착실한 일꾼을 찾다가 차오曹씨를 만나 그에게 '월세'를 놓았다. 이렇게 해서 간신히 인력거 살 돈을 거의 마련했다. 그런데 차오씨는 비밀경찰의 수배를 받고 있던 혁명가였다. 결국 차오씨는 비밀경찰의 체포를 피해 숨어 버리고, 샹쯔는 비밀경찰에게 그동안 모은 돈을 모두 빼앗긴다.

차오씨에게 월세를 놓기 전에는 줄곧 런허人和 인력거 공장의 인력거를 임대해 왔다. 그런데 그 공장의 사장인 류쓰劉四 영감에게는 후뉴虎妞라는 딸이 있었다. 호랑이 같은 외모와 성격의 그녀는 류쓰 영감을 도와 공장 살림을 도맡아 했다. 그러나 그녀와 결혼하겠다는 사람이 없어 서른일곱이 넘도록 아직 시집을 가지 못했다.

그런 그녀가 샹쯔를 맘에 들어 했지만, 샹쯔도 다른 사람들처럼 그녀가 싫었다. 그러던 어느 날 밤, 수완 좋은 후뉴는 샹쯔에게 술을 먹여 취하게 만들었다. 그 다음 샹쯔에게 서로 관계를 맺었다고 속이고, 노발대발하는 류쓰도 속여 넘겼다. 샹쯔는 후뉴를 피해 차오씨 집에서 숨어 지내다가 보름을 넘기지 못하고 발각되었다. 당시 샹쯔의 상황에서 무턱대고 후뉴를 피할 수도 없는 형편이었다. 후뉴는 아버지에게 자신과 샹쯔의 관계를 털어놓고, 정식으로 혼인하겠다는 의사를 전했다.

그런데 류쓰 영감은 결코 호락호락하지 않았다. 그는 일흔이 넘었지만, 젊었을 때는 '하늘 아래 내가 최고'라고 자처하던 건달이었다.

아직도 그 성질은 여전했다. 그런 그가 냄새나는 인력거꾼을 사위로 맞이하여 자신이 평생 일군 가업을 전수할 리 만무했다. 결국 그는 하나뿐인 외동딸을 내쫓고, 서로 부녀의 정을 끊자고 했다.

후뉴는 수중에 가진 돈 2원으로 따자웬大雜院 근처에 세를 얻어 샹쯔와 살림을 차렸다. 그리고 샹쯔에게는 다른 일을 알아보라고 권유했다. 하지만 샹쯔는 인력거꾼 일을 고집했다. 할 수 없이 후뉴는 샹쯔에게 인력거 한 대를 마련해 주었다. 후뉴의 지원을 받았지만 샹쯔는 다시 자신의 인력거를 갖게 되었다.

그러나 샹쯔는 수많은 충격과 좌절을 겪은 터라, 육체적으로나 정신적으로 예전 같지 않았다. 하루는 종일 내리는 폭우 속에서 손님을 태우고 인력거를 끌다가 집으로 돌아와 병이 나 쓰러졌다. 이어서 후뉴도 출산의 고통을 이기지 못하고 세상을 떠났다. 그래서 샹쯔는 인력거를 팔아 후뉴의 장사를 치를 수밖에 없었다. 그는 다시 자신의 인력거를 잃은 것이다.

그래도 샹쯔는 삶의 끈을 놓지 않았다. 그리고 얼마 뒤, 그는 샤오푸즈小福子라는 아가씨를 마음에 품었다. 그녀는 이웃집 아가씨인데, 주정뱅이 아버지가 군인에게 팔아 시집갔다가 버림받은 여자였다. 그녀도 내심 샹쯔를 좋아하여 그와 평생을 함께 하고 싶었다. 그러나 샹쯔는 마음을 정하지 못했다. 그러다 용기를 내 그녀를 찾았을 때는, 기생집에 팔려 온갖 수모를 견디다 못해 목을 매 자살한 뒤였다.

이 일을 겪으며 샹쯔는 철저히 파괴되었다. 그에게는 더 이상 어떤 희망도 없었다. 그는 고구마 장사꾼 곁의 개가 땅에 떨어진 고구마 껍질을 주워 먹는 것처럼, 자신도 아무렇게나 살다가 죽으면 된다고 생각했다.

오랜 중국 문학사에서 이처럼 인력거꾼을 주인공으로 삼은 작가는 라오서밖에 없다. 그는 인력거꾼을 주인공으로 삼았을 뿐만 아니라, 심혈을 기울여 그의 형상을 창조했다. 그는 오랫동안 인력거꾼에 관한 자료를 수집하고, 낙타의 습성을 살피려고 장쟈커우張家口까지 다녀올 정도였다. 집필을 마치고 나서도 결코 서두르지 않고 그의 피와 땀이 작품 곳곳에 스밀 때까지 퇴고를 거듭했다.

　라오서는 샹쯔에게 연민의 정을 품고, 눈물로 인물을 창조했다. 그는 독자들에게 당시 사회가 이 사람을 파멸시키는 과정을 보여주고 싶었다. 독자들은 이 한 사람의 운명을 통해 사회 전체의 불합리성을 깨달을 수 있었다. 더 나아가 작가가 직접 언급하지는 않았으나 작품을 접한 독자라면, 하층민들은 아무리 노력해도 행복한 삶을 누릴 수 없다는 현실을 알 수 있었다.

　『낙타 샹쯔』의 문장은 순수 베이징 사투리를 사용했다. 샹쯔가 처음 인력거를 장만하던 부분을 살펴보자.

　　샹쯔는 벌건 얼굴에 떨리는 손으로 96원을 내밀었다.
　　"이 인력거를 주쇼!"
　　주인은 어떻게 해서든 100원을 받으려고 얼마나 수다를 늘어놓았는지 모른다. 주인은 인력거를 가게 밖으로 끌고 나갔다가 다시 끌고 들어오고, 덮개를 위로 펼쳐 올렸다가 다시 내리고, 또 나팔을 누르기도 했다. 이러한 동작 하나하나를 할 때마다 입에서는 가장 좋은 형용사들이 줄지어 튀어 나왔다. 이 주인은 마지막으로 바퀴살을 두어 번 걷어차며,
　　"이 소리 좀 들어 보슈! 방울 소리 같지 않은가. 이 인력거를 갖고 가슈. 끌다 끌다 닳아서 부서지는 한이 있어도 바퀴살은 멀쩡할 거요. 만약 바퀴살이 한 대라도 구부러진다면, 당장 갖고 오슈. 그걸 내 얼굴에

『낙타 샹쯔』 표지

다 냅다 내동댕이쳐도 좋소. 좋아요, 이런 물건을 어디서 100원 한 장에 만져 보기나 하겠소? 100원에서 1전만 모자라도 팔 수 없으니 그리 아슈."

샹쯔는 다시 한 번 돈을 세었다.

"96원에 주쇼."

주인은 이건 정말 고집불통인 사내구나 생각하며, 샹쯔가 내민 손에 쥔 돈을 보고 다시 샹쯔 얼굴을 쳐다보며 한숨을 토했다.

"에라, 기분이다 기분이야! 이 인력거 가져가슈. 이제 당신 꺼요. 앞으로 서로 알고나 지냅시다. 이 인력거가 어디 부딪쳐 가루가 된다면 또 몰라도, 6개월 안에 문제가 생기면 언제든지 공짜로 고쳐 드릴 테니까 그리 아슈. 자, 이 보증서, 받으슈!"

우리말로 옮기느라 우리는 파악하기 어렵지만, 라오서는 완벽한 베이징 사투리를 구사하고 있다. 이 짧은 단락만으로도 겉으로는 호탕하면서 약삭빠른 가게 주인의 장사꾼 기질이 그대로 드러난다. 그에 비해 샹쯔는 말을 많이 하지 않는다. 그래서 작가는 '투박하다' 라는 표현으로 샹쯔의 성격을 핵심적으로 지적한다.

『낙타 샹쯔』가 하층 노동자를 다루고, 문장도 지방색이 짙다고 해서 만만한 작품으로 평가하면 큰 오산이다. 라오서는 서구의 문학작품을 두루 섭렵하여, 그의 작품에도 많은 영향을 받았다. 위의 작품에서도 심리 묘사가 많은 부분을 차지하고 있음이 이를 증명한다.

나라의 위기 앞에서

중일전쟁이 터지자 라오서도 가만히 앉아 있을 수 없었다. 평소 정치에 별 관심이 없던 작가였으나, 조국과 민족이 위기에 처하자 결연한 애국 의지를 표출했다. 이것이야말로 지식인에게 가장 중요한 위상의 문제이다. 지난濟南이 함락되기 전날, 그는 처자식을 등지고 우한武漢으로 달려갔다. 점령지에 앉아 있으며 매국노와 부역자가 되고 싶지 않았기 때문이다.

그는 우한에서 중화 전국문예계 항전협회를 구성하는 일에 적극적으로 참여했다. 당파를 초월한 수백 명의 예술가들이 국가의 존망이 위태로운 시기에 항일이란 깃발 아래 한마음으로 뭉쳤다. 그리고 만장일치로 라오서를 협회의 이사 겸 총무주임으로 추천했다. 이는 협회의 실질적인 총책임자 역할이다. 많은 예술가들이 그를 추천한 이유는, 그의 문학적 성취뿐만 아니라 정직하고 성실한 인품 때문이었다. 라오서는 모든 이의 기대를 저버리지 않고 협회의 운영에 매진하여, 중일전쟁이 끝날 때까지 협회를 이끌었다.

소설 창작에 관한 한 라오서는 전문가였다. 바쁜 일정 속에서도 그는 두 작품을 시작으로 꾸준히 창작에 임했다. 그러면서 항일운동을 위해서는 더 통속적이고 유용한 문예 형식이 필요함을 절감했다. 이를 위해 그는 희극과 시를 쓰고, 더 나아가 민간 예술가들을 위해 고사鼓詞와 상성相聲 및 수래보數來寶(운문에 선율은 없고 리듬만 넣어 부르는 노래) 등을 지었다. 이런 문예 형식은 거리와 군영에서 공연하여 직접적으로 민심과 사기를 진작시킬 수 있는 것이었다. 소설에는 이런 편리함이 없다.

라오서의 통속 문예작품은 모두 『삼사일三四一』에 수록되어 있다. 이 모음집에는 3편의 고사, 4편의 극본, 1편의 구식 소설이 들어 있다.

그는 또 장편시인 「검북편劍北篇」과 「잔무殘霧」, 「국가지상國家至上」, 「체면 문제(面子問題)」 같은 현대극을 창작했다. 이들 작품은 모두 작가가 모래 섞인 밥을 먹으며 적군의 포화를 무릅쓰고 다니면서 쓴 것들이다. 작품의 내용은 물론 항일을 주제로 한 것들이다. 원고료 한 푼 없이 오직 피 끓는 애국심만으로 이룬 것이다.

『4대가 한 집에』 : 중국 민족의 불굴의 산 역사

중일전쟁이 막바지에 이르렀을 때 라오서는 유명한 장편소설 『4대가 한 집에(四世同堂)』를 쓰기 시작했다. 이 작품은 「두려움(惶惑)」과 「구차한 삶(偸生)」, 「기근(飢荒)」 3부로 나뉘는데, 총 1백만 자에 달하는 장편이다. 내용은 침략군인 일본이 다스리던 베이핑 시민들의 생활을 다루었는데, 치祁씨 조손 4대가 중심인물이다.

치씨 가족은 베이핑의 서쪽 샤오양취안小羊圈 골목에 살았다. 실제로 그곳은 라오서가 태어난 곳이기도 하다. 치씨 가족은 부자는 아니어도 먹고살 만했다. 할아버지는 일흔의 근엄한 노인이었다. 그는 젊어서 고생하며 자신의 힘으로 지금의 집을 마련했다. 당시 노구교사건이 일어나 일본군이 베이핑을 점령했지만, 할아버지는 자신의 일흔다섯 생일잔치를 열 수 있을지에만 관심을 쏟았다.

치 노인의 아들인 치톈유祁天佑는 쉰 살의 성실한 상인으로서, 하루 종일 포목점에서 바쁘게 지냈다. 그의 부인은 병 때문에 집안 살림을 제대로 돌보지 못했다. 오히려 손자인 루이쉔瑞宣과 윈메이韻梅 부부가 집안 살림을 꾸렸다. 윈메이는 타고난 살림꾼이었다. 그녀는 3대의 '기둥'으로서 '샤오쉴小順兒 어맘'으로 통했다. 지씨 가문의 4대인 샤오쉴을 낳았기 때문이다. 이렇게 해서 이 가정은 모두가 부러워하는 '4대가 한 집에 사는 집'이 되었다.

샤오쉴은 아버지 루이쉔은 단정하고 온화한 인품에 높은 학식을 갖춘 교사였다. 그런데 베이핑을 점령한 일본군 때문에 어려움을 겪게 되었다. 나라에 어려움이 닥치면 국민으로서 마땅히 구국 활동에 나서야 했다. 그러나 그는 자기 가족의 살림을 저버릴 수 없었다. 그는 할 수 없이 치욕을 참으며 일본군에게 점령된 베이핑에 머물렀다. 그러나 절대 일본군 앞잡이 노릇은 하고 싶지 않았다.

그는 과외로 교회의 학교에서 강의했는데, 지금처럼 시국이 불안한 상태에서 이 일은 효자 노릇을 톡톡히 했다. 그러나 외국인 신부가 중국을 멸시하는 태도를 보이자, 이에 불쾌함을 느끼고 과감하게 그만두었다. 중국인이란 자긍심 때문이다.

루이쉔 자신은 떠나지 못했지만, 셋째인 루이췐瑞全이 떠나는 것은 적극 지지했다. 루이췐은 졸업을 앞둔 대학생이었다. 그러나 나라에 위기가 닥쳤는데, 졸업장이 무슨 소용이란 말인가? 그는 할아버지에게 하직 인사를 드릴 겨를도 없이 베이핑을 떠났다.

오직 둘째인 루이펑瑞豊만은 집안사람들과 달리, 이기적이고 현실적이며 교활했다. 특히 며느리였던 팡쥐즈胖菊子를 첩으로 맞이한 뒤로는 더욱 정도를 벗어났다. 그는 매국노인 란둥양藍東陽, 관샤오허冠曉荷와 어울려 다녔다. 또한 학교 교직원의 신분으로 학생들을 데리고 톈안먼天安門 거리를 활보하며 바오딩保定 함락을 축하하고 다녔다.

한편 같은 골목에 살던 10여 호의 가족들은 어떻게 살았는지 알아보자.

고고하면서도 고지식한 시인인 첸모인錢默吟은 일본군에게 붙잡혀 감옥에 갇혔다. 운전수로 일하던 아들이 30여 명의 일본군을 깔아 죽이고, 자신도 항일 투쟁에 나선 군인을 보살펴 주었기 때문이다. 그는 감옥에서 모진 고문을 당하고, 가족들도 차례로 비운의 죽음을 맞이한다. 그래도 꿋꿋하게 살아남아, 출옥한 뒤에도 항일운동에 매진했다.

인력거를 끄는 추이崔씨는 일자무식이지만 심지가 굳은 사람이었다. 그는 일본인과 매국노를 가장 증오했다. 그래서 일본 특사가 화이런탕懷仁堂에서 피살되자, 그는 자객으로 지목되어 적군의 칼날에 목이 잘렸다.

이발사 쑨치孫七도 정직한 사람이었다. 그런데 일본군이 배급한 국수를 먹고 설사를 일으켰다. 일본군이 국수에 독을 탄 것이다. 그는 결국 관샤오허와 함께 생매장 당했다.

관샤오허는 어떤 인물이었는가? 그는 샤오양취엔 골목에서 가장 돈이 많고 체면을 중시하는 사람이었다. 그는 하는 일없이 놀고먹었다. 그러면서도 추이씨와 쑨치는 언제나 고압적으로 대했다. 그는 중국인이란 자존심이라곤 조금도 없었다. 더 잘 먹고 잘 차려입고 다닐 수만 있다면, 매국하는 일이라도 눈 하나 껌뻑이지 않고 해치우는 사람이었다. 시인 첸씨를 고발한 것도 그였다. 아울러 모든 일에 아내의 의견을 묻는 공처가이기도 했다.

관샤오허의 아내는 쉰을 바라보는 나이의 여장부였다. 늘 온통 빨간색으로 치장하여 '빨간 보자기'란 별명으로 불렸다. 그녀는 일본군이 쳐들어오자 남편에게 일본군과 결탁하라고 부추겼다. 이를 통해 관직이라도 얻을 요량이었다. 나중에는 아예 관샤오허를 제쳐 두고 자신이 직접 나섰다. 마침내 매국노인 리콩산李空山을 조종하여 기녀 검역소의 소장이 된다. 이들은 그야말로 중국의 인간 말종들이었다.

그들의 최후는 순탄치 않았다. 일본군은 그들을 실컷 부려 먹은 다음 내팽개쳤다. 빨간 보자기는 감옥 안에서 미쳐 죽음을 맞고, 관샤오허는 오갈 데 없는 들개 신세가 되어 떠돌다가 일본군이 독을 넣은 국수를 먹고 생매장 당했다.

그렇다면 치씨 집안은 어떻게 되었을까? 전쟁이 일어난 지 4년이 지났을 때, 정정한 할아버지를 두고 아들인 치톈유가 먼저 세상을 떠났다. 성실한 상인이던 그는 대중 앞에서 일본군에게 능욕을 당하자, 강물로 뛰어들었다.

그리고 일본군 앞잡이 노릇을 하던 둘째 루이펑도 배신을 당해 죽었다. 그는 매국노인 란둥양, 관샤오허와 어울려 다니다가 교육국 과장 자리를 얻었지만, 좋은 시절은 오래 가지 않았다. 그는 과장 자리도 잃고, 란둥양에게 팡쥐즈도 빼앗기고 말았다.

란둥양도 살인을 일삼았다가, 결국 일본군 손에 살해되었다.

끝내 일본군에게 협조하지 않고 버티던 루이쉔은 오랫동안 감옥에 갇혀 지냈다. 출옥한 뒤에도 굶어 죽어도 절대 부당한 일은 하지 않았다. 그래서 교사직도 그만 두었다. 그는 자신이 항일운동에 적극 가담하지는 못하지만, 최소한 자신의 결백만큼은 지켜야 한다고 생각했다.

그런데 소설의 마지막 부분에서 베이핑으로 돌아와 지하 활동을 하던 셋째 루이췐이 그에게 하나의 길을 제시했다. 그가 학교에 가서 학생들을 가르치며 항일 선전 활동을 한다면 큰 힘이 될 수 있다는 것이었다.

외손녀들과 함께 한 라오서.

소설의 끝부분에서는 아직 중일전쟁이 끝나지 않은 상태에서 다시 태평양전쟁이 일어난다. 이를 통해 독자들은 일본 침략군의 패전이 이미 돌이킬 수 없는 현실임을 직감하게 된다. 독자들은 책장을 덮으면서도 마음이 편치 않을 것이다. 이는 피와 살을 지닌 실존 인물들이 우리 주위를 맴돌면서 책 속으로 들어가지 않으려는 듯한 느낌을 받기 때문이다.

가장 감동적인 것은 작품 속에 넘치는 애국정신이다. 이 작품은 살아 있는 한 편의 역사 기록으로서, 불굴의 민족정신을 표현했다. 중국의 독자들은 작가의 정성이 담긴 글을 통해, 당시 점령 지역에 있던 국민들의 비참한 노예 생활을 함께 체험할 수 있다. 그러면서 조국과 민족에 대한 사랑을 키웠다.

『4대가 한 집에』에는 모두 130여 명의 인물이 등장한다. 그 가운데 이름을 가진 사람만 60여 명에 달한다. 교사, 교수, 시인, 학생, 인력거꾼, 이발사, 장사꾼, 광대, 경찰, 기녀, 깡패, 부녀자 등 사회의 온갖 인물 군상을 살펴볼 수 있다. 이 모두가 가장 전형적인 베이징인의 모습이었다.

사실 중일전쟁 당시 라오서는 베이핑에 있지 않았다. 일본군에게 베이핑이 함락된 이후의 상황은 모두 부인에게 전해들은 것이다. 그럼에도 불구하고 그는 고성에서 벌어진 이야기를 생생하고 핍진하게 다루었다. 이는 전적으로 베이징을 사랑한 라오서의 마음 때문이었다.

'베이징 소설'이라는 말이 있다. 그 근원을 살펴보면, 라오서야말로 이 유파의 창시자이자 최고의 작가라 할 수 있다.

희극 대표작「찻집」

1946년 라오서는 미국 국무부의 초청으로 미국에서 강연을 했다. 『4대가 한 집에』는 이때 미국에서 최종적으로 완성했다. 이 작품은 『고서 예술인(鼓書藝人)』과 함께 영역 출간되었다.

1949년 중화인민공화국이 성립되자, 라오서는 곧바로 귀국했다. 그리고 14년 동안 떨어져 지낸 베이징에 안착하여 죽을 때까지 떠나지 않았다.

중일전쟁 전까지 라오서는 주로 소설을 창작했다. 그러나 전쟁 이후에는 극본과 통속 문예에 심혈을 기울였고, 신 중국 이후에는 주로 희극에 매진했다. 희극이 사람들의 일상생활을 더 신속하게 반영할 수 있다고 판단했기 때문이다.

3막으로 이루어진 화극「용수염 개울(龍須溝)」은 새로운 중국의 변화를 다룬 극본이다. 용수염 개울은 베이징 남쪽 톈차오天橋의 동쪽을 흐르는 시궁창이다. 여기는 썩은 물, 쓰레기, 분뇨 등이 가득하여 악취가 풍기는 곳으로 유명했다. 그 양쪽 언덕에는 하층 노동자들의 판자집이 늘어서 있었다. 용수염 개울은 바로 그들의 비참한 삶을 상징한다.

새 정부는 동단東單과 시쓰西四 및 꾸러우鼓樓 주변 등 번화한 곳을 뒤로 미루고, 가장 먼저 이 냄새나는 개울을 정리했다. 이처럼 개울이 새롭게 단장하자 주민들의 생각도 바뀌기 시작했다. 국민당 정부와 공산당 정부의 차이를 실감한 것이다.

잠시 본론에서 벗어난 이야기지만, 라오서는 6.25 때는 중국군을 따라 1953년 겨울 압록강을 건너 우리나라를 찾았다. 직접 병사들과 생활하며 그 체험담을 소설로 남길 생각이었다. 그래서 중국군이 참전했던 '대머리산 전투'에 대한 자료를 읽고, 병사들의 경험담을 듣고 소설을 썼다. 그렇게 완성한 작품이 『무명고지가 이름을 얻다(無名高地有了名)』이다. 이 작품은 문학적 가치보다는 보고문학적 성격이 강하다. 비록 중국인 입장에서 서술한 것이지만, 우리와 인연을 남긴 작가로 기록에 남게 되었다.

라오서는 이밖에도 「네모난 진주(方珍珠)」, 「봄에는 꽃피고 가을에는 열매 맺고(春華秋實)」, 「서쪽에서 창안을 바라보다(西望長安)」, 「여점원女店員」, 「가족사진(全家福)」 등의 극본을 창작했다. 그 가운데 가장 유명한 작품은 「찻집(茶館)」이다.

「찻집」은 3막으로 이루어진 신극이다. 이 작품의 무대에는 위타이裕泰 대형 찻집이 놓여 있다. 위타이 찻집은 전형적인 베이징 찻집인데, 작은 방마다 온갖 부류의 사람들이 모여 앉아 얘기를 나누는 사회의 축소판이다.

제1막의 시대적 배경은 1898년 가을 무술정변이 실패한 뒤이다. 당시 찻집의 풍경을 살펴보면 건달들이 죽치고 앉아 있었다. 그리고 인신매매꾼은 공개적으로 장사를 했다. 돈과 권세를 거머쥔 방龐 태감은 여자를 사고, 진이야秦二爺는 기업을 육성해 나라를 구해야 한다며 일장 연설을 늘어놓았다. 강직한 성격의 팔기 자제 상사야常四爺는 "대청 제국이 곧 멸망할 것이다"라고 말했다가 그 자리에서 비밀 공작원에게 붙잡혀 갔다. 젊고 붙임성 있는 찻집 주인 왕리발王利發은 이런 여러 부류의 손님들 비위를 맞추며 그럭저럭 사업을 이끌어 갔다.

제2막은 그로부터 10여 년이 흐른 뒤, 군벌들이 혼전을 거듭하던 시기이다. 차츰 왕리발의 사업이 쇠락하는 과정을 보여준다. 다행히 왕리발은 꽉 막힌 사람이 아니라 시대의 흐름을 읽을 줄 알았다. 위타이 찻집은 구태를 벗고 '개량'을 거쳐 크게 변했다. 좌석도 작은 탁자와 등나무 의자로 바꾸고, 탁자 위에는 일률적으로 연두빛 식탁보를 깔았으며, 벽에는 외국 담배 회사의 광고를 걸었다. "국사를 논하지 않는다"는 원칙만 변함없이 지켜지고 있었다.

그러나 시국이 위태로워지면서 곧 성문이 닫힌다. 그러나 왕리발은 숙소의 손님들에게 줄 푸성귀를 마련하지 못했다. 더구나 찻집은 영수증도 없이 군량미를 대고 보호비를 지출하느라 상황이 악화되었다. 이처럼 다들 경기가 나쁜 와중에도 제1막에 나왔던 점쟁이 당철취唐鐵嘴만은 호황을 누렸다. 연초부터 민심이 불안하쟈, 너도나도 점집을 찾았기 때문이다.

이제 팔기 자제 상사야는 날품팔이가 되었다. 그리고 그를 붙잡아 갔던 청나라 조정의 비밀 공작원은 재빨리 변신하여, 군벌 휘하에서 같은 임무를 수행했다. 인신매매꾼 유마자劉麻子는 여전히 그 일을 했는데, 더 이상 살아남지 못하고 도망병으로 내몰려 거리에서 목이 달아났다.

제3막이 오르면, 항전을 승리로 이끈 뒤 왕리발은 호호백발의 노인이 되어 있다. 그러나 사업에 대한 열의는 식지 않아, 여종업원을 고용하여 하루가 다르게 쇠락하는 찻집을 살릴 궁리를 했다. 찻집을 출입하는 사람들도 세대가 바뀌었다. 비밀 공작원의 아들은 대를 이어 비밀 공작원이 되고, 당절취의 아들도 엉터리 점괘로 사람들을 속여 '작은 당절취'가 되었다. 유마자의 아들만큼은 아버지보다 출세하여,

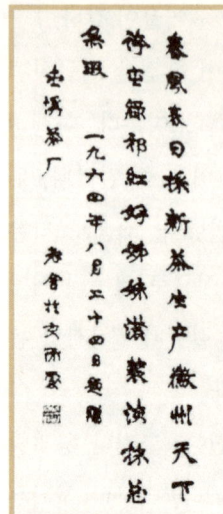

라오서의 친필

국민당의 모 처장과 결탁해 위타이 찻집을 집어삼킬 궁리를 했다.

어느 날 왕리발과 상사야, 진이야 세 노인이 찻집에서 다시 만난다. 상사야는 땅콩을 팔며 소일하고, 진이야는 기업을 육성하여 나라를 구한다는 꿈을 접은 지 오래였다. 외로운 세 노인은 지전을 뿌리며 스스로를 추모할 뿐이었다. 이 얼마나 침통한 풍경인가!

「찻집」은 바로 한 편의 중국 근대 사회사이다. 원칙대로 한다면, 극본을 쓰며 극적 갈등을 부각시켜야 한다. 그러나 라오서는 처음으로 풍경화 같은 희극이라는 새로운 형식을 시도했다. 3막은 3폭의 풍경화로서, 각기 다른 역사를 대표하고 있다. 관중은 극장에 앉아 그 맛을 음미하면 되었다.

극중 인물의 개성적이고 유머 있는 언어는 관중을 사로잡았다. 단순히 이 희극이 가진 역사적 무게만으로도 관중을 일깨우기 충분한 작품이다.

라오서는 문화대혁명의 광풍을 피하지 못하고 죽임을 당했다. 애국자이자 대문호로서 '인민 예술가'란 칭호까지 받았지만, 예순일곱의 나이에 홍위병들에게 치욕을 당한 뒤 베이징사범대학 남쪽의 타이핑太平 호수에서 시체로 발견되었다. 그의 죽음은 아직까지 해결되지 않고 남아 있다.

그러나 많은 독자들은 그를 잊지 않았다. 4인방이 축출된 뒤, 라오서의 작품은 다시 출판되어 많은 이들의 사랑을 받았다. 「용수염 개울」, 「낙타 샹쯔」, 「4대가 한 집에」, 「찻집」 등은 차례로 영화와 TV연속극으로 되살아나 새로운 세대를 감동시켰다. 그가 창시한 '베이징 소설'이란 유파도 갈수록 발전했다. 앞으로도 베이징이 존재하는 한, 라오서는 베이징인과 중국인의 가슴속에서 영원히 살아 있을 것이다.

검은 집을 탈출한 무정부주의자

바진巴金

바진의 커리커처

봉건의 새장 속을 뛰쳐나온 바진

바진巴金은 『집(家)』, 『봄(春)』, 『가을(秋)』의 작가이다. 그의 소설은 현대 중국의 청년들에게 커다란 영향을 끼쳤다. 특히 가정의 울타리에서 벗어나 용감하게 혁명에 뛰어든 봉건 가정의 청년들은 대부분 그의 소설에서 많은 용기를 얻었다. 그들처럼 작가도 봉건 가정 출신이었다. 그는 자신이 겪은 뼈저린 체험을 바탕으로, 절대 봉건세력과 타협하지 않았다.

그의 본명은 리야오탕李堯棠이고, 자는 페이간芾甘이다. 바진은 그의 필명이다. 그는 1904년 쓰촨성四川省 청두城都의 봉건 가정에서 태어났다. 그의 할아버지와 아버지는 모두 관리였고, 4대가 함께 사는 대가족이었다. 그의 집안은 어른만 20여 명이고, 형제자매는 30여 명이며, 하인이 40~50명이나 되었다.

바진은 어릴 때부터 두각을 나타내어 『고문관지古文觀止』 2백여 편을 모두 막힘없이 외웠다. 그러나 한편으로 너무 어린 나이에 큰 저택에서 억압적인 분위기를 경험했다. 할아버지는 정이 없는 완고한 노인이었고, 숙부들은 노는 데만 신경 쓰는 한량이었다. 바진은 일곱에는 어머니를, 열세 살 때는 아버지를 여의었다. 그래서 당시 스물도 되지 않은 큰형이 가정을 책임지는 중책을 떠맡았다. 그들은 분가해서 살았지만, 친척들과의 원한과 싸움이 그치지 않았다. 원래부터 유약했던 장손인 큰형은 더 많은 스트레스를 받아, 큰 소리 한 번 못 치고 신경쇠약에 걸렸다. 이처럼 바진은 어려서부터 봉건 가정의 폐해를 뼈저리게 체험했다.

그의 말에 따르면, 어린 자신을 일깨워 준 세 분의 선생님이 있었다고 한다. 첫 번째는 그의 어머니이다. 어머니께서 직접 고대 문인의 글을 붓으로 써서 아들을 가르쳤다고 한다. 더 중요한 가르침은 집안의 하인들을 포함하여 모든 사람을 사랑하라고 가르쳤다는 점이다. 그러나 안타깝게도 너무 일찍 그의 곁을 떠나고 말았다.

젊은날 귀공자 타입의 바진.

두 번째는 그의 집 가마꾼이다. 그는 평생 고생만 한 사람이었는데, 바진에게 "불은 속이 비어야 하고, 사람은 마음이 충성되어야 한다"고 일러주었다. 그는 바진에게 바깥세상을 알려주었다. 또한 먼저 좋은 사람이 되어야 하고, 사람들에게 진실해야 하며, 남을 속이지 말고 자기 생각만 강요하면 안 된다는 점을 일깨워 주었다.

세 번째는 그의 동창이다. 그는 "일하지 않으면 먹지 않는다"는 자신의 신조를 실천하려고 학비도 재봉일을 하여 충당하고, 집에는 일체 손을 벌리지 않았다고 한다.

바진은 이런 좋은 사람들에게 영향을 받으며 자랐다. 그 결과 인생을 사랑하고, 정의를 지향하며, 노동자를 동정하고 권력자를 증오하는 사상을 가지게 되었다. 이는 이후 그가 문학을 창작할 때 주요한 주제가 되었다.

'5·4운동'은 중국의 모든 지식 청년들의 마음을 뒤흔들어 놓았다. 바진은 『신청년』과 『매주평론』 등이 나올 때마다 빼놓지 않고 구입하여, 그것을 읽고 사람들과 열띤 토론을 벌였다. 그의 큰형도 예외는 아니었다.

열여섯이 되자, 바진은 청두의 외국어전문학교에 입학하여 외국 문학이라는 거대한 보물 창고를 발견했다. 그는 많은 외국 소설을 접함과 동시에, '균사均社'라는 청년 단체 활동에도 적극 참여했다. 이 단체는 아나키즘, 곧 무정부주의적 색채를 띤 단체였다.

무정부주의는 착취에 반대하고, 노동자의 권익을 외치는 주장인데, 정부가 있는 한 궁극적으로 자유와 평등을 얻을 수 없다고 생각하는 사상이다. 그래서 모든 정부 기관을 없애야만 국민이 원하는 바를 이루고, 행복한 생활을 누릴 수 있다고 생각한다. 그러나 이는 유치한 생각일 뿐이다. 나중에 바진도 이 사실을 깨달았지만, 처음에는 여기에 심취하여 깊은 영향을 받았다.

바진은 결국 가정이라는 새장에서 뛰쳐나와 공부하려고 상하이로 갔다. 그는 그곳에서 베이징대학을 목표로 열심히 공부했다. 그런데 자신이 폐병에 걸렸다는 진단을 받아 얼마 동안 요양해야 했다. 그러다가 1927년, 스물셋의 나이로 프랑스에 유학을 떠났다. 그곳으로 간 것은 무정부주의 운동의 중심지에 가서 깊이 있는 이론을 학습하고자 해서이다.

첫 번째 장편소설 『멸망』

바진이 머물렀던 곳은 파리수녀원에서 매우 가까웠다. 날마다 수녀원의 종루에서 종소리가 울려 퍼지면 바진은 고향 생각이 간절해졌다. 그러나 당시 고향에서는 군벌 통치에 대항하던 많은 청년들이 피를 흘리고 있었다.

바진도 자신의 뜨거운 피를 분출할 방법을 찾아야 했다. 결국 그는 자신의 감정을 표현하고자 소설 창작이라는 방법을 선택했다. 이렇게 해서 공개적으로 발표한 첫 번째 소설 『멸망滅亡』이 탄생했다. 이 작품은 수많은 밤을 지새우며 파리수녀원의 종소리를 벗 삼아 연습장에 적은 글이다. '바진'이란 필명은 이때 처음 쓰기 시작했다.

『멸망』의 주인공은 두따신杜大心이라는 청년 혁명가이다. 그는 폐병을 심하게 앓고 있었지만, 자신의 목숨을 걸고 혁명 활동에 헌신했다. 당시처럼 칠흑같이 어두운 사회에서는 혁명만이 온 힘을 쏟아야 할 대상이었다. 그에 비해 사랑은 한낱 사치에 지나지 않았다.

그러나 그러한 상황에서도 그의 생활 속에 사랑이 파고들었다. 리징수李靜叔라는 아가씨와 사랑에 빠진 것이다. 그렇지만 나중에 군벌 통치에 앞장서던 사람을 암살하려고 하다가 붙잡혀, 결국 목이 달아나고 말았다.

작가의 말에 따르면, '멸망'이라는 이름에는 두 가지 의미가 있다고 한다. 하나는 반대 세력은 반드시 멸망하리라는 저주이고, 다른 하나는 혁명가를 찬양하는 뜻이 담겨 있다. 그들도 반항하다가 '자신의 목숨까지 잃을 수 있다는 것'을 알고 있었다. 하지만 끝까지 의연하게 뒤도 돌아보지 않고 앞으로 나간 것이다. 얼마나 비장한 모습인가.

이 소설은 바진의 친구가 그를 대신하여 『소설월보』에 투고했다. 그리고 당시 편집 주간이던 예성타오와 정전둬는 바진의 재능을 알아보고 곧바로 발표를 결정했다. 원래 이 소설은 바진이 자신의 큰형에게 보여주려고 쓴 글이라고 한다. 하지만 정작 큰형은 이 소설을 이해하지 못했다. 오히려 예성타오와 정전둬라는 '문단의 큰형'이 그의 진가를 알아보고 문학 창작이라는 길로 그를 인도했다.

사람을 잡아먹는 봉건 예교를 피눈물로 기록하다

바진은 2년 동안 프랑스에 머물다가 1929년 귀국했다. 그 뒤 바진은 번역과 소설 창작을 병행했다. 1931년은 그의 창작 활동이 최고에 달한 시기였다. 이때 그는 총 8만여 자에 달하는 10권의 소설을 창작했다. 그 유명한 『집(家)』도 이 시기에 탄생했다.

이 집은 몇 대가 함께 살며 많은 하인을 부리는 봉건 관료의 대가정이었다. 대문에는 한 쌍의 돌사자가 침묵을 지키며 양쪽에 자리 잡고 있었다. 검게 칠한 대문을 열면, 마치 괴수 한 마리가 무엇이든 집어삼킬 듯 입을 쫙 벌린 것 같았다. 양쪽 문에는 종이로 싼 커다란 등을 걸었다. 그리고 기둥에는 대련이 새겨진 나무판자를 걸었는데, 여기에는 붉은 바탕에 예서체로 쓴 여덟 글자가 새겨져 있었다.

"국가의 은혜로 가정은 경사롭고, 백성은 장수하며 해마다 풍년일세(國恩家慶, 人壽年豊)."

이처럼 음산한 공관의 최고 권위자는 가장 나이가 많은 할아버지였다. 그의 말 한마디가 곧 가정의 법도였다. 그는 늘 엄숙한 표정에 말이 없었다. 그가 집에 있으면 집안사람들은 웃을 수도 없었다. 그는 맨손으로 관리가 된 뒤 가업을 이루었으니, 어떻게 그를 공경하지 않을 수 있겠는가?

그런 할아버지는 생각이 완고하여, 손자인 줴후이(覺慧)가 학생운동에 가담했다는 소식을 듣자 곧바로 그를 불러 호되게 꾸짖었다. 그리고는 장손인 줴신(覺新)에게 줴후이가 바깥출입을 못하도록 감시하라고 일렀다. 줴신과 줴민(覺民), 줴후이는 종갓집의 삼형제이다.

맏형인 줴신은 준수한 외모에 총명한 사람이라, 중·고등학교 시절에 언제나 1등을 놓지 않았다. 그는 졸업한 뒤 상하이나 베이징의 명문 대학에 진학한 다음, 다시 독일로 유학을 가려고 했다.

그러나 그가 졸업하던 날 밤, 갑자기 아버지가 방에 찾아오셨다. 아버지는 할아버지께서 하루 빨리 증손자를 안아 보고자 하시며, 자기 생각도 그렇다고 전했다. 아울러 이제는 자신도 나이가 들어 쉬고 싶은데 자기 대신 집안일을 맡아서 할 사람이 필요하니, 어서 장가를 들어 가사를 맡으라고 했다. 이 몇 마디 말로 쮀신의 미래는 모두 사라져 버렸다.

유약한 쮀신은 아버지의 말에 순종할 수밖에 없었다. 할아버지와 아버지의 뜻을 어떻게 거역할 수 있단 말인가? 그러나 집으로 돌아온 그는 자신의 꿈을 잃어버린 서러움에 이불을 뒤집어쓰고 목 놓아 울었다.

그는 원래 사촌누이인 메이梅를 깊이 사랑했다. 그러나 아버지는 리李씨네 딸과 결혼하라고 강요했다. 이는 아버지가 먼저 구혼 대상자 명단에서 상대를 추린 다음, 다시 제비뽑기로 뽑은 아가씨였다. 이렇게 쮀신과 메이의 사랑은 어처구니없이 끝났다. 이런 모든 과정을 겪으면서 쮀신은 삶의 의미와 활력을 잃었다. 쮀신의 나이 스물이었지만, 마음은 이미 반쯤 죽어 버렸다.

그는 어느 직장에서 일의 보람이라곤 전혀 느낄 수 없는 임시직으로 일하면서 한가하게 하루하루를 보냈다. 다행히 새로 맞이한 아주머니 루이쮀瑞珏가 아름답고 현명하여 쮀신에게 일말의 위로가 되었다. 그런데 오래지 않아 아버지가 세상을 떠나자, 쮀신은 종갓집 장손으로서 집안의 모든 일을 떠맡아야 했다.

그가 맡은 집안은 어느 구석 하나 호락호락한 곳이 없었다. 넷째 삼촌과 다섯째 삼촌은 손아랫사람들에게 이렇게 가르치는 사람들이었다.

"다닐 때에는 고개를 돌리지 말고, 말할 때에는 입술을 삐죽거리지 말고, 앉을 때에는 무릎을 움직이지 말고, 걸을 때에는 치마를 펄럭이지 말라."

그러면서 정작 자신들은 날마다 기생과 놀아나고, 집밖에는 첩까지 두고서 난봉꾼처럼 살았다. 특히 다섯째 삼촌은 아내의 패물을 훔쳐 전당포에 잡히고 도박을 하다가 들켜, 할아버지 앞에서 무릎을 꿇고 뺨을 맞는 수모를 당했다. 할아버지도 젊었을 때에는 첩을 둘이나 두었다. 그들은 이처럼 봉건 가장의 추태는 용납하면서, 젊은 세대의 순수한 애정과 미래에 대한 꿈은 용납하지 않았다.

쮀신은 넷째 삼촌네와 다섯째 삼촌네의 트집과 소란에 맞서 '적당주의'와 '무저항주의'로 일관했다. 애써 가장 자리를 유지하면서 그들을 대우하고, 함께 마작을 하며 물건을 대신 사주는 등 환심을 사려고 노력했다. 이 모두가 집안을 안정시키려는 고육책이었다. 그러나 이런 날이 오래갈 수 없었다.

쮀후이의 성격은 큰형과 전혀 딴판이었다. 그는 가오高씨 가문 안에서 유치하지만 대담한 반역자였다. 그는 학교에서 학생운동을 주동한 사람 가운데 하나였다. 그는 신문화와 신사조를 스펀지처럼 흡수하여, 신문화를 알리는 글을 썼다. 또 군벌의 만행을 반대하는 청원 운동에도 참가하고, 거리에 나가 전단을 뿌리기도 했다. 집안에서 할아버지를 두려워하지 않는 유일한 사람이 바로 그였다. 할아버지의 명령이 그의 몸은 가둘 수 있었지만, 그의 정신은 절대 묶어 둘 수 없었다.

쮀후이는 자기 집의 하녀인 밍펑鳴鳳을 사랑했다. 당시처럼 문벌을 중시하던 사회에서 대갓집 도련님이 하녀를 사랑한다는 것은 매우 충격적인 일이다. 그러나 신사상의 세례를 받은 줴후이는 사람은 누구나 평등하다고 믿었다.

그런데 뜻밖에도 할아버지가 열일곱 된 밍펑을 펑야오산馮樂山의 첩으로 주면서 그의 애정사는 종지부를 찍었다. 예순에 가까운 영감 펑야오산은 겉으로는 도덕군자인 체했지만, 사실은 호색한이었다.

이렇게 되자 평소 그토록 선량하고 온순하던 밍펑도 자신의 의사를 분명히 밝혔다. 펑야오산에게 가기 전날 밤, 그녀는 마지막 희망을 품고 줴후이를 찾아갔다. 하지만 줴후이는 원고를 번역하고 선전활동에 몰두하느라, 평소답지 않은 밍펑의 모습을 알아채지 못했다. 그는 나중에 둘째형에게 소식을 전해 듣고서 서둘러 밍펑을 찾아갔지만, 때는 이미 늦었다. 밍펑은 화원에서 한참 배회하다가, "셋째 도련님"을 목 놓아 부르며 호수에 몸을 던진 뒤였다.

이보다 더 젊은이의 마음을 아프게 하는 일이 또 어디에 있겠는가? 줴후이는 용기 없는 자신의 행동으로 밍펑을 희생시킨 자신이 한스러웠다. 그리고 이런 가정과 사회가 한스러웠다. 그는 집은 더 이상 머물 곳이 아니라는 사실을 깨닫고 뛰쳐나갈 궁리를 모색했다.

이같이 음산한 가정의 비극은 끝없이 이어졌다. 줴민에게도 비극이 시작되었다. 둘째 줴민은 줄곧 사촌 여동생인 친琴을 사랑했다. 그런데 할아버지는 자신의 예순여섯 생일날 펑야오산의 조카와 줴민을 결혼시키자고 약속했다. 줴신과 줴후이가 겪었던 비극을 또다시 겪게 되었다. 그러나 줴민은 가만히 있지 않았다. 그는 줴후이의 도움으로 집에서 도망쳐 나와 아무도 모르는 곳에 숨었다. 줴후이는 할아버지의 호통과 추궁에도 아랑곳하지 않았다. 그러나 줴신은 중간에 끼여 어찌할 바를 몰랐다.

줴신의 고민은 이것으로 그치지 않았다. 그가 내심 사랑했던 사촌

누이 메이가 과부가 되어 집으로 돌아온 것이다. 그녀는 루이줴 아주머니에게 자신의 절망적인 심정을 낱낱이 털어놓았다. 하지만 마음의 병을 이기지 못하고 그녀는 우울증으로 고생했다. 그러다 결국 불행한 일생을 마감했다. 이는 봉건 예교의 잔인성을 여실히 보여주는 증거이다.

마침내 완고하던 할아버지도 세상을 떠날 때가 되었다. "사람이 죽을 때가 되면 말이 착해진다"는 말처럼, 죽을 날이 다가오자 좀 인성을 회복하는 듯했다. 그는 노름과 계집질에 빠진 아들들의 모습에 절망했다. 아울러 줴후이에게는 줴민의 혼사를 없던 일로 하겠다는 뜻을 전달했다.

그러나 대가족을 이끄는 봉건세력은 할아버지의 죽음으로도 힘을 잃지 않았다. 할아버지가 죽자 천陳씨 이모와 몇몇 삼촌들의 다툼은 더 심해졌다.

루이줴瑞珏 아주머니가 출산을 하려하자, 천씨 이모는 할아버지의 영구에 부정을 탄다며 억지를 부렸다. 순종적인 줴신은 할 수 없이 아주머니를 성 밖으로 보내 출산하도록 했다. 그러나 산후 조리를 제대로 하지 못해, 루이줴 아주머니는 시골의 낡은 집에서 죽고 말았다. 이 일로 받은 줴신의 충격은 이루 말할 수 없었다. 그는 자신의 연약함이 그녀를 죽음으로 이끌었다고 심하게 자책했다. 또한 아주머니의 죽음은 집을 나가려는 줴후이의 결심과 반항심에 기름을 부었다.

할아버지가 중병에 걸리자, 천씨 이모와 셋째 삼촌은 도사를 불러다 굿을 한다며 한바탕 난리 법석을 떨었다. 다른 사람은 감히 한마디도 못했지만, 줴후이는 도저히 참을 수 없었다. 그래서 도사가 굿을 하는 동안 천씨 이모와 셋째 삼촌에게 심하게 반발했다. 그의 통렬한 질타에 굿에 참여한 어른들조차 부끄러워 얼굴을 들지 못했고, 결국 귀신은 잡지 못했다.

아주머니의 죽음은 줴후이에게 이 집에서는 잠시도 더 있지 못하겠다는 생각을 심어 주었다. 큰형도 처음에는 그를 만류했지만 결국에는 보내 줄 수밖에 없었다. 그는 이 가정에는 반역자가 필요하며, 자기 동생이 집안에는 나처럼 순종적인 사람만 있는 것이 아니라는 점을 각인시켜 주기를 바랐다. 그 대상은 물론 천씨 이모와 셋째 삼촌, 다섯째 삼촌 등의 무리였다.

열여덟의 줴후이는 마침내 집을 뛰쳐나갔다. 집을 둘러싼 높디높은 담장도 더 이상 시대의 격류를 막을 수는 없었다.

'격류 3부곡'의 나머지 작품들

바진의 『집』은 '격류激流 3부곡'의 첫 번째 작품이다. 그는 이어서 나온 『봄』과 『가을』에서도 대가정의 일을 다루었다.

『봄』의 주인공은 두 여성이다. 한 명은 큰 외삼촌의 딸인 후이惠이고, 다른 한 명은 셋째 삼촌의 딸이자 가오高씨 형제의 사촌 여동생인 수잉淑英이다.

후이의 아버지 저우보타오周伯濤는 상사에게 잘 보이려고 딸 몰래 혼사를 결정했다. 사윗감인 정궈광鄭國光은 봉건 잔재를 지닌 인물로서, 몇 편의 고문을 통해 저우보타오의 눈에 들었다.

사실 정궈광은 인품도 좋지 않으며 성질도 나빴다. 그래서 시집간

후이는 온갖 고초를 겪어야 했다. 스무 살의 후이는 자신이 하루하루를 갉아먹는 노인이자, 갈 길을 못 찾아 헤매는 장님 같다고 생각했다. 그녀는 내심 줴신을 사랑했지만 그에게 표현할 방법이 없었다. 나중에 그녀는 할머니 댁에서 병에 걸려, 결국 병원에서 쓸쓸히 생을 마감한다. 또 한 명의 여성이 운명의 희생양이 된 것이다.

가오수잉의 운명은 그래도 한결 나았다. 그녀는 원래 잘 웃는 아가씨였다. 그녀의 혼사는 할아버지가 살아 계실 때 변호사 천陳씨의 둘째 아들과 하기로 결정되었다. 그런데 그 사람은 업무도 게을리 하고, 더구나 도박과 오락에만 빠져 있었으니 수잉의 앞날이 어떠했겠는가?

그때 줴후이와 줴민 및 친琴 등이 그녀를 일깨워 반항할 힘을 키워 주었다. 결국 그녀는 아버지의 명을 거역하고 집을 뛰쳐나와, 줴후이를 찾아 상하이로 갔다. 반항은 그녀에게 자유를 안겨 주었다. 이제 그녀의 맘속에는 '봄은 우리 것이다'라는 생각이 자리 잡았다.

마지막으로 『가을』은 가오高씨 가문의 몰락을 기록했다. 이 가정은 겉으로는 번듯한 모습이었지만, 속으로는 이미 썩을 대로 썩어 있었다.

넷째 삼촌과 다섯째 삼촌은 아무 거리낌 없이 추태를 부렸다. 그들은 단오절에 공공연히 여배우를 집으로 끌어들여 소동을 벌였다. 그런가 하면 다섯째 삼촌은 화원 누각에 있는 편액을 훔쳐서 내다 팔기까지 했다.

또 끊임없이 젊은이들의 목숨을 무참하게 짓밟았다. 넷째 숙모는 하녀인 첸얼倩兒이 병에 걸리자, 돌봐 주기는커녕 줴신에게 상관하지 말라고 핀잔을 주었다. 죽더라도 자신이 돈을 주고 사들인 하녀이니 눈독들이지 말라는 말까지 했다. 결국 첸얼은 허무하게 죽었고, 줴신은 불쌍한 그녀를 위해 자신의 돈으로 관을 마련하여 묻어 주었다.

열다섯밖에 되지 않은 다섯째 삼촌의 딸은 숙모의 학대를 견디지 못하고 우물에 투신자살했다. 그리고 메이枚 도련님도 오래지 않아 폐병으로 죽었다.

엎친 데 덮친 격으로 줴신의 회사에 불까지 났다. 그런데 천陳씨 이모는 동정을 베풀기는커녕, 줴신이 그들을 위해 사준 증권이 불타 버린 것을 빌미로 손해 배상을 요구했다. 셋째 삼촌이 죽자, 넷째 삼촌과 다섯째 삼촌의 싸움은 더욱 치열해졌다. 이제 줴신도 더 이상 끼어들 여력이 없었다.

줴민은 가을도 멀지 않아 지나갈 것이라며 형을 위로했다. 결국 가오씨 저택이 팔리면서 할아버지가 맨손으로 이룩한 가오씨 가문은 철저하게 몰락했다. 그리고 줴신은 자기를 사랑하던 하녀 취환翠環과 결혼하여 마침내 자신만의 조용한 삶을 얻었다. 줴민은 밝은 앞날을 기약하며 친琴과 혼례를 치렀다. 수잉과 수화淑華도 봉건 가정의 굴레에서 벗어나 자신만의 삶을 찾았다. 이처럼 생활의 격류가 한바탕 휘몰아쳐 나갔다.

바진의 작품과 그의 삶

우리는 『집』과 『봄』, 『가을』이란 작품을 통해, 작가 자신의 가정이 드리운 그림자를 어렵지 않게 짐작할 수 있다. 완고한 할아버지는 다름 아닌 작가의 할아버지였다. 그리고 바진의 삼촌은 소설 속의 다섯째 삼

가족들과 함께 다정한 시간을 보내며

촌처럼 아내의 패물을 몽땅 팔아 엉뚱한 일에 쓰다가 빚까지 졌다.

또한 '적당주의'로 일관한 줴신은 바진의 큰형이 분명하다. 실제 바진의 큰형은 자살했는데, 그즈음 바진은 『집』에서 '큰형 노릇을 하는 사람'을 쓰고 있었다. 형의 자살 소식을 접한 바진은, 좀 더 일찍 책을 출판해 형이 보았더라면 이런 비극은 없었으리라는 생각에 심한 고통에 시달렸다.

그러나 바진은 이 사건을 발판으로 더 좋은 소설을 써야겠다고 결심했다. 세상은 신구 문화가 교체하며 이미 신시대의 서광을 접했다. 그러나 아직도 세상에는 옛 도덕의 짐을 벗어버리지 못한 큰형과 같은 젊은이가 얼마나 많은가? 바진은 그들에게 용기를 주고자 했다.

줴후이의 사상과 감정은 대부분 작가 자신의 것이다. 바진은 불같은 열정을 지닌 청년이었다. 그가 증오하는 봉건 예교와는 절대로 양립할 수 없었다. 그는 줴후이의 입을 빌어 할아버지의 시대는 이미 지나갔다고 외쳤다. 이는 작가 자신의 외침이기도 하다.

작가 자신의 말에 따르면, 원고지를 대할 때마다 온몸에 불이 붙은 듯한 느낌이 들었다고 한다. 참담한 장면과 고통 받는 영혼의 모습을 붓 끝에 형상화시키면서 건강과 피곤함을 잊고 끊임없이 생각에 잠기곤 했다. 그는 자신의 모든 생명을 오로지 창작에만 쏟아 부었다.

그렇다고 작품의 내용을 단순히 작가 개인의 자서전으로만 이해해서는 안 된다. 바진은 대표적인 봉건 가족의 몰락을 통해 모든 봉건 제도의 몰락 과정을 기록한 것이다.

중일전쟁이 터지자 바진은 애국의 열정이 솟구쳐 올랐다. 그는 항일 선전 활동에 적극 참여하면서 마오둔茅盾과 함께 항전 문학 간행물인 『외침(吶喊)』의 주편을 맡았다. 사실 그는 1936년부터 루쉰, 궈모뤄, 마오둔 등과 함께, 문예계가 단결하여 언론의 자유를 쟁취하자는 선언문을 발표했다. 바진은 어떤 문학 단체에도 가입하지 않았지만, 당시 진보적인 문학가들과는 밀접한 관계를 유지했다. 그가 주편을 맡은 『문학총간文學叢刊』에는 루쉰과 마오둔, 정전둬, 차오위曹禺 등의 작품을 실었다.

루쉰은 바진을 이렇게 평가했다.

"바진은 열정적이고 진보적 사상을 지닌 작가이다. 그는 좋은 작가의 대열에 손꼽을 수 있는 작가이다."

루쉰이 죽자 바진은 장례위원으로 참가하여, 자신이 존경하던 스승을 눈물로 떠나보냈다.

8년의 전쟁을 겪으며 바진은 상하이, 광저우, 한커우漢口, 쿤밍昆明, 청두成都, 충칭重慶, 구이양貴陽, 구이린桂林 등을 전전했다. 힘든 여정과 적군의 폭격에도 그는 손에서 붓을 놓지 않았다. 『봄』과 『가을』은 물론, 유명한 『게원憩園』과 『추운 밤(寒夜)』 같은 소설도 이때 완성했다.

소시민의 비극

장편소설 『추운 밤(寒夜)』은 어느 지식인 회사원의 비극을 다룬 작품이다

왕원쉔汪文宣과 아내 정수성曾樹生은 대학 졸업생이었다. 왕원쉔은 원래 이상과 열정을 가진 청년이었다. 그러나 한 회사에 들어간 뒤 폐병을 앓으면서, 차츰 아무 것도 못하는 소시민으로 전락했다. 그의 아내인 정수성은 아름다운 외모에, 잘 꾸미고 사교성도 뛰어난 은행원이었다. 그녀는 '꽃병' 같은 존재였다.

수성은 남편을 사랑했다. 그래서 그녀는 자신이 번 돈을 가족을 위해 쓰고, 아들은 '귀족학교'에 보냈다. 그러나 그런 며느리를 못마땅하게 여기는 시어머니 때문에 이 가정은 편안하지 않았다. 비극은 끊임없이 이어졌고, 결국 정수성은 그녀의 상사와 함께 충칭을 떠나 란저우로 가는 지경에까지 이르렀다.

그러나 수성은 결코 남편을 배신하지 않았다. 어머니의 책임도 잊지 않고 달마다 집으로 돈을 보냈다. 그러나 중일전쟁이 끝나고 충칭으로 돌아오니 남편은 이미 가난과 병으로 죽었고, 시어머니와 아들은 행방을 알 수 없었다. 정수성은 어두운 거리의 가로등 불빛 아래에서 찬바람을 맞으며 밤이 참 춥다고 느꼈다.

착한 사람은 복을 받는다고 하지만, 왕원쉔과 정수성처럼 착한 사람들도 가정 파괴와 죽음이라는 악운을 피할 수는 없었다. 작가는 독자들에게 그들이 '악한 사람이 득세하는' 시대에 살고 있음을 상기시켜 주었다. 그러나 추운 밤이 지나면 곧 동이 틀 것이고, 춥다고 느끼는 것은 새벽이 멀지 않았다는 증거이다.

바진은 또 『게원』이라는 중편소설도 썼다. 『추운 밤』이 소시민의 운명에 대한 비분과 애통함이었다면, 『게원』은 몰락한 계급에게 바치는 만가輓歌였다. 이밖에도 한 외과 병동에서 벌어지는 일상을 통해 전체 사회의 참상을 그린 『제4병실第四病室』이 있다. 이 세 작품은 모두 중일전쟁 때 창작했는데, '인간 3부곡' 이라고 부른다.

바진에게는 유난히 3부곡이 많다. 그는 '격류 3부곡' 과 함께 『안개(霧)』, 『비(雨)』, 『번개(電)』로 구성된 '애정 3부곡' 도 쓰고, 중일전쟁 때에는 '항전 3부곡' 도 썼다. 또 『복수집復讐集』과 『장군집將軍集』 등의 단편소설집도 출간했다.

먹구름에 가린 해

바진은 뛰어난 산문가였다. 『무제無題』, 『꿈과 취기(夢與醉)』, 『그리움(懷念)』, 『용龍·호虎·표豹』 등의 산문집을 출간했다. 또한 그는 능력 있는 번역가이기도 했다.

중일전쟁 이후에는 편집과 출판에 모든 정력을 쏟느라 소설을 많이 쓰지 않았다. 하지만 훌륭한 편집자라는 역할을 소화했다.

1950년, 한국에서 6.25사변이 일어났을 때 바진은 이미 쉰을 바라보고 있었다. 그럼에도 불구하고 그는 두 번이나 전쟁에 참가하여, 「우리는 펑더화이 사령관을 만났다(我們會見了彭德懷司令員)」 같은 산문과 『영웅들 틈에서 생활하다(生活在英雄們中間)』 같은 산문집을 냈다. 『영웅아녀英雄兒女』라는 영화는 바진의 소설 『대단원(團圓)』을 각색하

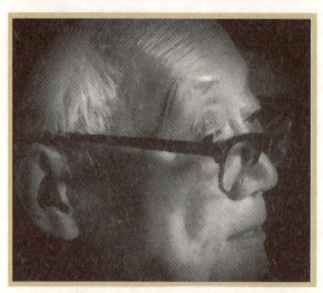

불멸의 작가로 우뚝 선 바진.

여 만든 작품이다.

그 역시 문화혁명 동안 '4인방'에게 심한 고초를 당했다. '4인방'은 '공산당에 반대하는 기성세대'인 바진을 철저히 탄압했다. 그들은 그를 옥에 가두고, 젊었을 때 한동안 심취했던 무정부주의라는 유령을 새삼 들춰냈다. 그리고는 문화혁명이 야기한 무정부적 혼란 상태가 전적으로 바진 탓인 양 몰아부쳤다. 바진의 부인은 문화혁명 기간에 스트레스로 죽기까지 했다.

그러나 바진은 강인했다. 그는 먹구름이 언제까지나 해를 가릴 수 없음을 알고 있었다. 당시 '4인방'은 바진이 더 이상 창작하지 못하도록 금지했다. 하지만 그는 골방에 숨어 당장 출판할 수는 없더라도, 언젠가는 후세에게 전할 정신의 보화를 만든다는 신념으로 붓을 든 손을 멈추지 않았다.

예상대로 '4인방'은 얼마 뒤 역사의 무대에서 사라졌다. 일흔을 넘긴 바진의 격정은 한 차례의 광풍에도 조금도 수그러들지 않았다. 그는 끊임없이 신작을 발표했다. 각종 '수상록'과 '창작 회고록'을 속속 출판했다. 1982년에는 이탈리아 단테학회에서 단테 국제명예상을 수상하기까지 했다. 그는 중국현대문학관을 건립하는 일에 특별한 애정을 가지고, 이를 위해 자신이 여러 해 동안 저축한 적지 않은 원고료를 흔쾌히 내놓기도 했다. 그리고 2005년, 바진은 불후의 명작들을 남긴 채 긴 생을 마감했다.

현대 중국의 셰익스피어

차오위 曹禺

연극 「뇌우」의 한 장면.

차오위의 학창시절

바진의 소설 『집(家)』, 『봄(春)』, 『가을(秋)』은 모두 영화로 만들어졌다. 특히 『집』은 당시 유명한 희극가인 차오위가 각색하여 현대 연극으로 만들기도 했다.

차오위曹禺의 본명은 완쟈바오萬家寶이다. 그는 1910년 텐진天津에서 태어났지만, 본적은 후베이성湖北省이었다. 쟈바오의 할아버지는 가난한 서당 훈장이었다. 그러나 아버지는 정부에서 주관하는 일본 유학의 기회를 잡아, 일본의 사관학교에서 공부했다. 그의 아버지는 귀국한 뒤 신해혁명이 일어나자, 중장 직책을 얻어 총통이던 리위안홍黎元洪의 비서로 일하기도 했다. 말년에는 한량으로 지내며 서양식 저택에서 살고, 많은 하인을 거느리는 등 호화롭게 생활했다.

쟈바오는 태어나자마자 어머니를 여의었다. 괴팍한 성격의 아버지는 언제나 식탁에서 아들을 훈계했다. 일상생활은 풍족했지만, 가정 분위기는 어린 그를 침울하게 만들었다.

쟈바오의 계모는 그의 친이모였다. 불행 중 다행인 것은 그녀에게 자식이 없어 쟈바오를 친자식처럼 대했다는 점이다. 계모는 연극을 무척 좋아했다. 그래서 어린 쟈바오는 그녀를 따라 극장을 출입하며 연극에 깊은 인상을 받았다.

유모인 돤마段媽도 쟈바오에게 많은 영향을 끼쳤다. 시골사람인 돤마는 온갖 고통을 겪은 사람이었다. 그녀의 입을 통해 쟈바오는 집밖에 또 다른 세계가 있음을 배웠다. 굶주림과 추위에 시달리는 사람들이 많다는 사실을 깨달았다. 빈부 격차가 심한 사회의 모습은 어린 쟈바오의 마음을 힘들게 했다. 이는 이후 그가 희곡을 창작할 때 깊은 영향을 끼쳤다.

이런 점에서 차오위는 바진과 많이 닮았다. 그들은 모두 관료 집안에서 태어나, 어릴 때 어머니를 여의었다. 그리고 인력거꾼이나 유모에게서 인생의 이치를 깨달았다.

차오위는 어릴 때부터 집에 가정교사를 두고 공부하여 학교를 가지 않았다. 또 아버지가 독서에는 관대하여 일찍부터 『홍루몽』, 『수호전』, 『경화연』 등 이른바 '공부에 도움이 안 되는' 소설들을 두루 섭렵했다. 그것만이 아니라 아버지는 그를 역학관譯學館으로 데리고 가 영어를 가르쳤다. 그 결과 나중에 외국 극본을 번역하는 데 많은 도움이 되었다.

젊은 날의 차오위.

열세 살이 되자 그는 난카이南開중학교 1학년에 편입했다. 5년 뒤에 중학교를 졸업하고는 난카이대학 경제학과 예과에 진학했다. 그러나 차오위는 경제학보다 문학에 관심이 많았다. 그래서 다시 시험을 보고 칭화淸華대학 서양문학과에 입학했다. 칭화대학을 졸업한 뒤에는 대학원에 진학하여 희극을 전문적으로 연구했다.

차오위는 이렇게 학교를 다니면서 희극에 대한 열정이 더욱 커졌다. 당시 중국에서 현대 연극은 아직 생소한 대상이었다. 그런데 그가 다닌 난카이중학교가 바로 현대 연극의 중심지였다. 차오위는 열정적으로 극본을 번역하고 각색하며, 무대에 올라 연기에 참여하기도 했다. 여자 배우가 부족할 때면 스스로 여장을 하고 출연해, 배역을 훌륭히 소화했다.

대학에 진학한 뒤에는 외국의 수많은 희곡 원작을 접할 수 있었다. 고대 그리스의 비극과 셰익스피어의 희극이 그의 마음을 뒤흔들어

놓았다. 그때부터 극본을 창작하겠다는 열망에 불탔다. 그리고 마침내 칭화대학 도서관에서 그의 첫 번째 극본이 탄생했다. 그것이 바로 유명한 「뇌우」이다.

폭풍우가 몰아치는 밤

모두 4막으로 구성된 「뇌우」는 1933년에 발표한 작품으로, 1923년 전후의 중국사회를 배경으로 봉건 가정의 비극을 그리고 있다. 근친상간과 주인공들의 비극적 결말이라는 점에서 그리스 비극의 원칙을 충실히 답습한 흔적이 보인다.

음산한 부잣집의 주인은 나이 쉰이 된 저우포위안周朴園이다. 그는 금테 안경 뒤로 날카로운 눈빛을 가진 사람이었다. 그는 큰 광산을 소유하고 그것이 가져다주는 막대한 이윤을 누렸다.

그러나 돈이 행복까지 가져다주지는 않았다. 집안에서는 그 누구도 그에게 마음을 터놓고 얘기하지 않았다. 아내인 판이繁漪는 본부인이 일찍 죽어 다시 맞아들인 후처로서, 그보다 20살이나 어렸다. 그런데도 아직 그의 서재에는 본부인의 사진이 걸려 있었다.

그만 그랬던 것이 아니다. 판이도 그에게 아무런 감정이 없었다. 나이로 치면 그는 그녀의 아버지뻘이었다. 더욱이 그는 언제나 가장이란 신분을 내세워, 아내에게 명령을 하거나 훈계를 늘어놓았다. 이처럼 침울한 분위기에 판이는 금방이라도 미칠 것만 같았다. 그녀는 고독감과 적막감에 괴로워하다가, 이윽고 저우포위안의 큰아들 저우핑周萍을 미치도록 사랑하게 되었다. 그는 전처가 낳은 아들인데, 따지자면 그녀의 아들이다.

저우핑은 스물일곱의 잘생긴 청년이었다. 그러나 그는 하루 종일 하는 일 없이 여자 뒤꽁무니만 쫓아다니는 인물이었다. 계모와 처음에는 관계가 모호하여, 집안의 하녀인 쓰펑四鳳에게 손길을 뻗쳤다.

열여덟의 쓰펑은 건강하고 활발하며 순수한 아가씨였다. 그런 그녀를 저우핑뿐만 아니라 둘째 아들인 저우충周冲도 사랑하고 있었다. 저우충은 판이가 낳은 아들인데, 당시 열일곱에 학생이었다.

쓰펑의 아버지 루꾸이魯貴는 저우씨 집안의 하인이었다. 그래서 쓰펑이 이 집에서 하녀 생활을 하는 것이다. 루꾸이는 노예근성이 가득하고, 비굴하면서도 탐욕스런 사람이었다. 저우씨 집안에서 일어나는 모든 일이 그의 손아귀 안에 있었다. 그는 딸이 첫째와 둘째 도련님과 사귄다는 사실을 알고, 뻔뻔스럽게도 딸에게 돈을 갈취하여 도박장을 들락거렸다.

쓰펑에게는 루따하이魯大海라는 오빠가 있었다. 그는 루꾸이의 친아들이 아니라, 어머니가 루꾸이와 재가하면서 데리고 들어온 아들이었다. 루따하이는 저우씨의 광산에서 노동자로 일했는데, 파업에 참가하여 노동자 대표가 되었다. 그래서 사장을 만나려고 저우씨의 집으로 찾아왔다. 루따하이의 어머니 스핑侍萍은 한 학교에서 잡역부로 일했는데, 때마침 판이의 부름을 받고 저우씨의 집을 방문했다.

판이가 스핑을 부른 이유는 쓰펑을 집에서 내보내는 일을 상의하려고 해서였다. 겉으로는 쓰펑이 둘째 아들 저우충과 어울리다가 격에 맞지 않는 결혼을 할까 봐 염려스럽다는 이유를 내세웠다. 하지만 그녀의 진짜 목적은 쓰펑을 쫓아내야 큰아들 저우핑을 확실히 차지할 수 있다는 계산에서였다.

저우씨의 집을 방문한 스핑은 가구와 집안 풍경이 익숙하여 언젠가 본 적이 있다는 느낌이 들었다. 그러다가 벽에 걸린 이미 고인이 된 안주인의 사진을 보고는 모든 것이 분명해졌다. 30년 전 저우씨가 아직 남쪽의 쑤저우蘇州에 있을 때, 작은 아들이던 저우포위안이 집안의 하녀를 꼬드겨 사내아이 둘을 낳은 적이 있었다. 이후 저우포위안은 쿼闊씨 아가씨와 결혼하려고, 눈보라가 몰아치던 음력 12월 30일 밤에 큰아이만 남겨둔 채 하녀와 병으로 죽을 것 같던 작은아이를 집밖으로 내몰았다. 나중에 들리는 얘기로는 그 하녀가 강물에 뛰어들었다고 한다.

그러나 그 하녀는 죽지 않았다. 물속에서 구출된 그녀는 먼 곳으로 간 뒤 시집을 두 번 갔다. 그러다 마침내 루씨 집안에 정착한 것이다. 그녀가 바로 쓰펑과 루따하이의 어머니인 동시에, 저우씨의 큰아들 저우핑의 생모인 스핑이었다. 자신의 딸 쓰펑이 저우씨 집에서 하녀로 일한다는 사실에 스핑은 너무나 기가 막혔다. 그런데 그보다 더 놀라운 일이 벌어질 줄 누가 알았겠는가.

마침내 스핑은 서재에서 저우포위안과 마주 앉았다. 30년의 풍상을 견디느라 그녀의 변한 모습에 저우포위안은 그녀를 금방 알아보지 못했다. 그러나 어렴풋이 어디선가 본 듯한 얼굴이라는 느낌을 받았다. 인간인 이상 어떻게 정이 없을 수 있겠는가? 저우포위안이 쓰펑을 불러 셔츠를 가져오라고 시키자, 스핑은 참지 못하고 입을 열었다.

"옷에 구멍이 나서 매화 수를 놓아 구멍을 매웠던 그 셔츠 말이군요."

그러자 저우포위안은 그녀를 알아보았다.

긴 세월 동안 저우포위안도 줄곧 양심의 가책을 느껴 왔다. 그렇지 않다면 그녀의 사진을 서재에 왜 걸어 놓았겠는가. 그런데 막상 스핑이 나타나자 가장 처음 떠오른 생각은, '결국 나를 찾아 여기까지 왔군' 이었다. 이에 그가 말했다.

"그래, 이제 와서 얼마를 바라는 거야?"

그러자 스핑은 차갑게 말했다.

"지난 30년 동안 나 혼자 모든 것을 이겨냈는데, 이제 와서 내가 무엇 때문에 당신에게 돈을 바라겠어요?"

그래도 저우포위안이 5천 원짜리 수표를 건네자, 스핑은 이를 받아 들고는 그 자리에서 찢어 버렸다. 그녀는 지금 이곳에 딸을 보러 왔을 뿐이었다. 그녀는 자신의 아들인 저우핑을 보면서 가슴이 찢어졌다.

한편 파업에 참가한 노동자 대표로 저우포위안의 집을 찾아왔던 루따하이는, 그 옛날 돈 때문에 인정을 저버린 저우포위안의 추악한 가족사를 알게 되었다. 그런데 저우핑은 그래도 아버지의 권위를 지키려고 루따하이를 때려 주었다. 그러나 저우핑과 따하이는 모두 스핑의 친자식이다. 이 일로 바람이 일었고, 이것은 뇌우가 몰아칠 징조였다.

결국 루꾸이와 쓰핑은 저우씨의 집에서 쫓겨났다. 물론 저우핑은 쓰핑을 놓치고 싶지 않았다. 술에 취한 저우핑은 날이 어두워지자 루씨의 숙소로 잠입했다. 아버지가 광산에 일자리를 마련해 놓은 터라, 그날 밤 쓰핑과 함께 기차를 타고 집을 떠나려 했던 것이다. 그러나 판이가 그를 놓아줄 리 만무했다. 저우핑마저 떠나면 판이는 더 이상 이 집에서 견디지 못할 것 같았다.

이렇게 저우핑이 쓰핑의 방에 몰래 들어가 옥신각신하고 있을 때, 밖에서는 천둥 번개가 치며 큰 비가 내린다. 그러자 공장에 있던 루따하이가 돌아왔고 스핑과 함께 쓰핑의 방에 들어갔다가 저우핑을 발견한다.

이렇게 되자 쓰펑과 저우핑은 자신들의 관계를 밝힐 수밖에 없었다. 쓰펑은 이미 임신 3개월째였다. 저우핑과 쓰펑은 스핑에게 자신들을 보내 달라고 애원했다. 이 말을 들은 스핑은 기절할 뻔했다. 두 사람은 모두 자신의 친자식이 아닌가! 그녀는 고통스럽게 손을 내저었다.

"가려면 되도록 멀리 가서 절대 돌아오지 마라. 앞으로 살아서 절대 나를 보는 일이 없도록 해라."

그녀는 이 말을 내뱉으며 피눈물을 감출 수 없었다.

그러나 판이라는 걸림돌이 남아 있었다. 그녀는 갑자기 히스테리를 부리더니, 여러 사람 앞에서 자신과 저우핑의 관계를 폭로했다. 그리고 사람을 시켜 대문을 봉쇄하고 저우포위안을 불렀다.

1층으로 내려온 저우포위안은 첫눈에 스핑을 발견했다. 처음에는 당황했지만, 이내 저우핑에게 스핑이 친모임을 밝히고 인사를 시켰다. 저우핑은 눈앞의 초라한 아주머니가 자신의 친모라는 사실이 믿기지 않았다.

"아니에요! 아버지, 절대 아니에요!"

이 말에 저우포위안은 소리쳤다.

"어리석은 놈! 쓸데없는 소리하지 마라! 아무리 행색이 초라해도 어머니는 어머니야!"

쓰펑도 더 이상 참지 못하고 외마디를 지르며 폭풍우가 몰아치는 화원으로 뛰쳐나갔다. 그리고 곧이어 화원에서 비명 소리가 들렸다. 그녀가 폭풍우에 끊어진 전선을 건드려 그녀를 좇아 뛰쳐나간 저우충과 함께 변을 당한 것이다.

그와 거의 동시에 서재에서는 총성이 울려 퍼졌다. 저우핑이 더 이상 사람들 볼 낯이 없다며 자살한 것이다. 저우포위안과 판이는 비명을 지르며 서재로 뛰어 들어갔다. 여기서 막이 내리며 연극은 끝을 맺는다.

중국 희극의 신기원

「뇌우」라는 작품은 두말할 나위 없는 비극이다. 빈부 차이가 확연한 저우씨와 루씨라는 혈연관계가 복잡하게 얽힌 두 가정이 하룻밤 사이에 철저히 무너진 것이다. 천둥 번개가 몰아치는 가운데 원만하고 질서 있게 유지되던 저우씨의 저택에 감춰진 부끄러운 속내가 한꺼번에 드러났다. 그리고 몇몇 젊은이들이 비명횡사했다. 이 모두 저우포위안 한 사람 때문에 일어난 재앙이었다.

겉으로 보면 저우포위안은 도덕군자에, 집안의 우상이자 권력자이다. 그러나 극이 전개되면서 그의 진면목이 하나둘씩 드러났다. 그는 젊은 시절 그토록 매정하고 악랄한 인물이었던 것이다. 집안에 충분한 재산이 있지만 다리를 보수하면서 일부러 인부들을 익사시켜, 그들의 보상비까지 가로챌 정도였다. 그는 근본적으로 비열하고 이기적이며, 허위로 가득한 잔인무도한 폭군이었다. 작가는 결과적으로 가족의 패망이라는 결말을 통해 그에게 견딜 수 없는 고통을 안겨 주었다.

그의 아들 저우핑도 아버지의 성격을 그대로 이어받았다. 저우핑을 통해 젊은 시절 저우포위안의 모습을 볼 수 있다. 단지 저우핑은 아버지에 비해 기백이 부족하고, 성격이 유약하며, 심령이 공허할 뿐이었다. 그는 무책임한 욕구를 쫓다가 일을 그르치자, 도피하려 했다. 결국 자신뿐만 아니라 다른 사람까지 파멸로 이끈 장본인이 되고 말았다.

판이의 성격은 더 복잡하다. 겉으로는 허약해 보이지만, 맘속에는 불을 품은 여자였다. 그녀는 결코 염라대왕 같은 남편과 함께 살고 싶지 않았다. 무덤 같은 집에서 자신의 인생은 없었다. 하지만 운명에 저항하는 방법을 잘못 선택한 것이 화근이었다. 비정상적인 애정관계는 그녀를 더욱 신경질적으로 만들었다. 그녀는 물에 빠져 죽으려는 사람이 지푸라기를 부여잡듯, 사력을 다해 저우핑에게 매달렸다. 하지만 저우핑도 헤엄칠 줄 모르는 사람이었다. 결국 비극을 재촉하고 더 참담하게 만들었을 뿐이다.

이밖에도 스핑과 쓰펑, 저우충, 특히 노예근성으로 가득한 루꾸이 등은 사람들에게 깊은 인상을 남겼다. 노동자 계급을 상징하는 루따하이만 저우씨 형제들 가운데 유일하게 비극의 소용돌이에 말려들지 않았다. 작가는 그를 주요 인물로 묘사하지는 않았다. 그러나 비바람을 일으켜 오염된 세상을 씻으려면 루따하이 같은 인물이 필요함을 암묵적으로 역설하고 있다.

차오위는 극본이 완성된 뒤에도 발표를 서두르지 않았다. 그런데 병석에 있다가 우연히 작품을 본 바진巴金이, 이 작품을 매우 칭찬하면서 직접 편집과 교열을 보아 『문학계간』에 발표했다. '차오위'란 필명은 이때 처음 쓰기 시작했다.

그런데 「뇌우」의 첫 무대 공연은 중국이 아닌 일본에서 이루어졌다. 일본에 있던 중국 유학생들이 이 작품을 처음으로 무대에 올렸던 것이다. 도쿄에서 연극이 공연된 뒤, 이를 본 일본인들도 놀라움을 금치 못했다. 경극과 메이란팡梅蘭芳만 알고 있던 일본 관객들은 중국의 희극이 이렇게 성장한 모습을 지켜보면서 부러움을 숨기지 않았다. 궈모뤄도 도쿄에서 연극을 보고는 작품을 칭찬하는 글을 남겼다.

이후 중국에서도 「뇌우」를 공연하자 그 열기가 매우 뜨거웠다. 각종 현대 극단뿐만 아니라 각종 지방희로 각색되어 공연되었다. 1935년은 「뇌우」의 시대였다고 말하는 사람까지 있다. 이때를 계기로 스물네 살의 청년 차오위는 하루아침에 연극계의 기린아로 태어났다.

참고로 차오위의 희극은 우리나라에서도 꾸준하게 사랑을 받았다. 특히 「뇌우」는 1946년 낙랑극회에서 이서향 연출로 처음 소개되었다. 그 이후 1950년에는 무대에 올려 국립극단의 단골 레퍼토리가 되었고, 최근까지도 여러 무대에서 공연되고 있다. 또한 2006년 중국의 장이머우張藝謀 감독이 발표한 「황금갑黃金甲」(국내에서는 황후화皇后花란 이름으로 개봉)은 바로 「뇌우」의 일부 모티브를 차용하여 만든 영화이다.

비정한 사회를 고발한 「일출」

차오위는 스물일곱이 되던 해에 또 다른 명작인 「일출日出」을 발표했다. 폐쇄된 한 가정을 중심으로 이야기가 전개되었던 「뇌우」와 달리, 「일출」은 사람들이 수시로 드나드는 큰 여관을 중심으로 전개되었다. 이를 통해 사회의 모든 부류의 사람들을 무대로 끌어낼 수 있었다. 그러한 여러 인물들은 극중 주요 인물인 천바이루陳白露를 중심으로 행동했다.

천바이루는 아름다우면서 매우 특별한 여자였다. 그녀는 특별히 하는 일도 없으면서 언제나 여관에서 가장 호화로운 방에 묵었다. 그리고 돈을 물 쓰듯 하여 영수증이 산더미처럼 쌓였다. 그래도 그녀는 전혀 초조해 하지 않았다. 누군가 그녀 대신 계산해 주었기 때문이다. 그녀가 만나는 사람들은 주로 은행가나 외국에서 유학한 박사, 또는 유한마담들이었다. 하루 종일 그들과 함께 춤추고 카드놀이하며 새벽 4~5시까지 실컷 먹고 노는 것이 그녀의 일상이었다.

어느 날, 팡다성方達生이란 청년이 그녀를 찾아왔다. 그는 그녀의 옛 애인이었다. 예전에는 천진난만했던 아가씨가 믿을 수 없을 정도로 타락한 모습을 보고, 팡다성은 심한 괴로움을 느꼈다. 그는 천바이루에게 함께 떠나자고 했지만 그녀에게 거절당했다.

그녀는 호화롭고 사치스런 생활에 너무 깊이 빠져, 이제는 헤어 나올 수 없었다. 사실 그녀가 이렇게 된 데에는 이유가 있었다. 그녀는 팡다성과 헤어진 뒤 열정적인 시인과 열애에 빠졌다. 그와 몇 년 동안 살림을 차리고, 그의 아이까지 낳았다. 그러나 연인이 떠나고 아이가 죽으면서 그녀의 꿈은 산산조각 났다. 이때부터 그녀는 타락하기 시작하여 이처럼 무희 아닌 무희이자, 기생 아닌 기생, 유한마담 아닌 유한마담이 된 것이다. 그녀에겐 더 이상 자신을 구제할 힘도 없었다.

그래도 아름다움을 추구하고 약자를 동정하는 마음이 완전히 사라지진 않았다. 언젠가 여관 2층에 기생으로 팔려 가다가 도망친 아가씨가 묵은 적이 있었다. 바이루는 진바예金八爺라는 깡패의 위협에도 아랑곳하지 않고 그녀를 자기 방에 숨겨 주었다. 그러나 비정한 사회에서 이런 용기와 동정심은 아무 쓸모가 없었다. 아가씨는 결국 깡패들에게 붙잡혀 기루에 보내져, 자살로 자신의 생을 마감했다.

바이루는 이 모든 일에 염증을 느꼈다. 때마침 그녀를 지탱해 주던 은행가 판웨팅潘月亭이란 사람도 파산했다. 결국 그녀는 새벽녘 여명을 등지고 다량의 수면제를 삼킨 뒤, 영원한 잠자리에 들었다.

판웨팅도 주요 인물 가운데 하나이다. 그는 스무 살이 넘은 아들이 있는 반백의 남자였다. 그럼에도 불구하고 하루 종일 바이루를 곁에 두고 그녀를 위해서라면 돈을 아끼지 않았다. 그는 자본이 넉넉한 대은행가로서, 큰 건물을 짓고 있었다.

그런데 그의 비서인 리스칭李石淸은 그의 내막과 은행의 실상을 모두 알고 있었다. 사실 은행은 이미 심각한 손해를 보고 있었고, 부동산도 모두 저당을 잡힌 상태였다. 그는 대량의 자금을 들여 공채를 사들인 뒤, 투기에 뛰어들어 최후의 재기를 노렸다. 그러나 그는 더 큰 세력을 지니고 공채 시장을 장악하고 있던 진바예의 상대가 되지 못했다. 판웨팅은 결국 하루아침에 부채를 잔뜩 끌어안고 빈털터리가 되었다. 그런 마당에 천바이루는 더 이상 그가 신경 쓸 사람이 아니었다.

판웨팅의 비서인 리스칭은 야심에 가득 찬 인물이었다. 남들보다 하루라도 먼저 두각을 나타내려고 갖은 수단과 방법을 가리지 않았다. 그는 사장의 책상 서랍을 몰래 열어 사업상 비밀을 수집했다. 아울러 원만한 관계를 유지하려고 아내를 부추겨 사장과 카드놀이를 하게 했다. 이처럼 그는 은행 일이라면 앞뒤를 가리지 않고 매달렸다. 자신의 아이가 병으로 위급한 때에도 바쁘다며 한 번도 찾아오지 않을 정도였다. 이러한 그가 비열한 수단으로 판웨팅을 궁지로 몰아갔다. 그리고 마침내 은행의 2인자가 되었다.

그러나 판웨팅의 비열함은 그보다 한 수 위였다. 판웨팅은 리스칭을 자신의 손아귀에 놓고서 조종하고 있었다. 자신의 아들이 죽었을 때, 리스칭의 손에는 판웨팅이 쥐어 준 20원 뿐이었다. 결국 리스칭은 판웨팅과 한바탕 싸움을 벌였다.

이런 리스칭보다 더 불쌍한 사람은 은행에서 퇴출당한 직원 황성산黃省三이다. 그는 몇 년 동안 은행의 잡무에 매달려 눈코 뜰 새 없는 나날을 보냈다. 그러다가 폐병에 걸려 죽는 날만 기다리는 처지가 되었다. 그렇지만 그는 결코 일손을 놓을 수 없었다. 엄마 없이 아빠만 바라보는 아이들이 있었기 때문이다. 이처럼 어렵게 한 달을 일하면, 은행은 그에게 고작 12.5원만 주었다. 생명을 담보로 일한 대가가 겨우 12.5원이었다.

한번은 리스칭을 찾아가 하소연을 해보았다. 그러나 위로는커녕 빈정대는 말투로 그림 도둑질이나 하라고 했다. 훔칠 용기도 없으면 차라리 건물에서 뛰어내리는 편이 낫다고까지 했다. 황성산은 마지막 수단으로 판웨팅을 찾아갔다. 그러나 판웨팅은 그를 내쫓으며 주먹으로 가슴을 쳐, 그를 땅바닥에 쓰러트렸다. 낙담한 황성산은 판웨팅이 건네준 3원으로 독약을 사서 아이들에게 먹여 죽였다. 그리고 자신은 미쳐버렸다.

가진 자가 가난한 사람의 돈까지 가로채는 비정한 현실이야말로 작가가 표현하고자 한 중심 사상이다. 이처럼 물고 물리는 혼탁한 사회에서 어찌 인정을 논할 수 있고, 도리에 어긋나지 않으며 마음 편히 살 수 있단 말인가? 천바이루도 이처럼 험난한 사회를 헤쳐 나갈 용기가 없어 죽음을 선택한 것이다.

그녀가 죽기 전에 읊었던 시구를 살펴보자.

"해는 떠오르고, 어둠은 뒤편에 남았다. 그래도 해는 우리 것이 아니니, 우리 잠들어야 하리."

이는 그녀 자신과 자기 같은 부류의 사람들을 위한 만가였다.

그러나 팡다성은 꿋꿋하게 자신의 길을 헤쳐 나갔다. 그는 언젠가 해가 다시 뜰 것이며, 세상에 희망이 있다고 믿었다. 그는 진바예 무리와 대결하려고 준비했다. 마침 햇빛이 여관을 비추었고, 여관 밖에서는 건축 노동자들의 구령 소리가 들려왔다.

"동편으로 해 떠오니, 온 하늘이 붉구나! 밥을 먹으려면 일을 해야지! ······."

「일출」은 공연되자마자 큰 반향을 불러일으켰다. 마오둔, 예성타오, 바진, 선충원, 리례원黎烈文 등은 약속이나 한 듯이 글을 발표하여 이 작품을 높이 평가했다.

그런데 차오위가 이 작품을 더 사실적으로 쓰려고 얼마나 노력했는지 아는 사람은 그리 많지 않다. 그는 자리를 털고 일어나 스스로 찾아가 사회의 밑바닥을 체험했다. 생명의 위협을 무릅쓰고 기방을 드나들며 취재하다가 건달과 깡패들에게 곤욕을 치르기도 했다. 한번은 어느 건달이 주위를 서성대는 지식인을 못마땅하게 여기고 그의 눈을 찌르려고 한 적도 있었다. 이처럼 사회 전반에 걸친 깊은 이해를 바탕으로 했기에, 그처럼 예리하고 힘 있게 비판할 수 있었던 것이다.

차오위는 1936년부터 난징南京희극전문학교에 부임하여, 이때 「원야原野」라는 극본을 완성했다. 이 작품은 농민이 복수한다는 독특한 내용과 실험적인 방법을 시도했다. 이는 미국 작가 오닐의 영향을 받은 일종의 표현주의 연극이다. 하지만 그동안은 별다른 주목을 받지 못하다가, 최근에야 새삼 그 작품성을 다시 인정받고 있다. 이 「원야」는 「뇌우」, 「일출」과 함께 '3부곡'으로 알려진 작품이다.

중일전쟁이 일어나자 차오위는 학교를 따라 창사長沙와 충칭으로 옮

바진과 함께.

겨다녔다. 그는 군인들과 사람들의 항일 의식을 고취시키고자 다른 작가들과 함께 「전민총동원全民總動員」이란 작품을 만들었다.

그리고 독자적으로 「탈바꿈(蛻變)」이란 4막극을 완성했다. 「탈바꿈」이 고립무원의 도시 상하이에서 공연되었을 때, 관중들의 박수 소리 때문에 배우들의 대사가 묻혀 끊기는 경우가 한두 번이 아니었다고 한다. 의사 딩丁이 "중국이여, 중국이여, 굳세어야 한다"고 외칠 때, 관중석에서는 애국심에 들끓는 함성이 극장 안을 울렸다고 한다.

몰락한 봉건 가정을 위한 만가

1940년이 되자 차오위는 또 다른 명작인 「베이징인北京人」을 발표했다. 이는 옛 베이징의 어느 봉건 가정에서 벌어진 이야기를 다룬 작품이다.

정曾씨네 주인은 예순의 정하오曾皓 영감이었다. 그는 대대로 고위 관료를 지냈던 조상의 재산을 지키면서 한가롭게 생활하고 있었다. 겉으로는 옛 기세를 유지하고 있는 듯했지만, 사실은 껍데기뿐이었다.

이런 정하오 영감은 이기적인 사람이라, 일찌감치 자신이 누울 좋은 관을 마련하는 것이 최고의 관심사였다. 그래서 해마다 몇 번씩 관에 옻칠을 했다. 그 수를 모두 합하면 100번도 넘을 정도였다. 그는 관이 자신의 생명줄이므로 다른 어떤 산사람들보다도 훨씬 중요하다고 생각했다.

정하오는 한평생을 그럭저럭 어떻게 버텼지만, 그의 자손들은 갈수록 힘들어졌다. 아들 정원칭曾文淸은 머리가 좋아, 서화와 악기 등 예술뿐만 아니라 바둑에도 뛰어난 재능을 보였다. 또 다도에 관해서는 한나절을 강의할 수 있을 정도였다. 그러나 게으르고 아편에 중독되어 하루 종일 하는 일없이 집에서 빈둥거렸다. 한마디로 폐인과 다름없었다.

원칭의 여동생 원차이文彩는 병에 걸려 친정에 와 있었다. 그리고 그녀의 남편인 쟝타이江泰는 유학생 출신으로 관직에 있다가, 재임 시절 손해를 끼쳐 지명수배를 당한 터라 처가에 얹혀살고 있었다. 실의에 빠진 쟝타이는 하루 종일 술독에 빠져 물건을 집어던져 소란을 피우고, 늘 욕을 입에 달고 살았다. 그는 원칭과는 경우가 다르지만, 결국은 사회의 낙오자이자 과거의 제도가 낳은 폐물이었다.

정씨네 살림은 원칭의 아내인 스이思懿가 장악하고 있었다. 그녀도 매우 이기적이고 매정한 여자였다. 그녀는 만나는 사람마다 붙잡고 마치 자신이 심한 학대를 받고 있다는 듯 하소연을 늘어놓았다. 그러나 사실은 그녀가 남편을 휘어잡고 조종했다. 그리고 언제나 시아버지의 재산에 눈독을 들이고 있었다.

또한 그녀는 정 영감의 질녀인 수팡愫方을 괴롭혔다. 자기 남편인 원칭이 그녀를 마음에 담고 있음을 알았기 때문이다. 수팡은 의지할 곳 없는 외로운 여자였다. 서른이 넘은 나이에도 독신으로 정씨네 머물면서, 이기적인 정 영감의 몸종 노릇을 했다. 하지만 집안의 누구 하나 그녀의 혼사를 걱정하는 사람은 없었다.

스이는 며느리인 루이전瑞貞에게는 더 악독하게 굴었다. 그녀의 아들 정팅曾廷은 이미 결혼한 상태였다. 그런데 십대 후반의 어린 남녀에게 진정한 사랑이 있을 리 만무했다. 루이전은 매우 괴로웠다. 위로는 자신을 괴롭히는 시어머니부터, 아래로는 아무 것도 모르는 남편까지 사방이 막힌 감방에 갇힌 기분이었다. 그녀에게는 수팡의 보살핌이 유일한 위안이었다.

집안은 나날이 기울어 가는데, 사람들은 옛 생활 습관을 버리지 못했다. 그러니 빚쟁이들이 줄을 이었고, 정씨네는 더 이상 버틸 수 없었다. 마침내 정씨네는 집을 팔든지, 아니면 영감의 관을 팔아야 하는 선택의 기로에 섰다.

결국 영감의 관이 실려 나갔다. 매수자는 이웃의 두杜씨네였다. 그 집은 방직공장을 운영하여 벼락부자가 되었다. 정 영감은 마지막 순간까지 사위인 쟝타이가 경찰국장인 친구를 찾아가 상황을 반전시켜 줄 거라는 환상을 품었다. 그러나 쟝타이는 오히려 물건을 훔친 죄로 경찰에게 붙잡혀 갔다.

원칭은 성공해서 돌아오겠다며 집을 나갔지만, 오래지 않아 고개를 숙인 채 의기소침하여 돌아왔다. 완전히 실패한 것이다. 그 순간 그에게 큰 희망을 품었던 수팡은, 냉정하게 모든 관계를 청산하고 정씨네 집을 떠나기로 결심했다. 스이의 며느리인 루이전도 수팡과 뜻을 같이 했다. 그녀들은 이처럼 철저하게 몰락한 가정에서 함께 매몰될 어떠한 이유도 없었다.

마지막 장의 끝부분에서는 원칭의 방에서 괴성이 울려 퍼진다. 원차이는 쥐를 잡는다며 영감을 속였지만, 사실은 원칭이 아편을 피워 물고 스스로 목숨을 끊는 소리였다.

작품에는 정씨네 손님으로 위안袁씨가 등장한다. 위안씨는 베이징 원인猿人을 연구하는 전문가이자 개방적인 사고의 소유자로서, 새로운 세대를 대표하는 인물이다. 루이전과 수팡은 바로 이 위안씨와 함께 집을 떠난다.

여기에서 작품의 이름이 '베이징인'인 이유가 설명된다. 정씨네는 현대의 베이징인이고, 위안씨가 연구하는 대상은 인류의 조상인 원시 '베이징인'이었다. 그런데 현대의 '베이징인'이 각종 봉건 도덕에 발이 묶여 하나씩 폐물이 되다 보니, 원시 '베이징인'보다 못한 처지로 전락한 것이다.

위안씨는 원시 베이징인을 이렇게 묘사했다.

당시 사람들은 사랑할 때 사랑하고, 원망할 때 원망했으며, 슬프면 울고, 소리치고 싶으면 큰 소리로 외쳤다. 이처럼 자유롭게 생활했다. 그 어떤 도덕적 구속도, 문명이라는 속박도 없었다. 그 어떤 허위와 시기, 음험함과 가해도 없었다. 그들은 햇볕을 쬐고 바람을 느끼며 비를 맞았지만, 현대인처럼 사람을 잡아먹는 봉건 예교와 문명 없이도 즐겁고 활기차게 생활했다.

이것이야말로 작가가 하고픈 말이었다. 그들은 단순한 원시인이 아니었다. 차오위는 미래의 베이징인을 위한 청사진을 제시한 것이다.

현대 중국의 셰익스피어

1946년, 차오위는 라오서와 함께 미국에 초청되어 강연을 하다가 1년 만에 돌아왔다. 1949년에는 예성타오 등과 함께 먼 길을 돌아 새로운 중국의 수도 베이징에 이르렀다. 이때부터 그는 각종 문화 활동에 종사하는 한편,「새날(明朗的天)」과「담검편膽劍篇」등의 극본을 써서 베이징 인민예술극장에서 공연했다. 참고로 차오위는 베이징 인민예술극장의 초대 극장장을 역임했다. 지금도 베이징 중심의 왕푸징 거리 뒤편에 있는 서우두首都극장에 들어가면 차오위의 흉상이 놓여 있다.

그런데 문화혁명이란 광풍이 일면서 모든 문화가 '혁명'이라는 허울 아래 생명을 잃어 갔다. 이때 차오위도 '반동적 학술 지도자'라는 낙인이 찍혀, 극장의 수위와 청소부로 일해야 했다. 그래서 일부 외국 신문에서는 "중국의 셰익스피어, 수위가 되다"란 제목으로 기사를 내기도 했다. 결국 '4인방'을 축출하고 나서야 차오위도 다시 봄을 맞이했다.

일찍이 저우언라이周恩來 총리가 그에게「왕소군王昭君」이란 희곡을 지어 달라고 부탁한 적이 있었다. 그런데 이런저런 사정으로 이미 시작한 작품을 완성시키지 못하고 있었다. 문화혁명의 광풍이 물러가고 창작 여건이 마련되었을 때는, 이미 그의 나이 일흔을 바라보는 때였다.

그럼에도 불구하고 차오위는 신쟝新疆 등지로 가 자료를 수집하는 수고를 마다하지 않았다. 그리고 창작에 매달려 마침내 극본을 완성했다. 이 작품은 민족의 화합과 민족 사이의 문화 교류를 노래하여,

이전에 왕소군의 이야기를 다룬 작품들이 풍기던 애절하고 감상적인 느낌을 단숨에 없애 버렸다.

1996년, 차오위는 조용히 세상을 떠났다. 그는 중국 희곡계의 거장으로서, 현대 연극계에서 누구도 견줄 수 없는 업적을 남겼다. 그의 작품은 중국인뿐만 아니라 세계무대에서도 인정을 받았다. 그에게 '현대 중국의 셰익스피어'라는 이름은 결코 손색이 없다.

서재의 차오위.

현대 연극의 발전 19

홍선洪深

어우양위첸歐陽予倩

톈한田漢

샤옌夏衍

천바이천陳白塵

허징즈賀敬之

리지李季

해방에 대한 열정은 중국 현대 연극의 시발점이자 종착점이었다. 사진은 옌안 해방구의 주요 인물들.

홍선과 그의 극작 『오규교』

앞서 언급했던 라오서, 궈모뤄, 차오위 등은 모두 극본을 썼다. 그러나 이들 말고도 중국 현대 문단에서 극작가로 이름을 날린 사람들은 많다. 홍선, 어우양위첸, 톈한, 샤옌, 천바이천 등이 바로 그들이다. 그 가운데 홍선이 가장 대표적인 인물이다.

홍선洪深(1894~1955)은 차오위보다 16살이 더 많다. 그가 칭화淸華학교에 입학하여 아마추어 희곡 활동을 하고 있을 때 차오위가 태어났다. 그는 나중에 미국으로 유학을 갔다. 애초에는 도예를 전공하고자 했지만, 이후 하버드대학에 진학하면서 희곡으로 전공을 바꿨다. 그는 이때부터 희곡과 떨어질 수 없는 관계를 맺었다.

귀국한 뒤에는 「조염왕趙閻王」, 「오규교五奎橋」, 「향도미香稻米」, 「청룡담靑龍潭」 등 많은 희곡을 썼다. 모두 군벌들의 혼전 양상과 농촌과 농민의 애처로운 삶 및 각종 모순이 첨예화된 현실 등을 반영했다.

「오규교」는 강남의 한 마을에 있는 아름다운 돌다리에 대한 이야기이다. 이는 지역 유지인 저우周씨네 조상이 청나라 때 과거에 합격하여 거인擧人이 된 기념으로 세운 다리였다. 지역 농민들에게는 저우씨네를 내세워 주는 상징물이었다.

그러던 어느 해, 이 다리를 둘러싸고 저우씨네와 농민들이 대치하게 되었다. 이 해의 여름에는 오랫동안 가뭄이 계속되어 논의 벼들이 타들어 갔다. 그래서 농민들은 수차를 이용하여 물을 끌어대고 싶었지만, 비용이 만만치 않아 엄두를 내지 못했다. 그래도 할 수 없이 많은 돈을 내고 서양의 기계식 수차선을 빌렸다. 그런데 이 수차선을 마을로 들이려다 보니 오규교의 구멍이 너무 작아 어떻게 할 수 없었다.

리촨성李全生은 담대하고 의식 있는 농민이었다. 그는 신에게 경배하고 경전을 읊어서는 아무 소용이 없음을 잘 알고 있었다. 논의 벼를 살리려면 어쩔 수 없이 오규교를 부수고 수차선을 들여와 물을 퍼 올려야만 했다. 그러나 저우씨네가 순순히 응할 리 만무했다. 오규교는 그 집 가문의 상징일 뿐만 아니라, 조상 묘의 풍수가 모두 그 다리에 달려 있었다.

젊은 날의 홍선.

이리하여 다급해진 농민들과 저우씨네가 다리를 사이에 놓고 맞섰던 것이다. 수완 좋은 저우씨네는 법원의 왕王 영감을 불러와 함께 있었다. 저우씨는 농민들에게 그동안의 정을 내세우며, 마을 전체의 풍수를 위해서는 다리를 부수면 안 된다고 역설했다. 일부 농민들은 그 말에 넘어가, 그만둘 태세를 취했다.

그러나 리촨성은 이 말에 흔들리지 않았다. 오히려 앞에 나서서 농민들에게 저우씨네의 속셈과 계략을 고발했다. 결국 화가 치민 저우씨네는 막대기를 들고 사람들을 때렸고, 리촨성을 사로잡았다. 이 순간 모든 마을 사람들이 떨쳐 일어났다. 그들은 리촨성을 다시 풀어주고, 큰 함성과 함께 오규교를 부숴 버렸다. 그들이 부순 것은 돌다리 하나가 아니라, 그동안 봉건세력이 농민들 목에 채워 놓았던 차꼬였다.

홍선은 중일전쟁이 일어나자 과감하게 양복을 벗고 대학교수라는 직책을 놓았다. 그리고는 상하이에서 연극단을 조직하여, 내륙 농촌으로 들어가 항일 선전 활동에 매진했다. 나중에는 저우언라이周恩來와 궈모뤄의 지도 아래 항일 연극단을 설립했다. 이를 통해 그는 많은 후배 연극인을 키웠다.

그는 뛰어난 극작가이자 감독이었을 뿐만 아니라, 희극 이론가로도 이름을 날렸다. 한마디로 훙선은 중국에 현대 연극의 초석을 다진 인물이었다. 그의 공적은 길이 새길 만하다.

어우양위첸과「도화선」

어우양위첸歐陽子倩(1889~1962)도 중국 현대 희극계의 1세대이자, 현대 연극 운동의 창시자이다. 어우양위첸은 후난성湖南省 류양瀏陽 사람이다. 그는 미국이 아닌 일본에서 처음으로 희극 활동을 시작했다. 귀국한 뒤에는 현대 연극을 보급하려고 동분서주하고, 경극京劇을 개혁하고자 했다.

그리고 「와신상담臥薪嘗膽」, 「린따이위가 꽃을 장사지내다(黛玉葬花)」, 「인면도화人面桃花」 같은 극본을 쓰고 공연했다. 당시 그의 명성은 메이란팡梅蘭芳과 쌍벽을 이룰 정도여서, 사람들은 그들을 "남쪽의 어우양, 북쪽의 메이(南歐北梅)"라고 불렀다.

그도 중일전쟁 때 희극을 무기로 삼았다. 그때 유명한 현대극 「도화선桃花扇」과 「충왕忠王 리슈청李秀成」 등을 창작하여, 일본군 앞잡이 노릇을 하는 사람들을 비판하고, 항일 투사들을 칭송했다.

사실 「도화선」은 청나라의 희극작가 공상임孔尚任의 유명한 희곡이다. 이 극에 나오는 복사復社의 유명 인사 후방역侯方域과 기녀 이향군李香君은 모두 긍정적 인물이었다. 그러나 어우양위첸은 후방역을 청나라에 투항한 변절자로 그렸다. 이에 향군은 그를 마주보며 이렇게 외친다.

"내가 당신 때문에 죽어도 눈을 감지 못할 것입니다! 내가 죽으면 화장하여 그 재를 강물에 뿌려 주세요! 이 뼛속에 사무친 치욕을 씻을 수 있도록!"

이처럼 배우가 큰소리로 호통 친 대상은 수백 년 전의 사람이 아니었다. 그는 바로 적의 편에 서서 조국과 백성을 배반한 가증스런 매국노들이었다.

톈한의 대표작 「유명 배우의 죽음」

톈한은 중국인에게 너무나도 유명한 인물이다. 바로 중국의 국가인 「의용군 행진곡」을 작사한 사람이기 때문이다. 톈한田漢(1898~1968)의 본명은 톈서우창田壽昌이고, 후베이성湖北省 창사長沙 사람이다.

주방장이던 그의 아버지는 그가 아홉 살 때 돌아가셨다. 그래서 어머니 혼자 밤낮으로 방직업에 매달려, 고생하며 그의 학업을 뒷바라지했다. 그 덕에 그는 당시 유명한 교육자였던 쉬터리徐特立가 교장으로 있던 창사사범학교에 진학했다. 이후 열여덟에는 외숙부를 따라 일본으로 유학을 떠났다. 그는 처음 해군학교를 지원했는데 나중에 교육으로 전공을 바꾸었다. 그리고 최종적으로는 가장 좋아하던 문학과 희극에 매진했다.

톈한은 어릴 때부터 그림자극(皮影戲)을 즐겨 보는 등 희극을 좋아

희극계의 신동 톈한.

했다. 도시의 학교로 진학한 뒤에도 희극 공연이 있는 곳이면 어디든 찾아다닐 정도였다. 그는 열네 살이 되자 직접 극본을 쓰기 시작했다. 그리고는 창사와 상하이 등지의 신문에 극본을 발표하여, 당시 희극계에서 '신동' 소리를 들었다.

일본 유학을 마치고 귀국한 그는 「커피숍의 하룻밤(咖非店之一夜)」과 「호랑이를 잡던 밤(獲虎之夜)」 같은 극본을 썼다.

「커피숍의 하룻밤」은 커피숍의 여종업원 바이치우잉白秋英이 소금장수 쿼闊 도령과 리첸징李乾卿에게 버림받는 이야기이다. 이 작품의 주제는 작가가 한 바로 이 말이다.

"가난한 사람은 부자들과 절대 손을 잡을 수 없다."

「호랑이를 잡던 밤」은 초기 현대 연극의 대표작으로 손꼽히는 감동적인 애정극이다. 이 작품은 농촌이 배경이다. 주인공은 글도 변변히 모르는 농촌 청년인데, 사랑과 결혼의 자유가 없는 봉건 도덕에 상처를 입는다. 결국 남자 주인공이 자살을 통해 죄악으로 가득 찬 봉건사회에 대항한다는 것이 주요 내용이다.

톈한의 또 다른 대표작은 3막으로 된 「유명 배우의 죽음」이다. '배우(優)'는 전통 연극인을 가리키는 호칭이었다. 극에 등장하는 '유명 배우'는 상하이 다징반大京班(한국의 극단 '처용', '뿌리', '신화' 등과 같이 중국 전통극을 주로 공연하는 극단의 이름이 다징이고, 반은 극단이란 의미의 보통명사)의 노생老生 역을 담당하는 류전성劉振聲이었다. 류전성은 노래뿐만 아니라 감정 연기에도 뛰어났다. 그는 무대에 서면 언제나 자신의 역할에 몰입했다. 그리고 결코 관중의 인기를 얻으려고 함부로 작품을 왜곡하는 일이 없었다.

그런 그가 갈 곳 없는 소녀인 류펑셴劉鳳仙을 거두어 열심히 연기를 가르쳤다. 자신이 돈을 대 선생님을 초빙하여 연기를 지도하고, 그녀를 위해 연극 의상을 마련하는 등 정성을 아끼지 않았다. 그러나 펑셴은 처음에만 반짝 이름을 날렸을 뿐 열심히 노력하지 않았다. 날마다 늦게 일어나서 선생님이 재촉해야 억지로 발성 연습을 했다. 그것도 몇 번만 하고 곧 멈추었다. 그러면서 새로운 치파오가 있어야 한다며 선생님에게 가져다 달라고 할 정도로 버릇이 없었다. 선생님이 노파심에 타이르면, 한 귀로 듣고 한 귀로 흘렸다. 이런 그녀를 누가 바로잡을 수 있을까?

돈과 권세를 누리다가 지금은 몰락한 양반인 양楊 대감은, 당시 오로지 각종 추문만 싣는 도색 신문의 기자로 지내고 있었다. 그런 그가 날마다 그녀의 연극을 보러 와서는 관중석에서 환호성과 갈채를 아끼지 않았다. 또 많은 돈을 쓰며 그녀에게 옷을 사주곤 했다. 펑셴도 일찌감치 스승의 가르침은 잊은 채 관중에게 인기를 얻는 일에만 몰두했다.

어느 날, 참다못한 류전성은 무대 뒤에서 책상을 내려치며 양 대감을 욕했다. 그런데 이 이야기를 들은 양 대감은 신문을 이용하여 류전성을 헐뜯기 시작했다. 애써 키운 펑셴이 잘못된 길로 빠져들고, 양 대감이 자신을 왜곡하는 모습에 류전성은 결국 화병이 나고 말았다. 그래도 관중에게 입장료를 받아 살아가는 극단을 운영하기에 공연을 중단할 수는 없었다. 그래서 그는 할 수 없이 아픈 몸을 이끌고 하루에 두 번이나 공연할 수밖에 없었다.

그러던 어느 날, 그가 「타어살가打漁殺家」 공연을 마치고 무대 뒤편의 대기실로 돌아왔다. 그런데 그때 펑셴이 양 대감과 뒤엉켜 있는 모습을 보게 되었다. 화가 치민 류전성은 배은망덕한 펑셴을 크게 꾸짖고, '바람둥이,' '나쁜 놈' 운운하며 양 대감을 질타했다. 이에 양 대감이 류전성을 때리려다가 오히려 자신이 땅에 쓰러졌다.

이때 무대에서 징소리가 울리면서 류전성이 등장하기를 재촉했다. 그는 할 수 없이 화를 참고 무대에 올랐다. 그러나 울화가 치민 상태라 목소리는 갈라지고, 화음을 이룰 수 없었다. 관중의 야유가 이어지자 류전성은 그 자리에서 쓰러지고 말았다.

대기실로 실려 나온 류전성이 정신을 차리고 한숨을 돌렸을 때, 양 대감이 다시 흑심을 품고 싸움을 걸어왔다. 전성은 있는 힘을 다해 이렇게 외쳤다.

"내 네 놈을 안다! 우리 배우들은 절대로 너를 용서하지 않겠다!"

그 순간 전성은 온몸에 힘을 잃고 결국 숨을 거두었다. 오랫동안 이름을 떨쳤던 유명 배우가 이렇게 허무히 세상을 떠난 것이다.

이 모습에 샤오蕭 성을 가진 한 배우가 감정이 북받쳐 양 대감의 턱에 주먹을 날렸다. 그리고 사태를 파악한 청중은 그를 비난하기 시작했다. 상황이 불리해지자 양 대감은 풀이 죽어 도망쳤다. 사태를 보고 뒤늦게 양심의 가책을 느낀 펑셴은 스승의 몸을 붙잡고 통곡했다. 연극은 이렇게 끝을 맺는다.

전통 사회에서 '배우' 는 '딴따라' 라고 불리며 무시 받는 대상이었다. 그러나 류전성은 예술가라는 자부심이 있었다. 그는 스스로 자신의 재능을 자랑스럽게 여기고, 인간의 품성과 양심을 중시했다. 그렇지만 악한 세력에 맞서 이기지 못하고, 결국은 무대 위에서 쓰러지고 말았다. 그러나 자신의 인격과 생명을 다하여 한때 유혹에 눈이 멀어 잘못된 길로 빠진 제자를 일깨워, 도의적인 승리자가 되었다.

톈한은 극작가였을 뿐만 아니라, 희극 운동을 조직하고 이끈 지도

자이기도 하다. 1920년대 후반 그는 상하이예술대학교 총장으로 있으면서, 이와 별도로 중국의 현대 연극을 위한 인재를 양성하는 남국南國 예술학원을 건립했다. 또한 창조사의 성원으로서, 일본에서부터 궈모뤄와 알고 지냈다.

중국의 국가인 「의용군 행진곡」은 원래 영화 「풍운아녀風雲兒女」를 위해 쓴 주제가였다.

"일어나라! 노예가 되기를 원치 않는 자들이여! 우리의 피와 땀으로 새로운 장성을 쌓자! ……."

이렇게 이어지는 가사는 많은 중국인들의 가슴을 뭉클하게 만든다.

중화인민공화국이 성립된 뒤 톈한은 문화예술계를 이끄는 지도자가 되었다. 하지만 그는 결코 붓을 놓지 않았다. 이 시기에 「관한경關漢卿」과 「사요환謝瑤環」이라는 두 편의 대표작을 탄생시켰다.

관한경은 너무나 잘 알듯이 원나라의 유명 희곡 작가로서, 유명한 잡극雜劇 「두아원竇娥寃」의 저자이다. 톈한은 극중에서 관한경의 투쟁 정신을 찬양하고, 그와 여배우 주렴수珠簾秀의 사랑 이야기를 다루었다. 「유명 배우의 죽음」에서처럼 「관한경」도 희극이라는 장르에서 벗어나지 않았다. 이처럼 톈한은 평생토록 희극과 뗄 수 없는 관계를 유지했다.

그런데 「사요환」이란 작품이 그에게 액운을 몰고 왔다. 「사요환」은 당나라 무측천이 재위하던 시절에 여관女官이었던 사요환의 이야기이다. 그녀는 무측천에게 호족들의 권력과 토지를 제한하고, 백성을 위무하는 제안을 올려 승낙을 받았다. 그리고 이를 실행하려다가 기득권 세력의 반발에 부딪혀 무참히 죽음을 당한 인물이다. 톈한은 바로 이 이야기를 그린 것이다.

그런데 1966년 '문화혁명'이 시작되자, 「사요환」은 옛것을 빌어 당시의 현실을 풍자한 '독초'로 낙인이 찍혀 비판을 받았다. 사실 이는 작가인 톈한을 비판하려는 구실에 지나지 않았다. 결국 톈한은 '4인방'의 핍박을 받고 감옥에서 고생하다가, 일흔하나라는 나이로 옥사했다.

샤옌과 「상하이의 처마 밑」

'문화혁명' 때 '4인방'에게 핍박을 받은 문예인들은 수없이 많다. 유명한 극작가였던 샤옌도 빼놓을 수 없다. 그도 톈한처럼 뛰어난 극본을 많이 남기고, 중화인민공화국이 성립된 뒤에는 문화예술계의 지도자로 활동했다. 그도 '문화혁명' 때 9년 동안 옥살이를 해야 했다. 그러나 이 노인은 끝까지 자신의 뜻을 굽히지 않았다. 그리고 만년에 이르기까지 희곡 창작에 몰두했다.

샤옌夏衍(1900~1995)은 톈한보다 2살이 어렸다. 그의 본명은 선나이시沈乃熙이고, 저쟝성浙江省 항현杭縣 사람이다. 다른 많은 문학가들처럼 그도 어릴 때 아버지를 여의고, 친구들의 도움을 받으면서 어렵게 초등학교를 졸업했다. 하지만 더 이상 학업을 지속할 여력이 없자, 할 수 없이 염색 공장의 도제가 되었다.

이렇게 어려운 환경에서도 그는 바른 품성으로 학업에 대한 열정을 잃지 않았다. 그래서 6개월 뒤에는 모교의 추천으로 항저우杭州공업학교에 들어가 염색 분야를 공부할 수 있었다. 졸업한 뒤에는 다시 일본으로 국비 유학을 가서 전기를 전공했다. 그러나 전공 대신 문학에 심취하여, 수많은 문학책과 철학책을 탐독했다.

귀국한 뒤에는 선돤셴沈端先이라는 필명으로 고리끼의

고리끼의 「어머니」를 번역한 샤옌.

명작 「어머니」를 번역하여 중국에 큰 영향을 끼쳤다. 당시 번역가 선돤셴이라고 하면 모르는 사람이 없을 정도였다. 이는 그의 나이 스물 아홉 때의 일이다.

이후에는 좌련에 참가하여 지도자로 활동했다. 아울러 영화 대본을 창작하는 일에도 심혈을 기울여 「광류狂流」, 「지분시장脂粉市場」, 「자유신自由神」, 「여아경女兒經」 같은 작품을 남겼다. 또 마오둔의 단편소설 「봄누에(春蠶)」를 각색하고 영화화하여 크게 성공했다.

그는 혁명에 매진하다가 체포되어, 더 이상 공개적으로 영화 대본 작업을 할 수 없게 되었다. 그러나 이 때문에 그의 열정이 꺾이지는 않았다. 그는 상하이의 한 아파트에 머물면서 연극 극본을 쓰기 시작해, 오래지 않아 대형 역사극인 「새금화賽金花」라는 극본을 완성했다. 그런데 더 이상 '선돤셴'이란 필명을 쓸 수 없어, 이때부터 샤옌夏衍이란 필명을 쓰기 시작했다.

그는 이어서 혁명 여전사로 유명한 치우진秋瑾을 찬양한 역사극 「자유혼自由魂」을 내놓았다. 그리고 곧이어 「상하이의 처마 밑(上海屋檐下)」까지 완성했다.

「상하이의 처마 밑」은 1930년대 상하이의 한 연립주택에서 벌어지는 일을 다룬 작품이다. 이 주택의 위아래 층에는 다섯 가구가 살았다. 가구마다 가족 구성과 개인별 품성은 달랐지만, 비슷한 점도 있었다.

먼저 당시 양행洋行 직원이었던 황자메이黃家楣를 살펴보자. 늙은 아버지가 시골에서 먼 길을 찾아오자, 부부는 웃는 얼굴로 그를 맞이했다. 아버지는 아들을 끔찍이 사랑하여 피땀 흘려 번 돈으로 대학을 보냈다. 그 결과 이제 양행 직원이 되었으니 출세했거니 생각했다. 그러나 그는 아들이 완고한 성격 때문에 주인에게 굽실대지 않아 해고된 사실은 모르고 있었다. 아들 내외는 아버지가 낙심하실까 두려워, 이 사실을 숨기고 돈을 꿔서 아버지를 잘 대접했다. 그러나 인생의 선배인 아버지는 이 사실을 눈치 채고 귀향길을 서두른다. 그리고 아들과 헤어지면서 자신이 가지고 있던 몇 푼 안 되는 돈을 모두 주고 떠났다.

초등학교 교사인 자오전위趙振宇의 가족은 어땠을까? 계속 물가가 치솟자 그의 월급으로는 네 식구를 감당할 수 없었다. 그래도 자오전위는 낙천적이어서 아등바등하지는 않았다. 하지만 그의 아내는 하루 종일 근심에 쌓여 세상을 원망했다. 낙천적이든 아니면 염세적이든, 어쨌든 그들의 생활은 조금도 나아지지 않았다.

맞은 편 건물에 사는 스샤오바오施小寶는 상황이 더 비참했다. 그녀는 혈혈단신으로 의지할 곳이 없었다. 상인인 남편은 외국에 나가 언제 돌아올 지 기약이 없었다. 그녀는 끼니조차 해결할 수 없자, 매춘이란 길로 나설 수밖에 없었다. 그래도 영혼만큼은 누구보다 순수하고 고결한 여자였다. 그렇지만 그 누구도 그녀에게 도움을 주지는 못했다.

가장 비참한 사람은 다락방에 사는 신문팔이 영감 리비석李陵碑이었다. 그는 때마다 이런 노래를 불렀다.

"아들을 떠올리면 나도 모르게 눈물이 흘러 …….''

이는 원래 「리비석李陵碑」이란 경극 작품의 한 구절이다. 그는 '12·8' 당시 일본군의 폭격으로 자신의 외아들을 잃었다. 그래서 아들을 생각할 때마다 정신을 잃었고, 술을 마시면 꼭 이 노래를 불렀다.

이 집의 처마 밑 사람들은 그래도 형편이 나은 편이었다. 옥상에 사는 린즈청林志成 가족은 사정이 더 딱했다. 린즈청은 정직하고 양심적인 공장 직원이었다. 하지만 이런 성격이 공장에서는 전혀 통하지 않았다. 그런데 그를 더욱 고민에 빠트린 것은, 친구인 쾅푸匡復가 감옥에서 출소한 일이었다.

친구가 감옥에서 나왔다면 기뻐해야 하지만, 사정은 전혀 그렇지 않았다. 원래 린즈청과 그의 아내 양위차이楊玉彩는 금슬이 좋았다. 하지만 아직 정식으로 혼인한 상태는 아니었다. 쾅푸가 바로 양위차이의 법적 남편이었던 것이다. 쾅푸는 혁명 열사인데, 감옥에 붙잡혀 들어가 소식이 끊긴 상태였다. 그래서 양위차이는 남편이 이미 세상을 떠났다는 소문을 듣고서야 린즈청과 살림을 차렸다. 그런데 10년이 지나 쾅푸가 돌아온 것이다.

세 사람은 저마다 고민에 빠졌다. 쾅푸는 어떤 상황에도 흔들리지 않는 강한 의지를 지닌 혁명가였다. 그는 린과 양의 평안한 생활을 깨뜨리고 싶지 않아, 작별 인사도 없이 그들 곁을 떠났다. 물론 수없는 갈등 끝에 내린 결정이라 그 고통은 이루 말할 수 없었다. 그러나 그는 결코 현실을 도피하고자 해서가 아니라, 새로운 생활을 찾아 나선 것이었다. 친구가 용감하게 삶을 헤쳐 나가기를 바라면서.

이 연립 주택은 한마디로 사회의 축소판이다. 주로 하층민들이기는 하지만, 각양각색의 인물들이 이곳에서 힘겨운 삶을 지탱하며 살았다. 도시의 실업, 치솟는 물가, 농촌의 불경기 등은 그렇지 않아도 힘겨운 그들을 더욱 사지로 몰아갔다.

작품에서는 시작부터 끝까지 처마 밑의 빗소리가 끊이지 않는다. 4~5월은 중국 남쪽의 지루한 우기이기 때문이다. 이 또한 당시 정치 상황과 인물들의 감정을 상징하는 것이다.

샤옌은 중일전쟁 때에는 홍콩에서 머무르다가, 전쟁이 끝난 뒤에는 남아시아에서 활동했다. 그는 어디에 있든지 혁명 선전 활동에 매진했다. 이 공로가 인정되어 중국이 성립된 뒤에는 문화부 부부장을 역임했다.

그는 중국의 영화산업이 발전하는 데 큰 공헌을 했다. 중국이 성립된 이후 나온 「축복祝福」, 「린씨 가게(林家鋪子)」, 「혁명가정革命家庭」, 「불길 속의 영생(烈火中永生)」 등의 주요 영화는 그의 대본을 근거로 만들었다.

또 샤옌은 적지 않은 산문 작품을 남겼다. 그 가운데 가장 많이 알려진 작품은 보고 문학인 「노예 노동자(包身工)」이다. 이는 1936년에 완성한 작품으로, 상하이 방직공장에서 일하던 여성 노동자들의 비참한 생활을 사실적으로 묘사했다. 그녀들은 자본가들의 잔인한 억압과 착취를 당하면서 생사를 넘나들었다. 상황 상황이 독자의 심금을 울리기에 손색이 없다. 이런 글을 읽으면 공허한 이론만 내세우는 작품들보다 많은 것을 보고 느끼고 배울 수 있다.

천바이천과 풍자극「승관도」

 이밖에도 중국 현대 연극계에 큰 영향을 끼친 작품들은 수없이 많다. 천바이천의「승관도升官圖」와 허징즈의「백모녀白毛女」등이 그러하다.
 앞의 작가들처럼 천바이천陳白塵(1908~1994)도 혁명에 앞장선 진보적 사람이었다. 그는 문단에 처음 등단했을 때「소용돌이(旋渦)」,「격랑의 여인(一個狂浪的女子)」,「죄악의 꽃(罪惡的花)」같은 소설을 썼다. 그리고 톈한, 샤옌 등과 함께 희극 창작에도 힘을 쏟아「펀강만(汾河灣)」,「진톈촌金田村」,「세한도歲寒圖」같은 극본도 창작했다.
 그 가운데 가장 유명한 작품은 3막으로 이루어진 풍자극「승관도升官圖」이다. 1946년에 완성한 이 극본은 국민당 정부를 풍자했다.
 어느 날, 두 강도가 경찰을 피해 고택으로 숨어들었다. 그들은 여기에서 소파에 누웠다가 관직에 오르는 꿈을 꾸었다. 이 꿈은 백성의 폭동이 일어나 지역 책임자를 때려눕히고, 비서를 죽이는 것으로 시작한다.
 그 뒤 두 강도는 사상자의 허리춤에 있던 가방을 뒤졌다. 그런데 그때 경찰들이 몰려왔다. 때마침 강도2는 지역 책임자의 두루마기를 걸치고 있었다. 그래서 경찰들은 그를 지역의 책임자로 오인했다. 그리고 강도1은 재빨리 머리를 써서, 부상을 입고 땅에 쓰러진 진짜 책임자를 난동분자로 몰았다. 그 결과 진짜 책임자는 사병으로 끌려가고, 두 강도는 신세가 뒤바뀌어 책임자와 비서가 되었다.
 그런데 문제는 그 다음부터였다. 경찰은 속였지만, 각 국장과 책임자의 부인은 어떻게 속인단 말인가? 그래도 강도들은 관청의 상황을

천바이천.

잘 파악하고 있었기 때문에 당황하지 않았다. '불을 때야 돼지 머리가 익듯이, 돈이 있어야 관청에 가서 일을 본다'는 말이 있지 않은가? 돈이면 안 되는 일이 무엇이 있겠는가? 과연 돈을 내밀자 문제될 일이 하나도 없었다. 책임자의 부인이나 각 국장들도 권력과 재물에 눈이 어두워 두 강도의 실체를 묵인하고 진짜 책임자를 군대에 강제 징집 시켰다.

하루는 성장省長이 지역에 폭동이 일어났다는 소식을 듣고 직접 시찰을 나왔다. 그러나 사실은 나름대로 목적이 있어 온 것이었다. 이 성장은 관청에만 들어서면 두통이 생기는 병이 있었다. 그런데 시종이 금실을 불에 태우면 연기가 나는데, 그 연기를 맡으면 이 병이 낫는다고 했다. 이는 분명 돈을 노린 속임수였다.

이렇게 시찰을 핑계로 충분한 금을 모은 성장은 시찰 종료를 선언하고 모든 것을 정리하였다. 즉, 도망쳐 돌아온 진짜 책임자를 총으로 죽이고, 가짜를 도윤道尹으로 승진시켰으며, 재정국장을 지역 책임자로 승진시켰다. 권력이 권력을 낳고, 돈이 돈을 낳아 모두가 행복해진 것이다.

그런데 이때 백성들이 폭동을 일으킨다. 그들은 탐관오리들을 심판하려고 몽둥이를 들고 일어났다. 이때 두 강도는 꿈에서 깨어나 도망치려 했지만, 그들은 더 이상 도망칠 수 없었다.

「승관도」가 공연되자 국민당 통치 지역에서는 커다란 반향이 일어났다. 극장에서는 웃음소리가 끊이지 않았다. 관중들도 이 황당한 줄

거리 속에 신랄한 풍자가 담겨 있음을 잘 알고 있었던 것이다. 강도는 바로 당시의 관리들이었다. 이것이 당시의 정치 현실이었다.

마치 고골리의 『검찰관』을 보는 것 같은 착각이 들 정도이다. 실제로 러시아 문학은 중국 현대 문학에 커다란 영향을 끼쳤다. 샤옌의 「상하이의 처마 밑」도 어느 정도 고리끼의 『야간 주점』을 본보기로 삼았다. 앞서 언급했듯이 『어머니』를 번역하여 중국에 소개한 샤옌에게 고리끼는 매우 친숙한 작가였다.

허징즈와 「백모녀」

중국 현대 희극의 또 다른 대표작 「백모녀」는 옌안 해방구에 있던 루쉰예술학원의 집단 창작물이다. 바로 시인인 허징즈賀敬之와 함께 동료들이 완성한 작품이다.

소작농의 딸 시얼喜兒은 아버지 양바이라오楊白勞가 지주인 황스런黃世仁에게 조세를 갚지 못하여 황씨 집으로 끌려갔다. 이 일을 자책한 양바이라오는 간수를 마시고 죽었다. 나중에 시얼은 황씨의 괴롭힘을 견디지 못하고 깊은 산속으로 도망쳤다. 그녀는 이곳에서 열매와 사원의 시주 음식을 먹으며 목숨을 이어갔다.

이런 날이 오래 되자 어린 나이에도 불구하고 머리가 하얗게 세었다. 어느 날 산속에 들어갔던 마을 사람이 그녀의 모습을 보았다. 그리고는 산에 백발의 선녀가 산다고 소문을 퍼트렸다.

얼마 뒤 해방군들이 마을을 해방시켰다. 그리고 해방군은 산속에

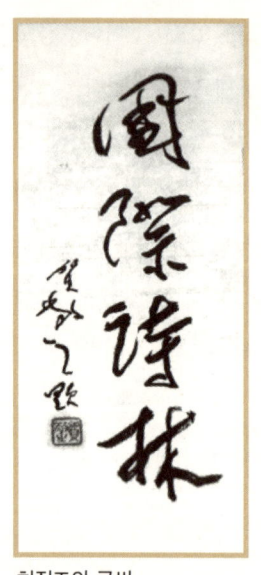

허징즈의 글씨.

서 시얼도 발견했다. 그 뒤 그녀는 자신을 사랑하는 청년과 결혼하여 사람다운 삶을 살 수 있었다.

바로 이것이 이 희극의 주제였다.

"옛 사회는 사람도 귀신으로 만들고, 새로운 사회는 귀신도 사람으로 만든다."

해방구의 관중은 대부분 이를 뼈저리게 체험했기 때문에, 공연을 보자마자 눈물을 흘렸다. 언젠가 한 극단이 병사들을 상대로 이 작품을 공연했다. 그런데 지주가 시얼을 희롱하는 장면이 나오자, 어느 병사가 연극이라는 것도 잊은 채 황스런 역의 연기자를 개머리판으로 내리치려 했다고 한다. 다행히 동료들의 저지로 큰일은 없었지만, 당시 관중이 얼마나 이 작품에 교감했는지 잘 보여주는 일화이다.

1950~1960년대를 산 중국인이라면 「백모녀」에 나오는 '붉은 머리띠(紅頭繩)'와 '동쪽 집은 높은 건물에 사네(東家住高樓)' 같은 곡을 꿰고 있었다. 그 곡들은 멜로디뿐만 아니라, 가사도 매우 훌륭했다.

이를 작사한 허징즈는 톈한과 샤옌의 다음 세대였다. 그는 10대에 옌안으로 와, 루쉰예술학원에서 공부했다. 곧 혁명이 기른 신세대 문인이라고 할 수 있다. 그는 20대 초반에 「백모녀」라는 극본을 완성했다.

중국이 성립된 뒤, 그는 시가 창작에 온 힘을 쏟았다. 산베이(陝北) 지역의 민가인 '신천유(信天游)' 형식을 써서, 「옌안으로 돌아와(回延安)」와 같은 감동적인 시를 남겼다. 이밖에도 「구이린의 산수(桂林山水

歌)」, 「레이펑의 노래(雷鋒之歌)」, 「서향하는 열차의 창문(西去列車的窓口)」 같은 장편 서정시는 그 당시를 대표하는 우수한 작품이다.

중국을 휩쓴 서북풍

허징즈와 같은 시대에 활동한 리지李季라는 사람이 있다. 그도 허징즈처럼 옌안 해방구가 기른 문인인데, 허징즈보다 2살이 많았다.

그는 3부 12절 800행으로 이루어진 장편 서사시 「왕꾸이와 리샹샹(王貴與李香香)」을 남겼다. 이 작품은 젊은 노동자 왕꾸이와 빈농의 딸 리샹샹의 감동적인 사랑을 다루었다. 그런데 이 작품의 사랑은 꽃과 달빛에 싸여 나누는 나약한 사랑이 아니라, 온갖 고난과 역경을 이기고 쟁취하는 사랑이었다.

이런 장편시는 산베이陝北의 민가인 '신천유' 형식을 채용했다. 이는 중국 서북부 특유의 민가 형식이다. 양을 치거나 길을 가면서 높고 긴 억양으로 목구멍을 틔워 노래하기 때문에, 건너편 언덕에서도 들을 수 있는 표현 형식이다.

그의 시에서 청춘 남녀는 이런 형식을 이용하여 자신의 속내와 애정을 표현했다. 가사는 2구를 1절로 하여 비흥 수법을 애용했다. 몇 구절을 살펴보자.

두 갈래 궁궁이 세 번을 뻗으니,
샹샹은 어려서부터 농부를 좋아했네.

땅에는 버들이 푸르디푸르고,
왕꾸이는 훌륭한 젊은이라네.

5척 장신에 온몸이 근육이라,
농사일도 두 사람 몫을 하네.

옥수수 꽃이 피고 허리까지 자라니,
왕꾸이는 일찌감치 샹샹을 마음에 품네.

  위에서 알 수 있듯이, 작품 곳곳에서 민가의 분위기가 물씬 풍긴다. 그도 그럴 것이, 작가는 이런 형식을 익히려고 직접 농가를 찾아다니며 3천여 수의 '신천유'를 수집했다고 한다.
  이처럼 리지만이 아니라 허징즈도 중국 서북부 지역의 민가에서 귀중한 영양분을 흡수했다. 중국 현대 시단에서 일었던 '서북풍西北風'은 그들에게서 시작된 것이다.

제4부
도시와 농촌, 그리고 사회주의

20장_들풀로 타오른 시인들
21장_시대의 격랑을 헤쳐 나간 문인들
22장_시골과 도시의 변주곡
23장_사랑이란 이름으로
24장_혁명을 이끈 작가들
25장_신 중국을 선도한 문인들

들풀로 타오른 시인들 20

장커자 臧克家
아이칭 艾靑
톈젠 田間

청년 시절의 장커자.

장커쟈의 대표작 「어떤 이」

 이번 장에서는 몇몇 시인들을 살펴보려고 한다. 앞서도 중국 현대 문학 초기의 대표 시인들을 살펴본 적 있다. 그들은 작품 창작에 몰두하는 한편, 신인을 육성하고 발굴하는 일에도 심혈을 기울였다. 원이둬의 경우 신인이 신작을 발표하면 자기 작품처럼 기뻐하고 축하해 주었다. 한번은 톈졘田間과 아이칭艾靑의 시를 읽다가 곧바로 주쯔칭에게 달려가, 그들의 시를 보여주며 이렇게 말했다고 한다.
 "이것 좀 보세요. 이것이야말로 전투를 북돋우는 북소리가 아니겠습니까?"
 또한 그 시를 다른 동료들에게도 적극적으로 소개했다고 한다.
 한편 당시 또 다른 신인이었던 장커쟈臧克家는 원이둬에게 직접 가르침을 받았다.

> 어떤 이는 살았지만
> 이미 죽어 버렸다.
> 어떤 이는 죽었으나
> 아직 살아 있다.
>
> 어떤 이가
> 백성의 머리에 올라 타 외치길, "아, 나는 위대하다!"
> 어떤 이는
> 몸을 숙여 백성의 소와 말이 된다.

어떤 이가
돌 위에 '영원토록'이라고 새기는데,
어떤 이는
들풀을 자청하여 땅속의 불이 되길 기다린다.

어떤 이가
살면 다른 사람이 살 수 없는데,
어떤 이가
살면 더 많은 사람을 더 잘살게 한다.

백성의 머리 위에 올라타려는 사람을
백성은 엎어뜨리고,
백성의 소와 말이 되려는 사람을
백성은 영원히 기억한다.

이름을 돌 위에 새기면
이름이 시체보다 더 빨리 썩어 없어지고,
봄바람이 부는 곳이면
어디든지 푸른 들풀로 가득하다.

자신이 있으므로 다른 사람이 살 수 없다면
그의 퇴장은 쉽게 짐작할 수 있으며,
자신이 있으므로 더 많은 사람이 잘 살 수 있다면
민중은 그를 드높이 우러를 것이다.

이는 장커쟈가 중화인민공화국이 성립된 뒤 루쉰을 기념하려고 쓴, 매우 박진감 넘치는 「어떤 이(有的人)」란 시이다. 여기에서 언급한 '들풀이 되고자 자청한' 사람이 바로 루쉰이다. 루쉰은 예전에 『들풀(野草)』이란 제목의 산문시집을 냈다.

1905년에 태어난 장커쟈는 산둥성山東省 주청諸城 사람이다. 그는 열여덟 살 전까지는 줄곧 자오둥膠東 반도의 농촌에서 살아, 누구보다 농민들의 삶을 잘 알고 있었다. 나중에는 지난濟南의 성립省立 제1사범학교에 진학하여, 처음으로 궈모뤄 등이 창작한 신시를 접한 뒤 스스로 시 창작을 익혔다.

장커쟈가 이 학교를 졸업할 무렵 중국에서는 신해혁명의 불길이 일었다. 그는 이에 고무되어 붓을 버리고 총을 잡았다. 그리고 우한武漢에서 북벌군에 참가하여 부대와 함께 양자강을 넘었다. 그러나 혁명은 실패로 끝났다. 그는 위쪽으로 피신해 있다가, 오래지 않아 산둥山東대학에 입학했다. 총을 들다가 다시금 붓을 잡은 것이다. 이때 그는 원이둬의 제자가 되었다.

그는 대학을 졸업하기도 전에 자신의 시집인 『낙인烙印』과 『죄악의 검은 손(罪惡的黑手)』을 출간했다. 그리고 이후 린칭臨淸중학교의 교사로 있으면서는 장편시집 『스스로 쓰다(自己的寫照)』와 단편시집 『운하運河』를 출간했다.

마오둔은 소박한 언어로 평범한 백성의 생활을 잘 그린 그의 시를 보고, 청년 시인들 가운데 가장 우수한 작가의 한 사람이라고 평가했다.

초기작 「말」

그의 초기작인 「말(老馬)」을 살펴보자.

언제나 큰 수레에 짐을 가득 싣고도,
시종 한마디 말이 없다.
등을 짓누르는 압력이 살을 파고들어,
머리를 무겁게 늘어뜨린다!

언제 죽을지 모르는 목숨,
눈물 흘리며 마음으로 외칠 뿐.
눈앞을 스치는 채찍 그림자에,
고개를 치켜들고 앞을 바라본다.

시는 모두 길지 않은 여덟 문장이다. 또 화려한 단어나 번뜩이는 경구도 하나도 없다. 그러나 소박한 단어를 가지고 모든 고통을 이겨 내는 강인한 정신력을 의미심장하게 표현했다.

하지만 작가는 그저 말을 표현했을 뿐, 큰 의미는 없다고 말했다. 그래도 독자들은 이 시를 통해 온갖 역경과 고통을 감내하면서도 꺾이지 않는 농민들의 불요불굴의 정신을 읽을 수 있다.

시인이 농촌 출신인지라, 그의 시집을 보면 곳곳에서 농민의 비참한 모습을 볼 수 있다. 「난민難民」이란 시를 보자.

해가 새둥지 속으로 떨어질 무렵,

까마귀 날개에서 황혼이 미처 사라지지 않았을 때,
낯선 도로, 머물 곳 없는 땅거미 속에
이 사람들이 오랜 마을에 잠겨 있다.

전란과 기근으로 고향을 잃고 떠도는 농민들이 인가의 지붕 위로 피어오르는 연기를 보았다. 그들은 굴뚝에서 연기가 끊긴 고향을 떠올리며 저도 모르게 처량해졌다. 시인은 그런 모습을 잘 묘사했다.

그래도 마침 오늘 밤에는 몸을 뉘일 곳을 찾아 다행이라고 여겼다. 그때 갑자기 긴 총을 든 사람이 찾아와 이렇게 말했다.

"때가 좋지 않아 마을에 사람을 들일 수 없습니다."

한 걸음 한 걸음, 이 사람들 거리를 걷는다.
이 타향을 가로지른다.
아이의 울음소리가 어른의 가슴을 후비고,
철문 소리가 마지막 사람의 발걸음을 자른다.
이때, 황혼이 오랜 마을의 담장을 덮는다.

농민들은 땅을 잃은 것만으로도 너무나 처참한 상황이다. 그런데 잠시 몸을 뉘일 곳도 찾지 못해 어두운 밤에 아이들을 데리고 들판으로 내쫓기고 있다. 오늘 밤은 또 어떻게 지낼 것인가?

이처럼 마음을 짓누르는 감정은 예전에 살펴본 두보의 시 「북정北征」을 떠올리게 한다. 이 시뿐만이 아니라 장커쟈의 다른 작품에도 고전문학의 정서가 농후하다. 그도 옛 시인들처럼 시구를 선택하는 데 심혈을 기울였다.

한 가지 예로, 첫 구절의 "사라지지 않았을 때"라는 표현은 매우 절묘하다. 이 시구를 처음에는 "황혼이 까마귀의 날개를 부채질하고"라 했다. 그러다 나중에는 "황혼에도 아직 까마귀 날개를 살필 수 있네"로 바꿨다가, 최종적으로 이런 표현으로 정했다고 한다.

시로 그린 자화상

장커쟈의 시는 엄정하면서도 응축된 면이 있는가 하면, 일사천리로 기세 좋게 내달리는 면도 있다. 「스스로 쓰다(自己的寫照)」란 시가 그러하다. 이 시는 전체가 8절 1천행이 넘는 대작이다. 그런데 이 시를 완성하는 데 한 달을 넘기지 않았다고 한다. 시를 썼다기보다는 가슴에 담긴 감정을 쏟아 냈다는 표현이 알맞다.

이 시는 시인의 자서전이자 자화상인 동시에, 혁명의 불길이 타오르던 시대의 모습을 담고 있다. 시인은 독자를 전장으로 이끈다.

술 달린 깃발이 앞쪽으로 펄럭이는데,
뒤편에선 개미떼 같은 군대가 뒤쫓는다.
격한 외침이 외마디 비명과 섞여,
분노가 맘속에 솟구쳐 오른다!

총소리와 함께 고꾸라지는 적들,
7월의 수수가 들판에 쓰러지는 듯.
귓가의 총소리는 저승사자의 속삭임,

고개 돌리니, 친구의 얼굴에 낭자한 선혈!
......

'총부리는 혁명의 방향을 가리켰지만,' 결국 혁명은 반동파에 의해 좌절을 맞이했다. 이때부터 시인은 오랜 방랑길에 올랐다. 어둠이 가득한 시대였으나, 시인의 마음은 결코 죽지 않았다. 잠 못 드는 밤이면 시인에게는 사방에서 '나를 불러 일깨우는 소리'가 들리곤 했다.

아이칭과「다옌허 : 나의 유모」

장커쟈에 이어 살펴볼 시인은 아이칭이다. 그는 궈모뤄와 원이둬의 뒤를 이어 중국 현대시를 발전시킨 유명 작가이다.

1910년에 태어난 아이칭艾青은 장커쟈보다 5살이 적다. 그의 본명은 장하이청蔣海澄이고, 저쟝성浙江省 진화金華 사람이다. 아버지는 학식을 지닌 지주였는데, 정작 그는 가난한 농부의 자식으로 자랐다. 그가 태어났을 때 한 점쟁이가 가문에 불운을 가져올 '불길한 아이'라고 예언했기 때문이다. 그래서 그는 가난한 농민이었던 어머니 밑에서 자랐다.

다행히 그녀는 근면 성실하고 착한 유모였다. 하지만 아무런 이름도 남기지 않았다. 그래서 나중에 아이칭은 깊은 애정을 담아「다옌허大堰河 : 나의 유모(我的保姆)」라는 서정시를 지어 유모가 자신에게 보여준 모정을 표현했다. 이 시는『다옌허大堰河』라고 하는 그의 첫 번째 시집에 실려 있다.

아이칭은 다섯 살 때 다시 자신의 집으로 돌아왔다. 그러나 꽃이 아로새겨진 가구와 금박을 입힌 침상을 보면서 왠지 매우 낯설었다. 이후 초등학교와 중등학교를 거쳐, 열여덟에는 항저우杭州에 있는 국립 시후西湖예술학원에 입학했다. 그는 평생 자신의 원래 집에 특별한 감정을 가질 기회를 얻지 못했다.

열아홉 살 때에는 프랑스 파리로 가, 일과 그림 공부를 병행했다. 당시 집에서는 전혀 도와주지 않는 상태였다. 그는 프랑스에서 많은 문학작품을 섭렵했다. 이때부터 조금씩 미술보다 문학에 더 관심을 갖게 되었다.

귀국한 뒤에는 중국 좌익미술가연맹에 가입했다가 곧 체포되어, 감옥에 감금되었다. 「다옌허 : 나의 유모」는 바로 이때 감옥에 갇혀 있으면서 쓴 작품이다. '아이칭'이란 필명도 이때부터 쓰기 시작했다.

1933년 1월 14일 눈 오는 아침, 시인은 감옥의 쇠창살 밖으로 내리는 눈을 바라보며, 두터운 눈에 짓눌려 있는 다옌허의 풀 덮인 묘가 떠올랐다. 그러면서 자연스럽게 어린 시절 자신을 어루만져 주던 유모의 손길을 떠올렸다.

당신은 두툼한 손바닥으로 나를 품에 안고 쓰다듬어 주었습니다.
아궁이에 불을 지핀 뒤,
앞치마의 탄가루를 턴 뒤,
밥이 익었나 맛을 본 뒤
까만 식탁에 까만 장그릇을 올려놓은 뒤,
산허리의 가시나무에 찢긴 애들의 옷을 기운 뒤,
낫에 베인 막내아들의 손을 싸맨 뒤,

사내들 속적삼의 이를 하나하나 잡아 죽인 뒤,
그날의 첫 달걀을 주워 담은 뒤,
당신은 두툼한 손바닥으로 나를 품에 안고 쓰다듬어 주었습니다.

참으로 정겨운 추억이다. 단순히 품에 안겨 느꼈던 피부의 촉감과 젖의 세례만으로 이처럼 잊지 못할 추억을 남길 수 있을까?

이어서 시인은 자신이 어떻게 몰래 유모의 집으로 돌아가 엄마라고 불렀는지 회상했다. 그리고 이 엄마가 이웃들 앞에서 어떻게 자신의 젖먹이를 자랑했는지, 남에게 말할 수 없는 꿈을 꾸었는지 노래했다.

또 자신의 젖먹이가 결혼하여 따라 주는 축하주를 마시고 싶어 하는 꿈을 노래했다. 그러나 이 꿈을 이루기도 전에 그녀는 일찍 세상을 떠났다. 그리고 그녀의 주정뱅이 남편도 죽었다. 그녀의 아들들도 전쟁에서 목숨을 잃었고, 살아 있어도 모진 고생을 겪어야 했다. 그래서 시인은 다시 고향으로 돌아가면 그녀의 아들들을 형제처럼 여길 것이라 선언했다.

그리고 지금 시인은 감옥에서 '제 자식처럼 나를 사랑해 준 다옌허'에게 바치는 찬미의 시를 쓰고 있다. 마지막에 그는 감정에 북받쳐 외쳤다.

다옌허,
나는 당신의 젖을 먹고 자란
당신의 아들입니다.
나는 당신을 존경하며,
당신을 사랑합니다!

독자들은 이처럼 진솔한 감정이 담긴 이 시를 통해, 어느 농촌 아낙의 비참하면서도 존경스러운 일생을 엿볼 수 있다. 그토록 부지런하고 선량했던 그녀가 젖먹이에게 준 사랑은 친엄마의 사랑을 훨씬 뛰어넘는 것이었다. 그녀는 세상의 모든 어머니를 상징한다.

더 나아가 시인은 철창 속에서 세상 사람들에게 외쳤다. 자신은 원래 지주계급 출신이지만, 일찌감치 자신의 계급적 속박에서 벗어나 기층 인민의 아들로 다시 태어났음을 강조했다.

"나는 이 불공평한 세상에 주는 저주의 글을 쓰고 있습니다."

1935년, 아이칭은 감옥에서 풀려났다. 그 뒤 많은 곳을 전전하면서 교사와 편집자, 항일 예술단체의 책임자 등을 맡았다. 1941년에는 옌안으로 건너가, 중국이 성립될 때까지 그곳에 머물며 여러 활동에 힘썼다. 그는 1935년 이후 10여 년 동안 여러 편의 시를 지어, 어두운 현실에 대한 한恨과 밝은 미래에 대한 갈망을 표현했다.

그의 작품에는 백성의 고통을 반영한 것도 많다. 항일 전쟁 초기에 쓴 「중국 땅에 눈이 내리고(雪落在中國的地上)」에서는 전화戰禍 때문에 받은 국민의 불행을 형상적으로 묘사했다.

괴로움에 주름진 얼굴의 농민들이 마차를 몰고 눈보라를 헤치며 정처 없이 길을 간다. 머리를 풀어헤친 꾀죄죄한 젊은 여인은 낡은 배에 앉아 물길을 따라서 표류한다. 가족은 적의 손에 무참히 짓밟혔다. 그녀는 남편을 잃은 채 죽음의 공포 속에서 원수의 칼에 희롱을 당했다.

땅을 잃은 무수한 농부들은 생활의 막다른 골목에 내몰렸다. 굶주린 대지는 찌뿌듯한 하늘을 향해 구원을 바라며 떨리는 두 팔을 내밀었다. 그리고 시인은 외쳤다.

"눈 내리는 이 밤처럼 넓고도 긴, 중국의 고통과 재난이여!"

「손수레」와 「태양」, 그리고 「새벽의 통지」

「손수레」는 북방 농민들에 관한 시이다.

> 황하의 옛 고을에
> 말라 버린 강바닥으로 강바닥으로
> 손수레의
> 외바퀴가
> 찌푸린 하늘을 울리는 안쓰러운 소리를 내며 굴러가네
> 얼어붙은 고요를 헤치며
> 이 산기슭에서
> 저 산기슭으로
> 북쪽 백성의 슬픔을 전하네
>
> 눈보라치는 날에
> 가난한 마을과 마을 사이로
> 손수레의
> 외바퀴가
> 시뿌연 황토층에 깊은 자국을 새기며 굴러가네
> 넓고 거친 땅을 지나
> 이 길에서
> 저 길로
> 북쪽 백성의 슬픔을 엮네

외발 손수레는 당시 농촌에서 흔히 볼 수 있는 운송 기구였다. 그런데 일본군들이 북방의 대지를 짓밟자, 농민들은 평소와 달리 피난 보따리나 아이들을 손수레에 싣고 타지를 떠도는 신세가 되었다. 그래서 "안쓰러운 소리를" 낸 것이다. 귀를 자극하는 소리라 어두운 하늘도 얼굴을 "찌푸렸다."

이 시는 처음부터 끝까지 문장부호가 없다. 특별히 문장부호를 써서 강조할 필요가 없기 때문이었으리라. 귀에 거슬리는 소리와 처참한 장면만으로도 독자의 심금을 자극하기에 충분하다.

그러나 이러한 상황에서도 시인은 결코 낙담하지 않았다. 그의 시집을 살펴보면 「태양太陽」, 「태양을 우러러(向太陽)」, 「새벽(黎明)」, 「새벽의 통지(黎明的通知)」 같은 제목을 볼 수 있다. 어둠과 추위가 극심한 상황에서도 시인은 언제나 불길을 뿜으며 타오르는 태양을 꿈꾼 것이다.

태고의 무덤으로부터
어두운 세월로부터
인류의 죽음이 흐르는 저쪽으로부터
깊이 잠든 산맥을 깨우며
태양은 나를 향해 굴러 온다
모래언덕을 날아오르는 불덩어리 마냥……

태양은 그 가리기 어려운 햇살로
생명을 숨쉬게 하고
키 큰 나무의 무성한 가지를 춤추게 하며
강물을 미친듯 노래하게 하여 태양으로 달려가게 한다

태양이 다가올 때, 나는 들었다
겨울잠 자는 벌레들이 땅밑에서 꿈틀거리는 소리를
도시는 저 멀리서
전력과 강철로 그를 부른다
이제 나의 가슴은
불꽃의 손에 찢기어
진부한 영혼은
강변에 버려지고
나는 인류 재생의 믿음을 갖게 된다

 더 이상 덧붙이지 않고 단숨에 적어 내려간 듯한 필치로, 이글거리는 태양의 웅장한 기세를 잘 표현했다. 태양을 간절히 갈망하고, 빛의 힘을 절대적으로 신뢰하는 모습은 독자를 감동시키는 아이칭의 시만이 가진 특징이 되었다.
 「새벽의 통지」도 빼놓을 수 없는 시이다.

내가 바라는 것을 위해
시인이여 일어나게

그리고 그들에게 알려주게
기다리던 것이 이제 온다고

내가 이슬을 밟으며 오고 있다고
마지막 별빛을 받으며 오고 있다고

나는 동녘에서 오네
파도가 출렁이는 바다에서 오네

나는 세상에 빛을 주리니
인류에게 따사로움을 주리니

……

 시인의 강한 기운을 느낄 수 있다. 조용하지만 결코 의심할 수 없는 힘과 자신감이 강하게 풍긴다. 아울러 높은 곳에 서서 아래를 굽어보는 듯한 위엄이 느껴진다. 시인은 빛의 대변인이 되어, 몇 구절의 말과 어조만으로 빛과 정의가 지닌 숭고함과 거스를 수 없는 힘을 잘 표현했다.
 아이칭의 시를 읽으면, 종종 시의 의경意境 속에 빠지게 된다. 마치 그림의 색조를 감상하고, 시 속의 공기를 호흡하며, 시에서 들리는 소리를 듣는 듯한 느낌이다.
 한편 「나팔수(吹號者)」란 시에서는 항일 운동에 나선 어느 나팔수의 감동적인 형상을 만날 수 있다.

이제 그는 시작했다
투명하리만치 푸른 하늘 아래에 서서
들판이 준 맑은 숨을
나팔 속에 불어넣기 시작했다
—가는 핏발도 섞여 있을까?
나팔은 감격하여

맑은 소리를 들판에 들려준다
— 그는 아름다운 새벽을 우러르며
기상나팔을 분다
그 소리는 아득히 저 멀리 울려간다……

세상의 모든 것은
기쁨에 넘쳐
이 나팔의 부름을 받아들인다……

　이 또한 참신하면서도 감동적인 새벽의 찬가이다. 이 나팔수는 시인의 분신이었다. 시인은 나팔 대신 시를 써서 중국의 새벽을 부르고, 중국인의 민족정신을 일깨웠다.
　시의 외형적 운율과 리듬 등 시의 진정한 묘미를 알지 못하는 독자가 보더라도 시에 담긴 숭고한 맛을 느낄 수 있다. 그래서 아이칭을 빗대어 '빛을 열렬히 갈망한 천재 작가'라고 부른다.
　그의 시가 지닌 독특한 풍격은 중국 현대 시단에 큰 영향을 끼쳤다. 아울러 한글을 비롯한 영어, 프랑스어, 러시아어, 일본어 등 10여 개 국가의 언어로도 번역·출간되어 세계적인 명성을 얻었다. 칠레의 유명한 시인 파블로 네루다는 아이칭을 '중국 시단의 큰 별'이라고 불렀다.
　특기할 사실은 아이칭이 우리 한민족의 삶을 격정적으로 노래한 적이 있다는 점이다. 그는 당시 우리의 독립투사들에게 무한한 존경과 사랑을 표현했다. 1942년 9월 17일에는 「추도사 — 조선 독립동맹을 위해 희생된 조선 열사를 추도하며」라는 시를 지어, 독립을 위해 목숨을 바친 열사들을 추모했다.

또 1951년에는 세계적인 무용수였던 최승희와 그녀의 딸 안성희를 위해 「어머니와 딸」이라는 시를 지어, 한민족이 지나온 고난의 역사를 노래했다.

고수 톈젠

아이칭과 함께 원이둬에게 주목을 받은 톈젠田間이란 시인도 있다. 앞에 소개한 아이칭이 나팔수였다면, 톈젠은 고수鼓手라고 할 수 있다. 그의 시는 리듬이 선명하고 언어가 간결하여, 북소리처럼 글자마다 힘이 실려 있었다. 그래서 많은 작품들이 병사들의 행진에 어울렸다. 「전사에게 바침(給戰鬪者)」이란 작품을 살펴보자.

우린
반드시
싸우리라,
어제는 분노의 날,
미치도록 외치고,
발악했다
4천만 5천만 동포들이!

싸움

아니면 죽음……

우린
반드시
적의 칼날을 빼앗으리라
우리의
핏줄로.

　이는 1937년 중일전쟁이 터지자마자 지은 장편시의 일부분이다. 시인은 중국인들에게 항전을 독려하는 북을 힘차게 울린 것이다.
　톈젠의 작품에는 단편시도 많다. 편폭은 짧아도 매우 투철하면서도 명확한 메시지를 담고 있다. 「우리가 싸우지 않으면(假使我們不去打仗)」이란 작품은 6행의 단편인데, 그 가운데 한 구절은 한 글자로만 되어 있다.

우리가 싸우지 않으면,
적의 칼날이
우리를 죽이고,
손가락으로 우리 머리를 가리키며 말하리라
"보라,
이들은 노예이다!"

　남자라면 이 시를 읽고 피가 솟구쳐 올라 자리에 가만히 앉아 있을 수 없을 것이다. 오랜 시간 늘어놓는 연설보다 훨씬 명쾌하고, 더 큰 힘을 가지고 있다.

또한 그는 중국 농민에게 바치는 헌시 격인 「기아饑餓」, 「양자강 위에서(揚子江上)」, 「가다(去)」라는 3부로 구성된 장편시 「중국·농촌 이야기」를 썼다.

이러한 시를 쓴 톈젠(1916~1985)의 본명은 통톈젠童天鑒이고, 안후이성安徽省 우웨이無爲 사람이다. 그는 어린 시절 내내 농촌에서 살다가, 열네 살 때 우시無錫, 난징, 상하이 등지로 나가 공부하면서 시를 창작하는 데 매진하게 되었다.

1937년에는 일본으로 건너가 마야코프스키의 '거리 시'를 접하고, 짧지만 힘이 넘치는 그의 시풍에 매료되었다. 이후 귀국하여 팔로군과 함께 항일 선전 활동을 하면서 '거리 시' 형식을 활용했다. 「의용군義勇軍」과 「우리가 싸우지 않으면」 등은 바로 마야코프스키의 영향을 받아 지은 작품이다.

톈젠의 소박하면서도 직선적이고 빠른 리듬과 울리는 힘 때문에, 원이둬는 그를 '시대의 고수'라고 불렀다. 그는 톈젠을, "사랑과 한, 그리고 인생을 고무시켜 최대한의 열기와 역량을 이끌어 낸다"고 극찬을 아끼지 않았다. 마지막으로 항일전쟁 시기 중국에 위기가 닥쳤을 때 자유를 위해 행동할 것을 외친 「자유가, 우리에게 온다(自由, 向我們來了)」란 작품을 살펴보자.

슬픈
종족
우린 반드시 싸워야 한다!

구월의 창밖
아시아의

들판에
자유가……
피에 젖은 저기에서
형제의 유골이 있는 저기에서
우리에게 온다
폭풍우처럼
바다제비처럼

시대의 격랑을 헤쳐 나간 문인들 21

러우스柔石
인푸殷夫
장톈이張天翼
사팅沙汀
아이우艾蕪
샤오쥔蕭軍과 샤오훙蕭紅

좌련 5열사 가운데 한사람인 러우스(가운데).

좌련 5열사

1930~1940년대 중국 문단에서 활동하던 작가들은 뛰어난 업적을 이루었다. 그러나 그들의 정치적 입장과 창작의 풍격은 각양각색이었다. 매우 혼란스러웠던 당시 상황을 고려하면, 이는 당연한 일인지도 모른다.

장광츠蔣光慈, 러우스, 인푸, 후예핀胡也頻 등은 모두 이러한 1930년대에 활동하던 좌익 작가이다. 한편 같은 좌익 작가인 장톈이, 사팅, 아이우 등이 이룬 성취는 다른 작가들을 훨씬 뛰어넘었다.

그리고 선충원沈從文은 1930년대에 큰 성과를 올린 소설가이다. 그는 중국 현대 소설가를 통틀어 열 손가락 안에 드는 인물이다. 그러나 그는 좌익작가연맹에 가입하지 않았다.

1940년대에 특히 주목해야 할 작가들은 바로 해방구(공산당 통치 지역)의 소설가들이다. 그들 가운데 딩링丁玲과 저우리포周立波 등은 원래 좌익작가연맹에서 활약하다가, 해방구에서 새로운 업적을 이루었다.

그밖에 국통구(국민당 통치 지역)와 일본 점령 지역에서도 좋은 문학 작품이 계속 이어졌다.

당시에 「초봄 2월(早春二月)」이란 영화가 있었다. 이는 러우스柔石의 소설을 토대로 각색한 작품이다. 이야기는 강남의 아름다운 풍경을 자랑하는 한 마을에서 시작된다.

그곳은 무릉도원이나 다름없었다. 남자 주인공 샤오젠치우蕭澗秋는 그 마을의 중학교 교사였다. 그는 한 학생의 어머니인 원사오文嫂에게 동정을 베풀었다. 그녀는 가난한 과부인데, 남편이 북벌 전쟁에 뛰어들었다가 죽었다. 샤오젠치우는 사랑이 아닌 동정심으로 원사오와 결혼까지 하려고 마음먹었다.

그런데 그때 교장의 여동생인 타오란陶嵐은 샤오젠치우를 매우 사랑하고 있었다. 타오란은 전형적인 신여성이었다. 그녀는 학식을 갖추고, 이상을 품었으며, 평범하고 세속적인 것을 혐오했다. 그리고 다른 사람이 뭐라고 하든지 자기 방식대로 행동하는 사람이었다. 샤오젠치우는 그 중간에 끼어 어찌할 바를 몰랐다.

이런 상황에서 원사오는 샤오젠치우에게 누를 끼칠까 걱정스럽기도 하고, 세간에서 자신을 바라보는 시선이 두려웠다. 그래서 결국 그녀는 죽음을 선택했다. 이후 샤오젠치우도 그곳이 결코 세상과 동떨어진 무릉도원이 아님을 깨달았다. 결국 그도 마을을 떠났다. 그리고 곧이어 타오란도 그를 만나려고 마을을 떠났다.

앞서 언급했듯이 이 영화는 러우스의 중편소설 「2월」을 바탕으로 각색한 작품이다. 소설에서는 혁명이라는 거스를 수 없는 물줄기 속에서 고뇌하고 방황하는 지식인들의 모습을 그렸다.

러우스(1902~1931)의 본명은 자오핑푸趙平復이고, 저장성浙江省 닝하이寧海 사람이다. 그는 어릴 때 가정 형편이 어려워, 고등학교를 마치지 못한 채 독학으로 문단에 등단했다.

북벌군이 저장성을 공격할 때 그는 닝하이중학교를 창립하고, 닝하이 교육국장을 역임하기도 했다. 그러나 혁명이 실패하자, 상하이로 피신하여 그곳에서 루쉰을 만났다. 그리고 얼마 뒤에는 좌련에 가입했다.

그러나 그는 스물아홉이란 꽃다운 나이에 국민당 비밀경찰에게 살해되었다. 당시 그를 포함하여 작가 5명이 살해되었기에, 이후 그들을 일컬어 '좌련 5열사'라고 불렀다. 루쉰은 「망각을 위한 기념(爲了忘却的紀念)」이란 글에서 그들을 추모했다.

사상을 위해 형과 갈라선 인푸.

'좌련 5열사'에는 앞서 언급한 러우스와 인푸, 후예핀, 그리고 여성 작가인 펑겅馮鏗과 편집인을 지낸 리웨이선李偉森이 포함된다.

인푸殷夫(1909~1931)의 본명은 쉬바이팅徐栢庭이고, 인푸는 그의 필명이다. 또 다른 필명으로는 바이망白莽이 있다. 그는 시인이었는데, 대부분의 작품은 『아이탑(孩兒塔)』이라는 시집에 실려 있다. 그는 루쉰과 친분이 두터워, 루쉰이 이 시집의 서문을 써 주었다. 루쉰은 그의 시집을 이렇게 평가했다.

"동방의 여명이자, 소리를 내며 숲을 관통하는 화살이다. 그리고 겨울을 뚫고 나오는 새싹이자, 진군의 첫걸음이다. 또한 선구자들을 위한 사랑의 깃발이자, 핍박자들에 대한 증오의 금자탑이다. …… 이 시는 또 다른 세계에 속한다."

생명은 진실로 귀한 것,
사랑은 그보다 더 값진 것,
그러나 자유를 위해서라면
그 둘을 모두 버릴 수 있다

이는 헝가리의 시인 페테피의 시이다. 그런데 이 시를 중국어로 번역한 사람이 인푸라고 알려졌다. 그래서 루쉰도 처음에는 그렇게 알고 있었다. 하지만 나중에 이 시는 그의 형이 번역한 것으로 확인되었다.

인푸의 형은 당시 국민당의 고위 장교였다. 그는 인푸가 체포될 때마다 감옥에서 풀어 주었다. 그러나 형제는 서로 가는 길이 달랐다. 그래서 인푸는 「형과 헤어지며(別了哥哥)」란 시를 통해, 그를 돌보고 길러 준 형에게 마지막 작별을 고했다. 그는 형을 사랑했지만, 자신의 믿음을 위해 과감하게 형과 갈라섰다. 그리고 다시금 혼자의 힘으로 앞길을 개척해 나갔다. 당시 독자들은 이런 그의 모습에서 혁명을 위한 열정을 보고, 감동을 받았다.

　5열사의 한 사람인 후예핀胡也頻(1905~1931)은 푸젠성福建省 사람이다. 그도 좌련 작가인데, 장편소설『우리 앞길을 비추는 빛(光明在我們的前面)』등을 창작했다. 그의 아내는 바로 그 유명한 여성 작가인 딩링이다. 이들은 나중에 다시 언급하겠다.

장톈이의 소설 『바오씨 부자』와 『화웨이 선생』

　이제 1930~1940년대 진보적인 독자들에게 많은 사랑을 받았던 장톈이와 사팅 및 아이우를 살펴보자.

　장톈이張天翼(1906~1985)의 본명은 위안딩元定이다. 본적은 후난성湖南省 샹샹湘鄕이나, 실제로 태어난 곳은 쟝쑤성江蘇省 난징南京이다. 그의 아버지는 청나라 말기에 진사進士가 되었으나, 관직을 얻지 않고 교사 생활 등으로 가족의 생계를 책임졌다. 학식이 있던 어머니는 늘 아이들에게 이야기를 들려주었다. 이런 환경 속에서 자란 장톈이는 자연스럽게 문학을 가장 좋아했다.

　그는 초등학교와 중학교를 거치면서 수많은 고전과 명작들을 섭렵했다. 그리고 린수林紓가 번역한 외국 소설도 즐겨 읽었다. 그 결과 고등학교를 졸업하기도 전에 소설을 창작하기 시작하여, 열여섯 살 때에는 잡지에 발표하기까지 했다. 그러나 그때 쓴 소설은 유머와 탐정을 소재로 하여 문학적 가치는 그리 크지 않았다. 그러다가 루쉰의 『아Q정전』을 읽고 깊은 감동을 받아, 진정한 문학의 면모를 깨달았다. 이때부터 그의 문체는 차츰 엄숙해졌다.

이후 그는 베이징대학 예과에서 공부했다. 그 뒤에는 교사, 회사원, 기자, 편집자 등의 일을 하고, 실업자로 지낸 적도 있었다. 그는 이런 과정을 통해 많은 사람들을 만나며 사회를 깊이 있게 이해할 수 있었다.

장텐이는 작품이 많기로 유명하여 『귀토일기鬼土日記』, 『치륜齒輪』, 『일 년一年』, 『청명시절清明時節』 등 6~7편의 장편소설을 썼다. 그리고 단편은 이보다 더 많아서 9편의 단편집을 냈다.

또 그는 동화 작가로도 유명하다. 중국인들에게 너무나 잘 알려진 『큰 린林과 작은 린』이 바로 그가 쓴 동화이다.

그리고 소설에서는 『바오씨 부자』와 『화웨이 선생』이란 두 편이 가장 유명하다. 『바오씨 부자(包氏父子)』는 한 편의 희비극으로서, 자식의 성공을 바라는 부모의 이야기이다.

소설의 주인공 바오씨는 30여 년 동안 류劉 대감 집에서 하인으로 지냈다. 지나온 세월만큼 주인의 신임도 두터웠다. 그래서 주인 부부가 집을 비울 때면, 집안의 모든 열쇠를 그가 관리했다.

그러나 바오씨는 언제나 자신의 비천한 신분이 불만이었다. 그는 아들을 잘 키워 언젠가는 자신도 주인이 되기를 꿈꾸었다. 그래서 아들은 그의 모든 희망이었다. 그는 빚을 내어 아들을 중학교에 진학시켰다. 그러나 한 달 품삯으로 10원을 받는 그의 형편으로는, 학비와

잡비 명목으로 당장 필요한 50원을 감당할 수 없었다. 바오씨는 체면을 접어 두고, 은행과 학교를 찾아가 사정했지만 모두 거절당했다. 이 일 때문에 그는 농분서주했다. 이 모두가 언젠가 아들이 성공하리라는 희망 때문이었다.

한편 어린 바오는 이런 부정父情에 감사할 줄 몰랐다. 그는 은혜를 모르는 배은망덕한 아들이었다. 아버지가 비싼 이자를 주고 어렵게 마련한 돈으로 가죽신과 포마드 기름을 사서, 치장하고 다니는 데에만 신경을 썼다. 집에 돌아와서는 손 하나 까딱하지 않았다. 아버지와 말할 때에도 등나무 의자에 기대 다리를 건들댔고, 언제나 험한 말투로 화를 내곤 했다.

하지만 학교에서는 영 딴판이었다. 그는 부잣집 도령인 궈춘郭純의 똘마니였다. 그의 꿈은 어떻게 해서든지 멋쟁이 무리에 끼어, 궈춘 같은 부잣집 도령이 되는 것이었다. 그는 이렇게 백일몽에 빠져 있었다. 농구부원이 되어 농구장에서 멋진 활약을 펼쳐 여자아이들의 환심을 얻고, 그녀들과 공원을 산책하면서 폼 잡는 것이 평생소원이었다.

아버지는 아들을 위해 모든 것을 희생했지만, 아들은 자신의 출신을 원망했다. 결국 그는 3번이나 유급되었다. 그래도 여전히 그는 자신의 가정이 궈춘네처럼 되기를 꿈꾸었다. 아버지도 뚱뚱한 체격에 회색 양복을 걸치고, 시가를 입에 물고 수염을 쓰다듬거나 안경을 쓰기를 바랐다.

섣달그믐이 되자 바오씨는 각종 채무에 시달렸다. 더구나 학교에서는 사람을 보내 바오씨에게 면담을 요구했다. 궈춘이 이성 문제로 다른 사람과 다투다가, 바오를 부추겨 상대방을 때리게 한 것이다. 학교에서는 바오를 퇴학시키기로 하고, 치료비는 바오씨에게 부담케 했다. 이렇게 아들을 잘 키워 가문을 일으켜 보려던 바오씨의 꿈은 산산조각이 났다. 결국 그는 거리에 머리를 박고 쓰러졌다.

이 작품은 이중 의미를 지닌 비극이다. 아버지는 아버지대로 아들 사랑에 눈이 멀어, 재목도 아닌 아들에게 너무 큰 기대를 걸었다. 또 아들은 아들대로 과잉보호와 사회 분위기에 휩쓸려, 자신의 근본은 망각한 채 신분 상승이라는 헛된 꿈을 꾸었다. 그 결과 이러지도 저러지도 못하고, 더 큰 상처만 입었다.

이러한 비극의 배경에는 가난을 혐오하고, 부를 추구하며, 향락에 탐닉하는 사회 분위기가 깔려 있다. 오늘날까지도 이 소설은 자식을 과잉보호하는 부모들에게 경종을 울리기에 충분하다.

『화웨이 선생(華威先生)』도 같은 맥락의 풍자 소설이다. 풍자하는 대상이 관료로 바뀌었을 뿐이다.

소설의 배경은 항일 전쟁 때이고, 주인공 화웨이는 고위직 관리이다. 그는 언제나 서류 가방을 옆에 끼고, 검은 지팡이를 들고 다녔다. 시가를 피울 때면, 엄지와 검지로 시가를 잡고 폼을 잡았다.

그는 하루 종일 인력거를 타고 동분서주하며 각종 회의에 참석했다. 난민 구제 회의와 대중문예 연구회, 문화계 항일 총회 등 모임의 성격에 상관없이 얼굴을 내비쳤다. 한번은 부녀회에서 전시 유아 보육회를 열었는데, 그를 초청하지 않았다. 그러자 그는 사람들을 동원하여 위협(?)해, 결국 전시 유아 보육회의 위원이 되었다.

하지만 그가 이렇게 기를 쓰고 회의에 참석하는 데에는 별다른 이유가 없었다. 그는 언제나 회의에 늦게 가서 일찍 나왔다. 그리고 거드름을 피우며 다른 사람의 발언을 자르거나, 아니면 청중에게 자신의 주장만 강조했다. 그의 주장은 딱 두 가지였다. 청년들이 일을 잘해야 한다는 것과 항일 업무를 위해서는 지도자 그룹이 있어야 한다는 것이다.

작가는 화웨이 선생이 어떤 사람인지는 끝까지 언급하지 않았다. 그러나 독자들은 그가 여기저기 이름 걸기를 좋아하는 문화계 관료임을 어렵지 않게 짐작할 수 있다. 그는 입만 얼면 항일을 부르짖었지만, 사실 그의 속셈은 항일이 아닌 권력 장악에 있었다. 그런 그의 배후에는 바로 국민당 정부가 있었다.

『화웨이 선생』은 출간되자마자 큰 반향을 불러일으켰다. 당시에는 이래라저래라 말만 하면서 자신은 아무 일도 하지 않는 관료를 보면, "저기 또 화웨이 선생이 있네"라고 말했다고 한다.

동화 『큰 린과 작은 린』, 『마술 조롱박의 비밀』

중국 어린이들에게 장톈이는 매우 익숙하다. 그가 동화 작가로 너무 유명하기 때문이다. 그의 장편 동화 『큰 린과 작은 린(大林和小林)』은 모르는 사람이 없을 정도이다.

큰 린과 작은 린은 쌍둥이 형제였지만, 서로 가는 길이 달랐다. 형인 큰 린은 부잣집에 입양되어, 하루 종일 손 하나 까딱 안하고 살았다. 밥도 하인이 주는 걸 받아먹을 정도였다. 그 결과 풍보가 되어, 날이 갈수록 욕심만 늘었다. 마지막에 그는 금은보화로 가득한 섬에 갇힌다. 금과 은은 차고 넘쳤지만, 먹고 마실 건 없었다. 결국 그는 보물을 지키다가 굶어 죽었다.

한편 동생인 작은 린은 줄곧 사회 밑바닥에서 고생하며 자랐다. 그는 귀족과 부자들 밑에서 일하고, 노동자들의 항의 투쟁에도 참가했

『큰 린과 작은 린』의 재미있는 표지.

다. 이런 생활 속에서 그는 국왕과 왕자, 공주, 법관 등 상류층 인사들의 진면목을 확실히 깨달았다. 결국 그는 동료들과 함께 모반을 시도하여 자유를 얻는다.

이러한 내용에서도 알 수 있듯이, 이 동화는 일반 아동물과 달리 사회를 풍자하는 의미를 담고 있다.

중화인민공화국이 성립된 뒤에도 장톈이는 동화 창작을 멈추지 않았다. 또 다른 장편 동화 『마술 조롱박의 비밀(寶葫蘆的秘密)』은 40~50대 중국인이라면 모르는 사람이 없을 정도로 유명한 작품이다. 이는 초등학생의 꿈을 다룬 동화이다.

주인공 아이는 조롱박 하나를 얻는 꿈을 꾸었다. 그 조롱박은 바로 모든 소원을 이루어 주는 마술 조롱박이었다. 그런데 이 조롱박은 소원을 이루어 주기도 하지만, 큰 혼란을 불러일으키기도 했다. 예를 들어 다른 사람과 장기를 둘 때, 상대방의 '말(馬)'을 잡아먹고 싶다고 생각하면 곧바로 '말' 패가 그의 입으로 달려와 물리는 식이다.

주인공 아이는 여러 번 이런 일을 겪으면서 인생의 진리를 깨닫는다. 곧 세상의 모든 일은 자신의 노력으로 이루어야지, 어떤 요행이나 술수를 바라면 안 된다는 사실을 깨달은 것이다.

사팅의 풍자 「향기 그윽한 찻집에서」

이제 또 다른 좌련 작가인 사팅을 살펴보도록 하자.

사팅沙汀(1904~1992)의 본명은 양차오시楊朝熙이고, 쓰촨성四川省 안현安縣 사람이다. 그는 어린 나이에 아버지를 여의고 홀어머니 밑에서 자랐다. 그의 외삼촌은 특별한 사람으로서, 반청反淸 민간 조직인 가로회哥老會의 두목이었다. 그래서 사팅은 어렸을 때 외삼촌을 도와 전령사 역할을 했다. 그러면서 쓰촨의 서북 지역에 있는 마을들을 이곳저곳 누볐다. 그때 그의 마음속에는 그 일대의 풍토와 주민들의 모습이 깊이 각인되었다. 그 결과 나중에 소설을 쓰면서, 자연스럽게 그곳의 자연과 사람들의 모습이 배어 나왔다.

그는 열여섯 살 때 청두成都에 있는 사범학교에 진학했다. 그때는 '5·4운동' 직후라서 사팅은 많은 신사상을 접하며 신문학에도 깊은 관심을 갖게 되었다. 이후 그는 상하이로 가 좌련에 가입했다. 그리고 장톈이, 딩링, 아이우, 저우리포 등과 어깨를 나란히 하며, 좌련 작가 가운데 가장 활발히 활동하는 청년 작가로 성장했다.

1938년, 그는 혁명의 근거지인 옌안延安으로 갔다. 그곳의 루쉰예술학원에서 학생들을 가르치기도 하고, 군대를 따라 전투에도 참가했다. 완난皖南 사변이 일어나자, 그는 오지인 고향으로 돌아가 '은거'를 시작했다. 그러나 전사와도 같은 그의 붓은 잠시도 멈추지 않았다. 이 시기에 그는 장편소설 『도금기淘金記』와 『곤수기困獸記』, 『환향기還鄉記』는 물론, 유명한 풍자 단편인 「향기 그윽한 찻집에서(在其香居茶館)」등 많은 작품을 완성했다. 그 가운데 「향기 그윽한 찻집에서」를 보도록 하자.

어릴 때 가로회의 전령사였던 사팅.

이 이야기는 쓰촨성 서북부의 한 마을에 있는 작은 찻집에서 벌어진다. 주요 등장인물은 둘이다. 한 명은 치안 연합 주임인 팡즈궈方治國이고, 다른 한 명은 떠버리 싱邢이라는 괴상한 이름의 인물이다. 이는 수다스러워 붙은 별명이다. 그런데 마을 사람들은 그를 두려워했다. 떠버리 싱보다 그의 배경 때문이었다. 그의 형은 마을의 권세를 잡은 토착 지주이고, 처남은 마을의 재무위원이었다.

이 떠버리 싱이 찻집에 들어서자마자 이런저런 말을 쏟아내기 시작했다. 도마 위에 오른 사람은 얼마 전 부임한 치안 연합 주임 팡즈궈였다. 원래 떠버리 싱의 둘째 아들은 징병 대상이었는데, 집안의 힘을 빌어 4번이나 명단에서 빼낸 상태였다. 그런데 전 주임이 징집 실적이 나쁘다는 이유로 파면되었다. 그래서 새로운 현장縣長이 부임했는데, 그는 취임하자마자 징병 체계를 바로잡겠다고 선언했다. 이에 팡즈궈가 떠버리 싱의 둘째 아들을 징병 대상에 포함시킨 보고서를 제출했다. 그러니 떠버리 싱이 이를 그냥 넘길 리 없었다.

그래도 처음에는 체면이 있어서 말로만 서로를 헐뜯었다. 그런데 오래지 않아 정면 대결도 불사할 정도로 일이 확대되었다. 이에 팡즈궈는 장교 2명을 곁에 두고 떠버리 싱을 제압할 방안을 모색했다. 그리고 떠버리 싱은 청나라 때 수재秀才를 지낸, 마을에 잘 알려진 천신陳新 영감을 데려다가 자신의 참모로 삼았다.

이들의 대결은 날이 갈수록 심해져, 거리를 막고 서로 출입하지 못하게 하는 지경에까지 이르렀다. 그러나 구경꾼들은 지루하게 느꼈다. 그래도 명색이 방귀 깨나 뀐다는 사람들이 주먹질까지야 하겠는가?

그런데 실제로 그런 일이 벌어졌다. 둘이 한바탕 싸우고 나자 팡주임의 눈두덩은 털복숭아처럼 부이오르고, 떠버리 싱은 입술이 터져 피를 흘렸다. 일이 더 이상 손쓸 수 없는 지경에 이르렀을 때, 쌀가게를 하는 장먼선蔣門神이 군중 틈을 헤집고 앞으로 나왔다. 그는 떠버리 싱의 부탁으로 읍내에 가 소식을 갖고 돌아온 것이다. 그의 말은 모두를 깜짝 놀라게 했다. 떠버리 싱의 둘째 아들이 이미 징집에서 제외됐다는 것이다.

사정은 이랬다. 징집 대상자의 수가 초과되자, 대장은 싱의 둘째 아들이 군인 될 자격이 없다며 곤봉 100대를 때려 내쫓았다. 군대에 끌려가는 액운을 면했으니 곤봉 100대가 무슨 대수란 말인가? 사람들 입방아만 조심하면 될 터였다.

장먼선은 또 다른 내막도 폭로했다. 얼마 전 떠버리 싱의 형이 새로 부임한 현장을 식사에 초대했는데, 새 현장은 사람들을 의식하여 색안경을 끼고 나타났다는 것이다. 부임하자마자 징병 체계를 바로 잡겠다던 현장이, 부패한 전직 현장이나 지방 토호들과 한통속이었던 것이다.

이 작품은 단막극 식의 소설로서, 분량이 길지 않고 구성이 간단하다. 그러나 그 풍격만큼은 다른 소설과 달리 매우 특별하다.

쓰촨의 사람들은 매운 고추를 즐겨 먹는 것으로 유명하다. 그런데 이 소설이 바로 붉고 매운 쓰촨 고추의 모습을 보여주고 있다. 소설 속 인물들은 모두 금방이라도 뛰쳐나올 듯이 생생하게 묘사되었다.

새로 부임한 현장만 놓고 보면, 그는 작품 전면에 등장하진 않는다. 하지만 작가의 짧은 묘사를 통해 독자에게 깊은 인상을 남긴다. 소설 속 인물들은 작품이 종반으로 접어들 때까지 현장의 꿍꿍이를 알지 못했다. 그런데 마지막에 장면선의 말을 통해 속셈이 드러난다. 이처럼 교묘한 결말 처리는 미국의 작가 오 헨리의 수법과 닮았다.

사팅의 장편소설에서는 『도금기』가 가장 뛰어나다. 이 작품의 배경도 여전히 쓰촨 서북부의 작은 마을이다. 주인공들도 부자와 지역 유지 및 민간의 우두머리들이다. 이들은 어떤 금광을 차지하려고 각종 수단을 동원하여 속고 속이기를 거듭한다.

당시의 특수한 상황과 특수한 곳을 배경으로 특수한 사람들이 벌이는 이야기를 알고 싶다면, 이 소설을 직접 읽어보기 바란다. 이야기에서 진하게 묻어 나오는 쓰촨 서북부의 풍경이 독자의 시선을 사로잡기에 부족함이 없다.

방랑 소설가 아이우

이처럼 지방색이 농후한 소설은 비단 사팅에 국한되지 않는다. 사팅의 친구인 아이우 역시 지방색을 소설에 훌륭하게 담은 작가이다.

아이우艾蕪(1904~1992)의 본명은 탕다오겅湯道耕이고, 그도 사팅처럼 쓰촨성 출신이다. 둘은 청두의 사범학교 시절부터 두터운 친분을 쌓았다. 그런데 아이우는 학업을 마치지 못하고 고향을 떠난 뒤, 윈난성雲南省 쿤밍昆明으로 가서 적십자회에서 일했다. 이후 그는 미얀마 행을 택했다. 유학의 길이 아니라 일자리를 찾으러 떠난 길이었다.

그는 생계를 위해 미얀마에서 말똥 치우는 일부터 초등학교 교사, 신문사 교열 담당과 편집까지 하지 않은 일이 없었다. 그러다 단순히 생계를 위해 다큐멘터리 식의 소설을 썼는데, 이것이 뜻밖에도 발표되자마자 많은 독자들의 호응을 얻었다. 그가 지식인들이나 작가들이 경험하지 못한 풍부한 체험을 글로 녹여 냈기 때문이나. 오랜 방랑 생활을 통해 많은 계층, 특히 하층민의 삶을 지켜보며 체득한 필력은 기성 작가들이 따라올 수 없는 영역이었다.

초기의 이런 '방랑 소설'은 나중에 『남행기南行記』란 이름의 모음집으로 엮어 출판했다. 책을 펼치면 중국 서남부의 풍경과 이국적 정서가 물씬 풍겨 독자들의 시선을 사로잡는다. 독자들은 작가와 함께 누추한 여관에서 옴이 잔뜩 오른 낯선 사람과 한 침대에 눕기도 하고, 배를 곯고 길거리에 나가 먹을 것을 구걸하는 체험을 하기도 한다. 또 작가가 들고 다니는 가방에서 유일하게 돈으로 바꿀 수 있는 짚신을 어렵게 찾아서 10전을 얻는다. 하지만 이걸로 살 수 있는 건 사오빙燒餠 10개뿐이라, 내일부터는 뭘 먹을지 절박한 심정에 빠지기도 한다.

이는「인생철학 제1과(人生哲學的一課)」에 나오는 줄거리이다. 사실 단순히 배만 고프다면 큰 문제가 되지 않는다. 그러나 방랑 생활을 하다 보면「협곡에서(在峽中)」처럼 생명의 위협을 느끼는 경우도 종종 발생한다.

작품 속의 '나'는 이리저리 이동하는 도적떼와 길동무가 된다. 도적의 우두머리는 무리의 두터운 신망을 얻고 있는 늙은이이다. 이 무리에 섞인 지 얼마 되지 않는 '나'는 백주 대낮에 난생 처음 도적질에 가담한다.

'나'는 도적떼 가운데 유일한 여성인 '들고양이(野猫子)'와 젊은 부부로 위장하여 시장을 배회한다. 둘은 일부러 좌판 앞에서 말다툼을 벌여, 혼란을 틈타 상대가 물건을 훔칠 수 있도록 도왔다. 그리고 자신도 손에 잡히는 대로 물건을 훔쳐 달아나곤 했다.

그러나 모든 일이 언제까지나 순탄할 수는 없었다. 동료인 '검은 소(小黑牛)'가 사람들에게 붙잡혀 죽도록 얻어맞은 것이다. 일행은 그를 계곡의 낡은 사당으로 옮겨 치료했다. 하지만 그는 고통으로 신음하며 모두를 원망했다. 게다가 문밖의 세찬 강물 소리가 사당 안에 불길한 분위기를 증폭시켰다. '들고양이'가 손에 나무인형을 들고 들어와 두목에게 애교를 부리고 나서야 분위기가 한결 나아졌다. '들고양이'는 바로 두목의 외동딸이었다. 아무리 흉악한 두목이라도 딸에게만큼은 관대했다.

한밤중에 '나'는 인기척을 느끼고 몰래 밖을 살펴보았다. 자세히 보니 두목의 지휘 아래 중상을 입은 '검은 소'를 거센 강물 속으로 던져 버리는 것이 아닌가? 잔혹하기 이를 데 없었다. 이는 사회에서도 예외는 아니었다. 그런데 이상한 것은 타인의 잔혹함을 마주하자 자신도 잔혹하게 변하는 느낌을 받는 점이었다. 이것이야말로 두목이 모닥불 옆에서 말을 꺼내려다 하지 않은 폭력의 이치였던 것이다.

그처럼 잔혹한 광경은 '나'에게 무리를 벗어나야겠다는 생각을 심어 주었다. 다음날 도적들이 '건수'를 올리려고 모두 나간 뒤, '나'는 이런 생각을 '들고양이'에게 내비쳤다. 아름다우면서도 야성을 지닌 이 아가씨는 서슬 퍼런 칼을 뽑아 들더니, '나'에게 나무를 베어 보라고 시켰다. '나'는 힘껏 나무를 내리쳤지만 손가락 마디만큼도 벨 수 없었다.

그러자 '들고양이'가 칼을 뺏어 들더니, 기합 소리와 함께 나무를 내리쳤다. 그랬더니 절반 이상 베었다. 그녀는 양손을 허리에 받치고는 가소롭다는 듯 말했다.

"그렇게 해서 어떻게 도망칠 수 있겠어요?"

오후가 되자 '들고양이'는 갑자기 당황하기 시작했다. 한 무리의 군사들이 도적을 찾아 다리를 건너오고 있었던 것이다. 이때야말로 노석 소굴을 벗어날 절호의 기회였다.

마침내 장교가 '나'에게 다가와 우리의 신분을 물었다. 그런데 '나'는 마음먹었던 것과 달리, 우리는 산 너머 사는 부부인데 처가댁에 갔다가 돌아가는 길이라고 대답했다. 군사들이 돌아가자 '들고양이'는 기쁨에 넘쳐 나를 붙잡고 외쳤다.

"어째서 그들에게 나를 체포하라고 하지 않았어요? 왜요? ……."

그러면서 원래 '나'를 죽이려 했다고 고백했다. 이렇게 도적들의 내부 상황을 알게 되자, 쉽게 발걸음이 떨어지지 않았다.

저녁이 되어 두목과 도적들이 돌아왔다. 순조롭게 '건수'를 올렸기 때문에 모두들 코가 삐뚤어지도록 술을 마셨다. '나'는 이튿날 두목에게 어떻게 말해야 할지 고심하다가, 한밤중에야 겨우 잠을 청할 수 있었다.

다음날, 잠에서 깨니 해가 중천에 떠 있었다. 그리고 낡은 사당에는 인기척이 없었다. 오직 나무인형과 '나'의 책이 놓여 있었고, 책갈피에는 은화 세 닢이 끼워져 있었다.

그들은 도적이었지만 일말의 양심이 있었다. 그들도 처음부터 도적으로 태어난 것이 아니라, 냉혹한 현실과 사회에 적응하지 못하고 산속으로 밀려온 사람들이었다. '검은 소'도 원래는 고지식한 농부였다. 그런데 지주가 아내인 펑바이苹白를 강제로 끌고 가, 살 길이 막막하여 도적떼에 합류한 것이다. 두목도 예외는 아니었다. 그들 모두 사람을 사람으로 취급하지 않는 사회의 희생물이었다.

아이우는 장편소설도 썼다. 하지만 독자들에게 깊은 인상을 남긴 작품은 이처럼 방랑을 소재로 한 단편소설이었다. 그래서 『남행기』를

생사를 함께 한 우정을 나누다 같은 해 세상을 떠난 아이우와 사팅.

전후로 하여 『남국의 밤(南國之夜)』, 『바다섬에서(海島上)』, 『추수秋收』, 『남행기 속편』 등의 단편집을 출간했다. 이를 통해 아이우는 중국 유일의 방랑 소설가라는, 중국 현대 문학사에 누구도 대신할 수 없는 흔적을 남겼다.

한 가지 지적할 사실은 아이우가 사팅沙汀과 생사를 함께 한 우정을 나누었다는 점이다. 두 작가는 공교롭게도 같은 해 태어나, 쓰촨성이 고향이었다. 그래서 청년 시절에는 같은 학교에서 공부했다. 이후에도 함께 상하이로 건너가 좌련에 가입하고, 문학 활동을 하면서 서로를 격려했다. 그리고 약속이나 한 듯이 주로 향토적 색채가 짙은 작품을 창작했다. 더 놀라운 것은 두 사람 모두 아흔을 바라볼 때까지 장수하다가, 같은 해 세상을 떠났다는 점이다.

옛말에 두 사람의 친밀함을 논할 때, "태어난 사주는 달라도 한 날 한 시에 죽기를 바란다"는 말이 있다. 이 두 작가는 같은 해 태어나 같은 해 죽었으니, 참으로 기이한 인연이다. 동서고금을 통틀어 이런 예는 찾아보기 힘들 것이다.

샤오쥔과 샤오훙의 사랑

중국 현대 문단에는 이처럼 소설 같은 실화가 많았다. 샤오쥔蕭軍과 샤오훙蕭紅의 사랑 이야기도 그 대표적인 사례이다.

사실 두 사람 모두 본래의 성은 샤오蕭가 아니다. 샤오쥔(1907~1988)의 본명은 류훙린劉鴻霖이고 랴오닝성遼寧省 이현義縣 사람이다. 그리고 샤오훙(1911~1942)의 본명은 장나이잉張迺瑩이고, 헤이룽장성黑龍江省 후란현呼蘭縣 사람이다.

샤오쥔은 문인들 중에서도 특별한 인물이었다. 그는 힘이 세고 무술에 능하여, 한때 동북 지역의 육군 부대에서 무술을 배운 적도 있다. 그때 그는 군관이 되려고 했는데, 졸업을 앞두고 그동안 쌓인 불만을 토로하다가 교관과 싸우는 바람에 퇴학을 당했다. 이때부터 그는 무술을 버리고 문학을 공부하여 소설 창작에 심혈을 기울였다.

그러다 1931년 9월 18일 만주사변이 일어나자, 그는 지린성吉林省에서 항일 의용군을 조직하여 활동했다. 동북 지역 항일유격대의 활약상을 그린 그의 대표작 「8월의 시골 마을(八月的鄕村)」은 바로 이러한 자신의 경험을 살린 작품이다. 루쉰은 이 작품을 위해 직접 서문을 써서 높이 평가했다.

나중에 '4인방'의 일원으로 악명을 떨치는 장춘차오張春橋는 이 당시에도 가명으로 샤오쥔을 비난하는 글을 발표했다. 그는 이에 대처하려고 극단적인 방법을 선택했다. 장춘차오를 조용한 곳으로 불러내 흠씬 두들겨 패준 것이다. 이것이 바로 샤오쥔만의 독특한 문제 처리 방식이었다. 그래서 그를 '사나이 작가'라고 부르는 것이다.

이런 샤오쥔과 샤오훙의 만남은 더 소설 같다. 샤오쥔보다 4살 어

샤오쥔과 샤오훙.

린 샤오훙은 본래 대지주의 딸이었다. 그런데 아버지가 어릴 때부터 딸을 좋아하지 않아, 인자한 할아버지의 가르침을 받으며 자랐다. 할아버지는 그녀에게 시를 가르치고, 같이 놀아주면서 따뜻한 가족애를 느낄 수 있도록 배려했다.

나중에 그녀는 자신의 의지와 상관없이 강압적으로 시집을 간다. 하지만 그녀는 자신의 주장을 굽히지 않았고, 결국 신혼집에서 뛰쳐나와 여관에서 머물렀다. 그러다 방세가 밀리자 여관 주인이 그녀를 기방에 넘기려 한다는 사실을 알게 되었다. 궁지에 몰린 그녀는 하얼빈哈爾濱의 한 신문사에 편지를 보내 구조를 요청했다. 그런데 공교롭게도 샤오쥔은 그 신문사 편집인의 친구였다. 그를 통해 소식을 전해들은 샤오쥔은 자진하여 구조에 나섰다. 그리고 이렇게 만난 두 사람은 첫눈에 반하여 부부가 되었다.

샤오훙은 중학교 때부터 이미 재주꾼으로 이름이 나 있었다. 그녀는 결혼한 뒤에도 스무 살의 나이에 샤오쥔과 함께 소설, 산문집을 출간했다.

두 사람은 동북 출신의 청년으로서 공통점이 많았다. 가족과 고향에 대한 사랑과 일본 침략자들에 대한 증오를 공유했다. 샤오훙은 장편소설『후란하전呼蘭河傳』을 통해 고향에서 있었던 모든 일을 서술했다. 지금껏 한 번도 메우려 하지 않았던 진흙탕, 떠들썩한 묘회廟會, 앙가秧歌, 야외 연극 무대, 인자하신 할아버지, 아등바등 생활에 쫓기면서도 낙천적으로 사는 이웃들. 이 모든 풍경이 각자 어린 시절의 추억과 맞물리면서 친근하고 감동적으로 다가온다.

샤오훙의 대표작은 중편소설 「삶과 죽음의 마당(生死場)」이다. 이는 샤오쥔의 「8월의 시골 마을」처럼 동북 민중의 항일 투쟁을 그린 초기 작이다. 짜임새 있는 줄기리와 두드러진 인물 없이 길게 펼쳐진 농민들의 생활 투시도라 할 수 있다. 그럼에도 농촌의 친지들이 생사를 넘나드는 긴박한 생활의 현장을 남김없이 기록했다.

일본군이 침략하기 전에는 지주들이 농민들을 닦달했다. 그런데 만주사변 이후 일본군들의 잔인함은 전과 비교할 수 없을 정도로 심해졌다. 그러자 일반 농민은 물론이고, 소아마비를 앓거나 절름발이인 농민들도 혁명군에 참가하겠다고 자원했다. 그래서 루쉰도 지적했듯이, '북방 농민들의 삶에 대한 의지와 죽음에 대항한 투쟁'이 소설 속에 여실히 드러나고 있다.

샤오훙의 소설 작품은 마치 산문처럼 서정적 색채를 띠고 있다. 소설 속에서 가장 감동적인 부분은 더할 나위 없는 동정심이다. 예를 들어 「손(手)」이라는 제목의 단편소설은 어느 여자아이를 다루고 있다.

시골에서 올라온 그녀는 부잣집 아이들과 함께 학교를 다녔다. 그녀는 일요일도 쉬지 않고 힘들게, 그러나 정성 들여 영어 단어를 외웠다.

"What … is … this? You … I …."

그녀는 색이 바랜 옷을 입었고, 두 손은 검게 물들어 있었다. 원래 그녀의 집은 염색 공장이라 집안일을 돕다 보니 손에 흔적이 남은 것이다. 그런데 이 때문에 그녀는 학교에서 반 아이들에게 따돌림을 당했다. 기숙사에서는 누구도 그녀와 같은 방을 쓰려고 하지 않아, 할 수 없이 혼자 복도의 긴 의자에서 자야 했다.

그녀를 멸시하는 건 교장도 마찬가지였다. 그녀의 손이 쉽게 눈에 띄는 검은색이라, 외국인들이 보면 흉볼 거라며 운동장에 나가 체조하는 것도 제재했다. 결국 학교 측은 그녀를 시험도 치르지 못하게 하고 교문 밖으로 내몰았다. 그럼에도 불구하고 그녀는 아빠가 찾아오자 자신감 있게 말했다.

"꼭 다시 올 거예요. 책을 가지고 집에 돌아가 열심히 공부해서 꼭 다시 올 거예요. ……."

이처럼 동정심이 많은 사람은 종종 자신도 동정을 받는다. 일본군이 동북 지역을 침탈하자, 샤오훙은 오랫동안 방랑 생활을 했다. 이처럼 힘든 생활은 그녀의 건강을 앗아가, 결국 1942년 홍콩에서 병사했다. 그녀는 눈을 감기 전 이렇게 탄식했다.

"반평생을 냉대 속에 살다 보니, …… 이렇게 죽는 것이 편치 않아요, 편치 않아!"

중국이 일본 침략자의 발굽 아래 짓밟히던 당시, 서른하나의 젊은 나이로 세상을 떠나는 일이 얼마나 괴로웠겠는가.

시골과 도시의 변주곡 | 22

선충원 沈從文

쳰종수 錢鍾書

선충원의 「변방의 마을」의 무대가 된 봉황고성.

오지의 아이

선충원의 소설은 앞 장에서 언급한 사팅과 아이우의 풍격을 닮아 지방색이 짙다. 더욱이 그들보다 한결 아름답게 그려, 독자들의 머릿속에서 오래도록 잊히지 않게 했다. 이는 작가가 매우 특이한 곳에서 태어났기 때문이다.

선충원沈從文(1902~1988)의 고향은 후난성湖南省 펑황현鳳凰縣으로서, 위안강沅江이 굽이쳐 흐르며 대지를 적시는 곳이다. 이 강이 외부와 통하는 길을 완전히 차단하기에 오지나 다름없는 곳이다. 선충원은 어려서부터 이 강가에서 자랐다. 그는 강을 사랑하고, 자신을 기른 땅에 애틋한 감정을 품었다. 따라서 그의 소설과 산문은 위안강과 샹시湘西라는 땅을 빼고서 얘기할 수 없다.

선충원의 가족은 먀오족苗族의 혈통과 군인 기질을 이어받았다. 할머니가 먀오족이고, 집안에서는 대대로 군인을 배출했기 때문이다. 샹군湘軍에 소속되어 있던 할아버지는 두려움 없이 작전에 임하여, 스물여섯에 이미 꾸이저우貴州 총독이 되었다. 샹군은 후난성湖南省을 기반으로 한 군벌로서 흉악하기로 소문난 군대였다. 태평천국의 난을 진압한 것도 바로 샹군이었다. 아버지 역시 장교였다. 그래서 그는 언제나 자신의 아들이 가업을 이어 장군이 되기를 바랐다.

그러나 선충원의 모습은 가족을 실망시키기에 충분했다. 어머니의 가르침으로 네 살 때 이미 600여 자를 익혔으나, 기숙학교에 들여보내자 수업을 거부하고 도망치기 일쑤였다. 책보를 서낭당에 숨기는가 하면, 수업을 빼먹고 이리저리 쏘다니는 것이 일이었다. 산속으로 숨어들거나, 마을 밖의 서낭당과 회관을 들락거렸다. 또 장인들이 일하는 모습과 점포에서 장사하는 광경을 지켜보고, 한량들과 어울려 장기를 두거나 싸움질을 했다.

그는 이때 소를 잡는 모습과 살인하는 장면도 목격했다. 어린 나이에도 불구하고 사회라는 '두꺼운 책'을 충분히 뒤적여 본 것이다. 그래서 눈을 감고 있어도 그의 머릿속에는 펑황현의 모든 사람과 풍경이 그대로 재현될 정도였다.

나중에는 군인이 되어 샹시의 여러 곳을 돌아다니며 더욱 견문을 넓힐 수 있었다. 이처럼 모든 면이 특이한 그의 고향은 사람과 사건 모두가 이야기와 전설이 되기에 충분한 곳이었다.

예를 들어 '산적'이었던 장교와 관군에게 체포되어 처형된 미녀 '토적'의 이야기는, 그 자체로 사람들의 이목을 집중시키는 전기傳奇 소설이 된다. 여기에 작가의 경험이 더해지면, 피와 눈물이 덧붙는다. 이야기 속에서 관군은 '숙청'이라는 명목으로 2천여 명이 넘는 양민을 학살했다.

선충원은 군대에 있으며 한 고급 장교 밑에서 서류 업무를 담당하는 서기로 일했다. 그즈음 그는 많은 책을 접하고, 이후에는 다시 신문학을 접했다. 그는 인생의 어려움을 느낄 때마다 세상에는 자신이 모르는 일이 너무 많다고 생각했다. 그래서 '붓을 버리고 군대에 투신했던' 옛 문인들과 달리, '총을 버리고 붓을 잡겠다'는 생각을 갖게 되었다. 결국 진보적인 장교의 지지를 받으며 북방으로 향하는 기차에 몸을 실었다.

베이징에 도착한 그는 직업도 학교도 없이 어려운 상황 속에서 붓을 들고 창작 수업에 들어갔다. 이때가 그의 나이 스물이었다. 이때부터 샹시에서 일어난 감동적인 이야기들이 그의 붓을 통해 끊임없이 쏟아져 나왔다.

모르는 일이 너무 많은 청년에서 대작가로 자신을 일으켜 세운 선충원.

1930년대는 그의 창작이 가장 성숙했던 때이다. 이때 『입대 후(入伍後)』, 『용주(龍朱)』, 『도시의 부인(都市一婦人)』, 『변방의 마을(邊城)』, 『팔준도(八駿圖)』, 『신사의 부인(紳士的太太)』, 『달빛 풍경(月下小景)』 등의 중단편 소설집을 속속 출판했다. 또 장편소설 『긴 강(長河)』을 썼는데, 아쉽게도 완결하지는 못했다. 그는 이렇게 중화인민공화국이 성립되기 전까지 60여 권의 소설집과 산문집을 출판했다. 이를 통해 그는 오지의 아이에서 전국적으로 유명한 대작가이자 대학교수가 되었다.

민며느리 샤오샤오

선충원의 소설은 주로 시골 샹시의 평범한 인물과 일상사를 그리고 있다. 모든 작품의 줄거리는 언제나 평범하여, 큰 갈등과 곡절이 없다. 『샤오샤오蕭蕭』의 경우에도 어린 민며느리의 평범한 일생을 다루고 있다.

그녀는 열두 살 때 시집을 왔다. 그때 남편은 아직 젖도 떼지 않은 세 살배기였다. 남편은 마치 어린 남동생처럼, 그녀의 품에 안겨 떼를 쓰곤 했다.

샤오샤오는 하루하루 지내면서 사람들을 알아 가기 시작했다. '얼룩 개'라는 별명을 가진 머슴은 하릴없이 그녀를 불러내, 말을 시키고 노래를 부르는 등 그녀를 유혹했다. 결국 그에게 넘어가 샤오샤오는 임신을 하고, 이 사실을 안 '얼룩 개'는 그녀를 버리고 혼자서 도망쳤다.

가족의 규범을 어긴 샤오샤오는 연못에 몸을 던져 죽든지, 아니면 팔리든지 둘 중 하나에 처해질 판이었다. 결국 팔리는 쪽으로 결정이 났다. 그때 이미 그녀는 사내아이를 출산한 상태였다. 다행히도 가족 모두가 이 아이를 좋아해, 그녀도 죽음을 면할 수 있었다.

이 사내아이는 그때부터 '뉴얼牛兒'이란 이름으로 시댁의 한 사람이 되었다. 뉴얼은 무럭무럭 자라, 샤오샤오를 볼모로 잡고 있는 남편을 삼촌이라고 불렀다. '삼촌'도 화를 내지 않고 그의 부름에 응해 주곤 했다.

나중에 뉴얼도 자신보다 6살이 많은 여자를 아내로 맞이했다. 이때 샤오샤오는 남편과 낳은 3개월 된 아이를 품에 안고 있었다. 그녀는 자신의 기구한 삶에도 불구하고 자신의 아이를 보면서 장차 이 아이가 크면 여학생을 민며느리로 맞이하겠다고 생각한다!

소설 속의 샤오샤오는 자신의 운명이 비참하다는 사실을 알지 못한다. 자기 눈앞에 비극이 펼쳐져도 그녀의 마음은 놀랍도록 담담하다. 이처럼 담담하게 서술하는 기법이 오히려 독자들의 마음을 불편하게 만든다.

탈속脫俗의 선경

중편소설 『변방의 마을』은 선충원의 대표작이다. 두말할 나위 없이 이 작품도 샹시를 배경으로 펼쳐진다.

차통茶峒이란 산마을이 있었다. 이 마을 옆에는 냇물이 흐르고, 산비탈 위에는 흰 탑이 있었다. 그리고 이 탑 아래의 나루터에는 뱃사공 노인이 살았다. 식구라고는 열다섯 된 손녀 취취翠翠와 말귀를 잘 알아듣는 누렁이 한 마리가 전부였다.

냇물은 아무리 깊은 곳도 바닥의 바윗돌이 훤히 들여다 보이게 맑아, 물속에서 노니는 물고기의 수를 헤아릴 수 있을 정도였다. 일흔이 넘은 사공 노인의 심성이 그처럼 정직하고 선량한 것도 한평생 맑은 냇물을 마시며 살았기 때문이리라.

그가 나루터에서 배를 저으면 관청에서 일정한 보조금을 주었다. 그래서 그는 아무리 힘들어도 손님들에게는 사례를 받지 않았다. 나루터에서 그가 손님과 얼굴을 붉히며 소리 높이는 장면을 보았다면, 틀림없이 손님이 건넨 돈을 받지 않겠다고 고집 부리는 상황일 것이다. 이런 실랑이는 결국 손님에게 돈을 돌려주는 것으로 끝난다. 그러면 손님은 그에게 담배 한 개비를 건넨다.

손녀 취취는 그의 유일한 혈육이었다. 취취의 엄마는 그의 외동딸인데, 그곳에 주둔하던 병사와 사랑에 빠져 취취를 갖게 되었다. 병사는 그녀와 함께 달아날 용기도 없고 군법을 어길 수도 없자 독약을 먹고 죽음을 택하였고, 아이 때문에 망설이던 그녀도 취취를 낳은 뒤 우울증으로 세상을 떠났다. 이처럼 비참한 운명을 안고 태어난 아이가 아름다운 자연이라는 요람 속에서 노인의 따스한 보살핌을 받으며 자랐다. 그것도 너무나 밝고 아름다운 모습으로.

취취는 바람과 햇볕 속에서 자라 피부가 새까맣게 그을렸고 푸른 산과 푸른 물만을 바라보고 자라서 눈동자가 수정처럼 맑았다. 자연이 그녀를 키우고 가르친 것이다.

그녀는 천진하고 활달한 성격으로 어떤 때는 꼭 한 마리 작은 동물마냥 귀여웠다. 그녀는 산속의 노루처럼 결코 잔인한 일을 생각하는 적이 없었고, 수심에 잠기거나 화를 내는 적도 없었다. 어쩌다 나룻배 위에서 낯선 사람이 그녀에 대해 관심을 보이면 그녀는 곧 빛나는 눈동자로 그를 쏘아보고는 도망치듯 심산의 정기精氣속으로 달려 들어가 버리곤 하지만, 얼굴을 잘 아는 사람이 흑심 없이 바라볼 때는 여유만만하게 물가에서 놀곤 했다.

차통의 수로와 나루터를 관리하는 순순順順은 그 지역의 호걸로 유명했다. 그는 맨손으로 집안을 일으켜, 지금은 4척의 배를 가지고 있었다. 의리가 있어서 많은 친구들을 사귀었고, 명망도 높았다.

그에게는 출중한 두 아들이 있었다. 큰 도련님으로 불리는 첫째는 열여덟의 텐바오天保인데, 그는 아버지처럼 호탕하고 털털했다. 둘째 도련님으로 불리는 둘째는 열여섯의 눠송儺送인데, 그는 재주가 많고 이목구비가 뚜렷하여 웨윈岳雲이란 별명이 있었다. 전통극에 나오는 잘생긴 웨岳 공자를 닮았기 때문이다.

단오절이 되자 취취는 할아버지를 따라 부두에 나갔다. 그곳에서 용선 경주도 구경하고, 오리도 잡았다. 그런데 할아버지는 나루터가 계속 마음에 걸려 혼자 나루터로 돌아갔다. 할아버지는 날이 어두워지도록 돌아오지 않았다. 이에 취취는 초조해졌다.

그때 물속에서 오리를 잡던 청년이 그녀에게 다가왔다. 그는 자초지종을 들은 뒤 취취를 자신의 집으로 초대했다. 그러나 취취는 상대방의 호의를 오해하고는 욕을 내뱉었다.

"이런 엉큼한 사람 같으니라고!"

그러자 청년은 웃으면서 말했다.

"이렇게 어린 꼬마가 그렇게 욕하면 되나? 안 가겠다고 했다가 물속에서 커다란 고기가 나타나 물더라도 살려 달라고 하면 안 돼."

취취는 단호하게 대답했다.

"물고기가 나를 물든 말든, 그건 당신이 상관할 일이 아니에요."

이 청년은 바로 둘째 도련님인 눠숭이었다. 그가 떠난 뒤 얼마 되지 않아 한 사람이 찾아와 취취가 집에 돌아가도록 도왔다. 그는 눠숭이 보낸 사람이었다. 눠숭은 첫눈에 취취에게 반했다.

그런데 첫째 도련님인 톈바오도 취취를 마음에 두고 있었다. 한번은 강을 건너다가 자신의 속마음을 노인에게 털어놓았다. 취취가 정말 예뻐서 마치 관음상 같았다고 하며, 2년 동안 타지로 떠돌지 않고 밤마다 냇가에 나와 취취를 위해 노래했다는 내용이었다. 그곳 풍속에 따르면, 총각이 밤에 아가씨를 위해 노래한다는 것은 곧 구혼을 뜻했다.

이에 노인은 장기에 비유하여 대답했다. 장기에 보면 수레(車)가 가는 길이 있고, 말(馬)이 가는 길이 따로 있다. 수레가 가는 길은 부모님과 상의하여 중매쟁이를 보내, 정식으로 청혼하며 취취의 의사를 묻는 것이다. 말이 가는 길은 시냇가에서 3년 6개월 동안 취취를 위해 계속 노래를 불러, 취취를 감동시키는 일이다.

첫째 도련님은 수레가 가는 길을 선택했다. 그는 부모를 설득해 중매쟁이를 통해 정식으로 청혼했다. 그러나 취취는 이에 응하지 않았다. 그녀의 마음속에는 이미 다른 사람이 있었다. 그는 바로 둘째 도련님이다.

둘째 도련님은 많은 사람들에게 구애를 받았다. 지역 명문인 앙또씨는 새로 지은 방앗간을 주겠다며 그를 사위 삼으려 했다. 그러나 눠숭은 낡은 나룻배를 물려받을지언정 방앗간은 마음에도 없었다.

그러던 어느 날, 그 방앗간에서 형제가 서로의 속마음을 털어놓았다. 그리고는 서로 같은 아가씨를 사랑하고 있음을 알았다. 그러나 사랑에 양보는 있을 수 없다. 그래서 두 사람은 가장 공평한 방법을 택했다. 함께 시냇가에서 노래를 불러, 취취가 누구의 노래에 답하는지에 따라 최종적으로 결정하기로 합의했다.

취취는 꿈속에서 아름다운 노랫소리를 들었다. 그녀는 자신의 몸이 노랫소리를 따라 공중으로 떠오르는 듯한 느낌을 받았다. 그 노래는 눠숭이 부르는 것이었고, 이는 밤새도록 계속되었다. 이에 톈바오는 자신이 적수가 되지 않는다는 사실을 깨닫고, 다음날 배에 올라 하류로 떠났다. 그렇게 여울에 이르렀을 때, 갑자기 물살이 빨라져 배가 가라앉아 익사하고 말았다.

뜻밖에도 형이 죽자 눠숭은 마음이 무거웠다. 그래서 언제나 침울한 표정을 지었다. 이를 본 사공은 둘째 도련님이 자신에게 반감이 있어 냉랭한 것이라고 생각했다.

눠숭은 자기 나름대로 어찌할 수 없는 자신이 한스러웠다. 취취를 깊이 사랑하지만, 형이 죽은 마당에 어떻게 한때 형이 사랑했던 아가씨에게 달려갈 수 있겠는가? 그래서 취취를 보아도 무덤덤한 모습을 보일 수밖에 없었다.

상황이 이렇게 되자 집안에서는 다시 그에게 방앗간 집 딸과 결혼하라고 종용했다. 이러지도 저러지도 못하고 괴로워하던 그는, 결국 배를 타고 정든 고향을 등졌다.

  사공은 선주인 순순의 집에 가 둘째 도련님 소식을 전해 듣고, 선주에게 냉대를 받았다. 나중에는 지역 유지인 왕씨의 중매쟁이에게, 둘째 도련님이 방앗간 집 딸과 결혼했다는 소식을 들었다. 그러나 이 말은 거짓이었다.

  하지만 그날 밤, 천둥번개가 치고 비바람이 몰아치는 속에서 손녀딸을 애지중지하던 노인은 조용히 세상을 떠났다. 그리고 공교롭게도 그가 몰던 배는 강물에 쓸려 떠내려갔고, 산비탈에 서 있던 흰 탑도 무너져 버렸다.

  선주인 순순이 노인의 집으로 찾아와 취취를 데리고 가려 했다. 그러나 취취는 한사코 할아버지의 무덤 곁에서 떠나려 하지 않았다. 그때 한 늙은 기병騎兵이 나타나 할아버지 대신 취취를 돌봐 주었다. 그는 취취의 엄마가 살아 있을 때 그녀를 열심히 쫓아다니던 사람이었다.

  겨울이 되어 무너졌던 흰 탑도 복구를 마쳤다. 그러나 달빛 아래에서 노래하던 청년은 아직도 돌아오지 않았다.

  그는 영원히 돌아오지 않을지도 모른다. 그러나 어쩌면 '내일' 당장 돌아올지도 모른다. 그가 돌아올 때까지 취취의 기다림은 계속될 것이다.

향토 문학의 축『변방의 마을』과 선충원의 삶

진晉나라 때의 대시인 도연명은 그 유명한「도화원기」를 지었다. 작품에서 언급된 도원桃源이 바로 위안강 하류인데, 그곳은 선충원의 고향과 같은 강줄기로 연결되었다.「도화원기」를 짓고 1,500여 년이 흐른 뒤, 선충원이 도연명의 뒤를 이어『변방의 마을』을 통해 새로운 이상향을 보여준 것이다. 그곳의 풍경과 인물들은 독자의 마음을 매료시키기에 충분했다.

취취라는 순진무구하고 아름다운 아가씨야말로 자연의 요정이다. 그녀의 수정같이 맑은 눈동자에서 물처럼 맑은 심령을 볼 수 있다. 말 없는 대자연이 기른 그녀에게서는 세속의 때라곤 털끝만큼도 찾아볼 수 없다. 사랑과 천진난만함, 부지런함과 신중함 이 모든 것을 천성적으로 가지고 있다.

늙은 사공에게서는 시골사람의 순박함과 솔직한 인간미가 물씬 묻어난다. 첫째와 둘째 도련님, 선주 순순도 나름대로 인간미가 보인다.

결국 이 작품에서는 악인을 찾아볼 수 없다. 작가는 이처럼 아름다운 사람들이 원시적이고 현대 문명에 '오염'되지 않은 아름다운 이상향 속에서 살고 있는 모습을 잘 그렸다. 이 점 때문에 소설은 마치 농익은 술처럼 좋은 향으로 코를 간질이고, 푸른 빛깔로 사람들을 매료시켰다.

이처럼 작가는 이 소설에서 과거에 찬란했던 역사를 상기시키고, 이를 당시의 암울한 현실과 대비시켰다. 이를 통해 중국을 부흥시키려고 묵묵히 일하는 사람들을 북돋우려고 했다. 단지 지나치게 과거를 미화하여, 독자들이 과거에 도취되어 현실을 외면하도록 이끄는 것만이 단점으로 지적된다.

선충원의 소설은 마치 산문이나 시를 쓰듯 유창한 필치를 자랑한다. 또 그의 산문은 시와 소설 같은 느낌을 준다. 그는 창작 활동 내내 의식적으로 작품을 끼워 맞추려고 하지 않았다. 그는 자신이 평생 풀어도 절대로 다 풀 수 없는 각별한 경험을 담담하게 펼쳐 독자들을 무아지경으로 이끌었다.

스스로 '촌놈'이라 자처했던 선충원인지라, 늘 도시의 '문명'이 거북스러웠다. 이를 반증이라도 하듯이 향토색 짙은 그의 소설에 등장하는 토비土匪와 부랑자 및 창녀들은 모두 아름다운 인성을 지니고 있다. 이는 도시의 신사와 교수들이 겉으로는 문명을 내세우지만, 속에는 부패와 허위를 감추고 있는 것과 대조적이다.

선충원은 베이징과 상하이, 칭다오靑島 등지에서 잡지를 발행하고, 신월사新月社의 일원으로 활동했다. 비록 좌련에 가입하지는 않았지만, 좌련 작가인 후예핀, 딩링 등과는 깊은 우정을 나누었다. 후예핀이 체포되어 투옥되자, 그를 석방시키려고 백방으로 노력하기도 했다.

중일전쟁 때에는 서남연합대학에서 학생들을 가르치고, 전쟁이 끝난 뒤에는 베이징대학 교수가 되었다. 중국이 성립된 뒤에는 작품 창작보다 역사 연구로 관심을 돌려 많은 업적을 남겼다.

한때는 반동 작가로 분류되어 정부에게 탄압을 받고, 작품도 객관적인 평가를 받지 못했다. 그러나 개혁 개방 이후 복권復權되어, 그의 작품 세계가 '향토 문학'의 한 축을 이루었다는 점에서 새롭게 평가되었다. 선충원은 1988년 5월, 베이징에서 심장마비로 사망했다.

첸종수의 명작 『포위된 도시』

중국 현대 문학계에서 이처럼 작가이자 학자로서 이름을 떨친 사람은 선충원 말고도 첸종수錢鍾書가 있다. 그도 선충원과 함께 서남연합대학에서 교편을 잡은 적이 있다. 그러나 그들의 인생 역정이 서로 크게 다르기에, 소설의 풍격에서도 큰 차이가 난다. 선충원이 맨몸으로 샹시湘西에서 올라온 '촌놈'이었다면, 첸종수는 명문가의 자제로서 서양 유학까지 다녀온 박사이기 때문이다.

첸종수는 1910년에 태어났다. 그의 자는 모춘默存이고, 쟝쑤성江蘇省 우시無錫 사람이다. 그는 중수쥔中書君이란 필명이 있다. 그의 집안은 대대로 학자를 배출했고, 그의 아버지는 청나라 말기의 유명한 고문가였다.

그는 1933년 칭화清華대학 외국어과를 졸업하고, 영국에 유학하여 박사 학위를 취득했다. 그 뒤 프랑스로 건너가 1년 정도 공부했다. 귀국한 뒤에는 서남연합대학과 상하이 지난暨南대학, 칭화대학 등에서 교수로 지내면서 나라 안팎으로 이름을 떨쳤다.

그가 쓴 『담예록談藝錄』과 『관추편管錐編』 등의 학술서는 지금까지도 동서고금의 학문을 꿰뚫은 거작으로 평가된다. 그에 비해 문학계에서는 명성이 떨어지지만, 유일한 장편소설인 『포위된 도시(圍城)』만큼은 문학사에서 절대 빠지지 않는 작품이다.

그는 자신이 영국과 프랑스에서 유학하면서 많은 유학생을 만난 경험을 살려 『포위된 도시』를 썼다. 그래서 이 작품에서는 몇몇 유학생들의 유학 생활과 귀국한 뒤의 모습을 다루었다.

이야기의 주요 인물은 팡훙젠方鴻漸이다. 그의 아버지는 강남에 있

첸종수의 가족사진

는 작은 현의 신사紳士로서, 청나라 말기의 거인擧人이었다. 당시 같은 현 출신인 은행가 저우周씨 집안과 왕래하다가 사돈 관계를 맺었다. 하지만 베이핑北平(현재의 베이징)에서 대학을 다니고 있던 팡훙젠은 이번 일이 불만이었다. 그렇다고 거역할 수도 없는 노릇이었다.

그런데 하늘도 이런 그의 마음을 알았는지, 여자가 시집오기도 전에 병으로 세상을 떠났다. 저우씨는 딸을 사랑하는 마음에 예비 '사위'였던 그에게 학비를 대 유학을 보내 주었다. 팡훙젠은 전화위복의 심정으로 유럽으로 떠났다.

유학을 떠난 팡훙젠은 처음부터 학문에 몰두하지 않았다. 그는 유럽에 머무는 4년 동안 런던과 파리, 베를린 등지의 몇몇 대학을 전전하며 자유롭게 수업을 들었다. 그러다가 은행 잔고가 떨어지자 귀국을 고려했다.

그런데 적지 않은 돈을 들여 유학을 왔는데, 학위도 없이 귀국하면 무슨 체면이 서겠는가? 그래서 어느 아일랜드인 사기꾼의 도움을 받아, 독일 클라이던대학의 철학 박사 학위증을 위조했다. 세상 사람들이 클라이던대학이 어디 있는지 알 게 무어란 말인가? 또한 사기꾼이 500달러를 요구했지만, 40달러만 주고 얻지 않았는가? 그는 자신의 일처리에 매우 만족스러웠다.

소설은 팡훙젠이 배를 타고 귀국하는 장면으로 시작된다. 같은 배에는 프랑스에서 정식으로 박사 학위를 받은 신여성 쑤원완蘇文紈도

타고 있었다. 쑤원완은 팡훙졘에게 호감을 보였지만, 오히려 그는 그녀의 진중함이 싫었다. 그는 그녀보다 포르투갈 혈통의 파오鮑 아가씨에게 관심이 있었다.

그러나 그녀는 이미 동거하는 남자가 있었다. 배가 홍콩에 도착하자마자 파오 아가씨는 팡훙졘에게는 눈길 한 번 주지 않고, 마중 나온 동거남에게 달려가 그의 품에 안기는 것이 아닌가? 실상을 깨달은 팡훙졘은 시린 속을 쓰다듬어야 했다.

해외에서 박사가 돌아왔다는 소식이 고향 일대에 퍼지자, 친척들이 역까지 마중을 나왔다. 그리고 지역 신문 기자도 찾아와 사진을 찍고 인터뷰까지 하니 팡훙졘은 스스로 우쭐해졌다. 그러나 하나의 사건이 그를 궁지로 몰고 갔다. 친척들은 그가 귀국하기도 전에 그의 귀국 소식을 신문에 올렸는데, 거기에 가짜 박사 학위까지 기록한 것이다. 그 기사를 쑤원완이 보았으리라 생각하니 정말 창피할 따름이었다.

또 다른 일도 있었다. 지역 학교에서 그에게 보고회를 요청한 것이다. 그래서 그는 이에 앞서 발표문을 준비했다. 그런데 막상 발표회장에 도착하니 준비한 발표문이 없지 않은가? 할 수 없이 머리를 짜내 대충 얼버무린다는 것이, 아편과 매독 얘기만 잔뜩 늘어놓았다. 이에 교장은 불쾌하기 짝이 없었다.

또한 서양식 회사를 운영하는 어느 매판 자본가는 그를 사위로 삼고자 했다. 그러나 그가 간단한 영어조차 이해하지 못하는 것을 보고는 아예 없었던 일로 생각을 접은 적도 있었다.

이후 팡훙졘은 쑤원완과 그녀의 사촌누이인 탕샤오푸唐曉芙의 주위를 기웃거렸다. 하지만 결과는 쑤원완에게 마음의 상처만 주고, 탕샤오푸에게는 버림받는 신세가 되었다. 그가 낙심하여 괴로워하고 있을 때, 한 친구가 찾아왔다. 그는 팡훙졘에게 내륙에 가서 교편을 잡아 보라고 권했다. 팡훙졘은 달리 선택할 길이 없었다.

그 친구의 이름은 자오신메이趙辛楣이다. 그는 유학파이자 쑤원완을 열렬히 사랑해, 줄곧 팡훙졘을 연적으로 생각하던 사람이었다. 그러나 쑤원완이 다른 사람에게 시집을 가자, 팡훙졘과 동병상련의 처지가 되었다. 마침 그의 선생님인 가오숭녠高松年이 내륙에서 산뤼三閭대학을 열고 그를 초빙하여, 팡훙졘도 함께 추천한 것이다. 자오신메이는 가는 길에 쑨러우쟈孫柔嘉도 데려갔다. 그녀는 동료의 딸인데, 막 대학을 졸업하여 산뤼대학에 취직자리를 알아보려고 했다.

그들은 가는 길에 함께 초빙을 받은 리메이팅李梅亭과 구얼쳰顧爾謙이란 사람과 합류했다. 언제나 색안경을 끼고 있는 리메이팅은 가오숭녠의 옛 동료로서, 40대 중반의 나이에 오만방자한 사람이었다. 그는 여행 내내 무거운 철가방을 들고 다니며 보물을 다루는 듯했다. 구얼쳰은 가오숭녠의 먼 친척인데, 얼굴에 아첨 끼가 가득한 쉰 살의 남자였다.

리메이팅은 산뤼대학의 중문과 주임으로 초빙되었다. 그는 부임하기도 전에 상하이에서 이미 명함을 만드는 '치밀함'을 보였다. 하지만 '산뤼대학 주임'이라는 기상천외한 직함이 사람들을 놀라게 했다. 그리고 신비롭던 철가방이 땅에 떨어져 열리면서 굳게 닫혀 있던 비밀이 드러났다. 가방에는 작은 서랍들이 있었는데, 그 안에는 학생들이 적어 놓은 카드로 가득했다. 내용은 작가의 상황이나 작품의 내용 등 중국 문학 전반에 걸친 모든 것이 망라되어 있었다. 리메이팅은 이렇게 말했다.

"이것들은 내 보물이네. 이것만 있으면 중국의 모든 책들이 불타 없어지더라도 중문학과의 모든 과목을 개설할 수 있지!"

더 놀라운 것은 그가 아래쪽 서랍 안에는 내륙에서 구하기 힘든 각종 약품을 구비해 놓았다는 점이다. 나중에 리메이팅은 왕汪씨에게 '중문과 주임'이라는 직함을 빼앗기게 된다. 그러자 화가 머리 끝가지 났다. 이에 가오숭녠은 리메이팅을 달래려고 그가 가지고 온 이 약품들을 비싼 값에 사야 했다.

산뤼대학은 그들이 예상했던 대로 그렇게 좋은 대학이 아니었다. 교장 가오숭녠은 이미 한물 간 과학자로서, 하루 종일 교내 알력 다툼을 중재하느라 바빴다. 그러면서 관리들을 상대하느라 기진맥진했다.

사학과 주임인 한쉐위韓學愈는 미국인 아내가 있는 해외 박사였다. 그런데 팡훙졘과 대화를 나누다가 그의 실체가 드러났다. 그도 박사 학위를 클라이던대학에서 받은 것이었다. 그리고 외국의 저명한 학술지에 논문을 여러 편 실었다고 주장했지만, 알고 보니 몇 번 구직 광고만 냈을 뿐이었다.

리메이팅 대신 중문과 주임이 된 왕추허우汪處厚도 마찬가지였다. 그는 원래 부패와 관련하여 직위가 해제된 관료였다. 그런데 교육부 차관인 큰아버지 덕분에 주임 감투를 차지한 것이다. 그럼에도 그는 그 자리에 만족하지 못하고, 각종 로비를 통해 문학원장 자리를 노렸다.

그런데 그에게 자리를 빼앗긴 리메이팅이 보상 차원에서 감사원장에 발탁되었다. 리메이팅은 자신의 직책을 이용하여 교수들에게 각종 제재를 가했다. 그는 강력하게 지도교수제를 주장했다. 그러면서 학생들에게 모범을 보여야 한다는 명목으로 교수들에게 흡연과 마작, 포커 등을 금지시켰다. 그리고 미혼인 남자 교수가 여학생에게 접근하는 것을 엄격히 통제했다. 그러나 정작 자신은 남몰래 창녀촌을 드나들었다.

이 학교에서는 교수들이 자신의 이익을 위해 서로를 모함했다. 그뿐만 아니라 심지어 학생을 매수하여 서로의 추문을 들추기까지 했다. 시간이 갈수록 학교는 완전히 아수라장으로 변했다.

팡훙과 자오신메이는 이런 학교 분위기에 일찌감치 염증을 느꼈다. 마침 자오신메이가 왕씨 부인과 갈등을 빚어, 그 일로 왕 주임과 교장의 눈 밖에 났다. 그리고 얼마 뒤에는 산뤼대학을 떠나게 되었다. 그래서 팡훙젠도 자연스럽게 그를 따라 학교를 떠났고, 그와 결혼을 약속한 쑨러우쟈도 그의 뒤를 따랐다.

상하이에 도착한 팡훙젠은 쑨러우쟈와 결혼했지만, 행복하지는 않았다. 그는 이곳에서 일자리를 찾지 못했지만, 그렇다고 언제까지 쑨러우쟈의 친척에게 신세만 질 수 없었다. 상황이 어렵자 날카로워진 둘은 한바탕 치고 박는 싸움을 벌였다. 화가 난 팡훙젠이 집을 뛰쳐나갔다가 돌아오니, 쑨러우쟈는 이미 짐을 싸서 고모네 집으로 떠난 뒤였다. 침대에 누운 팡훙젠의 귓가에 낡은 괘종시계의 종소리가 들려왔다. 그의 인생을 비웃기라도 하듯이.

『포위된 도시』의 풍자 미학

'포위된 도시'라는 제목은 영국 속담에서 비롯되었다. 영국 속담에 "결혼은 도금한 새장과 같다"는 말이 있다. 새장 밖의 새는 안으로 들어가려 하지만, 새장 안의 새는 밖으로 나오려고 한다. 프랑스에도 이와 비슷한 속담이 있다. "포위된 성이 있는데, 성 밖의 사람들은 들어가려 하지만, 성 안의 사람들은 나오려 한다." 여기에는 깊은 철학적 의미가 있다.

한 가지 예로 결혼을 살펴보자. 작품에서 팡훙젠은 줄곧 아름다운 가정을 꿈꾸었다. 그래서 파오씨와 탕샤오푸에게 접근하여 줄곧 포위된 성으로 들어가려고 했다. 그러나 나중에 쑨러우쟈와 결혼한 뒤에는 생활이 결코 환상이 아님을 깨닫고 뛰쳐나오려고 했다. 마지막 장면에서 그는 침대에 누워서도 탈출을 꿈꾸었을 것이다.

'포위된 성'은 단순히 결혼에만 국한되지 않는다. 소설에서 다루고 있는 유학 생활도 '포위된 성'이 아니겠는가? 외국에 나가 보지 않은 사람은 목숨을 걸고 외국에 나가려 한다. 그러나 외국에 나가본 사람은 아무 수확도 없이 가짜 졸업장만 가지고 돌아와 행세를 한다. 이 역시 '포위된 성'인 것이다.

자오신메이는 나라의 앞날을 책임지겠다는 소명 의식으로 유학을 다녀왔다. 하지만 공무원이 되어 출세할 기회를 놓치자, 어렵게 산뤼 대학에서 교편을 잡았다. 그러나 대학에 들어가 혼탁한 실상을 접하고는 실망하게 되었다. 설사 왕씨 부인과 갈등하지 않았더라도 더 이상 대학에 머물지는 않았으리라.

작가는 이 외국 속담을 교묘하게 이용하여, 사람들이 늘 겪는 여러 '포위된 성'이란 현상을 적나라하게 표현해 당시 중국 사회에 경종을 울렸다.

첸종수는 지식인을 가장 잘 이해하는 작가였다. 그래서 지식인에게 정면으로 비판의 화살을 겨냥했다. 이 작품은 새로운 『유림외사』라 할 수 있을 정도로 사회의 각종 부조리를 가차 없이 비판했다.

쑤원완도 정식으로 해외에서 학위를 취득한 문학박사였지만, 정작 외국 작품을 모방하여 시를 지었다. 나중에 그녀는 차오위안량曹元亮이라는 시인과 결혼하는데, 그의 작품 또한 가관이었다. 그는 밤하늘의 달을 묘사하면서, "둥글고 하얀 임산부의 배가 휘영청 하늘에 걸려 있구나"라고 썼다.

이밖에도 팡홍젠의 아버지와 장인, 산뤼대학의 총장과 주임들, 다정함을 자처하는 판范 아가씨 등 작품에 나오는 모두가 작가의 풍자 대상이었다.

그러나 이런 내용만이 아니라, 지식인의 자성을 보여주는 부분도 있어 눈길을 끌기도 한다.

이 작품은 고도의 풍자 기술을 선보이고 있다. 그 가운데 가볍고 유머 넘치는 언어가 가장 눈에 띤다. 국내외의 전고와 속담을 자유자재로 끌어다 쓰는 작가의 능력이 예사롭지 않다. 예를 들어 팡홍젠이 가짜 졸업장을 얻으려고 애쓰는 장면에서, 작가는 다음과 같이 언급했다.

이 졸업장은 마치 아담과 이브가 성기를 가렸던 나뭇잎처럼, 수치심과 추함을 가릴 수 있었다. 한 장의 작은 종이가 한 사람의 공허함과 누추함, 우둔함을 모조리 덮어 주었다.

판홍젠이 자신이 요구한 값보다 싸게 졸업장을 손에 넣자, 화가 난 아일랜드인 사기꾼은 그에게 보복하려고 혈안이 되어 중국인을 찾아 다녔다. 그러면서 "이 사건은 아마도 중국이 외교와 경제 분야에서 외국과 맺은 조약 가운데 유일한 승리일 것이다"라고 선언했다.

또한 팡홍젠을 앞에 놓고 거들먹거리며 업무를 설명하는 가오숭녠에게는 "그가 연극을 하지 않은 것은 연극계의 불행이지만, 배우들에겐 천행이다"라고 했다.

이 모두가 매우 핵심적이면서도 뛰어난 경구驚句이다. 결론적으로

『포위된 도시』는 지혜로운 학자가 본 생활의 견해라고 할 수 있다. 특히 1930년대 중국의 지식인 사회를 이해하는 데 더할 나위 없는 참고서이다.

사랑의 이름으로 23

장아이링 張愛玲
장헌수이 張恨水
친서우어우 秦瘦鷗

장아이링.

명문가의 딸 장아이링

장아이링이라는 여성 작가는 1940년대 중국에서 매우 유명했다. 그러나 중화인민공화국 성립 이후에는 홍콩으로 거처를 옮겨 대륙에서 잊힌 작가였으나, 최근 그녀의 문학 세계가 새롭게 조명 받고 있다.

장아이링의 출세작은 『도시를 뒤엎는 사랑(傾城之戀)』이고, 가장 유명한 작품은 중편인 『황금 족쇄(金鎖記)』이다. 장아이링張愛玲은 1920년에 태어났다. 그녀의 할아버지인 장패륜張佩倫은 청나라 말기의 고위 관리이자 양무파洋務派 관료였던 리홍장李鴻章의 사위였다. 만청 4대 견책 소설 가운데 하나인 『얼해화蘗海花』에 그녀의 할아버지에 관한 이야기가 실려 있을 정도이다. 따라서 그녀는 리홍장의 증손녀인 것이다.

장아이링은 이처럼 어려서부터 명문가에서 자랐지만, 행복하지는 않았다. 아버지가 아편을 피우고 여자를 밝히는 바람둥이였기 때문이다. 반면 어머니는 프랑스 유학파로서, 높은 교양을 쌓은 신여성이었다. 나중에 부모가 이혼하자, 장아이링은 아버지와 계모에게 학대를 받으며 고생하다가 집을 뛰쳐나왔다. 이후 그녀는 사람을 피하고, 민감한 성격이 되었다.

그녀는 영국 런던대학에 입학했지만, 2차 세계대전이 일어나 출국하지 못했다. 그래서 할 수 없이 홍콩대학에서 공부했다. 그녀는 일곱 살 때 이미 소설을 쓰기 시작해서, 열넷에는 당시 원앙호접파의 필치를 흉내 내어 『모던 홍루몽(摩登 紅樓夢)』을 썼다. 이 작품에서는 가보옥賈寶玉의 어머니가 아들과 여러 누이들을 데리고 항저우杭州 시후西湖에 놀러 가, 수상 운동회를 구경하고 아이스크림을 먹는 내용이 있다.

장아이링이 문단에 두각을 나타낸 것은 1940년대의 일이다. 당시 홍콩의 몰락을 지켜본 그녀는 상하이로 처처를 옮겨 『침향 가루, 첫 번째 향로(沈香屑第一爐香)』, 『침향 가루, 두 번째 향로(沈香屑第二爐香)』, 『도시를 뒤엎는 사랑』, 『황금 족쇄』, 『심경心經』 등을 차례로 발표하여 문단의 주목을 받았다. 1944년에는 상하이에서 『전기傳奇』라는 이름으로 자신의 소설집을 출판했다.

한 평론가는 그녀의 소설을 읽으면, 마치 오랜 세월을 거쳐 빚어 맛이 깊고 그윽한 화디아오주花雕酒(상등의 샤오싱紹興 황주黃酒를 일컬음)를 마시는 것과 같다고 평가했다.

출세작 『도시를 뒤엎는 사랑』

『도시를 뒤엎는 사랑(傾城之戀)』은 제목에서도 알 수 있듯이 연애 이야기이다.

여주인공인 바이류쑤白流蘇는 몰락한 가문의 딸로서 기혼녀였다. 그런데 인간 같지 않은 남편 때문에 이혼하고, 지금은 친정으로 돌아와 살고 있었다. 이런 전력 때문에 그녀는 친정에서 환영받지 못하고 각종 비난을 감수해야 했다. 오빠라는 사람은 그녀의 돈을 빌려 투기하다가 본전까지 날리자, 미안해하기는커녕 그녀가 '재수 없는 년'이라 자신이 손해를 봤다고 억지를 부리기까지 했다.

작가는 이처럼 친정에 정착하지도 못하고, 그렇다고 갈 곳도 없어 떠나지도 못하는 류쑤의 모습을 통해 이혼녀가 겪는 고통을 보여주었다.

한번은 사촌 동생에게 선이 들어와, 그녀도 함께 따라 나갔다. 맞선을 볼 사람은 서른쯤 된 판류위안范柳原이란 남자였다. 그는 영국에서 태어난 화교로서, 부유한 노총각이었다. 그런데 뜻밖에도 판류위안은 그녀의 사촌 동생은 거들떠보지도 않고, 그녀가 맘에 들어 그녀에게 춤을 청했다. 그런 그의 행동에 바이류쑤는 지금까지 느껴 보지 못한 즐거움을 누렸다.

춤을 추면서 그녀의 맘속에는 복수심이 생겼다. 그토록 자신을 구박하던 사람들에게 아직 자신이 매력을 잃지 않았음을 보여주고 싶었던 것이다.

이후 판류위안은 그녀를 홍콩으로 초청하여, 둘은 즐거운 시간을 보냈다. 둘은 서로를 무척 사랑했다. 그러나 바이류쑤는 판류위안에게서 어려움을 모르고 자란 부잣집 도령의 모습을 읽을 수 있었다. 그는 자신을 애인으로 삼으려고만 하지, 결혼하여 가정의 의무를 맡으려고 하지는 않을 사람이었다. 이에 주관이 강한 신여성 류쑤는 비록 집도 편치 않은 곳이지만, 과감하게 그를 뒤로 하고 상하이로 돌아온다.

오래지 않아 판류위안은 다시 그녀를 홍콩으로 초대했다. 한동안 떨어져 있어 그들의 사이는 더욱 애틋해졌다. 그들은 둘만의 소중한 시간을 마음껏 누렸다.

그러던 어느 날, 판류위안은 사업 때문에 배를 타고 외국에 갈 일이 생겼다. 그래서 류쑤가 상하이로 돌아갈 수 있도록 배려했다. 그러나 다음날 태평양전쟁이 시작되어, 판류위안의 해외 출장은 취소되었다. 그는 이때부터 류쑤와 함께 전란의 소용돌이에 휩쓸려 온갖 고통을 겪는다.

 둘은 자신들의 살 길을 찾아야 했다. 그래서 멀리 떨어진 산의 물을 길어다 밥을 짓고, 땅을 일궈 채소를 가꾸는 등 힘들게 생활했다. 이런 전란을 겪으면서 그들은 돈이나 땅처럼 지금껏 소중하게 여겨왔던 모두 것이 다 부질없으며, 끼니를 때울 수 있는 음식과 곁에 함께 있는 사람이 소중하다는 사실을 깨달았다. 마침내 그들은 인생의 진리를 깨닫고 결혼하여 정식 부부가 되었다.

> 그는 이기적인 남자에 지나지 않았고, 그녀 역시 이기적인 여자에 지나지 않았다. 그러나 전란의 시대에 개인주의는 설 곳이 없었다. 오직 한 쌍의 평범한 부부가 되어서야 안정을 찾을 수 있었다.

 이러한 작자의 말에는 인생의 경험과 인생의 진리가 담겨 있다.
 '도시를 뒤엎는 사랑' 이라는 제목의 '경성傾城' 이란, 여자가 너무 아름다워 성 안의 모든 사람들의 관심이 그녀에게 쏠려 있다는 뜻이다. 여기서는 도시의 함락을 뜻한다. 그러나 남녀 주인공은 함락된 도시의 처지를 진실한 사랑으로 승화시켰다. 작품은 다음과 같이 끝을 맺는다.

> 홍콩 함락은 그녀를 도와주었다. 그러나 이해할 수 없는 이 세상에서 무엇이 원인이고 무엇이 결과인지 누가 알겠는가? 또 누가 알겠는가? 어쩌면 그녀를 도와주었기 때문에 큰 대도시 하나가 넘어가버린 것인지. 수천 수만의 사람이 죽어가고, 수천 수만의 사람이 고통스러워하면서 뒤이어 온 경천동지할 대개혁 …… 류쑤는 결코 자신의 역사적인 지위가 어떤 미묘한 점을 지니고 있는지 알지 못했다. 단지 빙그레 웃으

며 일어나 모기향 접시를 탁자 밑으로 넣을 뿐.

전기傳奇(당나라의 단편소설) 속에 나오는 국가를 쓰러뜨리고 도시를 쓰러뜨린 사람들의 이야기는 대개 이러하다.

전기의 이야기는 곳곳에 있지만 늘 이렇게 원만한 결말이 날 것 같지는 않다. 호금胡琴이 앵앵 울리고 있다. 모든 등불에 불이 켜지는 밤에 다 마치지 못할 처량한 이야기를 켜고 또 켠다. 묻지 않아도 그만인 것을!

문단 최고의 수확 『황금 족쇄』

『황금 족쇄(金鎖記)』도 몰락한 가족의 이야기를 다루고 있다.

쟝姜씨 가문에는 삼형제가 있었는데, 모두 결혼한 상태였다. 맏이는 많은 소설 속의 인물이 그러하듯이, 모든 일에 법도를 지키는 특별한 개성이 없는 사람이었다. 반면 막내는 활력이 넘쳤지만, 도박과 여색을 밝히는 바람둥이였다. 그래서 집안의 재산을 대부분 탕진한 장본인이었다. 둘째는 골 결핵을 앓는 환자였다. 이런 상황에서 양가집 규수라면 누가 그와 결혼을 하려고 하겠는가? 마나님은 고심 끝에 둘째를 평민의 딸인 기름집의 치챠오七巧라는 아가씨와 혼인을 시켰다.

쟝씨 가문에 들어간 치챠오는 귀족과 결혼한 하녀 꼴이 되어, 아무도 그녀를 거들떠보지 않았다. 더욱이 그녀는 말이 걸고, 행동에 거리낌이 없어 예의를 중시하는 이 가문의 사람들과는 전혀 어울리지 않았다. 그렇다고 쟝씨네가 고상하고 명망 있는 가문도 아니었다. 돈

몇 푼 있다고 기운이 펄펄한 아가씨에게 다 죽어 가는 둘째를 시중들게 하는 것은 인간의 도리가 아니다.

치챠오는 차츰 사지가 멀쩡한 막내 도령 지저季澤에게 눈길을 주었다. 그런데 밖에서는 망나니짓을 하는 막내였지만, 집안에서는 '예의 규범'을 철저히 따져 둘째 형수를 멀리했다. 결국 치챠오는 모든 희망을 잃고 말았다.

그녀는 남편과 시어머니가 모두 죽을 때까지 10년을 힘들게 견디었다. 그 덕분에 치챠오는 돈을 손에 쥐고 분가했지만, 한 번 흘러간 청춘을 되돌릴 수는 없었다. 이때 막내인 지저가 옛 정을 들먹이며 치챠오에게 접근했다. 그러나 치챠오는 그가 자신의 부동산과 돈을 노리고 있음을 간파하여, 욕을 퍼부으며 그를 내쫓았다. 그녀는 이때부터 자신의 돈을 더욱 소중히 여기게 되었다.

그녀에게는 창바이長白라는 아들과 창안長安이라는 딸이 있었다. 그런데 그녀는 자식들이 행복을 누릴 수 있는 기회를 허락지 않았다. 그리고 자식들이 아편에 손을 대게 이끌었다. 이는 그들을 자신 곁에 묶어 두려고 해서이다.

나중에 창바이가 결혼하여 신부를 맞이하자, 그녀는 며느리를 구박하여 아들의 결혼 생활을 파탄으로 이끌었다. 서른을 바라보는 창안도 어렵게 유학생과 사귀어 결혼을 약속했지만, 치챠오는 집요하게 그들 사이를 훼방 놓았다. 사위 될 남자를 집으로 초대한 자리에서 일부러 창안이 아편 중독자임을 밝힐 정도였다. 사실 창안은 이미 아편을 끊은 상태였다. 이처럼 그녀에게는 무서우리만치 지독한 편집증과 악랄함이 가득했다.

"사랑은 한 사람으로 만족하지 못하고, 서너 사람의 행복과 생명을 저당 잡으려 한다"는 어느 평론가의 말은, 이 소설에 담긴 비극적 성격을 잘 말하고 있다. 치챠오는 자신의 청춘을 다 바쳐 돈과 맞바꿨지만, 그 돈이 무슨 소용이 있단 말인가? 그녀는 황금으로 만든 족쇄에 묶인 신세였다. '황금 족쇄' 란 제목은 여기에서 비롯되었다.

음악을 평가하는 예민한 감수성

장아이링의 산문은 세밀한 필치에 개성이 넘친다. 그녀는 예술에 매우 예민하여, 자신의 산문에서 그림과 음악 및 문학에 관한 남다른 견해를 피력했다. 그녀의 산문집 『유언流言』에는 유년의 기억과 가족 이야기, 그림과 음악, 옷에 대한 남다른 집착 등을 솔직하고 재치 있게 표현한 글들이 실려 있다. 음악에 대한 그녀의 생각을 한 번 살펴보자.

내가 가장 두려워하는 것은 바이올린이다. 물처럼 흐르면서 인생에서 절대 잊지 말아야 할 일들을 강물처럼 흘러가게 만들기 때문이다. 호금胡琴은 그래도 괜찮은 편이다. 비록 처량하지만, 언제나 "세상을 돌고 돌아 결국은 다시 돌아왔노라"고 했던 북방인의 말처럼 돌아오기 때문이다.
바이올린에서 나오는 소리는 언제나 '절묘' 하다. 온몸을 파고들고, 계속 듣고 싶어지며, 눈물을 흘리게 만든다. 그래서 악기 가운데 가장 슬픈 악기이다. ……
바이올린과 피아노의 합주, 또는 3~4명으로 이루어진 작은 오케스트라는 피아노와 바이올린을 위주로 하는데, 나는 듣기가 싫다. 리듬감이 떨어지고 영 어색하여 합치되지가 않는다. 그 결과 여러 화가가 합작으로 그리는 중국화와 비슷해진다. 미인과 다른 인물, 화분, 배경의 정자와 누각을 저마다 다른 화가가 그려서 종종 그림이란 느낌이 들지 않는다.

물론 대규모 오케스트라는 이와 다르다. 그것은 호호탕탕한 5.4운동처럼 들린다. 각자의 노랫소리를 오케스트라로 변화시켜, 전후좌우의 소리가 모두 자신의 소리처럼 들린다. 입을 열 때마다 자신의 목소리가 이처럼 웅장하고 중후한 것에 놀랄 것이다.

또 갑자기 잠에서 깨어났을 때 다른 사람이 하는 말을 듣는 것처럼, 본인이 하는 말인지 다른 사람이 하는 말인지 몰라 모호한 공포감을 느끼는 경우와 같다. ……

당나라의 시인 백거이는 「비파행」에서 비파 소리를 생동적으로 묘사했다. 그런데 장아이링은 이 글에서 자신이 음악을 들을 때 느끼는 주관적 감정에 치중하여 묘사했다. 서로 다른 내용이긴 하지만, 문학적 수양이 깊고 예술에 예민한 사람이 아니라면 어떻게 이처럼 정교하면서도 오묘하게 음악을 묘사하겠는가?

한편 장아이링의 소설 『십팔춘十八春』과 『붉은 장미와 흰 장미(紅玫瑰與白玫瑰)』는 각각 "반생연半生緣"과 "레드 로즈 화이트 로즈"란 제목으로 영화로 만들어져, 국내에도 소개되었다. 2007년에는 그녀의 동명 소설을 원작으로 한 영화 "색色, 계戒"가 발표되어 세계적으로 큰 반향을 불러일으켰다.

이처럼 파란만장한 삶을 산 장아이링은 1995년 미국 로스앤젤레스에서 홀로 죽음을 맞이하였고, 뒤늦게 발견되어 태평양에 재로 뿌려

졌다. 어쩌면 그녀다운 마지막이었는지도 모른다.

장헌수이의 『춘명외사』와 『금분세가』

1940년대 장아이링 말고도 장헌수이라는 작가가 중국인들에게 많은 사랑을 받았다. 그는 통속적인 장회章回 형식을 이용하여 대중이 즐기는 애정 소설을 써서, 장아이링보다 더 큰 유명세를 누렸다. 현대 중국 작가들 가운데 장헌수이는 작품을 가장 많이 쓴 작가로도 손꼽힌다.

장헌수이張恨水(1895~1967)는 장아이링보다 25살이나 많은, 문단의 원로라 할 수 있다. 장아이링도 어렸을 때 장헌수이의 소설을 즐겨 읽었다고 한다. 장헌수이는 『울고 웃는 인연(啼笑因緣)』을 출판한 뒤, 스스로 감격하여 이렇게 말했다.

"위로는 당국의 유명 인사들부터 아래로는 속세의 소녀들까지, 나를 보면 『울고 웃는 인연』을 묻는 통에 나는 놀라움을 금치 못했다."

장헌수이의 본명은 장위안신張遠心이고, 본적은 안후이성安徽省 첸산潛山이나 태어난 곳은 쟝시성江西省 광신廣信이다. 그의 할아버지는 무관 출신이었고 아버지는 말단 관리였다. 그는 서당에서 공부할 때부터 고전 소설의 재미에 푹 빠져 지냈다. 특히 『홍루몽』과 『서상기』 등을 작문의 본보기로 삼았을 정도였다. 그가 열일곱 살 때 아버지가 세상을 떠나자, 그는 공부를 접고 신문사에 투고하는 일로 생업에 뛰어들었다. 나중에는 심사를 거쳐 신문사의 총 편집자가 되었다.

그는 끊임없이 글을 썼다. 그러나 초기작들은 대부분 음풍농월하고, 남녀의 연애를 다루는 등 수준 이하의 것들이 많았다. 그러다 1920~1930년대에 들어 『춘명외사春明外史』와 『금분세가金粉世家』라는 대작을 발표하면서 예술적으로 성숙해졌다.

장헌수이.

『춘명외사』는 장헌수이의 첫 번째 장편소설이다. 90만 자에 달하는 명실상부한 장편 대작인데, 이는 신문에 연재하던 작품이었다. 작가의 말을 빌자면, 이 작품은 『홍루몽』의 서술 방법을 이용한 『유림외사』이다.

소설의 중심은 사랑 이야기이다. 남자 주인공인 양싱위안楊杏園은 글재주가 뛰어난 정의파 기자였다. 그는 기녀인 리윈梨雲과 양가집 규수인 리동칭李冬靑 사이에서 누굴 택할지 고민했다. 그러나 한 여자는 죽고 다른 여자는 떠나, 결국 양싱위안만 남는다. 결국 그는 자신의 처량한 신세를 이기지 못하고 피를 토하며 죽는다.

보다시피 이 작품은 기존 재자가인의 형식을 그대로 답습하고 있다. 옛 독자들은 재미있을지 몰라도, 현대의 젊은 독자들은 이런 분위기에 식상할 것이다. 그러나 당시에는 큰 인기를 누린 작품이다.

『금분세가』도 신문에 연재하던 작품인데, 『춘명외사』보다 훨씬 긴 100만 자에 달하는 장편이다. 『춘명외사』가 사회 애정 소설이라면, 『금분세가』는 가정 애정 소설이라 할 수 있다. 이 작품은 『홍루몽』처럼 대가족의 흥망성쇠를 다루었다. 그래서 어떤 이는 이 작품을 '중화민국의 홍루몽'이라고 불렀다.

진金씨네의 주인은 내각 총리인 진진金銓이었다. 『홍루몽』의 가賈씨에 비해 그 위상이 훨씬 높다. 그런데 진진의 자식들은 하나같이 무위도식하며 허송세월했다. 그러다 가문의 기둥인 진진이 죽자, 집안은 순식간에 몰락했다. "부자도 3대를 못 버틴다"고 했던가? 작가는 이 작품을 통해 이런 이론을 생생하게 그렸다.

일세를 풍미한 애정 소설 『울고 웃는 인연』

이어서 세상을 뒤흔들었던 『울고 웃는 인연』 살펴보자. 이 작품도 애정 소설로 분류할 수 있는데, 무협적 요소가 가미되어 있다는 점이 특이하다.

남자 주인공인 판쟈수樊家樹는 평민으로 전락한 명문가의 도령이었다. 그는 베이징으로 올라와 사촌형 집에 머물며 공부하고 있었다. 다른 부잣집 도령들과는 달리 계급의식이 없던 그는, 평범한 친구들과 사귀기를 꺼려하지 않았다.

한번은 톈챠오天橋에 갔다가, 건달 출신의 관서우펑關壽峰을 알게 되었다. 당시 관서우펑은 중병을 앓고 있었다. 이에 쟈수는 치료를 받도록 그를 병원에 데리고 가 목숨을 구해 주었다. 이를 계기로 관서우펑의 딸인 슈구秀姑가 그에게 호감을 갖게 되었다. 그런데 쟈수는 이미 톈챠오에서 대고서大鼓書를 공연하는 가난한 아가씨 선펑시沈鳳喜를 마음에 두고 있었다. 그녀는 예쁠 뿐만 아니라 총명하고 품성이 착해 쟈수의 마음을 빼앗기에 충분했다.

쟈수는 펑시가 힘든 민간 예술의 길을 접고, 신식 교육을 받을 수 있도록 도와주기로 결심한다. 그리고 거처를 마련해 주고 생활비를 대주었다. 그의 배려 덕분에 펑시는 거리의 예술가에서 교양 있고 정숙한 여학생으로 변했다.

그러나 펑시에게는 돈을 밝히는 엄마와 권세를 중시하는 아저씨가 있었다. 그들은 펑시를 빌미로 쟈수에게 이런저런 요구를 시작했고, 쟈수는 그들의 요구를 들어주었다. 얼마 뒤 쟈수가 어머니를 뵙고자 고향을 찾은 사이, 전혀 예상치 못한 일이 벌어졌다.

펑시의 아저씨인 선산셴沈三弦은 앞서 말했듯 권세와 재물을 탐하는 인물이었다. 그래서 그는 조카딸을 끌어들여 군벌인 류劉 장군에게 접근하려고 했다. 선산셴은 조카딸 덕분에 류 장군과의 협상에서 유리한 위치를 차지할 수 있었다.

류 장군은 펑시에게 반해, 틈만 나면 함께 식사하자고 청하거나 장신구를 선물하기도 했다. 펑시는 쟈수를 배반하는 것 같아 괴로웠지만, 군벌의 권력으로 밀어붙이는 류 장군의 기세를 감당하기는 힘에 부쳤다. 그는 펑시를 집으로 데려와 공연을 강요했다. 그리고 결국에는 아예 집안에 감금하기에 이르렀다.

쟈수는 떠나기 전에 관서우펑에게 펑시 모녀를 보살펴 달라고 당부해 두었다. 관서우펑은 펑시가 감금되었다는 소식을 듣고, 몇몇 부하들과 함께 죽음을 각오하고 구출에 나섰다. 그런데 뜻밖에도 관서우펑이 류 장군의 공관에 잠입하여 창문 넘어 본 광경은, 펑시가 돈에 매수되는 현장이었다. 결국 그녀를 구출하려던 계획은 포기할 수밖에 없었다.

고향에서 돌아온 쟈수는 펑시가 그를 배반했다는 사실을 믿을 수 없었다. 어렵게 약속해서 만난 자리에서 펑시는 쟈수를 냉대하며, 자신은 이미 류 장군 사람이니 더 이상 마음 쓰지 말라고 당부했다. 그리고 그동안의 은혜에 보답하는 의미로 그 자리에서 쟈수에게 4천 원짜리 수표를 건넸다. 쟈수가 그동안 자신에게 2천 원 정도 썼다고 계산해서, 그 2배에 해당하는 돈을 건넨 것이다.

쟈수는 일이 이렇게 될 줄은 몰랐다. 그는 미친 듯이 웃으며 수표를 잘게 찢어 허공에 뿌렸다. 작은 흰나비처럼 춤추며 떨어지는 종이조각과 함께 쟈수의 마음은 차갑게 식어 버렸다.

그러나 펑시의 헛된 꿈은 오래가지 않았다. 류 장군이 펑시가 자기 몰래 쟈수를 만난 사실을 알고는 채찍으로 그녀를 심하게 때린 것이다. 아울러 혼미한 상태에서 류 장군이 예전에 전처를 총살했다는 하녀의 말을 듣고는, 살려 달라고 소리치다가 침대에서 굴러 떨어졌다. 결국 펑시는 정신이상이 되었다.

이런 쟈수와 펑시의 원수를 갚으려고 나선 사람은 다름 아닌 슈구였다. 그녀는 류 장군의 결혼 제안에 응하는 척하면서, 그를 서산西山의 사찰로 불러내 살해했다.

한편 오랫동안 판쟈수를 쫓아다니던 헬레나何麗娜란 아가씨가 있었다. 헬레나의 외모는 펑시 못지않게 예뻤지만, 쟈수의 맘속에는 오로지 펑시뿐이었다.

『울고 웃는 인연』은 출판되자마자 각 계층의 독자들을 매료시켰다. 그 결과 판을 거듭하여 책을 찍었고, 각종 연극으로 개편되기도 했다. 심지어 두 영화사가 판권을 따려고 법정 소송을 벌일 정도였다. 이런 결과는 작가 자신도 예상치 못한 것이었다.

사실 따지고 보면 이 작품은 독자들의 사랑을 받을 만하다. 번듯한 가문의 도령이 가난한 집의 아가씨를 사랑한다는 내용이, 계층을 불문하고 많은 독자들의 관심을 이끌어 낸 것이다. 판쟈수의 주위에는 세 아가씨가 있었지만, 그가 오로지 한 여자만 사랑했다는 점도 대중의 도덕관과 맞아떨어졌다. 게다가 얽히고설킨 애정 속에 시원스런 무협을 가미하여, 자칫 지루해질 수 있는 이야기 전개에 활력을 불어 넣었다는 점도 이 작품의 강점이다.

다만 작품 속에 보이는 소시민 의식이나 소극적 반항 정신은 한계로 지적된다. 그러나 이 점은 당시의 작가들에게 일반적으로 나타나는 현상이었다.

장헌수이는 위의 작품들 말고도 100여 편이 넘는 소설을 남겼다. 1930년대에는 『깊고 어둔 밤(夜深沈)』, 『지는 노을 외로운 오리(落霞孤鶩)』, 『만강홍滿江紅』 등을 썼다. 그리고 중일전쟁 때에는 『열혈지화熱血之花』와 『석두성石頭城』, 『동쪽으로 흐르는 강(大江東去)』, 『전투가 있던 밤(巷戰之夜)』, 『촉도난蜀道難』 등을 남겼다. 작품들 제목만으로도 알 수 있듯이, 장헌수이는 열정적이면서도 애국적인 작가였다.

중일전쟁이 끝날 무렵에는 어두운 사회 현실을 폭로하는 소설들을 많이 발표했다. 예를 들어 『81개의 꿈(八十一夢)』은 황당한 형식으로 후방 관료 사회의 부패를 폭로했다. 그런데 소설의 내용이 실권자들을 자극하여, 8개의 꿈만 다룬 상태에서 붓을 놓아야 했다. 이와 비슷한 소재의 작품으로 『도깨비 세계(魍魎世界)』와 『오자등과五子登科』 등이 있다.

장헌수이는 다작으로 유명한 만큼 책을 쓰는 방식도 남달랐다. 어떤 경우에는 6~7편의 소설을 동시에 써서 각기 다른 신문에 연재하기도 했다. 이처럼 등장인물과 줄거리가 서로 다른 6~7편의 작품을, 조금도 흐트러지지 않고 질서정연하게 쓸 수 있었다는 점에서도 특출한 작가임에 틀림없다.

친서우어우의 『가을 해당』

　친서우어우秦瘦鷗는 장헌수이와 함께 구파舊派의 애정 소설가로 분류되는 작가이다. 그는 1908년 쟝쑤성江蘇省 쟈딩현嘉定縣에서 태어나 대학에서 무역을 전공했다. 졸업한 뒤에는 기자, 편집인, 교사로 활동했다. 그는 어려서부터 연극을 좋아하여, 곤곡昆曲과 경극京劇을 비롯한 전통극과 현대 화극, 영화, 발레 등 연극과 관련된 모든 장르를 섭렵했다. 그래서인지 나중에 그가 쓴 『가을 해당(秋海棠)』이란 작품의 주인공도 배우이다.

　우쥔吳鈞이란 이름의 배우는 '가을 해당'이란 예명으로 불렸다. 무대 위에서 여장하고 여자 주인공 역할을 했기 때문이다. 그런데 위안바오판袁寶藩이란 군벌이 그에게 악의를 품고 있었다. 당시 돈과 권력을 장악하고 있던 사람이라면 대부분 여성을 희롱하는 것은 물론, 신분이 낮은 남자들을 하대했다. 그런데 가을 해당은 신분은 낮을지언정, 훌륭한 품성만큼 기백이 넘쳐흘렀다.

　가을 해당은 톈진天津에서 공연하다가, 건달패의 난동에 맞서 감옥에 갇히게 되었다. 그는 할 수 없이 위안바오판의 첩에게 도움을 요청했다. 위안바오판의 첩 뤄샹치羅湘綺는 원래 사범대학에 다니던 순수한 학생이었는데, 위안에게 속아서 시집을 왔다. 그녀와 가을 해당은 처음 만났을 때부터 서로 호감을 가졌다. 이후 둘은 편지를 주고받았으며, 한 집을 빌려 밀회의 장소로 이용하기도 했다.

　꼬리가 길면 밟히는 법. 이 소문이 위안바오판의 귀까지 들어갔다. 그는 가을 해당을 체포하여 칼로 얼굴에 십자十字를 그었다. 얼굴에 흉이 남은 가을 해당은 더 이상 무대에 오를 수 없었다. 그는 할 수 없이 주위 사람들의 도움으로 뤄샹치와의 사이에서 낳은 딸 메이바오梅寶를 데리고 시골로 내려가, 농사지으며 아이의 교육에 힘썼다.

이후 위안바오판이 전쟁터에서 죽음을 당했다. 그러나

가을 해당의 한 장면.

가을 해당은 뤄샹치를 보려고 하지 않았다. 그는 사랑하는 사람에게 자신의 추한 얼굴을 보이고 싶지 않았던 것이다. 또한 그녀가 자신 때문에 다른 사람에게 놀림 받는 것도 원치 않았다.

나중에 가을 해당은 전란을 피해 딸을 데리고 상하이로 향했다. 당시 가을 해당은 가난과 병에 시달리고 있었다. 그래서 메이바오는 어쩔 수 없이 술집에서 노래를 하게 되었다. 메이바오는 그곳에서 대학생 뤄사오화羅少華를 만난다. 그런데 그는 바로 뤄샹치의 조카였다. 그는 어릴 때부터 뤄샹치의 보살핌을 받으며 자란 사람이었다. 메이바오는 뤄사오화와 함께 뤄샹치를 만나 감격적인 상봉을 하게 되고 그간의 소식을 전했다. 뤄샹치는 꿈에도 그리던 가을 해당을 만날 꿈에 부풀었다.

오랜 세월 헤어져 있던 모녀는 수레를 몰아 가을 해당을 만나러 갔다. 그러나 가을 해당은 이미 자신의 외모와 병을 견디지 못하고 절망하여 투신자살한 뒤였다.

대단원을 맞이하기에는 가을 해당이 겪은 고통이 너무 컸다. 만일 가을 해당이 살아서 뤄샹치를 만났다고 해도 행복한 삶을 되찾을 수 없었을 것이다.

혁명을 이끈 작가들 24

딩링丁玲

저우리포周立波

시롱西戎

마펑馬烽

콩쥐에孔厥와 위안징袁靜

해방구의 마오쩌둥. 삶과 문학의 해방을 꿈꾸던 많은 작가들도 혁명의 현장으로 모였다.

딩링의 출세작 「소피의 일기」

앞 장에서는 몇 편의 애정 소설을 살펴보았다. 그 작품을 쓴 작가들은 대부분 국민당 통치 지역에서 살아, 당시 중국 공산당이 이끌던 혁명의 분위기가 빠져 있다. 이에 반해 혁명 작가라고 부를 만한 작가들이 있었다. 그들 대다수는 해방구에서 작품을 창작했다. 이번 장과 다음 장에서는 이들 혁명 작가들을 살펴보고자 한다.

먼저 여성 작가인 딩링을 살펴보자. 그녀는 앞서 언급한 좌련 5열사 가운데 한 명인 후예핀의 부인이었다.

딩링丁玲(1904~1986)의 본명은 쟝웨이蔣偉이고, 자는 빙즈氷之이다. 그녀는 후난성湖南省 린펑현臨澧縣의 한 부잣집에서 태어났다. 하지만 아버지를 일찍 여의고, 어머니를 따라 외삼촌댁에서 지냈다. 일찍부터 진보적이던 어머니 덕에 그녀는 유명한 여성 혁명가들을 만날 수 있었다. 열여덟 살 때 상하이에서 공부하다가, 나중에는 다시 베이징으로 가 베이징대학에서 청강생으로 지내기도 했다. 그녀가 후예핀과 결혼한 것도 이때의 일이다.

스물셋이 되던 해, 그녀는 처녀작인 「멍커夢珂」를 내놓아 문단의 주목을 받았다. 이듬해에는 다시 단편인 「소피의 일기(莎菲女士的日記)」를 『소설월보小說月報』에 발표하여 그녀의 이름을 문단에 각인시켰다. 전통적으로 중국 문단에는 일기체 소설이 드물었다. 또한 여성 작가가 일기체 소설을 발표하여 여성의 심리를 드러낸 것은 더욱 드문 일이었다. 참고로 '소피' 란 이름은 신해혁명 이전 세대에게 잘 알려진 러시아의 여성 혁명가 소피아 페르브스카야Sofya Perovskaya에서 따온 것이다.

소설 속의 여주인공인 소피는 열아홉 살의 남부 아가씨인데, '5·4운동'의 영향으로 혼자 베이징에 올라와 인생의 이상을 찾고자 했다. 그러나 '5·4운동'의 열기가 지나간 베이징의 어느 곳에서도 그녀가 그토록 꿈꾸던 모습은 찾아볼 수 없었다. 그녀를 더욱 곤혹스럽게 한 것은 사랑의 감정이었다.

젊은 시절의 딩링.

그녀는 개성 해방을 부르짖는 여성으로서, 남자뿐만 아니라 여자도 남자를 선택할 수 있다고 생각했다. 그러나 그녀가 한 남자 친구에게 8번이나 장문의 편지를 보냈건만, 그는 애써 이를 외면했다. 이는 그녀의 자존심에 커다란 상처를 주었다.

반면 그녀가 사랑하지 않는 남자는 오히려 그녀를 막무가내로 쫓아다녔다. 웨이디葦弟라는 이름의 그는 온화한 성격이었지만 지나치게 소심하여, 그녀의 손만 잡아도 '누나' 소리를 연발하거나 그녀의 손등에 눈물을 흘렸다. 남동생으로 삼는다면 모르겠지만, 이런 남자를 어떻게 남편으로 삼는단 말인가?

소피가 좋아한 또 다른 남자는 링지스凌吉士이다. 그는 싱가포르 부상富商의 아들로서, 훤칠한 키에 고상한 풍모를 지녔다. 소피는 대담하게 그를 자신의 상대로 낙점했다. 그리고는 자신의 일기에 "그를 점령하고, 그가 나에게 무조건 헌신하도록 만들겠다"고 적었다.

그러나 오래지 않아 소피는 링지스의 우아한 외면 속에 감추어진 저속한 영혼을 발견했다. 그것은 소피가 추구하던 고상한 목표와는 너무나 동떨어진 모습이었다. 그 자리에서 그에 대한 미련을 버릴 수는 없었지만, 그녀는 결국 그와 헤어졌다.

나의 부모님, 언니와 동생, 친구, 애인, 이들은 나를 사랑한다. 나의 무엇을 사랑할까? 내 멋대로 행동하는 태도, 내 성격, 아니면 나의 폐병? 정말 그들이 내게 사랑을 베푸는 자체가 두렵다. 그 사랑이 원망스럽다. 그들이 나를 이해해 준다는 사실이 역겹기 때문에 도리어 그들이 해주는 위로의 말조차 뻬딱하게 받아들이게 된다. 누군가 나의 이런 마음을 알고 이해해 준다면 설사 나를 비난하고 때린다 해도 오히려 즐겁고 뿌듯할 텐데!

하지만 나 자신은 나를 이해하고 있는 걸까? 내게 정말 필요한 것이 무엇인지 알고 있을까? 나는 나를 어떻게 분석해야 하는지 알고 있기나 한 걸까? 바람에 떠밀려 온 한 조각 흰 구름만 보아도 가슴이 아릿해져서 감상에 빠지곤 하는 나. 하지만 스무 살이 넘은 남자(실은 웨이디가 나보다 네 살 연상이다)가 내 손등에 눈물을 뚝뚝 떨구는 것을 내려다보면서 야만인처럼 득의의 미소를 짓는 나. 또 진작부터 링지스의 준수한 외모 속에 저속한 영혼이 자리잡고 있다는 것을 간파했으면서도, 사랑한다고 속삭이는 메스꺼운 그의 말과 입맞춤을 계속 받아들이려고 하는 난 또 무엇일까? 내가 그를 이긴 걸까, 아니면 그가 나를 유혹한 것일까? 내심 이토록 경멸하는 사람과 어떻게 키스할 수 있었단 말인가? 사랑하기는커녕 내심 비웃고 있으면서 그의 포옹을 받아들이다니…… 단지 그의 남성미와 기사도 같은 매너 때문에 내가 이 지경까지 타락했단 말인가? 난 졌다. 그가 아니라 나 자신에게 짓밟혔다. 원수는 그가 아니라 바로 나 자신이다!

소설은 발표되자마자 커다란 논쟁을 불러일으켰다. 작가의 대담함과 개방성을 칭찬하는 사람이 있는가 하면, 소피가 남성을 우롱했다고 비판하는 사람도 있었다. 이처럼 찬반이 극명하게 엇갈린 경우는,

위다푸가 「몰락(沈淪)」을 발표한 이래 처음 이었다.

어찌되었든지 소설 속의 소피는 결국 인생의 진리를 찾지 못했다. 이를 통해 '5·4 운동'이 퇴조하면서 소자산계급의 지식인들이 겪었던 심리적 방황을 잘 반영했다.

그러나 소설 속의 소피와 달리 딩링은 생활 속에서 빠르게 자신이 나아갈 방향을

여전사 딩링.

찾았다. 그녀는 후예핀과 함께 좌련에 참가하여 좌익 문학 운동의 '선구자'가 되었다. 후예핀이 사고를 당한 뒤 그녀의 혁명적 입장은 더욱 공고해졌다. 그 결과, 그녀도 난징南京의 감옥에 갇혀 옥고를 치렀다. 3년 뒤 출감한 그녀는 산시성陝西省의 홍군 근거지로 향했다.

그녀는 산시성에서 열렬한 환영을 받았다. 이후에는 '중국문예협회' 주석직과 홍군 중앙경위단의 정무위원직을 역임했다. 그 뒤에도 신문 편집을 담당하기도 하고, 옌안延安 문예계의 정풍整風 운동에 참가하기도 했다. 또 장기간에 걸쳐 농촌과 공장 체험을 하기도 했다. 이를 통해 「소피의 일기」의 작가는 더 이상 단순히 개성 해방을 부르짖는 도시 아가씨가 아니라, 이론과 실천을 겸비한 혁명 여성 작가로 변신했다.

농촌의 토지개혁을 다룬 장편소설

딩링의 소설 가운데 가장 유명한 작품은 장편 『태양은 쌍간허를 비추고(太陽照在桑乾河上)』이다. 이는 1948년에 지은 작품으로서, 1946년 해방구에서 있었던 토지개혁을 다루었다.

소설의 배경은 화베이華北 지방의 한 작은 마을 놘수이툰暖水屯이다. 이야기는 토지개혁 운동이 아직 시작되지 않은 시점에서 시작한다.

토지개혁이란 말을 듣고 땅과 과수원을 가진 부자들은 좌불안석이 되었다. 그리고 농민들 사이에서도 공산당이 진짜 가난한 농민을 돕고 부자들을 견제할 수 있을지 이견이 분분했다.

리즈쥔李子俊, 쟝스룽江世榮, 쟈오디엔쿠이侯殿魁와 허위에 가득 찬 향장 쉬여우우許有武 등 마을의 지주들은 마음이 조마조마했다. 그러나 악독하기로 이름난 지주 첸원꾸이錢文貴만은 나름의 계략을 갖고 있었다. 그는 가장 음흉한 지주였다. 촌장은 아니나 그 어떤 촌장도 그를 거역할 수 없었다. 그는 또 일본인과도 손을 잡은 매국노였다.

그런데 공산당이 대세를 이루자, 그는 곧바로 아들을 팔로군八路軍에 가입시켰다. 그리고 딸은 마을의 치안위원인 장정디엔張正典에게 시집보냈다. 아울러 조카딸 헤이니黑妮를 내세워 농회農會 주임인 청런程仁을 유혹하려 했으나, 헤이니가 강하게 반발했다. 또 그는 거짓으로 집을 분가하여 농가로 잠입했다.

한편 토지개혁 공작대의 원차이文采는 책상만 지키는 사람이었다. 겉으로 드러난 현상만 보고, 심층적인 조사와 연구에는 소홀했다. 죄과가 심각한 지주를 찾을 수 없으면 더 이상 투쟁할 필요가 없다는 것이 그의 생각이었다. 이런 내용의 발언은 마을 사람들의 개혁 의지를 방해했다.

그러나 공작대원인 양량楊亮과 마을 지부 서기인 장위민張裕民의 생각은 달랐다. 그들은 농민들이 첸원꾸이와 같은 악덕 지주를 가장 증오하면서도 두려워한다는 사실을 알고 있었다. 그를 제거하지 않으면 농민들은 움직이지 않을 것이었다.

오래지 않아 선전부장 장핀章品이 새로 놘수이툰으로 왔다. 그는 항일 전쟁 때 가장 처음으로 놘수이툰을 수복한 팔로군이었다. 장위민은 바로 그가 보낸 당원이다. 이러한 장핀의 지원으로, 마을 간부들은 의견을 모아 먼저 첸원꾸이를 몰아내기로 결정했다. 치안위원 장정디엔도 장인을 비호하다가 자리에서 물러나야 했다. 농회 주임인 청런은 첸원꾸이를 비호하지는 않았지만, 예전에는 헤이니를 마음에 품고 있어서 그를 몰아내는 일에 소극적이었다. 그런데 이제 태도를 바꾸어 첸원꾸이의 음모를 폭로하는 일에 가장 먼저 앞장섰다.

마침내 농민들이 들고 일어나자 지주들도 더 이상 어쩌지 못하고 자신들의 땅을 내놓기 시작했다. 땅과 재산을 얻은 농민들은 모두들 기쁨에 넘쳤다. 때마침 팔월 한가위를 맞이하여 마을에서는 성대한 잔치가 벌어졌다. 또한 많은 사람들이 스스로 일군 승리의 결실을 지키고자 앞을 다투어 나섰다.

딩링은 인물을 창조하고, 심리를 묘사하는 데 탁월한 재주가 있었다. 그녀의 손끝에서 지주들은 음험하거나 아니면 교활하거나, 또는 겁이 많은 등 저마다 특색을 지닌 인물로 살아났다.

소설에 이런 줄거리가 나온다.

지주들은 토지를 농민들에게 넘기기 전에 과수원의 과일이 익자, 과일을 따서 팔려고 기를 쓰고 도시로 운반하려 했다. 그러나 농민들이 거둔 승리에 손실이 생기는 걸 지켜볼 수 없던 공작대는, 마을의 과수원부터 접수하여 관리하기 시작했다. 이렇게 되자 농민들은 즐거운 마음으로 과수원으로 가서 흥겹게 과일을 수확했다. 평생 고된 노동만 하며 한 번도 웃어 보지 못했던 리바오탕李寶堂도 수다스런 늙은이로 변했다. 그것은 그들이 난생 처음으로 자신들을 위해 기꺼이 땀 흘린 노동 때문이었다.

이날 지주인 리즈쥔의 아내도 과수원에 나왔다. 그녀는 비록 지주 집안에 시집을 왔지만, 1년 전 과감하게 그들과 관계를 청산한 상태였다. 그녀는 거센 폭풍우가 자신에게 밀어닥칠 것을 예견했다. 그래서 대범하게 몇몇 헌옷을 찾아 사람들에게 주고, 약간의 양식을 빌려 사람들에게 돌렸다. 아울러 고용된 노동자들과 함께 한담을 나누고, 맛난 것을 만들어 주었다. 그리고 자주 거리로 나가 간부들을 보면 붙잡고 얘기를 나누었다. 또한 사람들을 집으로 불러 술을 대접하기도 했다. 그녀가 이처럼 애를 쓴 것은 닥쳐올 '재난'에서 벗어나겠다는 환상 때문이었다.

그러나 그녀에게도 재난은 어김없이 찾아왔다. 수확하던 날, 그녀는 만면에 미소를 머금고 쭈뼛쭈뼛 과수원에 얼굴을 내밀었다. 하지만 누구도 그녀를 상대하지 않았다. 한때 자신의 노동자였던 리바오탕조차 그녀를 거들떠보지 않았다. 그 순간 그녀는 지주의 여인으로서 무슨 생각을 했을까?

그녀는 나무를 바라보았다. 푸른 나무에 빨간 보물이 주렁주렁 달린 모습을 바라보았다. 이것은 그들 것이었다. 예전에는 나무 밑에 접근하려면, 그녀가 눈길 한 번만 주어도 만면에 웃음을 머금은 채 그녀에게 사정하곤 했다. 그런데 어떻게 이제 와서 그녀를 모른 체할 수 있단 말인가?

그녀의 과수원에는 이렇게 많은 사람들이 북적이고 있다. 그들은 그녀의 나무에 아무렇게나 다가가고, 그녀의 땅을 짓밟고 있다. 그런데 그녀는 마치 아무 상관없이 구걸하러 온 아줌마인 양, 누구도 그녀에게 과일 하나 건네지 않았다. 그녀는 모욕당한 마음을 애써 참으며, 그들의 기쁨과 그녀에 대한 오만을 하나하나 가슴에 새겼다. 그녀는 자신의 감정을 주체하지 못하고 이렇게 말하고 싶었다.

'좋아, 리바오탕 같은 놈도 우리를 반대하다니. 요 몇 년 동안 개를 먹여 키운 꼴이군! 정말로 일이 터져야 사람 마음을 알 수 있다더니.'

그녀는 고개를 돌려 과수원을 바라보았다. 농부들을 동원하여 물을 대 정성스럽게 가꾸던 과수원이었건만, 이제는 공작대가 관리하는 모습을 보자 갑자기 짜증이 났다. 그리고는 과일을 팔 때에는 누구라도 팔 수 있지만, 땅을 나누는 것은 엉망이 될 거라고 생각했다.

이처럼 소설은 지주 여인의 심리를 정확하게 파악하고 남김없이 묘사했다. 딩링은 중화인민공화국을 성립하면서 일어난 토지개혁 운동을 진솔하고 생생하게 묘사한 공로를 인정받아, 1951년 중국인으로는 최초로 스탈린문학상을 수상하였으며, 당시 사회주의권 나라에 널리 소개되면서 '중국 혁명의 딸'이라는 호칭을 얻었다. 중화인민공화국이 성립되자, 딩링은 문화부에 소속되어 『문예보』와 『인민문학』의 편집인을 담당했다.

그러나 1955년과 1957년에 연이어 '반혁명분자'라는 오명을 뒤집어쓰고, 부당한 대

노년의 딩링.

우를 받으며 베이따황北大荒으로 쫓겨났다. 4인방 세력을 진압하고 나서야 그녀를 잘못 처사했음이 밝혀졌다. 그녀는 평생 동안 『1930년의 상하이(一九三零年的上海)』, 『물(水)』, 『내가 샤춘에 있을 때(我在霞村的時候)』 등 많은 작품을 남겼다. 많은 사람들이 그녀를 중국 현대 문단에서 가장 걸출한 여성 작가로 꼽는 데 주저하지 않는다.

토지개혁을 다룬 또 다른 대작

『태양은 쌍간허를 비추고(太陽照在桑乾河上)』와 거의 동시에 토지개혁을 다룬 또 다른 대작이 선을 보였다. 그것은 바로 저우리포가 쓴 『사나운 바람과 모진 비(暴風驟雨)』이다. 딩링의 작품과는 이야기의 배경이 동북 지역의 쑹화강松花江 주변이란 점이 다를 뿐이다.

공교롭게도 저우리포周立波(1908~1979)도 딩링처럼 후난湖南 사람이다. 그리고 그녀와 마찬가지로 상하이에서 공부하고, 좌련에 참가했다가 옥고를 치렀으며, 중일전쟁이 시작되자 옌안으로 합류했다. 아마도 동란의 시대에 혁명이라는 이상이 두 사람의 발걸음을 같은 곳으로 이끈 것이 아닐까 한다.

저우리포는 옌안에 도착한 뒤 루쉰예술학원의 문학 교사로 일했다. 이후에는 팔로군을 따라 남하하여 항일 투쟁에 나서기도 했다. 중일전쟁이 끝난 뒤에는 다시 동북 지역의 공산당 통치 구역으로 가서 토지개혁 운동에 참여했다. 장편소설 『사나운 바람과 모진 비』는 이때 쓴 작품이다.

이 소설의 배경 마을은 위안마오툰元茂屯이다. 이곳의 악덕 지주가 저지르는 악행은 딩링의 소설에 나왔던 놘수이툰보다 더 심하다.

대지주인 한펑치韓鳳岐는 일본이 세운 괴뢰정부인 만주국 시절에 촌장을 지낸 인물이다. 그는 당시 일본 앞잡이 노릇을 하면서 사람들을 괴롭혔다. 언제나 커다란 몽둥이를 들고 다니며 사람들을 때려서 '몽둥이 한씨'라고

저우리포.

불렀다. 또 형제 가운데 여섯째라서 '한리우韓老六'라고도 불렀다.

그는 토지개혁 공작대가 들어오기 전에 재산을 분산시켜 은닉하고는 개혁 운동의 손길을 피하려 했다. 그리고 공작대가 마을에 들어온 뒤에도 가난한 농민들을 위협하여 자신의 정체를 숨기려 했다. 실제로 그와 같은 악한이 지켜보는 상황에서 농민들은 감히 입을 열 수 없었다.

그러나 공작대의 샤오蕭 대장은 경험이 많은 사람이었다. 그는 가난한 농민들을 집집마다 방문하여 사정을 듣고, 주요 인물을 훈련시켜 민중들이 참여하도록 유도했다. 그래서 정직하게 살았지만 온갖 고생을 겪은, 지주에 대한 원한이 깊은 자오위린趙玉林, 궈취엔하이郭全海, 바이위산白玉山 등을 일깨우고 가르쳐서 투쟁의 선봉에 서도록 했다.

그러나 한리우와 같은 악덕 지주와 투쟁하는 일은 결코 쉽지 않았다. 첫 집회에서는 지주의 하수인들이 난동을 부리는 바람에 실패로 끝나고 말았다. 한리우의 집에서 돼지를 돌보던 사람은 농회 활동에 적극적으로 참여한다는 이유로 한리우에게 몽둥이 찜질을 당했다.

그런데 지주의 이런 잔혹함이 오히려 농민들을 일깨웠다. 그들은

공개적인 성토 집회를 열다가 집단적인 분노가 폭발하는 지경에까지 이르렀다. 농민들은 한 사람씩 단상에 올라가 그동안 한리우가 저지른 만행을 폭로했다. 그 결과 한리우가 그동안 27명의 목숨을 앗아갔으며, 40여 명의 부녀자들을 상습적으로 성폭행하거나 인신매매했음이 드러났다. 이처럼 말로는 이루 다 할 수 없는 악행을 저지른 한리우는 마침내 처형되었다.

그러자 한리우의 동생인 한치韓老七는 형의 원수를 갚으려고 비적들을 이끌고 위안마오툰을 공격했다. 하지만 현의 무장 부대가 때맞춰 출동하여 비적들을 소탕했다. 그러나 전투 중에 자오위린이 목숨을 잃는다. 이것이 소설 전반부의 줄거리이다.

후반부에서 위안마오툰 마을은 크게 바뀌어 있었다. 이제 현 위원회의 서기가 된 샤오蕭 대장이 다시 위안마오툰을 찾는다. 그런데 이때 마을 정권은 이미 다른 세력에게 넘어간 뒤였다. 그 결과 빈농들이 또다시 박해를 받고 있었다.

그래서 샤오 대장은 새롭게 지식인들을 조직하고, 이번에는 궈취엔하이를 지도자로 내세웠다. 그들은 교활한 지주 두산런杜善人을 제압하여 부농들의 간섭을 배제시키고, 중농들의 도전을 바로잡았다. 그러는 한편, 민중 속으로 잠입하는 특수 임무를 수행했다. 마침내 가축과 땅을 나눠 받은 농민들은 기쁨에 환호한다.

작품을 통틀어 가장 빼어난 부분은 말을 나누는 장면이다. 궈취엔하이는 마을의 모든 농민들이 마음에 드는 가축을 나눠 가질 수 있도록 계획을 세웠다. 그래서 몰수한 가축을 한곳에 모으고, 지주들에게 압수한 재산을 이용하여 한 무리의 가축을 사들였다. 그리고는 가축을 선택하는 순서를 정했다. 궈취엔하이는 이처럼 주도면밀하게 가축을 분배하는 작업을 주도했다. 이 일이 있기 전까지 그는 단순히 대원에 지나지 않았으나, 이 일을 겪으며 훌륭한 지도자로 성장했다. 그리고 이런 일을 가능케 한 지도부에 대한 고마움을 잊지 않았다.

가축을 고르는 일에서도 각자의 성격이 드러난다. 자오위리의 아내는 열사의 유족이라 처음으로 고를 수 있는 자격을 얻었다. 그러나 그녀는 집에 일할 수 있는 남자가 없다며 한사코 고르기를 거절했다. 다음은 궈취엔하이 차례였다. 남을 위해서라면 발 벗고 나서는 그였지만, 정작 자신의 일에는 크게 신경 쓰지 않았다. 그래서 이번에도 아무 말이나 한 마리 골라 가졌다.

쑨孫 영감이 가장 재미있다. 그도 수레를 끄는 마부로 생활하며 전국 곳곳을 누비고 다닌 빈농이었다. 그렇게 살면서 허풍을 떨고 소심한 버릇을 갖게 되었다. 그런데 사람들이 그에게 어떤 말을 고를 거냐며 묻자, 아직 결정하지 못했다고 얼버무렸다. 그러나 사실 그는 일찍부터 점찍어 놓은 말이 있었다.

그의 이름을 부르자, 그는 잽싸게 앞으로 뛰쳐나가 눈병이 있는 작은 말을 골라잡았다. 볼품없는 말을 골랐다며 사람들이 비웃자, 그는 정색하며 말했다. 이 말은 옥눈깔(玉石眼)이라고 하는 마을에서 가장 뛰어난 말이라는 것이다. 그러나 그의 예상과는 달리, 그가 올라타자마자 순식간에 그를 내동댕이쳐 사람들 앞에서 망신을 당했다. 화가 난 그는 장작더미에서 작대기를 가져다 그 말을 혼내 주려고 했다. 하지만 허공에 대고 휘두를 뿐 어림도 없었다. 자신도 감당할 수 없는 말을 고른 것이다.

이어서 새로운 문제가 일어났다. 왕王씨 아줌마가 마음에 드는 말을 고르지 못해 상심에 잠긴 것이다. 궈취엔하이가 나서서 자신의 말과 바꿔 주겠다고 설득했으나, 왕씨 아줌마는 그의 말이 새끼를 배고 있어서 키우기가 불편하다며 꺼려했다. 그렇다고 최근 한우韓老五를 잡는 데 가장 큰 공을 세운 그녀를 그대로 돌려보낼 수는 없었다. 궈취엔하이는 몇몇 사람들과 이 문제를 상의했다. 궈취엔하이가 사람들에게 물었다.

"여러분 어떻게 생각하십니까?"

그러자 쑨 영감이 그대로 따라서 말했다.

"여러분 어떻게 생각하십니까?"

그러나 그의 목소리에는 왕씨 아줌마가 혹시 자신의 옥눈깔을 마음에 두고 있지 않을까 하는 두려움이 묻어 나왔다. 그렇지만 그는 이렇게 큰소리쳤다.

"차라리 내가 저 옥눈깔을 흔쾌히 그녀에게 내놓겠소! 그런데 저놈의 말이 성질이 더러워서 아줌마가 다룰 수 있을지 모르겠습니다."

그런데 왕씨 아줌마가 정말로 옥눈깔에 관심을 보이는 모습을 보이자, 쑨 영감은 당황하여 웃으며 말했다.

"이런 쓸모없는 말이 뭐가 좋습니까? 이놈은 정말 쓰레기에요. 성질도 더럽고요! … 만지지 마세요! 난폭해서 발길질에 차일지 몰라요! 내가 올라탔다가 낭패를 보지 않았습니까. 생긴 것도 정말 볼품없지요. 유리눈깔이 꼭 애꾸눈 같지 않습니까?"

쑨 영감은 이제 옥눈깔이라 하지 않고 유리눈깔이라고 불렀다. 이처럼 쑨 영감은 정말 재미있는 사람이다. 그는 속으로 잔꾀를 부리면서도 겉으로는 그럴 듯한 말을 내뱉었다. 그러나 사람들은 그의 속내를 훤히 꿰뚫어 볼 수 있었다. 그렇지만 이제 막 구태를 벗으려는 농민들이 궈취엔하이나 자오위린처럼 행동할 수는 없었다. 오히려 쑨 영감과 같은 사람이 더 솔직하고 현실적인 모습이었다. 그의 언행이 오히려 궈취엔하이 등의 공평무사함을 부각시켰다.

결국 톈田 영감이 왕씨 아줌마와 말을 바꾸고, 궈취엔하이는 자신의 말이 망아지를 낳으면 톈 영감에게 주겠다고 약속하여 소동이 마무리되었다.

소설의 마지막 부분에서는 궈취엔하이의 인솔에 따라 마을의 40여 명의 청년들이 홍군에 입대한다. 꽹과리와 나팔 소리, 그리고 북소리와 구령이 울려 퍼진다. 그 소리와 함께 마을 사람들의 환송을 받으며 입대하는 청년들의 모습이 펼쳐지며 소설은 끝을 맺는다.

저우리포는 후난湖南 사람인데, 그가 그린 위안마오툰이란 마을은 전형적인 동북의 시골이었다. 등장인물의 언어도 동북 지방의 사투리가 뚜렷하여 소탈하면서도 순박하다. 그래서 작가를 모르는 사람이라면 틀림없이 작가를 동북 토박이로 오인할 정도이다. 이 모두 작가가 오랫동안 직접 체험하면서 생활 구석구석을 파고든 결과이다.

예를 들어 작가는 말을 나누는 장면을 창작할 때의 경험을 이렇게 털어놓았다. 자신은 토지개혁 기간에 여러 말들과 그 말에 농민들이 어떻게 반응하는지 유심히 지켜보아, 나중에 이 부분을 다룰 때 아무런 문제가 없었다. 그리고 수많은 인상과 언어와 행동 등을 자유롭게 취사선택할 수 있었다고 했다.

중국이 성립된 뒤에도 저우리포는 장편 『국토에 부는 거대한 변화(山鄉巨變)』라는 명작을 내놓았다. 이 작품도 농촌을 소재로 했는데, 후난湖南 산골 마을의 농업 합작사 운동을 다루었다. 이야기의 짜임새와 개성이 풍부하고, 다채로운 인물이 등장하는 등 모든 면에서 손색이 없다.

그런데 작품 전체에서 후난의 풍미가 물씬 풍겨, 이 작품을 지은 작가가 과연 『사나운 바람과 모진 비』를 지은 사람과 같은지 의심스럽게 한다. 위의 두 책을 함께 읽으면, 중국 농촌에서 벌어졌던 거대한 변화를 완전하게 파악할 수 있다. 또한 작가의 재능도 전면적이고 총체적으로 이해할 수 있다.

콩쥐에와 위안징의 『신아녀영웅전』

이밖에도 해방구 작가들의 작품에는 『신아녀영웅전新兒女英雄傳』과 『여량영웅전呂梁英雄傳』 등이 있다.

『여량영웅전』의 작가는 시룽西戎과 마펑馬烽이다. 마펑의 본명은 마수밍馬書銘이고, 산시성山西省 샤오이孝義 사람이다. 또 시룽의 본명은 시청정席誠正이고, 그는 산시성 푸현蒲縣 사람이다. 두 사람 모두 1922년생으로서 옌안의 루쉰예술학원에서 공부하고, 나중에 『진수이대중보晉綏大衆報』에서 함께 일했다. 『여량영웅전』은 두 사람이 진수이晉綏 지역에서 활동하던 민병들의 항일운동 과정을 정리하여 창작한 작품이다.

옛 장회체章回體 형식을 이용하여, 이야기 전개가 생동적이다. 내용은 애국의 열정과 영웅들의 기개가 충만하다. 저우언라이周恩來는 1946년 충칭에서 국민당 정권과 담판을 지을 때 이 소설을 가지고 갔다. 그리고 충칭의 『신화일보新華日報』에 연재케 하여 국민당 통치 지구의 독자들에게 많은 지지를 얻었다.

『신아녀영웅전』의 작가는 부부인 콩쥐에孔厥와 위안징袁靜이다. 부부가 한 작품을 완성시킨 경우는 중국 문학사에서 매우 보기 드문 현상이다. 이렇게 두 사람이 『신아녀영웅전』을 완성한 것은 1948년이었다.

콩쥐에(1914~1966)의 본명은 정즈완鄭志萬이고, 쟝쑤성 우쟝吳江 사람이다. 그는 1938년 옌안에 이르러, 루쉰예술학원을 거쳐 루쉰연구원의 연구원으로 활동했다.

남편인 콩쥐에와 같은 1914년에 태어난 위안징은 본명이 위안싱꾸이袁行規이고, 본적은 쟝쑤성이나 베이징에서 태어났다. 그녀는 1940년에 옌안으로 건너갔다.

시롱.

앞서 근대 작가인 문캉文康의 『아녀영웅전』을 살펴본 적이 있다. 이와 제목은 비슷하지만 콩쥐에와 위안징의 소설에서 여성 협객들은 찾아볼 수 없다. 신세대 청년 영웅들이 침략자에 맞서 싸우면서 혁명 동지로 맺어지는 내용이기 때문에, '신' 아녀영웅전이라는 이름을 붙인 것이다. 중일전쟁이 한창이던 때 콩쥐에와 위안징은 각각 의무중대장과 부녀연맹원으로 활동하면서 항일 체험을 하였고, 이것이 『신아녀영웅전』을 집필하는 계기가 되었다.

소설 속 남자 주인공 뉴따수이牛大水는 지冀(허베이성河北省의 다른 이름) 땅 바이양뎬白洋澱의 청년 농민이었다. 그는 아버지, 남동생과 함께 밭을 일구며 생계를 이어갔다. 노구교사건으로 중일전쟁이 일어나자, 따수이의 사촌형 집으로 장모와 이모 양샤오메이楊小梅가 피신을 왔다. 샤오메이는 품성이 고운 아가씨였기 때문에 형수가 따수이에게 소개를 시켜줬고, 두 사람도 서로 맘에 들어했다.

그런데 샤오메이가 따수이의 집안 형편이 어렵다는 사실을 알고는 그를 멀리했다. 그래서 혼사가 이루어지지는 않았다. 그 뒤 우여곡절을 거쳐 샤오메이는 도적떼의 부두목인 쟝진롱張金龍에게 강제로 시집을 간다. 그리고 따수이는 항일 유격대에 참가한다.

유격대에 가입한 따수이는 한 마을로 훈련을 나갔다. 그런데 그곳에서 같은 부대에 소속되어 있는 샤오메이를 만난다. 샤오메이는 장진룽의 학대를 견디다 못해 도망쳐서, 홍군에 참가하여 여기까지 이른 것이다.

이처럼 따수이와 샤오메이 사이에는 항일운동과 관련된 많은 사건이 일어난다. 예를 들어 언젠가 샤오메이가 부잣집에서 일하고 있는데, 일본군 소대장이 그녀를 보고 결혼하자고 강요했다. 따수이는 유격대에서 배운 전술을 이용하여, 동생은 신부로 위장하고 대원들은 하객들로 변장시켰다. 그리고는 피로연 분위기가 무르익었을 때 일본군들을 섬멸했다.

따수이와 샤오메이는 함께 전투를 치루면서 깊은 애정을 쌓는다. 그 결과 둘은 부부의 인연을 맺는다. 그러나 이야기는 이것으로 끝나지 않는다. 나중에 샤오메이는 다시 장진룽에게 붙잡혀 끌려가고, 따수이는 전투하다가 부상을 입는다.

『신아녀영웅전』은 바이양뎬白洋澱 일대의 항일운동 이야기로서 1949년에 책으로 출판되자 궈모뤄의 찬사를 받았다. 신 중국 성립 이후 베스트셀러로 이름을 날렸고, 연극과 영화로도 제작되는 등 큰 인기를 누렸다. 그러나 나중에 콩쥐에는 복잡한 여성 편력이 밝혀지면서 중국작가협회의 자격을 박탈당하는 등 오명을 남겼다. 위안징은 결국 콩쥐에와 이혼하고 계속 문단에 남아 아동문학가로 활동했다.

신 중국을 선도한 문인들

25

쑨리 孫犁

자오수리 趙樹理

자오수리 탄생 100주년 드라마의 표지.

허화강에 울려 퍼진 웃음소리와 총소리

지난 장에는 후난湖南 사람임에도 불구하고 북부 지방의 농촌 생활을 다루었던, 딩링과 저우리포 등의 소설을 살펴보았다. 그렇다면 북부 지방의 생활을 다룬 북부 출신의 작가는 없었을까? 앞에서 언급했던 마펑과 시룽도 북부 출신이고, 이밖에도 유명한 쑨리와 자오수리라는 작가가 있다.

여기서는 허베이성河北省 안핑현安平縣 출신인 쑨리孫犁와 산시성山西省 친수이현沁水縣 사람인 자오수리趙樹理의 작품을 살펴보기로 한다. 그들의 작품에서도 중국 북부 지방의 특색이 짙게 드러난다.

본명이 쑨수쉰孫樹勛인 쑨리는 1913년 허베이의 벽촌에서 태어났다. 열두 살 때 안궈현安國縣에서 초등학교를 다니고, 이후 바오딩保定의 위더育德중학교에 입학했다. 그 뒤 루쉰과 문학연구회 작가들에게 영향을 받아 문학에 심취했다. 이때부터 수많은 신문학 작품을 섭렵하고, 자신도 창작에 뛰어들어 교내 잡지에 연이어 작품을 발표했다.

그는 집안 형편 때문에 대학에 진학하지 못하고, 고등학교를 마친 뒤 혼자 베이징으로 올라가 한동안 여기저기 전전했다. 도서관에서 자습하거나 대학교를 찾아 청강도 하며, 몇몇 기관과 초등학교에서 직원으로 일하기도 했다. 그러면서 신문사에 줄기차게 투고했으나 채택된 작품은 많지 않았다.

이후 그는 바이양강白洋江 주변의 시골 학교에서 교사로 지내며 강변 사람들의 생활을 지켜보았다. 그리고 이때 쌓은 경험을 살려 소설을 써서 바이양강 주변의 풍경과 주민들의 모습을 생생하게 그렸다.

쑨리는 중일전쟁이 한창일 때 정식으로 문단에서 활동을 시작했다. 그는 지중冀中의 근거지에서 항일 선전 업무에 종사하고, 지중 군구의 항전학원에서 교관을 지내기도 했다. 1944년에는 옌안의 루쉰예술원에서 일하면서 그의 대표작이라 할 수 있는 단편소설 「허화 강변(荷花淀)」과 「갈대(蘆葦蕩)」 등을 발표했다.

쑨리.

「허화 강변」은 '바이양강 주변에 대한 기록'이란 부제에서 알 수 있듯이, 중일전쟁 당시 바이양강을 끼고 살던 평범한 주민들의 결코 평범하지 않은 생활상을 담고 있다.

몇 명의 젊은 아낙네들이 작은 배를 저어 바이양강으로 와 자신들의 남편을 수소문했다. 그들은 얼마 전 부대에 소속되어 작전에 투입된 상태였다. 그녀들은 옷을 전하려 한다거나 시어머니 부탁으로 왔다는 등 나름의 이유를 내세웠으나, 속마음은 다 같은 생각이었다. 한 남자의 아내로서 자신의 남편을 그리워하지 않는 여자가 어디 있겠는가? 더구나 전투가 한창인 전장에서!

그런데 애타게 찾는 남편은 돌아오지 않고 일본군의 배가 먼저 나타났다. 다행히 그녀들은 모두 강에서 잔뼈가 굵은 사람들이라 재빨리 노를 저을 수 있었다. 일본군의 배가 그녀들을 거의 따라잡을 즈음, 그녀들의 배는 허화강으로 접어들었다. 그와 동시에 강가에서 잇단 총성이 울리면서 조용하던 강변이 순간 전장으로 변했다. 나중에 확인한 결과, 아낙네들은 자신들도 모르는 사이에 유격대가 잠복하고 있는 곳으로 일본군을 유인한 격이었다. 적의 전투함은 순식간에 강물 속으로 침몰하고, 이어 연잎 사이에 잠복하고 있던 병사들이 나와 적의 전투함을 수색하여 전리품을 거두었다.

집으로 돌아오는 길에 아낙네들은 흥분을 감추지 못하고 말에 꼬리를 물었다.

"그놈들 숭악한 모습 봤지? 우릴 보더니 막무가내로 쫓아왔잖아!"

"응, 우리가 그놈들 체면을 구겨 놓은 것처럼!"

"수이성水生댁, 돌아가면 우리도 부대를 조직해야지 어디 겁나서 다니겠어?"

"이제 막 군대에 들어간 남정네들도 우리를 깔보는데, 한 2년 지나면 아예 우리를 상대도 안할 거 아녀? 누가 더 용감한지 본때를 보여 줘야지!"

이리하여 반 년 뒤 그녀들은 정말로 사격술을 익혀, 적이 쳐들어오자 지원병으로 나가 갈대가 우거진 강가를 누비며 대활약을 펼쳤다.

소설에 등장하는 아낙네들은 이름 한 번 소개되지 않았다. 하지만 그 누구보다 활발하고 생동적으로 그려졌다. 원망이 묻어 있는 듯한 말에서도 남편을 향한 그녀들의 사랑과 그리움을 느낄 수 있다. 그처럼 경쾌하고 열정적이며 감정이 짙게 밴 말을 통해, 전쟁의 잔혹함 속에서도 용감하고 강인하며 다정함을 잃지 않는 북부 지방 아낙네들의 품성을 실감할 수 있다.

이처럼 잔혹한 현실을 가벼운 필치로 담아내는 것이야말로 쑨리의 소설이 지닌 특징이다. 또한 환경을 빼어나게 묘사하여 산문과 시인 것처럼 아름답다. 소설의 첫 부분을 보자.

달이 떠오르자 뜰은 아주 시원하고 깨끗했다. 낮에 쪼개 놓은 갈대는 이슬에 촉촉이 윤기가 흘러 돗자리를 짜기에 안성맞춤이었다. 여인들은 조그만 뜰에 앉아, 부드럽고 미끈하고 길쭉한 갈대를 짜고 있었다. 얇고 가는 갈대는 그녀들의 품안에서 팔딱팔딱 뛰었다.

……

여인은 돗자리를 짰다. 이내 그녀 앞에는 돗자리 한 장이 완성되었다. 그녀는 깨끗한 눈 위에, 아니 새하얀 구름 위에 앉아 있는 듯 했다. 그녀는 이따금 바이양강 속을 바라보았는데, 바이양강 속도 온통 은백의 세계였다. 물 위에는 엷고 투명한 안개가 일고, 바람이 불자 연잎과 연꽃의 향기가 상쾌하게 불어왔다.

마치 주쯔칭의 수필 「달빛 아래의 연지(荷塘月色)」를 읽는 것 같은 착각이 들 정도이다. 굳이 비교하자면 쑨리의 달빛이 더 밝고 찬란하다. 이처럼 청신한 풍격 때문에 쑨리의 소설 이후 문단에서는 '허화강변파'란 유파가 생겼다.

쑨리는 중화인민공화국이 성립된 뒤 『풍운초기風雲初記』라는 장편소설을 발표했다. 이는 중일전쟁 당시 지중冀中 평원에서 일어난 이야기를 다룬 작품인데, 항일 전쟁 초기의 사건을 다루어 '초기初記'라는 제목을 붙였다.

이밖에도 중편소설인 「대장장이와 목공의 이야기(鐵木前傳)」는 농업합작사 운동을 배경으로, 대장장이와 목공의 10여 년에 걸친 애증 관계를 다루었다. 작자는 이어서 '후전後傳'도 쓰려고 했는데, 건강 문제로 발표하지는 못했다.

또 쑨리는 산문에도 일가견이 있었다. 그의 청신한 문체는 소설보다 오히려 산문 창작에 어울렸다. 그리고 문학평론가로서도 높은 식견을 지닌 많은 평론문을 발표했다.

거리의 문인 자오수리

또 다른 북부 출신 작가인 자오수리趙樹理(1906~1970)의 풍격은 쑨리와 사뭇 달랐다. 향토색이 물씬 풍기는 그의 소설과 감자로 유명한 그의 고향 산시山西 때문에, 그를 처음으로 형성된 문학 유파를 '감자파'라고 부르는 사람도 있다.

자오수리의 본명은 자오수리趙樹禮이다. 그는 가난한 농민의 아들로 태어나, 어려서부터 집안일을 거들면서 그곳의 지리와 농장일 등을 익혀 모르는 것이 없었다. 그는 민간 문학, 그 가운데 특히 고전극을 감상하는 것을 좋아했다. 배를 곯을지언정 연극을 구경하는 일은 빼놓지 않을 정도였다. 또한 아버지에게 중의학과 약초에 관한 지식을 적잖게 배웠다.

그러다 열아홉 살이 되어 창즈長治에 있는 성립省立 제4사범학교에 입학했다. 그리고 그곳에서 '5·4운동'에 따른 신사조에 영향을 받았다. 이후 초등학교 교사, 서기, 잡부, 점원 등의 일을 하면서 하층민의 생활고를 직접 체험했다.

그는 사범학교에 다닐 때부터 신소설과 신시가를 창작하려고 시도했다. 그러나 그처럼 서구화된 작품은 지식인에 의한 지식인을 위한 것이지, 결코 일반인이 즐길 수 없는 것임을 깨닫는다. 가끔 농촌의 장터에 가서 좌판을 깔고 『봉신방封神榜』이나 『시공안施公案』, 『칠협오의七俠五義』 등의 소책자나 창가집唱歌集을 팔면 잘 팔렸기 때문이다.

그래서 그는 이처럼 일반 사람들이 즐기는 『봉신방』과 『칠협오의』에 견줄 만한 작품을 쓸 수는 없을지 생각하게 되었다. 그렇게만 된다면 '좌판 문인'이나 '거리의 문인'이란 소리를 들어도 상관이 없었다. 이때부터 그는 농민을 위한 작품을 쓰겠다는 목표를 세웠다.

중일전쟁이 일어나자 자오수리는 항일 선전 활동에 적극적으로 가담했다. 그는 공산당원이 되어 항일 조직인 '희맹회犧盟會'의 선전 간부로 일했다. 또한 『황하일보黃河日報』와 『항전생활抗戰生活』 등의 편집자를 역임하면서 통속소설, 시, 희곡, 민간 곡예 등 많은 작품을 썼다. 1943년에는 특색 있는 중편소설인 「얼헤이의 결혼」과 「리요우차이의 쾌판 이야기」를 발표하여 대중에게 많은 사랑을 받았다.

서구화된 작품과 다른 문학 세계를 구축하려 했던 자오수리.

농민들의 사랑을 받은 「얼헤이의 결혼」

「얼헤이의 결혼(小二黑的結婚)」은 청춘 남녀가 자유롭게 결혼하려고 여러 난관을 헤쳐 나간다는 이야기이다. 작품의 무대는 공산당이 관할하는 항일 근거지였으나, 봉건세력의 힘도 만만치 않아 농촌의 기반을 몇몇 악덕 지주가 장악하고 있었다.

그곳에 아명이 얼헤이인 청년과 샤오친小芹이란 아가씨가 살고 있었다. 두 사람의 부모는 공교롭게도 류쟈자오劉家峧라고 하는 그 마을에서 '신선'으로 통했다. 얼헤이의 아버지인 류슈더劉修德는 별명이

'제2의 제갈량'으로, 점술에 능하여 사람들에게 길일과 흉일을 알려 주었다.

그리고 샤오친의 어머니인 산셴구三仙姑는 40대 중반의 나이에도 어린 신부처럼 화장하고, 꽃신을 신고 머리 가득 장식을 달고 다녔다. 그러나 주름을 감추려고 덕지덕지 바른 분 때문에 나귀 똥에 서리가 내린 꼴이었다. 그래도 산셴구는 인근 마을에 신통력으로 소문이 나서, 많은 이들이 그녀를 찾아와 병을 고쳐 달라, 돈을 벌게 해 달라 난리를 떨었다.

샤오친은 그런 산셴구의 외동딸로서, 엄마가 젊었을 때보다 더 예쁘게 생겼다. 그래서 동네의 많은 총각들이 그녀에게 관심을 보였지만, 그녀는 오로지 류슈더의 둘째 아들인 얼헤이만 좋아했다. 그러나 '제2의 제갈량'은 이런 사실이 결코 달갑지 않았다. 점을 쳐보니 얼헤이와 샤오친은 쇠(金)의 기운과 불(火)의 기운의 만남이라 상극일 뿐만 아니라, 인근에서 산셴구의 평판도 좋지 않았기 때문이다. 그래서 류슈더는 난민의 딸을 데려다 얼헤이의 민며느리로 삼았다. 하지만 얼헤이는 이런 상황을 결코 용납할 수 없었다.

'제2의 제갈량'만 그런 것이 아니었다. 산셴구도 딸의 선택에 반대했다. 마을에서 가장 잘생긴 얼헤이가 자기 사위가 되면, 나중에 서로 우스갯소리도 할 수 없을 것이라는 생각 때문이었다.

그런데 때마침 우吳 선생이 나타났다. 그는 옌시산閻錫山의 부하로서 여단장을 지낸 퇴역 장교이다. 그의 집은 매우 부자였는데, 아내가 죽은 지 얼마 되지 않았다. 그가 샤오친을 한 번 보고는 재취로 맞아들이기를 원했다. 그리고 중매장이를 통해 의사를 전해 받은 산셴구는 두말없이 승낙했다.

그러나 샤오친이 이런 결정을 받아들일 리 만무했다. 그녀는 우 선생이 보내온 머리 장식과 비단 등을 땅에 내동댕이치고는 문을 박차고 나가, 대처할 방법을 논의하려고 얼헤이를 찾아갔다.

사실 전부터 샤오친에게 눈독을 들이는 사내들은 많았다. 한때 비적질을 하던 진왕金旺과 싱왕興旺 형제는 류쟈자오라는 마을에서는 두 마리의 호랑이 같은 존재였다. 한번은 현청에서 류쟈자오에서 일할 사람을 파견하여 마을 간부 선거를 실시했는데, 마을 사람들은 모두 겁이 많아 누구 하나 나서지 않았다. 그런데 형제는 이번 기회를 권력을 잡을 수 있는 때라 생각하고, 각각 촌정위원村政委員와 공안위원회의 주임을 맡았다.

진왕은 이미 아내가 있었지만, 예쁜 샤오친을 보고는 그녀를 차지하려고 했다. 그래서 사람이 없을 때면 그녀에게 수작을 걸곤 했다. 그러나 번번이 샤오친이 매정하게 뿌리치자, 진왕은 독을 품게 되었다. 한번은 얼헤이가 학질에 걸려 간부 훈련에 참여하지 못했다. 그러자 진왕 부부는 이를 빌미로 얼헤이와 샤오친을 비판 대상으로 만들어 투쟁회를 열었다. 진왕의 부인은 부녀구제회(婦救會)의 주석이었다. 다행히도 촌장이 사리가 분명한 사람이라, 한바탕 설전을 벌인 뒤 쌍방의 화해를 권하여 일을 마무리 지었다.

샤오친은 얼헤이를 찾아가다가 마침 길에서 그를 만났다. 그리고 둘은 대책을 논의하려고 아무도 없는 동굴로 들어갔다. 그런데 진왕이 이런 일을 예상하고서 미리 사람들을 데려와 굴에 숨어 있었다. 그들은 그 자리에서 두 사람에게 간통 혐의를 씌워 체포했다. 그들은 촌장이 또 얼헤이를 감쌀까 봐, 그날 밤 두 사람을 구무위원회(區武委會)로 압송했다. 그리고는 둘을 군법으로 처리해야 한다며 호언했다. 이 일을 전해들은 류슈더는 서둘러 점을 쳐보았으나 점괘가 매우 나빴다. 산셴구도 류슈더를 찾아와 딸을 내놓으라며 울고 불며 한바탕 난리를 쳤다.

다음날 류슈더는 황급히 구區를 찾아갔다. 그런데 두 사람이 이미 석방되었다는 소식을 들었다. 류슈더는 아들을 보자마자 냅다 소리를 지르며 욕을 했다. 이를 들은 구장區長이 "뭐하는 짓이에요? 구청이 사람에게 욕하는 곳입니까?" 하여, 그는 놀라 더 이상 소리를 지르지 못했다.

그 자리에서 구장은 류슈더에게 나이 어린 소녀를 민며느리로 맞아들이는 것은 법률 위반이라는 점을 직접 설명했다. 그렇지만 '제2의 제갈량'은 자신의 논리를 펴며 두 집안이 모두 원하는 일이라고 강조했다. 그러나 얼헤이가 자신은 원치 않는다며 의사를 분명히 표하자, 화가 난 류슈더는 얼헤이를 노려보며 소리쳤다.

"네 맘대로!"

그러자 구장이 말했다.

"그가 정혼하는 건데, 그 마음대로 못한다면 당신 마음대로요? 영감, 지금은 혼인을 당사자가 결정하는 시대요. 당신이 마음대로 할 수는 없소! 당신이 집에서 키우는 그 어린 여자아이가 정말로 제 집이 없다면 당신 딸로 삼으면 좋겠소."

사건은 이렇게 해결되었다.

두 집안이 관련된 일이니 만큼 산셴구도 나름대로 구에 수소문을 했다. 그리고 한껏 치장하고는 구로 찾아갔다. 구장을 만나서는 머리를 땅에 조아리고 연신 말했다.

"구장 어른, 잘 처리해 주십시오."

그러자 구장은 그녀에게 나이를 묻더니 이렇게 말했다.

"당신 스스로 당신 화장이 사람 같은지 어떤지 보시오."

그녀의 모습을 구경하려고 구청을 몰려든 여인네들은 구청 뜰을 절반이나 채우고서, 산셴구의 수놓은 꽃신과 화려한 무늬의 바지를 들먹이며 시시덕댔다. 그녀들의 말이 이어질 때마다 산셴구는 부끄러워 땀이 흘러내렸다. 그리고는 머리를 박아 죽고 싶다는 마음뿐이었다.

구장은 그녀에게도 혼인은 당사자가 결정한다는 법령과 샤오친과 얼헤이의 정혼은 완전히 합법이라는 것을 설명했다. 그리고 그녀에게 우 선생이 보내온 돈과 물건을 원래대로 돌려보내도록 하고, 샤오친과 얼헤이를 결혼시키도록 명령했다. 산셴구는 감히 아무런 대꾸를 하지 못했다.

이러면서 진왕과 싱왕의 실체가 드러났다. 마을에서는 군중대회를 열어 그들의 죄악을 앞 다투어 고발했다. 돈을 쓴 사람, 핍박으로 목을 맨 사람, 재산을 빼앗긴 사람, 마누라가 그들에게 겁탈 당한 사람 등이 서로 나서 고발한 건수가 모두 50~60가지가 넘었다. 결국 진왕과 상왕 형제는 현청으로 압송되어 모든 것을 자백하고, 손해 배상은 물론 15년의 징역형을 판결 받았다. 이를 계기로 마을은 크게 바뀌었다.

두 신선에게도 변화가 찾아왔다. 산셴구는 머리부터 발끝까지 치장을 걷고 나이에 어울리는 모습이 되었다. 그리고 오랫동안 잔재주를 부렸던 점괘 탁자도 살그머니 치워 버렸다. '제2의 제갈량' 도 마누라까지 자신의 음양술을 믿지 않음을 보고는 남들 앞에서 그것을 자랑하기가 창피해졌다. 샤오친과 얼헤이는 자연스럽게 행복한 부부로 맺어졌고, 이웃 사람들은 모두 마을에서 가장 멋진 부부라고 덕담을 해주었다.

이렇듯 이 작품은 봉건세력을 비판하고 자유 결혼을 선전하는 작품이다. 작가는 의식적으로 한 쌍의 청춘 남녀를 봉건적이고 고루한 가정에 설정해 놓고, 봉건세력이 잔존하는 마을에서 사건이 발생하도록 꾸몄다. 따라서 결혼에 따르는 갈등과 모순은 매우 전형적이면서도 교훈적인 의미를 갖게 되었다.

소설은 출판되자마자 농민들에게 열렬한 환영을 받았다. 이전까지 농촌에서 이처럼 큰 호응을 얻은 신문학 작품은 없었다. 이때까지만 해도 문학작품은 보통 2천 권만 인쇄해도 충분했다. 그런데 이 책은 2만 권을 찍고도 모자라, 2만 권을 재판할 정도였다. 그 결과 샤오친과 얼헤이는 농촌 마을의 연극 무대에 오르는 단골 인물이 되었고, 아줌마와 아가씨들은 연극을 보려고 온갖 고생을 마다하지 않았다.

또한 마을마다 있던 무당과 점쟁이들은 더 이상 영업을 하지 못하고 문을 닫아야 했다. 그렇지 않은 사람들은 아이들에게 '제2의 제갈량'이나 '산셴구'라는 놀림을 들어야 했다.

생동감 넘치는 토지개혁 소설

자오수리의 또 다른 중편소설 「리요우차이의 쾌판 이야기(李有才板話)」도 농촌의 현실을 실감나게 다룬 작품이다. 이전의 주마간산 식으로 농촌의 겉모습만 다룬 작가들의 작품과는 확연한 차이가 난다.

리요우차이는 옌쟈산閻家山에 사는 가난뱅이로, 50여 년 동안 독신으로 지냈다. 원래는 3무畝의 땅이 있었는데 옌헝위안閻恒元에게 저당을 잡히는 바람에, 지금은 늙은 홰나무 아래의 토굴이 그의 전 재산이었다.

한편 옌헝위안은 리요우차이가 이 토굴에서 사는 것조차 싫어하여 그를 내쫓으려고 했다. 이는 리요우차이가 가진 한 가지 특별한 재주 때문이었다. 리요우차이는 무슨 일이 생기거나 특별한 사람이 있으면, 노랫가락을 만들어 술술 부르는 재주가 있었다. 이런 노래 형태를 일컬어 '쾌판快板'이라고 한다.

그런데 리요우차이는 걸핏하면 쾌판으로 옌헝위안과 그의 집안을 비꼬았다. 그래서 이 작품은 '리요우차이의 쾌판 이야기'란 제목을 얻은 것이다.

옌쟈산은 「얼헤이의 결혼」에 나오는 류쟈자오 마을처럼 악덕 지주가 마을을 장악하고 있었다. 대지주인 옌헝위안은 뒤에 물러나 앉아 마을 서쪽에 사는 부자 시푸喜富를 촌장으로 내세워 조종하고 있었다. 마을의 간부들은 모두 그가 심어 놓은 사람들이라 모든 일을 옌헝위안과 상의했다. 그들이 착취하는 대상은 마을 동쪽의 큰 홰나무 아래에 사는 가난한 농민들이었다.

겉으로는 상부에서 모든 일을 계획했지만, 옌헝위안은 그때마다 한 발 앞서 나갔다. 조세를 감면하고, 토지 측량 업무를 세밀하면서도 신속하게 마무리 지었다. 그리고 구에서 민병을 검열할 때에도 옌쟈산의 민병이 복장을 가장 잘 갖추게 하여 모범이 된다고 상장까지 받았다. 그러나 이 모두가 사전에 계획적으로 조작한 것이었다.

물론 마을의 빈농들은 저항에 나섰다. 마을 간부를 선출할 때에는 농민들이 천샤오위안陳小元을 적극적으로 지지하는 바람에, 하마터면 옌헝위안이 몰래 심어 놓은 사람이 낙선할 뻔했다.

그래서 옌헝위안은 머리를 썼다. 그는 천샤오위안에게 무장위원회 (武委會) 주임을 맡기고, 공금을 써서 그에게 제복 한 벌과 만년필 한 자루를 선물했다. 그러자 샤오위안은 사당에 앉아서 제복까지 입은 사람이 농사짓는 것은 격에 맞지 않다고 생각하게 되었다. 그래서 땔감을 마련하거나 밭에 김맬 때마다 민병들을 시키고, 자신은 팔짱만 끼고 주임 노릇을 했다. 사람이 완전히 변한 것이다.

구에서 파견된 장章 공작원도 옌헝위안에게 속아, 조사는커녕 그와 한통속이 되었다. 그는 옌헝위안이 선진적인 신사라 보고, 옌쟈산을 '모범촌'으로 지정했다. 그런데 그때마다 리요우차이는 쾌판 이야기를 지어 그들의 속내를 드러내고, 그들의 추태를 실감나게 노래했다. '모범촌'이란 노래를 들어보면 이런 식이었다.

모범인지 아닌지는,
이리저리 둘러보면 다 알 수 있네.
동쪽에서는 떡을 먹고,
서쪽에서는 죽을 마시고 있네.

본래 마을 간부가 부정을 저지르면 누구나 마을사무소를 찾아가 말할 수 있었다. 하지만 그러려면 먼저 10여 근의 국수와 5근의 돼지고기를 마련해 간부들에게 먹여야 했다. 이렇게 해서 배가 두둑해진 장 공작원은 옌쟈산을 '모범촌'으로 지정한 것이다.

또 리요우차이는 옌헝위안이 마을의 실권을 장악하고 있음을 폭로하는 노래를 불렀다.

촌장 옌헝위안이 한 손으로 하늘을 가리고
촌장이 된 뒤에는 했다 하면 십여 년이네.
해마다 투표해야 한다 하고 입으로는 개선이라 하는데,
아무리 뽑아도 옌헝위안만 되고,

차라리 판자를 가져와 큰 명함을 새겨,
투표할 때마다 모두 한 번씩 누르면 되니,
모두가 쓰기를 생략하여 해마다 바꾸지 않아도 되고,
백 년을 쓰더라도 틀림없이 썩지 않으리.

농회의 주석이라면 농민을 대신하여 농민을 위해 발언해야 했다. 그러나 이 마을의 농회 주석인 장더꾸이張得貴는 옌헝위안의 앵무새에 지나지 않았다. 그런 장더꾸이를 풍자한 부분은 특히 재미있다.

장더꾸이는 정말 사나이로다.
헝위안의 꽁무니를 따라다니며 혓바닥을 놀리네.
헝위안이 '길다' 하면,
더꾸이는 '짧지 않다' 하고,
헝위안이 '네모나다' 하면,
더꾸이는 '둥글지 않다' 하고,
헝위안이 '질냄비에 마늘을 찧을 수 있다' 하면,
더꾸이는 곧 '찧어도 끄떡없다' 고 하고,
헝위안이 '수탉이 알을 낳을 수 있다' 하면,
더꾸이는 곧 '직접 보았다' 하는데,
무엇이건 하려고만 하면 다 할 수 있다네.
단지 헝위안이 입을 벌리기만 하면.

나중에는 토지를 측량하면서 저지른 비리를 발견하고서 이를 신랄하게 풍자했다. 이에 불안해진 옌헝위안은 사람을 보내 그를 마을 밖으로 내쫓았다. 그러나 오래지 않아 현의 농회 주석인 라오양老楊이

가을걷이를 독려하려고 옌쟈산을 방문했다가 '모범촌'의 문제를 발견한다.

라오양은 장 공작원과 달리, 마을에 도착하자마자 빈농들이 모여 사는 토굴로 갔다. 그리고는 그들과 함께 밥을 먹고, 탈곡하는 일도 직접 거들며 마을의 사정을 파악했다. 라오양은 농민 출신인데, 한때는 머슴을 살기도 했다. 그래서 현의 간부가 되어서도 농민의 자세를 잃지 않아, 허세라고는 찾아볼 수 없었다. 농민들도 이를 알고, 맘속에 담아 두었던 말을 그에게 전했다.

그러나 입장이 다른 사람들 눈에 그는 전혀 간부의 자질이 없는 사람이었다. 그가 마을사무소에 도착했을 때 촌장인 광쥐廣聚는 샤오위안과 장기를 두고 있다가, 그를 편지 전달하는 사람으로 여기고 반나절 동안 거들떠보지도 않았다.

라오양은 마을에 떠도는 쾌판 가락을 통해 모범촌의 실상을 이해하게 되었다. 그래서 그는 빈농들을 움직여 옌형위안의 비리를 폭로하고, 직접 나서서 리요우차이가 살던 토굴을 복구하고는 다시 마을로 돌아오라고 청했다.

이렇게 농민들을 튼튼히 조직하자, 옌형위안과 싸우는 데에도 힘을 받았다. 그러나 농민들이 농회의 업무를 이해하지 못하는 이상 모든 것이 헛수고가 될 판이었다. 이때 리요우차이의 쾌판이 중요한 역할을 했다. 그는 농회의 장점을 노래로 만들어 사람들에게 알렸다. 농회는 형위안의 배후 조종을 청산해야 하고, 그에게 땅을 내놓고 배상하도록 청구해야 하며, 그와 관련해 부정을 저지른 간부들을 퇴출시켜야 한다는 내용을 쾌판으로 불렀다. 이런 내용이 사람들에게 전해지자 농회는 빠르게 재건되었다.

이러한 농민들의 투쟁은 결국 승리를 거두었다. 리요우차이가 옌형위안에게 빼앗겼던 3무의 땅까지 돌려받자 모두들 기쁨을 감추지 못했다. 마지막에는 라오양의 제안에 따라 리요우차이가 쾌판을 부르면서 이야기가 끝난다.

「리요우차이의 쾌판 이야기」의 최대 장점은 현실을 그대로 반영했다는 것이다. 중국의 농촌은 수천 년 동안 봉건세력의 튼튼한 기반이었다. 결코 한 번의 혁명으로 2~3일 만에 완전히 뒤바꿀 수 있는 상황이 아니었다. 장 공작원처럼 겉으로는 개혁을 내세우지만 농촌 실정에 무지하여 오히려 이용을 당하고, 심지어 기존의 폐단에 물들기까지 하는 경우가 많았다. 농촌의 진정한 개혁은 라오양처럼 농촌을 잘 아는 전문가들을 통해 이루어졌다.

이후 중국에서 진행된 정풍整風 운동과 조세 감면과 토지개혁 운동 과정에서 이 소설은 간부들의 필독서로 이용되었다. 그리고 간부들은 이 이야기를 다시 농민들에게 들려주었다. 결국 이 소설은 토지개혁의 공식 교과서가 되었다. 농민들은 이야기를 들으면서 웃음을 터뜨렸고, 바로 우리 마을 이야기라며 동감했다.

중화인민공화국이 성립되자 자오수리는 유명 작가의 반열에 올랐다. 그러나 그는 여전히 농민에게 관심을 보이며 그들의 진솔한 이야기를 담아내는 일을 게을리 하지 않았다.

'대약진' 운동이 벌어지자 자오수리는 실제로 농촌에서 생활했다. 그런데 일부 현 간부들이 대회장 단상에 올라가, 현실은 외면한 채 단위 면적당 수확량을 얼마나 올리겠다는 과장된 발언을 하는 모습을 지켜보면서 이를 정면으로 비판했다. 이 때문에 그는 우경분자로 낙인찍힐 뻔했다.

문화혁명이 일어났을 때에는 농민 출신 작가인 자오수리도 크나큰 봉변을 당했다. 갖은 고문으로 갈비뼈가 부러질 정도였다. 결국 그는

예순넷의 나이로 감옥에서 생을 마감한 자오수리.

1970년 예순넷의 나이로 감옥에서 생을 마감했다. 엉겁결에 혁명에 뛰어든 진왕과 싱왕의 무리들이 그의 목숨을 앗아간 것이다.

시대의 흐름은 문학의 조류에도 영향을 미친다. 일부 독자들은 자오수리가 쓴 것과 같은 토속적인 작품을 무시하기도 한다. 그러나 이런 작품이야말로 중국 민간 문학의 전통을 계승함과 동시에, 그 시대 민중의 심금을 울린 뛰어난 작품임을 부인할 수는 없다. 작품에 담긴 진솔함과 소박함이야말로 시대를 뛰어넘어 영원토록 독자들의 공감을 이끌어 내는 원동력이다.

농민작가 자오수리의 작품은 이밖에도 단편인 「등기登記」와 「단련단련鍛鍊鍛鍊」 및 「덮을 수 없는 손(套不住的手)」이 있다. 그리고 중편소설 「리쟈좡의 변천(李家莊的變遷)」과 장편소설 『싼리완三里灣』과 『링취안동靈泉洞』 등이 있다.

당대 문학 개괄

지금까지 언급한 작가 말고도 린위탕林語堂과 량스치우梁實秋 등은 산문에 능했다. 그리고 시인으로는 쑤만수蘇曼殊와 허치팡何其芳, 펑즈馮至 등이 있었다. 또 소설가로는 루인廬隱과 우주샹吳組緗 등 미처 언급하지 못한 작가들이 수없이 많다.

1949년 중화인민공화국이 성립된 이후의 문학을 중국 문학사에서는 '당대當代 문학'으로 구분한다. 이에 대한 자세한 서술은 뒷날을 기약하기로 하고, 여기서는 간단하게만 짚어 보려고 한다.

전체적으로 볼 때, 당대 문학은 크게 중화인민공화국 성립부터 1966년 문화혁명 시작 전까지의 17년과, 1976년 문화혁명 이후의 신시기新時期로 나눌 수 있다. 문화혁명 기간에도 몇 편의 소설과 몇 편의 '모범 희극(樣板戱)'이 창작되었으나, 모두 기형적인 작품들이라 언급할 가치가 없다.

처음 17년 동안에도 문학 활동은 매우 활발했다. 이미 살펴보았듯이 희곡은 궈모뤄가 『채문희蔡文姬』와 『무측천武則天』을, 라오서가 『용수염 개울(龍須溝)』과 『차관茶館』 등의 작품을 썼다.

그런데 '현대'와 '당대' 같은 개념은 다분히 활동 작가들을 기준으로 한 인위적 구분일 뿐이다. 문학 창작은 그런 구분에 상관없이 도도히 흐르는 강물처럼 끊임없이 흐른다.

17년 동안 신인 작가와 그들의 신작도 수없이 배출되었다. 소설만 하더라도 『홍기보紅旗譜』, 『홍암紅岩』, 『청춘의 노래(靑春之歌)』, 『붉은 해(紅日)』, 『임해설원林海雪原』, 『삼가항三家巷』, 『소성춘추小城春秋』, 『고채화苦菜花』, 『창업사創業史』, 『염양천艶陽天』, 『상하이의 새벽(上海的早晨)』, 『이자성李自成』 등 이루 헤아릴 수 없다.

시의 경우 원로 작가들이 꾸준히 작품 활동을 했고, 또한 두각을 나타낸 신인들도 적지 않았다. 궈샤오촨郭小川을 비롯하여 리지李季, 리잉李瑛, 원제聞捷, 장즈민張志民 등은 특색 있는 작품으로 독자들에게 많은 사랑을 받았다. 물론 중국이 성립되기 전에도 작품 활동을 했으나, 주요 활동 시기가 중국이 성립된 이후였다는 뜻이다.

  산문의 경우에도 양수오楊朔, 류바이위劉白羽, 친무秦牧, 비예碧野 등은 1950~1960년대에 학교를 다닌 중국인이라면 모르는 사람이 없을 정도로 유명하다.

  4인방을 축출하고 문화혁명이 끝나자, 중국의 문단은 신시기로 진입했다. 이때부터 진정한 '백화제방'과 '백가쟁명' 시대를 맞이했다. 각종 사상 규제가 서서히 풀리고, 문화적 금기도 깨졌다. 덕분에 작가들은 이전까지 누리지 못했던 자유로운 분위기에서 자신의 재능을 마음껏 발휘했다. 이제 라오서와 자오수리가 받았던 고난은 과거에 묻혀 버렸다.

  원로 작가들도 핍박의 세월을 이겨내고 왕성한 활동력으로 신작을 쏟아 냈다. 이처럼 신작들이 우후죽순으로 발표되자, 중국의 문단은 해마다 새로운 면모를 보여주었다.

  이런 신시기의 문학을 한마디로 정리하기란 쉽지 않다. 이 시기의 문학을 감상하고 비교하여 전체적인 윤곽을 설정한 뒤, 각각의 특징을 설명하는 일은 다음 기회로 미루고자 한다.

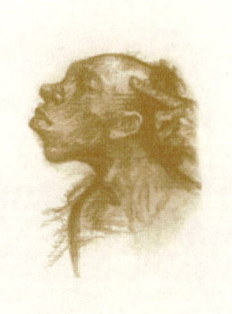